河北省方志理论研究系列丛书

新编卢振川地方志理论文集

卢振川◎著

方志出版社
Publishing House of Local Records

图书在版编目（C I P）数据

新编卢振川地方志理论文集. / 卢振川著；河北省地方志编纂委员会办公室编. -- 北京：方志出版社，2015.11

（河北省方志理论研究系列丛书）

ISBN 978-7-5144-1805-7

Ⅰ. ①新… Ⅱ. ①卢… ②河… Ⅲ. ①方志学—文集 Ⅳ. ① K290-53

中国版本图书馆 CIP 数据核字（2015）第 270154 号

河北省方志理论研究系列丛书

新编卢振川地方志理论文集

编　　者：河北省地方志编纂委员会办公室

著　　者：卢振川

主　　编：杨洪进

副 主 编：王　蕾

责任编辑：黄　彦

出 版 人：冀祥德

出 版 者：方志出版社

地址　北京市朝阳区潘家园东里 9 号 (国家方志馆 4 层)

邮编　100021

网址　http://www.fzph.org

发　　行：方志出版社发行中心

电话 (010) 67110500

经　　销：各地新华书店

印　　刷：石家庄联创博美印刷有限公司

开　　本：787×1092　　1/16

印　　张：16.5

字　　数：379 千字

版　　次：2015 年 11 月第 1 版　　2015 年 11 月第 1 次印刷

印　　数：0001 ～ 1000 册

ISBN　978-7-5144-1805-7　　**定价（全二册）**：88.00 元

序

龚焕文

我与卢振川同志初次相识是在1971年夏天，那是为起草省委副书记马力的《讲话》，以及代省委起草《关于实现农业机械化若干问题的决定》。正是这次合作，让我认识了他的写作水平、文字功底和敏锐的政治头脑。这次朝夕相处，使我们建立起了真挚的友情。

后来，他到省委宣传部任副部长，我到省计委任副主任。粉碎江青反革命集团后，我调贵州省工作，他调任红旗杂志社副总编辑。再后来，我们又都回到河北省，他担任河北省地方志编纂委员会副主任、办公室主任，我先后在省计委、省人防办、省国防科工办、省建委等部门和省人大任职。21世纪初，我从省人大退下来后，这位河北省新方志事业的开创者和奠基人，又推荐我担任第二轮《河北省志》总纂，他也被聘为《河北省志》总顾问，我们又开始在方志战线上并肩战斗了。在总纂组，他的年龄最大，大家都很尊重他，遇到拿不准的修志问题也多是求教于他。为使我们这批六七十岁的门外汉尽快迈进方志的门槛，他多次利用召开总纂会的机会，就方志发展的历史、方志的性质与特点、方志特殊的体例要求，以及修志工作中应注意和可能面临的问题，进行指导。这几年，我们接触多了，相互了解也更深入了。

卢振川同志是从旧社会拼搏过来的人，长期忘我地奋斗和工作，积劳成疾，晚年身体更是欠佳。2014年9月29日21时，因突发心脏病经抢救无效逝世，时年84岁。

他虽离开了我们，但了解他的人们更加怀念他。新中国成立后，他主要是办报和修志，可以说是办党报呕心沥血，有声有色，颇有建树；修方志殚精竭虑，成就卓著，名闻志界。他好学上进，干什么爱什么，干什么钻什么；从未搞过修志，但他深钻细研，很快变外行为内行，成为河北省方志权威，全国知名的方志专家。他于1999年应河北志界要求，出版了32万字的《卢振川方志文集》。在他逝世周年的时候，为满足志界阅读与纪念的愿望，省方志办把其原来未曾入集往事漫笔、为人作的序言等予以充实，将《文集》丰富、再版。从一定意义上说，这是河北方志事业深入发展的实践总结，是作者对这项事业开创、开展、提高所做的重要贡献。同时，从字里行间，也可“一叶知秋”，洞悉其丰富的阅历和较高的政策水平，广泛的文化和专业知识，科学严谨的态度和精神，优良的学风和美德。

振川同志论志，有其独到的见解。编纂新方志，要求“必须用新观点、新材料、新方法”（胡乔木语）。作者经深入思考，指出在这“三新”当中，核心是新观点。有了新观点，才能选出新材料、找到新方法。新观点即为马克思列宁主义、毛泽东思想，以及辩证唯物主义和历史唯物主义。

对志书整体性的认识，是关乎谋篇布局、材料选取、统筹把握的大问题。作者凭借扎实的理论功底，指出志书的整体性是由客观存在的整体性决定的；资政的功能要求志书必须具有整体性；编纂者运用新观点、新方法认识和分析事物，就能够摆脱旧志割裂和破碎状态，体现客观存在的整体性；篇目是志书的编纂蓝图，篇目设置做到结构严谨，即能加强志书的整体性；从普遍联系中把握记述的内容，是整体性中更为重要的问题。

对修志中认识和分析问题的方法；对市县志的概述和大事记；对提高志书的政治质量，解决政党、政权和政治运动的记述难点；对经济综情、经济效益等层面或专题的记述等，他都有令人耳目一新的精辟阐述。

实践出真知，磨砺出人才。在河北修志深入发展的实践中，涌现出以本书作者为代表的一批德艺双馨、堪称楷模的修志专家。这是河北在出版500余部各级各类志书的同时，所取得的人才培养上的巨大成就，令人欣慰。

时下，河北省志深入开展、市县志接近后期、事业亟待拓展、工作也需总结，出版中国地方志学会学术委员卢振川同志的这本文集，必将大有帮助，在全国也具有重要的借鉴意义。

以上感言，权作为序。

2015年7月1日

目　录

序 ……………………………………………… 龚焕文 1

文　章

新方志指导思想刍议 …………………………… 3
对志书整体性问题的探讨 ……………………… 13
《概述》在志书中的功能及其写法……………… 22
特点鲜明　功能齐全……………………………… 34
五部县志概述篇剖析 …………………………… 39
大事记在方志中的地位与作用不容忽视 ……… 50
为民族抗战树丰碑 ……………………………… 57
阅读志书的向导　理解志书的钥匙…………… 63
展示地方特色的有益探索 ……………………… 70
一部农垦企业特点鲜明的志书 ………………… 79

序　言

《新方志编纂探论》序……………………………… 89
《河北古代人物综录》序…………………………… 91
《方志文集》序……………………………………… 93
《唐山市新区志》序………………………………… 96
《枣强县志》序…………………………………… 100
《石家庄地区志》序……………………………… 103
《三河市志》序 …………………………………… 107
《丰南县续志》序………………………………… 110
《井陉矿区志》序………………………………… 113
《志书编纂思与行》序…………………………… 116
《新编方志文论集》序…………………………… 118

讲稿

在河北省地方志学术研讨会上的总结讲话 …… 123
在丰南、遵化县志稿评议会上的讲话 …… 130
在迁西县志稿评议会上的讲话 …… 142
在黄骅县志稿评议会上的讲话 …… 154
在北戴河志、昌黎县志志稿评议会上的讲话 …… 160
新方志编纂中的政治质量问题 …… 175
志书的体例、编写及总纂 …… 193
在全国五部县志评议会上的发言（摘要）…… 213

评稿意见

《辛集市志》简评 …… 223
对《枣强县志》稿的评审意见 …… 227
对《大厂回族自治县志》稿的评审意见（节选）…… 243
对《大城县志》稿的评审意见 …… 253
对《深县志》稿的评审意见 …… 271
对《高阳县志》稿的评审意见 …… 297
对《肃宁县志》稿的评审意见 …… 322
对《涞源县志》稿的评审意见 …… 338
对《芦台农场志》稿的评审意见 …… 363
对《涉县志》稿的评审意见 …… 389
对《唐山市志》稿的评审意见 …… 408
对《滦县综合年鉴》稿的评审意见 …… 439
对《顺平县志》稿的评审意见（节选） …… 447
对《阜平县志》稿的评审意见（节选） …… 458
对《魏县志》稿的评审意见 …… 479
《衡水市志》稿述评（节录） …… 496

回忆录

往事漫笔 …… 507

跋 …… 杨洪进 519

文章

新方志指导思想刍议

胡乔木同志要求，必须用新观点、新材料、新方法来编纂新方志。在这“三新”当中，核心是新观点。有了新观点才能选出新材料，才能使用新方法。

所谓新观点，就是马克思列宁主义、毛泽东思想。这是编纂新志的根本指导思想。指导思想是否明确，关系到新志的成败，是修志工作者必须首先解决好的根本问题。

地方志作为社会科学的一门学科，是有鲜明的阶级性的，是为一定阶级的利益服务的。历代旧方志，都是地主阶级和资产阶级的利益、要求、意志的体现，其指导思想都是历史唯心主义。即使有个别旧志在某种程度上反映了劳动人民的一些正当要求，但其思想体系也没有超越历史唯心主义。社会主义的新方志，则是为无产阶级和人民群众的根本利益服务的，是为社会主义的物质文明和精神文明建设服务的。因此，编纂新方志的指导思想只能是马克思列宁主义、毛泽东思想，只能坚持辩证唯物主义与历史唯物主义。

坚持以马克思列宁主义、毛泽东思想为指导，贯穿于修志工作的每一个环节。从制定篇目，搜集和整理资料，直至编纂成书，每一步工作如果没有正确的立场、观点、方法作指导，都会造成错误，甚至使修志走上歧途。

编纂新志既要做到每一章节观点正确，更要注意全志的宏观大旨，使全志鲜明地体现出历史唯物主义的基本观点。

一、社会存在决定社会意识

社会存在和社会意识的关系问题，即二者之中何者为第一性、谁决定谁的问题，是社会历史观的基本问题，是哲学的基本问题在社会历史观中的具体贯彻和表现。对于这个问题如何回答和解决，是划分历史唯物主义和历史唯心主义的根本标准，是两种历史观长期斗争和相互对立的焦点。我们编纂新志要树立正确的指导思想，就必须彻底解决这个问题。

历代旧志同历代旧史书一样，在社会存在与社会意识的关系上，都做了历史唯心主义的回答，即认为社会意识决定社会存在。旧志以大量的篇幅，宣扬“天命”“天数”，或“圣君明主”的思想动机，把某些超自然的神秘力量或卓越人物的思想动机看作是社会历史发展的根本原因，否认社会发展有它本身的固有的客观规律，否认物质资料生产方式的变革是社会变革的基础。正如列宁所指出的那样“以往的历史理论，至多是考察了人们历史活动的思想动机，而没有考究产生这些动机的原因，没有摸到社会关系体系发展的客观规律性，没有看出物质生产发展程度是这种关系的根源”（《列宁选集》第二卷，人民出版社 1972 年版第 586 页）。列宁这段话不仅指出了“以往的历史理论”的一个主要缺点，而且为我们清除这种历史唯心主义的影响指明了途径。

在我们编纂社会主义新方志的过程中，公然主张社会意识决定社会存在的恐怕没有了。然而，原则上赞成同理论上、思想上的彻底解决并不是一回事。应当承认，夸大社会意识的作用这种错误观点在一些同志的头脑中并没有得到彻底清除。这同长期以来的“左”倾错误的影响有关。从50年代后期泛滥开来的，以高指标、瞎指挥、浮夸风和“共产风”为主要标志的“左”倾错误，其思想理论根源之一，就是“夸大了主观意志和主观努力的作用”(《关于建国以来党的若干历史问题的决议》)，而忽视了对经济发展规律和我国经济基本情况的研究。1960年冬以后，党中央和毛泽东同志采取了许多措施，纠正“左”倾错误，但“左”的指导思想并没有得到彻底纠正。“文化大革命”中，林彪、江青反革命集团，把历史唯心主义推向极端，认为可以凭主观意志为所欲为，造成了极其恶劣的影响。党的十一届三中全会以后，经过拨乱反正，坚决清理“左”倾错误的影响，认真研究我国国情，特别是研究我国经济的基本情况，采取了一系列切合实际的、符合客观规律的措施，才使各方面出现了欣欣向荣的景象。但是，我们对于长期以来“左”倾错误的影响不可低估。在编纂新志的工作中，不仅要把旧志在社会存在与社会意识关系上的根本颠倒再颠倒过来，而且要总结新中国成立以来的经验教训，加深对社会存在决定社会意识这一历史唯物主义基本观点的理解，使这一观点在新志中得到充分体现。

在我们强调社会存在决定社会意识的时候，还必须注意到它的另一个方面，即必须承认社会意识对社会存在的能动的反作用。如果无视这种反作用，那就会得出人们只能被动地、消极地坐等客观条件成熟，而不能有所作为的悲观结论。党的十一届三中全会以来，一面坚决纠正“左”倾错误，一面根据我国实际情况，采取积极措施，充分发挥广大干部、群众的聪明才智，努力进取，才有了今天这样的大好局面。这充分说明了社会意识对社会存在的能动的反作用。我们编写新志，对于这些要大书特书，这样才能完整地体现出唯物主义历史观的辩证性质。

二、经济基础决定上层建筑

经济基础和上层建筑的矛盾，是社会基本矛盾的一个方面。只有正确地回答和解决这个问题，才能正确地理解社会的发展。按照历史唯物主义的观点，经济基础决定上层建筑的产生，决定上层建筑的性质和上层建筑的发展、变革。无论上层建筑的表现形式如何复杂多样，在本质上都取决于它的经济基础，并可以从经济基础得到科学的说明。然而，上层建筑绝不是消极地反映经济基础，它一经出现，就要促进自己的经济基础的形成、巩固和完善。恩格斯说："政治、法律、哲学、宗教、文学、艺术等的发展是以经济发展为基础的。但是，它们又都相互影响并对经济基础发生影响。并不是只有经济状况才是原因，才是积极的，而其余一切都不过是消极的结果。这是在归根到底不断为自己开辟道路的经济必然性的基础上的互相作用。"(《马克思恩格斯选集》第四卷，人民出版社1972年版第506页)经济基础决定上层建筑，上层建筑又能动地反作用于经济基础，这就是两者之间的辩证关系，坚持了这两个方面，才是坚持了理论的全面性。

旧志对待经济基础和上层建筑的关系，同对待社会存在和社会意识的关系一样，也是根本颠倒了的。旧志往往把纲常名教、伦理道德等等说成决定一切的东西，而经济状况则被放在微不足道的地位。清光绪年间修成的《畿辅通志》，洋洋300卷，1000多万字，对河北经济状况的记述却少得可怜。全志分诏谕、宸章、京师、陵寝、行宫、沿革、封建、职官、选举、舆地、河渠、海防、经政，前事、艺文、金石、古迹、宦绩、列传、杂传、识余等门类。从这个分类可以看出，对于当时农业生产，工业和手工业生产，商业和交通运输等等的经济活动，都没有专门记载。占了最大篇幅的关于上层建筑领域各种活动的记载，则是从上层建筑到上层建筑，根本看不出它们同经济基础的联系，更不必说如何揭示两者的辩证运动过程了。这是旧志的一种通病。

我们现在编纂新志，必须遵循经济基础决定上层建筑这一历史唯物主义的基本原理，把对各个时期经济状况和经济活动的记述摆在主要地位。要深入分析各个历史时期的经济形态，对于生产资料所有制，人们在生产、分配、交换、消费中的相互关系，生产力发展的状况等等都要认真研究，对于农业、工业、手工业、交通运输、商业、财税、金融等各种经济的历史和现状，都要全面记载。当然，这并不是说对上层建筑领域的记述就不重要。新志对于政权、党派、兵役、司法、宗教、教育以及文学艺术等上层建筑各个部门及其活动，同样要认真研究，详细反映。但对其发生、发展的历史，不能离开经济基础去研究；对于上层建筑变革的原因不能只是从意识形态、政治斗争中去寻找，而应该从经济基础的变革中给予科学的说明。同时在记述中还必须注意经济基础和上层建筑的辩证关系，反映两者的矛盾运动。

三、人民群众是历史的真正主人

如何看待人民群众在历史上的作用，是如何看待社会存在与社会意识的关系的必然延伸。凡肯定社会存在决定社会意识的，必然肯定人民群众对历史发展起决定作用；反之，则必然抹杀人民群众对历史发展的作用。

毛泽东同志指出："人民，只有人民才是创造世界历史的动力。”（《毛泽东选集》第三卷1031页）人民群众是推动历史发展的决定力量之生产力的最重要因素，是人类社会赖以生存和发展的物质生活资料的创造者；人民群众又是社会精神财富的创造者和社会变革的决定力量。这些都是最明显而又最重要的事实。

然而，历史唯心主义者不承认这些事实。他们或者夸大帝王将相、英雄豪杰的作用，认为只有那些“圣君明主”、“天才人物”才能对历史发展起决定作用；或者认为历史发展取决于某种客观精神、取决于上帝、神和天命，而具体到由谁来体现客观精神的时候，仍归结到“超人”、英雄。所以两者殊途同归，都是英雄史观。

历代旧志往往是主观唯心主义和客观唯心主义的混合产物，既宣扬帝王将相、名宦乡绅在历史上的决定作用，又宣扬天命、神力无法抗拒的神秘观点。而作为历史的真正主人的人民群众，在旧志中却没有任何地位。旧志一般是把人民群众写成愚昧无知的“群氓”，任人宰割的羔羊。一旦对压迫者有所反抗，便被诬为“盗”“贼”，被认为是“大逆不道”。当然，历史上也有过一些具有唯物主义倾向的学者，在他们主修的志书中曾经比较公正地记载了一些人民群众的活动。但他们的思想体系无法脱开历史唯心主义的窠臼。在回答谁是历史发展的决定力量这个问题时，他们的唯物主义倾向便黯然失色了。

现在我们编写新志，如何写好人民群众和个人在历史上的作用，仍然是一个比较复杂的问题。马克思主义为我们正确认识人民群众和个人在历史上的作用提供了理论指导，但它没有也不可能为有关各种具体问题提供现成的答案。这就要靠我们依据马克思主义原理，对具体情况进行具体分析。新志要充分说明人民群众是生产斗争和阶级斗争的主体，肯定他们在创造物质文明和精神文明中的聪明才智和伟大业绩，反映他们勤劳勇敢、艰苦奋斗的优良品德，从而激励人民群众继往开来，为实现“四化”而奋斗。对于这一点，修志人员是比较容易理解和掌握的。而如何认识和记述个人（这里指对社会发展有重要影响的个人，首先是对社会前进起过推动作用的个人）在历史上的作用，则要复杂得多。马克思主义在肯定人民群众创造历史的同时，也承认个人对社会发展的影响作用。在对历史人物的评价上，曾经出现过要求过苛的偏向，即用现代标准要求于古人，以致本该肯定的也被否定。这种偏向至今仍有一定影响。列宁说：“判断历史的功绩，不是根据历史活动家没有提供现代所要求的东西，而是根据他们比他们的前辈提供了新的东西。”（《列宁全集》第2卷，第150页）按照这个道理，在新志中不仅要为历史上的农民起义领袖、劳动人民中的能工巧匠以及在某个方面做出突出贡献的民间知识分子歌功颂德，就是对于曾对历史发展起过推进作用的上层人物，也应该实事求是地加以肯定。对现代人物的记述，同样不可求全责备。劳动模范、战斗英雄，固然应该大书特书，对有突出贡献的教师、工程师、科技人员等知识分子的业绩，也要充分记载，使他们在新志中居于应有的地位。这里还有一个如何正确对待新民主主义革命以来的各级领导干部的问题。在无产阶级政党领导下的各级领导干部，对一个地方人民的解放、生产建设事业的发展，起过非常重要的作用，不少人为了人民的利益贡献了自己的毕生精力以至生命。新志对此应该如实反映。但是，记述革命领导干部的事迹，必须把领导干部放在领导集体之中，放在群众之中，切不可凌驾于领导集体和群众之上。离开了集体，离开了群众，任何个人的作用都是无法得到发挥。而且，一个领导者的作用，只有通过其他领导成员特别是广大群众的实践才能得到表现。摆正这个关系，至为重要。

上面说到的都是对社会发展起了推动作用的个人，对于全面记载历史和现状的地方志来说，不只要记载正面人物，就是那些对历史发展起了阻碍作用的反面人物，也应该适当有所记载，让他们起到反面教员的作用。这里有两点需要注意：一是要坚持以正面人物为主；二是实事求是，对正面人物不人为地“拔高”，对反面人物也不人为地贬低。这样才符合历史的本来面貌。

四、阶级斗争是阶级社会发展的直接动力

生产力和生产关系的矛盾，经济基础和上层建筑的矛盾，是社会的基本矛盾。在阶级社会，社会基本矛盾表现为阶级矛盾和阶级斗争。阶级斗争的根源是剥削阶级和被剥削阶级之间经济利益的根本对立。正是这种基于根本利害冲突的阶级斗争，推动社会的变革，完成社会发展的飞跃。正如恩格斯所说：“自从原始公社解体以来，组成为每个社会的各阶级之间的斗争，总是历史发展的伟大力量。”(《马克思恩格斯全集》第22卷，第560页)

在阶级社会里，阶级斗争贯穿于经济、政治、思想各个方面，这是不以人的主观意志为转移的客观事实。历代旧志的一个共同点，就是回避阶级斗争的事实，否认阶级斗争的存在。这并不是说在旧志上完全没有反映阶级斗争的记载，这种记载或多或少都有一些。但是，第一，斗争双方的阶级属性被掩盖了；第二，产生斗争的根源和斗争的结局被歪曲了。于是，阶级斗争在实际上被否定了。新志则必须按照历史的本来面貌记载阶级斗争，用事实说明阶级斗争是阶级社会发展的直接动力。这里应该注意的是，阶级斗争及其作用，也是历史的发展的。对于在无产阶级出现以前在剥削阶级与被剥削阶级之间所进行的阶级斗争，既要肯定其推动历史发展的作用，又要注意其历史局限性。无产阶级是最先

进的阶级，无产阶级的斗争对历史的推动作用，超过历史上任何一个阶级。但无产阶级也有一个从自在阶级到自为阶级的过程，这在新志的记载中是必须注意的。

在阶级社会，人是划分为阶级的，因此，各种社会现象是纷繁复杂的。如何去分析认识这些社会现象？列宁指出："马克思主义给我们指出了一条指导性的线索，使我们能在这种看来迷离混沌的状态中发现规律性。这条线索就是阶级斗争的理论。"（《列宁选集》第二卷，人民出版社1972年版，第587页）只有用阶级斗争的理论去分析各种社会现象，才能认清本质，掌握阶级社会的发展规律。不只是对于政治设施、政治斗争需要进行阶级分析，对于道德、宗教、哲学、艺术等观念体系，也要进行阶级分析。许多旧志在《名宦》《乡贤》等目下，记载了不少达官贵人和乡绅的"政迹""善行"。我们在编写新志的时候，就要用阶级斗争的观点分析一下，这些"政迹""善行"对哪个阶级有利，切不可盲目选用。

在阶级社会，阶级现象是大量的和普遍的，但不是唯一的和囊括一切的；阶级关系是人与人之间的基本关系，但不是一切社会关系都属于阶级关系；阶级斗争是社会实践的一种形式，而不是唯一的形式。阶级分析方法是十分重要的，但不能把它作为一个固定的模子，到处乱套。尤其是对我国生产资料所有制的社会主义改造基本完成以后的社会现象，更不能乱贴阶级斗争的标签，以致重复那种一切"以阶级斗争为纲"的"左"的错误。

上面所讲的是编纂新志中应当掌握的几个历史唯物主义的基本观点，是就地方志中社会历史方面的内容谈的。但地方志除了社会历史领域的内容以外，还有自然领域的内容，科学技术方面的重大革新和发明创造，也是地方志应当记载的内容。要做到所有社会和自然方面的记载观点正确，仅仅掌握上述历史唯物主义的几个基本观点是不够的，必须全面学习和领会马克思列宁主义、毛泽东思想的基本原理。这正是修志人员最需要的基本功。

修志的原则之一，是详今略古，详近略远。从新民主主义革命到这届修志的下限，是新志记载的重点。这一时期内各种斗争之错综复杂，各种事物发展演变之快，是历史上任何一个时期都无法比拟的。要写好新志的这个主要部分，除了掌握马克思列宁主义、毛泽东思想的基本原理以外，还必须熟悉党在各个时期的路线、方针、政策。我们党曾经作过两次历史问题的决议，一次是1945年党的六届七中全会通过的《关于若干历史问题的决议》，一次是1981年党的十一届六中全会通过的《关于建国以来党的若干历史问题的决议》。这两个《决议》，特别是后一个《决议》，是应用马克思列宁主义、毛泽东思想的立场、观点、方法分析认识历史问题的典范，应该成为我们记述革命斗争大事的准绳。党的十一届三中全会，是新中国成立以来我党历史上具有深远意义的伟大转折，标志着我党重新确立了马克思主义的思想路线、政治路线和组织路线，使我们国家在经济上和政治上都出现了越来越好的形势。在编写新志中，认真坚持党的十一届三中全会以来的路线、方针、政策，不仅是正确认识近几年的发展变化所绝对必要的，对于正确认识我国无产阶级革命的全部历史也有极其重要的意义。这是编纂新志的指导思想上必须解决好的问题。只有这个问题解决了，才能自觉地使修志工作为党的总任务、总目标服务，才能使新志在思想上、政治上同党中央保持一致。

修志的指导思想问题所涉甚广，上面仅就正确体现历史唯物主义基本观点的问题谈了几点意见，就教于高明。

（1984年12月发表于《河北地方志通讯》创刊号）

对志书整体性问题的探讨

一、志书的整体性是由客观存在的整体性决定的

地方志是反映一地自然和社会全貌的综合性著述。自然界与人类社会之间，自然界中各自然现象之间及社会领域各事物之间，存在着一种有机联系，使客观世界成为一个完整的、不可分割的整体。恩格斯说过：“当我们深思熟虑地考察自然界或人类历史或我们自己的精神活动的时候，首先呈现在我们眼前的，是一幅由种种联系和相互作用无穷无尽地交织起来的画面。”地方志要反映的正是这个交织起来的画面。因而，它就无法抛开对构成这个画面的“种种联系和相互作用”的反映。河北省省志篇目之所以以自然、经济、政治、文化、社会为序横向排列，正是为着体现客观世界的有序性。因为自然环境是人类一切活动的舞台，它的变化对一地经济、政治、文化生活等都有着决定性的影响；而经济又是政治的基础，政治制度则对文化及社会生活在一定程度上起着制约作用，只有这样排列，才能正确反映它们之间的内在联系。但五大部类的有序排列，只能在志书中高层次、粗

线条地体现客观事物的有机联系，而事物间的作用是交织的、复杂的。比如交通与商业之间、工业与农业之间、农业内部生产资料所有制与农业生产之间，都存在相互制约、相互作用的关系。这种交织的联系就不再是仅靠类目排列的先后顺序能体现得了的了。必须在志书中通过对事物的具体记述，体现事物相互间潜在的关联性，从而正确反映各事物在普遍联系之中的地位和作用，使被浓缩到地方志中的那个“交织起来的画面”依然保持其整体性。应该说，地方志书的整体性不是外加的、臆想的，而是由客观存在的整体性所决定的。

二、资政的功能要求志书必须具有整体性

编写地方志的目的首先是资政。这一功能作用也要求志书具有整体性，以提供一种有组织、有系统的资料，能够作为施政的依据。

所谓有组织、有系统的资料，也就是按照一定关系能够组成整体的资料。这些资料不仅能够反映事物的本质特征，而且必须能够正确反映事物在客观存在中的地位和作用。这只能从事物间相互作用和影响的联系中反映出来。比如水利志记述水利，就应该通过对水旱灾害的记述，通过对工、农业生产及生活用水情况的记述，反映出水利建设在生产和生活中举足轻重的地位，以及当前生产、生活对水利建设的要求，作为施政者制定水利政策之依据。其次，方志资政的功用还体现在提供历史借鉴上。这就有一个反映经验教训，体现发展规律的问题。无论经验还是教训，都是从事物的兴衰成败中得出的。这就要求志书不仅记述事物兴衰起伏的变化过程，而且还要反映出为什么会是这样的过程。前

一段时间，方志界曾就地方志能否体现规律和要不要体现规律的问题进行了长时期的争论。这一方面反映了我们对志书功能的理解还不深，另一更为重要的方面是它反映了修志者对志书到底应该反映一些什么内容和如何反映这些内容心中无数。志书中所要反映的是一地各项事业的发生和发展的变化过程，着重在新旧社会本项事业的历史变化特征、新中国成立以来的事业发展状况。以农业志为例，它应该通过对解放前后及解放后各个不同历史阶段生产资料所有制的变化的记述，通过对农技农艺、农业机具及粮食产量的变化的记述，体现出农业生产与农村生产关系变革和生产力的发展之间的内在联系，反映出在什么情况下农业生产就发展，在什么情况下农业生产就会受到挫折，从而具体体现出经验教训。这样也就反映了生产力与生产关系的矛盾运动，体现了生产关系必须适合生产力水平的客观规律。规律是客观存在的，但并非是显而易见的。现在的问题是，修志工作者如何去认识并在志书中去反映规律。毛泽东同志曾经说过："客观事物的内部联系，即规律性。"这就给我们指出了一条路子，即观察任何事物，都应将其看作统一的联系之网上的一个部分或一个环节，而不能抛开事物间的联系而进行孤立的记述。只有这样，才能够反映出经验教训，体现出客观规律。否则，资政也就成了一句空话。

三、志书能够体现客观存在的整体性

有人认为，虽然客观存在的整体性决定了反映客观存在的志书的整体性，资政的作用也要求它必须体现整体性，但由于地方志横排门目的传统体例形式，即将相互联系的各个事物分门别类，分解为一个个相对独立的专志予以记述的形式，以及志书客观的记述体及囿事于一业，反对互相侵扰的专业性特点，难免会带来志书的割裂感。

我们认为，旧志确实存在各门类之间看不出相互联系和缺乏逻辑关系的弊病，但不应该把造成这种弊病的原因简单归之于横列门目的形式。说到底这是因为当时的编纂者的世界观和方法论，决定了他们不可能用唯物辩证法普遍联系的观点去认识和分析事物，而是把一个个具体事物和现象置于孤立和静止的地位去观察，这就不可避免地造成孤立记述，出现割裂感也就为势所必然。这届编修新志，我们虽在许多方面进行了创新，但仍基本上继承了志书传统的横排竖写形式。这说明只有这种形式才最适应于表现方志包罗万象的内容。那么，是否新志就一定不可摆脱旧志的那种割裂和破碎感呢？当然不是。诚然，分门别类的确是在形式上将相互联系的事物分解开来，如把一个完整的经济活动分割为许多并列的行业，在一个行业之内又依据行业内部的分工，分解为若干个门目。加之百业人修百业志的组织方法，确易使人因着这种分解，从主观上把事物孤立起来。但这绝不是说分割是横排的必然结果。横排的形式既然是由志书特定的内容所决定，它就一定能够正确反映志书所要表达的内容。因此，志书是否能体现整体性，取决于编纂者对客观实际的认识程度，即编纂者能否认识客观世界的普遍联系，能否将事物间的这种相互关联作为志书的不可或缺的内容，并运用科学的手段在篇目和记述中体现和反映出来。

这届修志之初，胡乔木同志就提出必须用新观点、新材料、新方法编纂新方志。所谓新观点，就是马克思列宁主义、毛泽东思想。而马克思主义唯物辩证法的最基本的特征之一，便是联系的观点。恩格斯说："辩证法是关于普遍联系的科学。"因此，坚持唯物辩证法的首要前提，是承认客观的、普遍的联系。应该说，我们的修志者是应该和能够运用马克思主义的思想观点和方法认识和分析事物的，是能够在志书中揭示事物的辩证运动过程的，因而，新志一定能够摆脱旧志的割裂和破碎状态。

四、结构严谨才能加强志书的整体性

地方志的功能作用要求志书必须提供有组织、有系统的资料，地方志横排竖写的体例形式又能够适应这一要求，那么，就要靠编纂者通过对志书的整体设计，使其成为一个形式分门别类，实则蕴含联系的有机整体了。

篇目是志书的编纂蓝图。因此，要想使志书成为一个有机整体，这种整体性首先应该体现在篇目上，即分类科学、排列有序、领属得当，使篇、章、节、目构成一个层层相辖的、严密的网络结构。这就要求在设篇立目时，注意加强宏观上的综合，按照事以类从，类为一志的原则，打破部门界限，将属同一性质的事物作一些综合与归并。还可以站在统览全书或一个部类的高度，设置一些综合性门类。比如全志之首设立概述，既提纲挈领地展示出一地之大势和概貌，又能通过这种综合记述，揭示出志书各部类之间潜在的相互关联，阐述总的发展规律。在一个部类之首设立综合这一部类共性内容的门类，则既可以揭示出这一部类内各部分之间的内在联系，又可避免同一性质的内容散见各处，重复记述。比如，国民经济是一个完整的有机体，但按社会分工进行分类，它被分成若干相对独立的专志。各专志的记述是难以体现宏观经济的发展全貌的，这就需要设立一个经济综合志之类的类目，以展示宏观经济结构。这种宏观上的综合，从高层次上勾勒出事物的发展全貌，能在一定程度上弥补类目横分而带来的难从横断面剖析各部分之间关联作用的缺憾。应该注意的是，宏观综合必须遵循一定的原则,即在符合现代社会分工和科学分类观点、符合客观实际的原则下进行综合。社会进步的特征之一是社会分工日趋细密，这确给方志带来类目繁多之虞。但应该看到，这种分工是有其客观必然性的，是由于事物的不同特点大于整体特点才分开的。因此，我们的综合，也必须在反映这种客观必然性的前提下进行，而不能人为地、随心所欲地综合。缺乏合理的综合，类目过多过细，难以严其结构，明其归属，必然会影响志书的整体性。但是，这并不是说门类越少整体性就越强，更不能把归并门类作为加强志书整体性的灵丹妙药。类目大归并的做法，不一定有助于加强志书的整体性。处理不好会适得其反，损害志书的整体性。因为这种归并看起来类目少了，但其内部的结构并不严谨，往往出现领属不当，类目间无法相辖的状况。如把乡镇企业归并在大农业之中，而乡镇企业也许是工厂，也许是商店，也许是服务性行业等等，而农业与这些工厂、商店和服务性行业并不存在领属关系，从性质上说并非一类，这种归并显然是不合理的。志书有无整体性，关键不在于是否在形式上归并为几个大编或几个大志，就如故宫的整体性不是仅仅靠其围墙体现，而是通过各大殿、配殿错落有致的布局和别具风格的建筑艺术来体现一样，志书的整体性主要体现在对其内容的整体设计上。

五、从普遍联系中把握记述的内容

篇目是志书的框架结构，它在一定程度上制约和决定着志书的内容记述。但不能因此而认为志书的整体性仅仅取决于篇目的安排。领属得当，结构合理，只是加强志书整体性的条件之一，类目的排列可以体现某种联系，但现实中的联系是复杂的、多种多样的，许多是只有通过微观的记述才得以反映出来的。也就是说，加强志书的整体性，最重要的，是从普遍联系中去把握记述的内容。这与宏观上的综合相比较，是更不易处理好的，也是更为重要的。它要求编纂者要处理好一对矛盾，既要把志书的每一部分看作一个相对独立的整体，又要将其作为志书这个大整体的一个部分、一个环节。

首先，是将志书的每一部分看作一个相对独立的整体。一部志书是一个大的信息载体，志书中各章、节又应是一个小的信息载体。因此，加强志书的整体性，必须使志书各部分内容保持其相对完整性。随着社会分工的越来越细，各学科、各行业间的相互渗透、交叉影响的关系也就更为复杂。此一事物既受其他事物影响，同时又影响其他事物。地方志要正确反映客观事物，就必须正视和反映这种交叉。教育和科研，是教育志和科技志的主体内容，同时，又是许多行业和部门不可分割的组成部分。比如二者均是推动工业、农业、交通等事业发展所不可缺少的手段和条件，应该作为本项事业的一个组成部分予以记述。这样虽必然会出现交叉记述，却不一定会出现重复记述。比如教育的内容，教育志是从教育事业的发展去记述，而工业志则从培养人才，提高本行业人员素质以推动工业发展的角度去记述。如果为避免交叉重复，把一些本为事业一部分的内容从专志中硬性割离出去，必然会割断事物间的内在关联性，以致无法完整地反映这些事业发展的过程。连事物的发展过程都无法完整反映的志书，又何谈整体性。

从普遍联系之中把握记述的内容，正确处理交叉内容只是一个方面，因为交叉毕竟只存在于一部分内容之中。而更为普遍存在也更不易把握的，是能否正确反映事物存在与发展的来龙去脉，前因后果。我们说把志书各部分看作构成志书整体的一个部分，一个环节，而这个部分和环节的作用，也正是由这种因果关系体现出来的。各项事业的发展变化的过程是各专志记述的主体内容，而发展是一种运动，正是事物的相互联系构成了运动和变化。因此，导致运动的原因、条件及运动的结果，是构成运动的有机组成部分。所以说，事物变化的因果关系，也同样是志书的主体内容。

这届修志，不再邀集学者文人集中编纂，而是将编写任务分到各有关部门，名为众手成志，实际上许多部门是各自为政，加之一些部门企望通过这届修志，把本部门的各方面情况进行一次彻底、全面的了解，热心于先搞一个以叙述本部门所辖各职能机构的全面情况为主的部门志。以为将部门志中党、政、群、团的内容删除即由部门志转而成为专业志了。殊不知，这样往往将人们的视线囿于本部门、本行业，而不能把这一事物放在其与周围事物的普遍联系之中去考察，就本专业写本专业，割裂联系，不明前因后果地孤立记述。如有的县写交通志，在叙述其公路建设的发展变化时，仅仅着眼于记述过去有多少条路，党的十一届三中全会后又有多少条路，而导致道路大量增修的原因，以及增修道路的结果，却难以看出。实际上，这里完全可以党的通过十一届三中全会后，由于改革、开放和搞活，车流量迅速增加这一事实，体现出改革带来的城乡经济的发展，正是这种经济的发展，使原有道路无法适应大量增加的车流量，导致了道路的增修。公路的发展，必然会更加促进城乡经济的繁荣，这种繁荣，也完全可以通过已经增加的道路上的车流量来体现。这样，就不仅反映了事物发展的因果关系，体现了事物间的相互作用，也更好地体现了交通事业在整个经济建设中的作用和贡献。有人担心记述因果会发生各专业内容互相侵扰的问题，事实说明这种担心是没有必要的。比如在上面所举实例中，完全不必在交通志中去记述城乡经济如何繁荣，也不必论述交通与经济的关系，依然从记述交通事业发展的角度，通过车流量、运输量的变化，体现出交通与经济相互促进的内在联系。从商业的存在和发展中，也可以体现事物间互相制约、互相促进的因果关系。商业是联结生产和消费的桥梁，它的产生、存在和发展，就是由生产和消费的发展所决定的，它又反作用于生产和消费。因此，商业志的记述，就应该反映出这种交互影响。当然，商业志无须去记述生产技术如何提高，生产规模如何扩大，因而如何推动了商业的发展，也不必去记述城乡居民的收入如何增加，购买力如何提高以致促进了商业的发展等等，而只需从商业经营品种及社会需求量的变化，来体现这种促进。过去，商店不可能经营电视机、电冰箱，高档消费品只是手表、缝纫机等等，这反映了当时的生产水平和消费水平。而今，手表、缝纫机销量日减甚至滞销，彩电、冰箱则供不应求。这样的记述，就不仅反映了商业与生产、消费的关系，而且从商业的角度反映了如今的生产水平和消费水平，同时还反映了商业本身的发展过程。这种在不超越本行业记述范围的情况下，通过对本项事业因果关系的反映，体现各部分之间的互补的记述，就使志书的各部分内容之间，蕴含着一种有机的联系，真正达到不可分割。这也正是加强志书整体性的关键所在。

（发表于《中国地方志》1988 年第 1 期）

《概述》在志书中的功能及其写法

《概述》作为全志或各专志的首篇，写的是否成功，对志书的质量有着极其重要的影响。在整部志书中，《概述》是写法独特，夹叙夹议，以概括能力、思想深度和文字技巧取胜的一篇。这届修志以来，《概述》被视为全志中最难驾驭的一篇。已见到的志书和志稿，《概述》写得好的固然不乏其例，写得不成功、起不到“概述”应有作用的也确乎大量存在。深入地探讨《概述》的功能及其写法，仍然是目前提高志书质量的一个重要课题。下面试就这个问题略抒己见，以便同大家共同讨论。

一、志书为什么要设置《概述》

为了说清在全志和各篇之首为什么要设置《概述》，我们不能不从旧志的弊端和“概述”的缘起及其发展说起。

旧志的弊端很多，我们这里不去作全面分析。单就同本题有关的来说，旧志的主要弊端在于：各门类之间彼此孤立，每个专志都各自封闭，在一门之中的各个部分也各拦其界，割裂了事物之间的内在联系，使全志和各专志形成机械的组合，而不是有机的整体。胡乔木同志在全国地方志第一次工作会议闭幕会上的讲话中指出："过去的地方志，别的问题且不说，它们有一个共同的缺点，就是在各门类之间看不出相互间的影响和逻辑关系。"指的就是这种弊端。

对于这种弊端，志界前人已有所察觉。南宋《淳祐志》在各篇之首加设了"小序"，明代《建康志》也设有小序，力图通过"小序"增加一点宏观记述，对上述弊端加以补救。但实际收效并不大，这种新体式在当时既没有多少人效法，后世也没有得到继承和发扬。到了清代，章学诚一针见血地指出了上述弊端，他说"譬如专志，如园囿自守，详于门内，而不知门外"。他采用"序例"，除说明本篇大要之外，着重阐明本篇的义例。这比以前的"小序"当然是进了一步，但仍不足以补救上述的弊端。到了民国，黄炎培先生修《川沙县志》，深感解决上述弊端之迫切，他说："一般方志，偏于横剖，而缺乏纵贯，则因果之效不彰。"他在每卷之首，先作《概述》。这是方志设置《概述》之始，即在各专志之首设置《概述》之始。黄先生说："《概述》有类实斋所为'序例'，而实则不同。盖童在简略说明本志内容之大要，而不尽阐明义例也。"他又进一步说："将使手此书者，读'概述'之后，进而浏览全文，其繁者可以用志不纷，其简者亦将推阐焉而有得，或竟不及读余文而大致了了。"黄先生赋予《概述》以概括功能，即"说明本志内容之大要"；引导功能，即"读'概述'之后，进而浏览全文"；提炼功能，即"其繁者可以用志不纷，其简者亦将推阐焉而有得"，这就是黄先生对为什么要设置《概述》的说明。这比之章学诚之"序例"，确实是个巨大的进步。但最重要的沟通联系的功能仍被忽视了。由于落脚到"不及读余文而大致了了"，其引导功能也受到了局限。而且，黄先生只是在各卷之首设了《概述》，并没有在全志之首设置《概述》，因而如何补救上述弊端的问题还是没有从根本上得到解决。解决这个问题的任务，就历史地落在了我们这一代修志者的身上。

这届修志开始以来，对于为什么设置《概述》的认识有了极大的发展，可以说有了质的飞跃。如果说直到民国时期《概述》这种体式还没有被修志者广泛接受的话，那么，这届修志《概述》已成为志书中必备的一种体式，已为广大修志者普遍而自觉地接受了。但是，认识的逐步深化是有个过程的，对这个过程作一简单的回顾，将有利于我们加深对《概述》的认识。

在志书中把《概述》作为一种必备的体式，是 1981 年 7 月在中国地方史志协会制定的《新编县志基本篇目》中设计出来的。这种设计本身，就是在继承前人经验基础上的一个创新，是对修志事业的一个重要贡献。如果当初没有这个设计，或许我们在要不要设置《概述》的认识上还要多摸索一些时间。但是，当时虽然设计了《概述》这种体式，而对其功能、内容、写法等等的认识，还是比较模糊的。这主要表现在：1. 只为县志设计了《概述》，市志篇目中只在《总类》之下设计了《概述》，在后面的括号里边写上了“或大事记”；说明在市志中，《概述》是可有可无的；省志则没有“概述”，只有《总序》。2. 县志的《概述》排在了“历史大事记述”之后，作为第二编，各专志则不设《概述》。3. 为县志的《概述》设计了五项内容：（1）地理位置，（2）行政区划，（3）建置沿革，（4）人口，（5）县城、乡镇。实则是地理志的大部分内容，同现在对《概述》的要求相去甚远。

经过最初几年的实践，方志界许多同志对《概述》的上述五项内容纷纷提出质疑，认为不应该以《概述》代替地理志。在多数同志认为应该把这五项内容归入地理志之后，有人对于还要不要再设《概述》也产生了怀疑。后来经过青岛座谈会、原平专题讨论会，又经过北、南两片志稿评议会等多次研究，并对《概述》

的功能、内容和写法等等进行了深入的探讨，才肯定了《概述》作为志书必备的一种体式。

中国地方志指导小组和中国地方志协会，在组织对《概述》的探讨方面做了大量工作。这里应该特别提到中国地方志指导小组成员、中国地方志协会副会长董一博同志，他总结前人和今人的经验，对《概述》作了深入研究。他在多次讲话中都曾比较具体地谈了概述的内容。从 1985 年开始，又连续就《概述》写了三篇论文，论及了《概述》的功能、内容和写法，其中多有新意。董老认为，在志书之前设置《概述》，可以立体鸟瞰全志，把全志的大势大略有机地组织起来，构成一个新的宏观总体机构；可以打破园囿，使门内门外比比相通；可以把相互联系的发展运动、趋势及其规律揭示出来，使各种关系的因果自彰；可以根据本地的自然、社会、历史和现实的总情况、总的经验教训、总问题和总趋势，在普遍规律下提出特殊规律；可以概优劣长短之势，述兴衰利弊之由，导振兴腾飞之机，策安上全下之术。此外，还可以使阅读者节时捷取。后来他又提出，《概述》要移植新兴科学理论，以策议弘文概述一地古往今来。这些论述，在方志编纂史和方志学发展史上都是崭新的，特别是揭示规律和策议方略，是前人未曾提到过的，可以说赋予了《概述》以新的意义。

董一博同志的这些论述，是对这届修志以来方志界对“概述”的研讨成果的概括与总结，其中又有许多他个人的发挥。这些论述给人以深刻的启示。目前已见的志书、志稿，无论是县志还是市志，都在志首设了《概述》，不纳入编（篇）的序列，而是作为《序言》之后的开篇。不仅全志之首有《概述》或《总述》，各专志也设了《概述》，有的不标题，是无题《概述》（也有称之为无题序的），但其内容和写法均依照《概述》的要求。普遍设《概述》，成为这届修志的一个鲜明的特点。

二、《概述》撰写中存在的主要问题

普遍设《概述》毕竟是这届修志的一个创举，由于修志者对《概述》的特殊要求认识深度不一，理解又不尽一致，已见到的《概述》内容和形式竟是千姿百态。当然其中有些是写得好的，但写得不成功、起不到《概述》应有作用的也确实不少。我认为，具有代表性的主要问题有如下六个：

①面面俱到，类似提要。这是目前《概述》撰写中最常见的问题。就全志的《概述》来说，一般是把全志的各个部类以及大部类之下的各门类，都要浓缩一段纳入《概述》，除了“方言”“民俗”之外，其余内容几乎全部囊括于《概述》之中。其他层次的《概述》也莫不如此。如大农业下的《概述》，则把农、林、水、牧、渔各浓缩一段，即使当地牧业、渔业比重很小，也无例外地纳入《概述》。至于地方特点、行业特点，虽略有提及，但不突出。全篇没有明确的重点，概而不述，类似一篇内容提要，或内容简介。

②割断联系，因果不彰。《概述》中的各项内容虽有多有少，但无层次，犹如横剖，各立门户，陡起陡落，互不相干，像个“拼盘”，既不能说明某项事业、事物在普遍联系中所处的地位和所起的作用，更不能说明各项事业、事物的相互影响及其引起的变化，因果之效不彰。

③记而无论，鉴戒不显。不了解《概述》的“夹叙夹议”的特殊要求，为“述而不作”的戒律所拘，通篇《概述》只有记述，而无议论，或略有议论而不敢展开，或就事论事，言不及义。不能评量得失，指点规律，给今人和后人以必要的启示。

④虚夸溢美，讳言劣势。为了夸耀乡邦，动辄“人杰地灵”“兵家必争”；记述经济发展，多用“突飞猛进”“展翅腾飞”；记述人民生活，只记平均水平，不记尚处在贫困线以下的部分；即使是自然条件较差，经济、文化等事业发展缓慢的地方，也只讲已经取得的成绩，不讲本地的劣势和发展缓慢的主客观原因。以致使人无法从《概述》中看到一地的真实面貌，更无法引导发展和振兴之路。

⑤囿于本地，高瞻不足。只从本地看本地，从本行业看本行业，只有本地、本行业范围内的纵向比较，而没有更广大范围的横向比较。由于是平视，而不是鸟瞰，则很难准确地把握本地、本行业的大势大略，无法纵横驰骋，高屋建瓴地议论优劣长短、利弊得失，起不到申大势、述大略的作用。

⑥以议代记，内容芜杂。这类问题多出在专志的《概述》中。由于历史资料不足，又不去努力搜集，便在《概述》中用一些概括性的语言和空泛的议论加以弥补，正文则从新中国成立后写起。或把放在哪一个章节也觉得归属不当的内容，写入《概述》。这就把“概述”变成了掩盖资料短缺，收容“归无类”内容的专篇了，完全搞乱了《概述》的功能。

在《概述》撰写中出现上述的问题，固然同《概述》作者驾驭全局的能力、理论素养、文字功底有关，而更具共性的原因则在于对《概述》的功能认识不一致。所以，深入研究《概述》的功能，求得大体一致的认识，是解决上述问题的根本出路。

三、《概述》的功能

为了弄清《概述》的功能，我们首先需要研究一下对《概述》

功能的总的要求，然后才能谈到具体的功能。

一些同志认为，应把《概述》作为志书之“纲”，以《概述》统领全志。这种认识最初是就全志之首的《概述》而言的，推而广之，自然也适用于各个层次的《概述》。也有人认为，《概述》就是对一地概而述之，使人看后能胸有全局就可以了，不应该要求过高。还有人认为《概述》一是把本地概况告诉读者，二是把本地特点告诉读者，不必让它起更多的作用。由于对《概述》功能的总的要求不同，带来了《概述》的内容和写法的不同。下面我们着重对以《概述》为“纲”的认识作些分析。

我认为，提出以《概述》为“纲”，统领全志，如果是从强调其重要性来考虑，是有益的。但如果从“纲”与“目”的关系来考虑，则是无益的。既然是“纲”，就不能不考虑它同“目”的关系。那么全志的《概述》是“纲”，各分志则是“目”，各部类或各专志的《概述》是“纲”，下属各层次则是“目”。这就要求“纲”同每一个“目”紧密联结，而不能只联结一部分，丢掉另一部分，联结全部才能“纲举目张”。我们常说的“振衣挈其领，撒网提其纲”就是这个意思。可是，这样一来，势必要求《概述》的内容面面俱到，而面面俱到的《概述》是无法申大势、述大略的，也难以纵横贯通，综合利弊，昭示特点，评量得失。所以，把《概述》作为志书之“纲”，看来抬得很高，结果是形重而实轻。

至于后两种看法，把《概述》仅仅看作是“概况”，或在“概况”中突出一下本地的特点，则无法解决前边说过的旧志的弊端，有悖于设置《概述》的初衷。

那么，对《概述》功能的总的要求应该是什么呢？我认为，应当把《概述》作为“阅读和理解志书的向导”。《概述》不是志书内容的摘引，也不是去记述各专志中无法记述的内容，而是不脱离志书的内容，又高于志书的记述，紧紧抓住志书中最重要最有特色的部分，经过系统研究和深入思索，指明各类事物的发展条件、根据、特点和相互联系。它不是记述体，而是有叙有议，就实论虚，概兴衰起伏之因，述优劣长短之势，立体鸟瞰全局，溯古瞻今，议论利弊，揭示规律。既不受志书门类的限制，也不为“述而不论”的戒律所拘。它是全志内容在高层次上的再创造。这样的《概述》才能既补救旧志的弊端，又进而收到显现鉴戒的效果。

根据上述的认识，《概述》在志书中的具体功能，可以概括为以下五点：

①总括地情。我们反对把《概述》写成“概况”，但是，全志之首的《概述》，需要对本地自然和社会的基本情况加以总括，如地理位置、自然环境、经济状况等等。有些志书的《概述》也需要对空间环境作些交代，如农业志要说明本地是平原，或洼地，或是山区丘陵；水利志则要说明河流水系、气候影响；交通志要说明地理状况，等等。这些都是必要的。但是，《概述》对这些内容不是详细记述，也不是简单的浓缩，而是从总体的角度，概括其基本特点，目的在于说明各项事业、各种事物发展的客观条件和互相制约的关系。《如东县志》(修订本)《概述》是这样总括地情的“如东，如一巨掌，横按在南黄海的西岸。总面积1800多平方公里，人口百万有零。全境地势平坦，林木繁茂，河渠纵横，田园平整，道路平坦，屋舍俨然，盛产粮棉鱼盐，酷似江南鱼米乡”。只用了60多个字，即生动形象地勾勒出了空间环境及其特点。这是根据《概述》的特殊要求去组织内容的较好的例子。

②沟通联系。志书所记述的客观世界，本来就是一幅由种种联系和相互作用无穷无尽地交织在一起的画面。而由于志体偏于

横剖，在一个个门类的记述中，难以说清这种普遍联系。这正是造成旧志各门类之间互无影响和逻辑关系的重要原因之一 。而《概述》这种特殊的体式，却可以从宏观角度阐明各门类之间的内在联系，使之相互沟通，例如：自然环境同政治、经济、文化之间相互影响、相互制约的关系；经济同政治、文化之间相互影响、相互制约的关系等等。至于一个门类内部各个部分之间的内在联系，可由各专志的《概述》去加以说明，即说明每项事业事物在普遍联系中所处的地位和所起的作用。以利于使全志构成一个有机的整体。

③彰明因果。一切事物的运动变化，除了这一事物内在的原因之外，还受与之相关的各种事物运动变化的影响，即所谓内因和外因。一个个专志，记述本事物(事业)盛衰荣枯的内因，是可以做到的。而要记清其外因，不是完全不能，但确乎困难较多。而《概述》则能够把各部分之间的作用与反作用，把兴衰起伏的因因果果交代得清清楚楚。

④提炼精华。《概述》与其他体式的一个重要的不同点，在于它不仅可以不受门类的局限，甚至在某种意义上可以不受地域的局限，即可以超出本地范围，站在更高的角度去鸟瞰本地，在更广大的范围内去作横向比较，从而更准确地把握本地优于外地独于外地的各种事物，在《概述》中浓墨重彩地述其何以优、何以独，并说明其在大范围内的地位和价值，既能使人从《概述》中看出本地的精华所在，又突出了本地特点，可以引起读者读阅和研究全志的浓烈兴趣。

⑤评量得失。一个地方，一项事业，在其历史发展中总有利弊得失，这些利弊得失，归根结底都是由顺应规律和违背规律造成的。而规律往往隐藏在现象的后面，并在不同发展阶段上表现出不同的形式和各种偶然现象。各种专志由于受记述体的制约，

往往排斥表述规律的写法。《概述》这种体式，却提供了揭示规律的可能性，使之同各专志所记述的事实佐证相照应。《概述》可以综合本地、本事业的优劣长短、利弊得失，拨开现象，点明规律，策论方略，显现鉴戒。

只有充分发挥上述五个功能，《概述》才有可能成为“阅读和理解志书的向导”。

四、《概述》的写法

我这里之所以不讲《概述》的内容而讲其写法，是因为，只要理解了《概述》的功能，内容的问题就已经解决了。我不赞成像开列清单一样，把“概述”的内容开列出若干条。那样开列不仅不准确，而且没有必要。“概述”的内容是由它的功能决定的，又必须因地而宜，谁也不可能开列出适用于全国各地的内容来。更何况还有其他层次的“概述”，更是无法开列内容清单的。

说到《概述》的写法，也很难讲得具体。因为写法是由其内容决定的。各地情况不同，《概述》的内容不同，写法不可能有统一的模式。我们只能把目前常见的几种写作形式作一些分析，以供参考。

①浓缩体。目前采用这种写作形式的最多，存在的问题也最多。浓缩体的最主要的问题是把《概述》写成了“概况”。由于只是浓缩全志的内容，全篇仍然是记述，只不过是经过了浓缩的记述，因而没有提炼，没有评议，不阐明联系，不彰明因果，不求训致用，起不到《概述》应有的作用。《概述》的功能之一是通过提炼精华引导读者去阅读和研究全志，把《概述》写成面面俱到的内容提要，反而可能“帮助”读者只看《概述》而丢开全

志。但是，我以为目前也不宜简单地否定这种写作形式。考虑到目前修志人员的水平不齐，对有些主编要求太高了做不到，比较起来浓缩体毕竟好掌握一些。但简单浓缩是无论如何也不行的，必须加以改进，改单一的记述为夹叙夹议，改面面俱到为有所提炼，改只讲成就为得失俱述，改进后虽不能算高质量的“概述”，总比简单浓缩要好得多。

②特点串联体。即围绕本地一个或几个特点，把政治、经济、文化的兴衰起伏串联起来，既说明它们的相互联系，又总结经验教训。如《井陉县志》的《概述》，鉴于本地是山区，土地瘠薄，但资源丰富；干旱严重，但有几条河流过境。他们紧紧抓住这明显的劣势和优势，说明旧社会政治腐败，井陉县长期为劣势所统治，经济落后，文化落后。解放后，在中国共产党和人民政府的领导下，逐步认识优势，开发优势，克服劣势，经济迅速发展，带起了文化及各项事业的兴旺。这样写来顺乎自然，本县的大势大略均已显现其中。《建德县志》的《概述》则是用本县是旅游之地、水电之城、地质之窗、果木之乡这样四个特点，贯穿全篇，也较有特色。在特点比较突出的地方或行业，不妨一试。

③史纲体。即抓住本地历史发展的主线，勾勒出本地历史发展的脉络，在各个不同时期所表现出来的特点，以及本地所处的地位和所发挥的作用。如《沈阳市志》的《概述》，以城市的开发、建设、发展为主线，分五个时期概述了沈阳的历史进程。新石器时期，沈阳是新乐文化的发源地；在古代较长时期内，沈阳是辽东半岛的军事重镇；后金和清代，沈阳成为都城和陪都；民国时期，沈阳是东北的中心城市；新中国成立以后沈阳是重工业基地。把政治、经济、文化的发展，都纳入历史发展的各个环节之中，同历史发展的大背景紧密联系起来。这种写法脉络清楚，层次分明。但历史发展的主线和阶段不易理清的地方，不要盲目

学习。这种史纲体一般也不适用于大部类以下层次的《概述》。

④策论体。这是董一博同志在世时曾大力提倡的一种写作形式。运用这种形式，需要《概述》的作者对全志的材料融汇消化，并把立脚点移出本地，站得更高些，视野更广些，溯古瞻今，权衡本地，形成对本地历史和现状完整的认识，然后将本地盛衰荣枯、优劣长短加以综合概述，阐明联系，揭示规律，策论方略。如《佛坪县志》，作者在胸有全局之后，综合地情，概历史发展，述兴衰起伏，析利弊得失，颇有指点江山、激扬文字的气势。这种写法，不受本地特点的限制，观点十分鲜明，资治价值较高。这种写法的一个鲜明特点是通篇充满议论，但要注意，不应把《概述》写成理论文章，不要沾染上宣传色彩。这种写法虽有相当的难度，但经过努力是可以做到的。

上面四种并不能概括所有的写作形式，各地情况不同，作者水平不同，可根据实际情况参考采用，特别应该提倡创出新的写作形式。

写好“概述”虽不容易，但我们不应该知难而退。方志学家黎锦熙先生在《方志今议》中说，《概述》应该是“篇成乃作，一人为之”。按现在的情况说，就是在各专志写成之后，由主编来写《概述》。这就要求主编认真学习，深入研究，只要真正掌握了《概述》的特有的要求，是可以写出合格的《概述》来的。

（发表于1992年《北京地方志》）

特点鲜明 功能齐全

——评《灵寿县志》“总述”

捧读《灵寿县志》，使人兴奋。通览全书，观点正确，体例完备，资料翔实，文字流畅，堪称佳作。其中尤佳者当属列于全志之首的“总述”。

本届修志以来，“概述”(或“总述”)的撰写一直被视为难点。难就难在对“概述”功能的理解和发挥上。对“概述”功能缺乏正确认识，或虽有所认识而表述不当，往往把“概述”写成“概况”，面面俱到，各立门户，只记不论，类似一篇内容提要。起不到“概述”应有的作用。《灵寿县志》的“总述”恰恰较好地解决了这些问题。“总述”的作者从灵寿多山这一自然环境特点出发，巧妙地把突出地方特点同发挥“概述”功能统一起来，提要勾玄，步步深入，自然而和谐地展示了灵寿的历史画卷。

《灵寿县志》“总述”共分3个部分。第一部分叙述了灵寿的自然环境，以及由恶劣的自然环境带给人们的苦难。同时也叙述了县内的自然景观、人文景观和杰出人物。第二部分概述了灵寿的经济、文化等事业的兴衰起伏。第三部分分析灵寿的长短优劣之势，策论发展方略。从始至终贯穿于“总述”的是山。

1. 从写山入手，总括地情。在“总述”的开头部分，作者用了300多字概括了灵寿从“险山恶水，秃岭干壑，交通闭塞，出产甚微，百姓衣食不保”到“山开始献宝，水开始裕民，经济建设长足进步，人民生活显著提高”的历史性巨变。接着交代灵寿县所处的位置及面积、人口、自然环境。同已见的多数志书的“概述”比较起来，《灵寿县志》“总述”中对自然环境的概括用了较多的文字，共1200多字，占了全部“总述”字数的10%还多。然而，这正是突出灵寿特点和充分发挥“总述”功能所需要的。既然这篇“总述”是以山贯穿全部内容的，前面就不得不对多山以及由于多山对自然环境各个要素的影响做出较为详细的交代。从写自然环境开始，即清楚地交代“西北部1镇10乡为山区，平均海拔500米以上，占全县总面积的55.5%”“许多高山刀削壁立……有的终年不见天日，更兼石莽横卧，五谷不生”，耕地只占全县总土地面积的1/7。“中西部1镇11乡为丘陵地区，平均海拔200米，占全县总面积的31.4%”。由于“沟谷纵横，石多土少，不宜耕作”。“境内河流，自古弊多利少”。占全县总面积88.6%的土壤“多是土包石，石裹土，土石混杂黏合一起，非常不利耕作，而且这大片土地上水源不足，既无河流港汊，又打井不出水”。西北部山区无霜期只有160天，全县平均无霜期为200天。这些内容看似琐细，它却以事实描绘了灵寿自然环境的恶劣，为后面的内容做了铺垫。

2. 以山为媒介，沟通联系。沟通各门类之间的联系，是“概述”的主要功能之一。各门类之间互不联系是旧志普遍存在的弊端。章学诚就曾经指出“譬如专志，如园囿自守，详于门内，而不知门外”。这届修志，在全志之首设置“概述”，主要目的之一就在于通过“概述”在一定程度上沟通各门类之间的联系。然而，直至目前，真正能够在“概述”中很好地解决这个问题的并不多。主要原因或由于对县情研究不透或由于找不到较好的处理办法。《灵寿县志》的“总述”在沟通联系方面虽不甚理想，但毕竟找到了一种媒介，即以境内多山这一自然环境特点为主线，把种植业、林业、工业、交通以及教育、卫生等联系了起来，在一定程度上增强了志书的整体性。

3. 以山为主要制约因素，彰明因果。民国期间，黄炎培先生修《川沙县志》，为解决“因果之效不彰”的问题，在每卷之首设置了“概述”。这是志书设置“概述”之始，由此可见，“彰明因果”是“概述”的一项主要功能。而在“概述”中彰明因果是十分复杂细致的工作。各项事业的盛衰荣枯，既有其自身的、内在的原因，又有多种外部原因。处理得不好，往往只能写出共性的原因及结果，写不出个性的原因及结果。而共性的原因及结果一般适用于相当大的范围，用以彰明因果没有多大实际意义；《灵寿县志》以境内多山为主要制约因素来彰明因果，即抓住了规定和影响其他方面的最重要的原因。正如“总述”中所说“灵寿穷的根源在山，富的希望也在山”。其中若干具体原因，也无不同山相联系。譬如政治上的原因，“总述”中说“灵寿是个穷苦的地方，穷在自然条件的恶劣，更穷在历代统治阶级的暴戾奢靡”。政治上的压迫，经济上的剥削，这是共性的原因，而历代统治者不思改变灵寿恶劣的自然条件，个别清廉者又无力改变灵寿恶劣的自然条件，则是个性原因。所以其结果只能是“百姓衣食不保”。解放后，中国共产党领导人民在政治上翻了身，又使贫苦农民分得了土地，走上了集体化的社会主义道路这是共性的原因。而逐渐认识自己的优势与劣势，逐步克服劣势，开发优势，“农田水利建设大规模兴起，山水林田路综合治理卓有成效”，“相继建起建材、建筑、纺织、化工、农机修造、矿业开采和加工等工业企业”，则是个性原因。其结果就是“全县人民生活水平有了大幅度提高”。这样彰明因果，才具体而生动，才有较高的资政价值。

4. 以山为背景，提炼精华。山，曾经给灵寿人民带来贫困。但山也有两面性。山区有着平原所不具备的优越条件，而且蕴含了巨大的潜力。《灵寿县志》的“总述”正是从这一点出发，提炼了本县的精华。由于境内多山，造就了许多著名的自然景观与人文景观。诸如：苍松翠柏，参天蔽日的青阳山（今名白马岗岭）；山水相依，环境幽雅的乐羊沟（今名北羊沟）；俗称“离坛二尺半”的王母观；有天然森林15800亩，坡前为天然牧场的驼梁；赵武灵王所建城池和赵王台遗址；明代所建通体透雕的傅氏牌坊；曹彬后裔为曹彬所造的石碑，等等，更有历代皇帝赏赠有功大臣的、灵寿独有的灌木“灵寿杖”。灵寿山区也造就了乐羊、乐毅、曹彬等等一批在政治、经济、军事、文化、科技等方面做出过突出贡献的历史名人。在旧社会灵寿的确是个穷苦的地方，同时，又是个十分可爱的地方。新中国成立后，在共产党和人民政府领导下，劣势正在逐步得到克服，优势正在逐步得到开发。过去的农业生产条件极差，由于不断整修土地，开滩造田，兴修水利，已“使广大丘陵旱田变水田”。“荒山荒岭多，沟谷纵横交错，为发展林业提供了有利条件”“畜牧业发展势头有增无已”“分布广，种类多，储量大，易开采”的金、银、铜、铁、锰等多种矿藏正在为人类造福；教育、卫生事业已“获得稳定发展”。所有这些，不仅向人们展示了灵寿之可爱，发展潜力之巨大，更向人们证实了“只有社会主义才能救中国，才能发展中国”的真理。

5. 以山为条件，策论方略。《灵寿县志》的“总述”策论方略，除随文导出的简单议论之外，主要集中于最后一部分，而且是以山为条件的。这一部分开头指出“灵寿要从根本上治穷致富，仍然离不开山，离不开对山的开发、改造和利用”。接着指出了

3个方面有待进一步开发的优势。一是全县尚有214.85平方公里的荒山，“还有不少沟谷、荒岭和荒滩。这样大的山场和荒滩、沟谷，若能树木葱郁，则不仅可以改善生态环境，还会有巨大收入”。二是“全县有天然草场41.84万亩，其中可以利用的有37.68万亩，加上近年发展的3000亩人工草场，对大牲畜的养殖极为有利”。三是全县“已探明的就有金、银、铜、铁……数十种矿藏，极有开采价值”。在指明优势之后，点出了潜在的问题和困难。诸如：人口增长过快，人均土地急剧减少；干部平均素质偏低，一部分干部文化科学知识比较缺乏，理论素养基础较差，少数干部中有不正之风；一些企业经济效益差等等，并指出了解决这些问题的正确途径。这部分虽然用了3500多字，但从资政的角度衡量，是很值得的。

总之，《灵寿县志》的“总述”，是一篇地方特点突出，功能发挥较好的佳作。深入研究这篇“总述”，可以从中得到不少启发。

（发表于1993年《河北地方志》第11期）

五部县志概述篇剖析

在志书之首设置“概述”，是这届修志的一个创举，它已为全国各级修志者所普遍接受，成为各级志书必备的一种体裁。从这一点来说，在志书之首设概述以统摄全志，是我国方志编纂史上的一大贡献。“概述”这种体裁唯其新，对于它在志书中的地位以及它的功能，至今仍在探讨之中。由于各地修志者的理解不同，已见到的“概述”，不仅写作形式不同，其内容的着重点也不同，即所要达到的目的各不相同。就以这次选评的五部志书的“概述”来说，其内容有着重在志书各部类内容之提要的；有着重在政治、经济、文化等方面的新旧社会对比的；有着重在综述本县自然、社会、人文之历史与现状，并略带策论性的；有的只讲优势与成就；有的则优劣并出，得失俱述；有的只写概况，不加策论；有的则评量得失，随文导出策论。由于内容不同，所要达到的目的不同，写作形式也自然不同，浓缩体、对比体、特点串联体、浓缩加策论体，各自为其内容所决定。

那么，究竟如何评价一篇“概述”的优劣长短呢？至今尚无一个明确的得到方志界公认的衡量标准。这是方志界对于志首“概述”的功能尚缺乏统一认识的必然结果。以志首“概述”来统摄全志，这一点在方志界似无异议。但怎样去“统摄”？它的具体功能是什么？则众说纷纭，见仁见智。为了便于说明五部志书各自“概述”的长短，就不能不先说一说我个人对志首“概述”功能的理解。我认为，在研究“概述”功能的时候，首先应该考虑的是“概述”如何有利于更好地发挥志书的资政功能，即把“概述”作为阅读和理解志书的向导；同时还必须考虑“概述”本身的资政功能，即把“概述”作为从宏观角度资政的一种特殊体裁。根据这样的认识，我把“概述”的具体功能概括为如下五种：

其一，总括地情。即用简练的文字，概括地交代本地自然、政治、经济、文化的基本状况。这里无需面面俱到，只要求能使读者对地情的主要方面有个总体的了解。即如黄炎培先生所说：“其繁者可以用志不纷，其简者亦将推阐焉而有得。”同时，总括地情又是展开其他功能的基础。

其二，沟通联系。胡乔木同志指出“过去的地方志，别的问题且不说，它们有一个共同的缺点，就是各门类之间看不出相互间的影响和逻辑关系”。而“概述”则能在一定程度上补救旧志的这种缺点。志书所记述的客观世界，本来就是一幅由种种联系和相互作用无穷无尽地交织起来的画面。由于志体偏于横剖，在一个个门类的记述中，难以说清这种普遍联系。而“概述”却可以从宏观上阐明各门类之间的内在联系，使之相互沟通。例如：自然环境同政治、经济、文化之间的相互影响，相互制约；经济同政治、文化之间的相互影响，相互制约，等等，即说明各门类在普遍联系中所处的地位和所起的作用（至于一个门类内部各个部分之间的内在联系，可由各专志的无题概述或小序去说明），以利于使全志构成一个有机的整体，并可从普遍规律中找出本地的特殊规律，从而达到资政的目的。

其三，彰明因果。一切事物的运动变化，除了这一事物的内在原因之外，还受与之相关的各种事物运动变化的影响，即所谓内因和外因。一个个专志，记述本事物(事业)盛衰荣枯的内因，是可以做到的。而要记清其外因，不是完全不能，但确乎困难较多。而“概述”则能够把各种事物(事业)之间的作用与反作用，把兴衰起伏的因因果果交代得清清楚楚，使今人和后人从中得到鉴戒。

其四，提炼精华。“概述”与其他体裁的一个重要的不同点在于它不仅可以不受门类的局限，甚至在某种意义上还可以不受地域的局限，即可以超出本地的范围，站在更高的角度去鸟瞰本地，在更广大的范围去做横向的比较，从而更准确地把握本地优于、独于外地的各种事物，在“概述”中浓墨重彩地记述其何以优何以独，并说明其在大范围内的价值和地位，可以突出本地特点，使读者看出本地精华之所在，引起阅读和研究全志的浓烈兴趣，又可为决策者提供决策依据。

其五，策论方略。地方志的最大优势是资料。这些资料所涉方面之广，历史跨度之长，信息含量之大，是任何著述都无法比拟的。作为统摄全志的概述，完全可以而且应该在消化这些资料的基础上，抽象出足以启迪今人和后人的经验与教训。这样的功能是方志中其他体裁所不具备的，是“概述”的主要功能。“概述”不应局限在具体地情的浓缩上，不应平视本地，而应站得更高些，俯视本地历史与现状，高屋建瓴，纵横贯通，综合利弊，评量得失，策论方略，使其成为从宏观角度资政的、叙议结合的策论文章。

按照上述五种功能来衡量，五部志书“概述”之长短即显而易见。

先从总括地情说起志首“概述”的这一功能已为方志界所共识。然而，五部志书“概述”的总括地情，不仅繁简大不相同，其目的也大不相同。单就繁简来说，《松江县志》的“概述”

全篇在总括地情，不算所附图表，用了近 10000 字。而《龙游县志》的“概述”除了最后一小段之外，也是总括地情，却只用了 4200 多字。这两篇“概述”，都是意在提要，相比之下，《松江县志》的“概述”总括地情不够精练。《江阴市志》的“概述”，在总括地情时采用了突出本地特点的办法，即把江阴的地情归纳为“延陵古邑”“江海门户”“鱼米之乡”“工商名区”“义勇之邦”“人文渊薮”六个特点，共用了 9000 多字。《崇庆县志》和《武安县志》的“概述”，在写法上有相似之处，都是先以较少的文字勾勒地情概貌（武安用了近 2000 字，崇庆用了近 2400 字），然后归纳为几个重点，围绕着这些重点再深入展开。但各自归纳的重点不同，所要说明的问题不同。《武安县志》归纳为“人民群众生活改善”“人民当家做主，政治局面安定”“经济日益繁荣昌盛”“教育、文化、卫生、科技大发展”四个重点，用 5500 多字着重说明这四个方面新旧社会的对比变化，歌颂社会主义制度的优越和中国共产党领导的英明。而《崇庆县志》则以在全省以至全国有较大影响的“两河治理”“农民住房建设”“集镇建设”“精神文明建设”为重点，用 2800 字着重说明新中国成立后本县“两个文明”建设的成就，并具体阐述了“三编一酒二建”和“悠久的文化遗产”这两个经济和文化上的优势。

从上述分析可以看出，同样是总括地情，有的采用归纳法，地方特色比较鲜明；有的平铺直叙，地方特色虽有显示，但不够鲜明；有的在总括地情中导引出了其他功能，或为发挥其他功能做了铺垫；有的则只是志书内容的提要。这同对“概述”功能的理解有关。有的同志认为，“概述”的功能就是提要；有的同志认为，应该充分运用“概述”这种独特的体裁，使其具备更多的功能。我是赞成这后一种意见的。

再说提炼精华。应该说五部志书的“概述”都注意了提炼精华，不只对本地的历史和现状作了纵向比较，而且在更大的范围内作了横向比较，即使是重在提要的，也都把优于外地、独于外地的事物作为重点，浓墨重彩地加以突出。但由于写法的不同突出的效果也必然有别。《江阴市志》把“概述”分作“延陵古邑”“江海门户”“鱼米之乡”“工商名区”“义勇之邦”“人文渊薮”六个部分来写，并加了标题，既是对地情的总括，又是对本地精华的提炼，能给人以强烈的感染。但是，比较起来我更欣赏《崇庆县志》“概述”提炼精华的部分，其写法更活，挖掘更深。例如，在写到境域特点时，根据本县地图图形特征，把它比喻为《华阳国志》所说的江源女子的形象，并顺便交代了山区、浅丘和平原的状况，十分生动。再如，把两河治理、农民住房建设、集镇建设、精神文明建设作为新中国成立后“两个文明”建设的成就加以叙述，并点出这些成就在全省以至全国都有重大影响。这比之面面俱到的浓缩更加突出，也更加深刻。又如，在叙述自然条件优势时，用“山丘坝、兼而有，山水田，四一五”加以概括；在叙述经济优势时用“三编一酒二建”加以概括，都很准确，很鲜明。在叙述文化优势时，又引用了几位历史名人的赞颂，更加增强了其吸引力。这些提炼精华之妙笔，为全篇“概述”大增其色，是其他几篇“概述”所不及的。

下面把沟通联系、彰明因果合在一起说。因为，如果不能沟通各门类之间的联系，就很难准确地彰明因果。“概述”的这两种功能，正是方志设置“概述”的初衷。章学诚之所以在志书中增加“序例”，就是因为他看到了历代志书各门类互不联系的弊端，他说“譬如专志，如园囿自守，详于门内，而不知门外”。他在“序例”中除说明本篇大要之外，着重阐明其义例。黄炎培创设“概述”，也是因为他看到了“一般方志，偏于横剖，而缺乏纵贯，则因果之效不彰”。这届修志以来，更有大量文章主张“概述”应该具备沟通联系、彰明因果的功能。然而，时至今日，此种认识并未被所有志书的主编所承认。我以为，松江、武安、龙游三部县志的“概述”，在沟通联系、彰明因果方面，都没有下功夫。这倒不是说这三部县志的“概述”完全没有沟通联系、彰明因果的内容。这三部县志的“概述”中，都写了本地自然条件为经济发展带来的优势或劣势。这就是讲的自然同经济的联系。也都讲了社会制度对经济、文化事业的影响，以及新中国成立后党的路线、方针、政策的变化对经济、文化事业的影响，这既是在沟通政治同经济、文化的联系，也是在彰明因果。但是，这方面的内容太单薄了，即使是自然环境对经济的影响，也只是轻轻一点而过。而党的路线、方针、政策对经济、文化事业的影响，又基本上是全国共性的内容(如“大跃进”“文化大革命”等等)。至于经济同文化之间，以及经济门类内部农、工、商之间，文化部类内教、科、文、卫、体之间，都各立门户，彼此孤立。因此它们之间的作用与反作用在“概述”中得不到应有的反映。《江阴市志》的“概述”虽然分出各自独立的六个题目来写，但其内容并不是割裂的。在“延陵古邑”题下，不仅交代了其建置的演变，而且通过出土文物证明，江阴地域在5000多年前先民们即已“从事渔猎和农耕，开始种植水稻，并掌握了制陶、织麻、琢玉等手工业技术”，为后面叙述本地经济做了铺垫。在“江海门户”题下，不仅交代了江阴是“水陆交通要冲”“兵家必争”之地，而且记述了春申君凿港灌田的黄田港和“港城相依，腹地宽广”这一发展经济的有利自然条件。在“鱼米之乡”题下，不只讲了农业，而且讲了农村产业结构的调整，以及农村已走上“农林牧副渔全面发展，工商建运服务综合经营”的道路。在“工商名区”题下，不只讲了工业和商业，而且讲了“宋时沿江一带种棉花，土布生产随之兴起”“土布即为农家主要副业”“东南各乡土布交易市场形成”“纺织业的兴旺，带动机修、翻砂、电力工业的发展”。把工业、商业同农业以及工业内部的相互联系都交代清了。在“义勇之邦”题下，说明了苏浙沿海常受倭寇袭扰，江阴首当其冲，受害尤烈，于是激起强烈反抗，把地理特点同人民的反抗精神联系了起来。在“人文渊薮”题下，则把人才辈出同教育发达联系起来。所有这些，在沟通联系方面虽不够理想，也不一定很自然，但毕竟比各拦其界强得多。《崇庆县志》的“概述”在沟通联系方面，突破了门类之间机械联系的办法，另辟新径。在阐述自然条件对经济的作用与影响时，除了在前边简要总括地情外，指出了“这些自然条件，尽管有不利因素，但就整体而言，为县内经济事业的发展提供了良好的基础”；在概括当地优势时，又把自然条件与经济发展的联系很自然地揭示出来。其自然条件的优势在于“山水田，四一五”，而经济上的优势“三编一酒二建”，正是自然环境所提供的条件。在概括其文化优势时，又特别指出“在抓好经济建设的同时，认真开发利用这些文化资源，带动文化建设，将有助于经济的腾飞”。这就把物质文明建设同精神文明建设两者的辩证关系揭示出来了。但是，这篇“概述”对各项事业发展中的曲折及其原因没有给予注意，因而彰明因果的功能未能充分发挥，不能说不是个缺憾。

最后再说策论方略。赋予“概述”以策论方略的功能，是这届修志以来对“概述”功能深入探讨的一个成果。董一博同志生前所写的关于概述的文章，极力提倡“概述”应当策论方略，在方志界产生了较大的影响。但是，各地在修志实践中体会到，要在“概述”中策论方略，的确难度很大。它不仅要求撰写者要吃透地情，全局在胸，而且要具备多方面的知识，并具有较高的政治水平和驾驭文字的功力。而要策论方略，在“概述”中就必须优劣并书，得失俱述，这在当地能否通得过，并不是完全不存在问题。这就更增加了策论方略的难度。可喜的是，《崇庆县志》的“概述”在这方面做了有益的尝试。这篇“概述”的撰写者在消化了本县历史与现状的全部资料的基础上，经过纵横比较，紧紧抓住物质文明与精神文明建设的大势，以画龙点睛的笔法，为本县的发展提出方略。请看这篇“概述”为本县经济发展提出的方略：在叙述了自然条件和经济的优势之后指出，“‘三编一酒二建’的优势，主要体现在平原地区和部分丘陵地区，而占全县总面积 43.25% 的山区，在资源上具有平原地区不可比拟的优势，这里的珍稀动物、名贵药材，特别是㕭万山区的多种矿藏，为县境其他地区所无。然而，这些矿藏的分布、藏量如何？有多大开发价值？开发利用程度如何？至今都还缺乏完整系统的资料，有的甚至是个未知数。如何扬长避短，着眼长远，开发这全县将近一半的土地，还是一篇需要从头写起的文章”。这段文字所提问题之重要，说理之充分，不能不使当地决策者为之震动，并把山区开发纳入当地经济发展战略的构想之中。在叙述了本地文化资源优势之后又有一段策论文字：“崇庆距离成都很近，交通十分方便，配合经济发展的需要，在文化优势上扬其所长，或能使其作为成都市郊县的个性特征更加鲜明。”接下来在分析了本地优势劣势之后，继续策论方略：“‘不识庐山真面目，只缘身在此山中’。生活在崇庆土地上的人们，对崇庆的认识，也需要一个不断深化的过程。比如，全县的水力资源并不缺乏，可供开发的有 5.4 万千瓦，然而直至 1985 年，全县水电站总装机为 1.8 万千瓦，仅占可开发量的 33.3%，因而在电力生产上，要满足全县经济建设和人民生活的需要，是大有潜力可挖的。再如，常璩和唐慎微，本是有世界影响的文化名人，应为他们建造一些专门的纪念设施，以提高崇庆县在国内外的知名度。”这些策论叙议结合，因事说理，理中寓情，不能不使人为之折服，也定能给决策者以启迪。在《崇庆县志》的“凡例”中说“概述，略带策论性”，然而其策论内容实在不少，这些策论又从叙述中引出，水到渠成，顺其自然，完全没有高谈阔论的痕迹。这篇“概述”说明，把“概述”作为一种从宏观角度资政的独特体裁，充分发挥其策论方略的功能，是完全可以做到的，用策论体撰写“概述”并非可望而不可及。

这里还应该提到的是，龙游、武安两部县志虽未像《崇庆县志》那样夹叙夹议，策论方略，但也都在“概述”的最后指出了在今后发展中应该解决的问题。指出问题也是提醒人们注意的一种形式，也能起到资政的作用。《龙游县志》“概述”点出了三个问题：一是工业仍然比较落后，二是农业基础建设薄弱，抗御自然灾害能力不强，三是教育、科技、文化、卫生、体育等事业发展与现代化建设不相适应。只是点出了问题，而未进一步展开，大概是作为全志提要的一部分内容来写的。虽然所点出的问题似乎特性不足，但它毕竟可提醒人们注意。《武安县志》的概述则专门有一部分，用了 2800 多字指出前进中需要解决的困难和问题。共指出五个问题：一是“左”的错误，二是资源开发粗放，三是人口膨胀、耕地减少，农业徘徊，集体经济实力不足，四是教育后劲不足，五是社会分配出现不公，政治思想工作疲软。说是五个问题，实际是标了五个小题，第三小题之下即包含人口膨胀、农业徘徊、集体经济实力不足三个问题。第五个小题之下是社会分配出现不公，政治思想工作疲软两个问题，共八个问题。其中第一个问题，即“左”的错误，比较笼统，且缺少个性。其余几个问题都有具体分析。以讲资源开发粗放为例，除指出资源开发中“深加工不够，经济效益偏低”以外，还指出了“工业发展偏重于矿藏采掘， 1988 年工业产值中原材料占 56.1%，初级产品占 30.3%。而矿藏资源有限，煤铁开采后劲不足已显露出来”。这个问题的提出，足以令人深省。再以讲人口膨胀为例，特别指出了1949—1988年年平均增加6905人，“导致了入学难、就业难、住房难、买东西难……人均耕地由1949年的3.16亩减少到1.55亩”。这些分析也足以引起人们对未来的忧虑。特别难能可贵的是，“武安县志”“概述”还提出了一些确实存在，人们看得见而又不愿在公开场合提出的比较敏感的问题。例如“武安农业，自实行家庭联产承包责任制后，打破了大锅饭，农民的生产积极性高涨，管理较前精细，取得了1984年创纪录的好收成。但是，农业生产条件未能有大的改善，土地经营过于分散以及因从工从商收入大和农产品价格偏低引起的重工商而轻农等原因，农业投入不足，部分水利设施退化，机械作业减少，耕作方式陈旧落后，抗拒天灾的能力仍未增强，以致出现了1985年至1988年的4年徘徊。”接着指出“在不少农村中，集体经济实力空虚，有的甚至成了空架子，缺乏进行宏观管理和服务的经济实力”。这样提出问题，有事有理，因而有说服力。“概述”在谈到社会分配不公的问题时指出“暴富者主要为私营工商业者及某些乡村集体煤矿、铁矿承包人。年收入万元左右者比比皆是，几万元、十几万元者也不罕见。其中除勤劳致富和守法致富者外，其余则靠投机倒把和偷税漏税”。“党的思想政治工作疲软，‘一切向钱看’的思想泛滥，党风、社会风气和社会治安秩序的好转为人民群众所关注”。在“概述”中能够直率地提出这样一些层次较深的、为人们所关注的、我们党正在着手解决而目前还普遍存在的问题，表现了撰写者的高度责任心。我认为这也是一种策论，它虽不同于随文导出的策论，却也能收到资政的效果。

五部志书的“概述”，为我们提供了有益的经验，开阔了我们的思路，同样也向我们提出了研究“概述”写作的课题。我以为，如何进一步提高“概述”质量，特别是如何强化其从宏观角度资政的功能，还有必要开展深入的探讨。

（在 1993 年 1 月中国地方志指导小组组织的五部县志评议会上的部分发言，发表于 1993 年《中国地方志》第 5 期）

大事记在方志中的地位与作用不容忽视

本届修志的最初几年，大事记被认为是方志中必备的一个门类。通常所说的方志五大组成部分概述、大事记、各分志、人物、附录，大事记成为其中一大组成部分，足见其地位与作用之重要。然而，随着修志实践的发展，方志界有些同仁对大事记在方志中的重要性提出了质疑。大事记位置后移的逐渐多了起来，把大事记放入附录的也已不是个别现象，甚至有人主张应该从方志中取消大事记。在已见到的志书和志稿中，大事记写得潦草，与设置大事记的原意相去甚远者，更是为数不少。所以，深入分析产生这些问题的原因，进一步探讨大事记在方志中的地位与作用，是当前关系提高方志质量的一个重要课题。

大事记编写中存在的主要问题

大事记编写中存在的主要问题，可以概括为以下四种：

①记志脱节，互不照应。大事记中有些事条，在各分志中却

找不到踪影；反过来，有些大事在分志中已经详记，在大事记中却又缺而不记。或大事记与有关分志记了同一件事，而事实与数据却各不相同。致使大事记同各分志形同彼此互不联系的“两张皮”。

②选事随意，主线不明。选何事入大事记，心中无数。古代部分因资料不足，小事也被当作大事加以填充；现代与当代资料丰富，一些大事又被漏掉了，有些并不重要的小事却充数入选，所记事条虽多，却看不出历史发展脉络的主线。致使大事记如同一部公共汽车，什么人上车全行，没有特定的乘客。

③漫无标准，记法各异。有些事条记述过详，与有关分志多有重复；有些事条又失之过简，交代不清。记机构变动和领导人员更迭记到哪一层？记人民代表大会记到届还是记到次？记灾情记到多大受灾面积？没有统一要求，前后记法差异很大，使大事记杂乱而无章法。

④随意上溯，断限不一。大事记不顾全志的上限，一味向前追溯，似乎追溯得越远，越能显示本地历史之悠久。有的追记至春秋，有的追记至秦汉，却又缺少资料，以致造成事条之间有几百年的断线，且破坏了全志断限的统一。

此外，文白夹杂、观点模糊、有头无尾等现象也屡见不鲜。上述问题的产生，固然同分工编写而又互不相谋，虽经总纂而又缺乏统筹有关，但关键不是方法问题，而是对大事记在方志中的地位与作用的认识问题。至于大事记的位置是否应该后移，是否应该取消大事记，这些更带理论性的问题，也只有在进一步探讨大事记在方志中的地位与作用的过程中，才能逐步达成共识。

大事记在方志中的地位与作用

为了说清大事记在方志中的地位与作用，有必要追溯一下大事记的缘起，即当初为什么要在方志中设大事记。

在我国的方志中，出现类似今大事记的这种体裁和门类，最早始于南宋。从后来的演变看，大抵是为着弥补方志体例上的缺陷而设的。方志体例的显著特点之一，是以类系事，类为一志，先横后纵，以横为主。这种体例可以使方志尽可能地向横向扩展，扩大志书的容量，使记事更有条理，有利于展示事物的系统状况。但是，这种体例的一个明显缺陷是缺乏纵贯，有纬无经，有目无纲，诸事难以连贯，事理不能相通，以致结构松散而有伤志书的整体性。方志界的前人正是发现了这种缺陷，才设法加以补救。突破方志“以类系事”的独特体例，加“以时系事”的编年体之“纪”，即是补救措施之一。早在南宋绍熙三年（1192），曹权撰《永嘉谱》，即有年谱、地谱、名谱、人谱。其年谱是已知方志有《纪年》之始。其后，南宋嘉定七年（1214）高似孙撰《剡录》(即嵊县之志)，在志首设有《县纪年》。到了明代，万历年间马文炜撰《安邱志》，用编年体在志首设《总纪》。这些都是今之大事记的雏形。此后，有编年纪事的志书逐渐增多，但有纬无经者仍然不少。至清代，修志进入鼎盛时期，方志体例更加完备，然而，编年纪事之体仍然未被普遍采用。方志学鼻祖章学诚对方志广为门类而无纲纪的现象提出了批评。他在《通志凡例》中说“史以纪事为主，纪事以编年为主，方志纪事往往缺而不备”。他力主方志必备“纪、志、考、谱”四体。此后，“纪”作为方志中一种体裁逐渐普及开来。

“纪”之一体被从纪传体史书中引入方志，并逐步成为方志中一个门类，实则是为坚持横剖的方志树起了一条纵线，即以大事记为全志之经，“志”“传”则为其纬。以经织纬，形成网络。在纪传体史书中，“纪”是全书的纲纪。唐代刘知几在《史通·本纪第四》中说“盖纪者，纲纪庶品，网罗万物。考篇目之大者，莫过于此乎？”由此可见，纪传体史书是以“纪”统领全书的。如果就“纲”与“目”的关系来说，今之大事记，也是全志之纲，起着统领全志的作用。各分志中之大事，均在大事记中按时序鱼贯排列，勾勒出一地之历史发展脉络。各分志所记大事，均为大事记这个总链条中之一环。把握住大事记，即抓住了全志的要领，如振衣之挈领，撒网之提纲。这就在一定程度上加强了志书的整体性。

方志界一些同仁之所以对大事记处于纲的地位提出质疑，同对“概述”的认识有着密切关系。在全志之首设“概述”，是本届修志的一个创举，是对民国年间黄炎培先生修《川沙县志》在每卷之首设“概述”的一个发展。在本届修志的最初几年，方志界对概述在方志中处于什么地位，起什么作用，认识颇为模糊。后来，随着修志实践的发展和对概述理论探讨的深入，概述在志书中的地位与作用越来越受到人们的重视。于是有人认为，唯有“概述”才能统领全志，才是全志之纲。基于这种认识，便产生了与之俱来的另一个问题：既然概述是全志之纲，大事记还是不是纲？两纲并存无异于无纲，大事记只好被请下纲的宝座。既然大事记的地位为概述所取代，大事记还应不应该排在各分志之前？甚而至于大事记还有无存在的必要？这些问题就自然而然地产生了，“大事记”编写中存在这样那样的问题，也就不足为怪了。

那么，是不是在全志之首设了概述就可以不要大事记，或把大事记置于无足轻重的位置上呢？笔者认为不行。概述和大事记体裁不同，作用不同，两者都不能互相代替。“概述”是应该受到重视的，它是方志中唯一可以夹叙夹议的一种独特体裁，有很强的概括性、说理性和引导性。可称之为阅读和理解志书的向导，理应置于全志之首，作为志书的“窗口”。但是，地位与作用重要并不等于就是全志之纲。从纲与目的关系来说，如果以概述为纲，概述的内容就势必要面面俱到，否则就会造成纲与目脱节。而一篇面面俱到、类似内容提要的概述，绝不是一篇好概述。所以，笔者认为，把概述作为全志之纲，用以取代大事记的做法是不可取的。“大事记”以时系事，是方志中唯一的一条纵线，以经织纬，提要钩玄，自然而和谐。从这个意义上讲，大事记才是全志之纲。

大事记编写中的注意事项

根据上述认识，大事记编写中必须注意以下各点：

①“大事记”与各分志的记事必须互相照应。“大事记”中所记事条，各有关分志均应有所记载，反过来，各分志中所记大事，亦均应在于“大事记”中顺序排列。这样才能收到纲举目张之效。大事记与各分志记事之交叉是合理的，而重复则是应该尽力避免的。为防止重复，一是要在详略上下功夫，大事记中略有提及，各分志再行展开。二是要在表述方法上下功夫，做到事可互见，语不重出。

②大事记选事面要广，但主线必须鲜明。所谓主线，即反映各个时期主要矛盾的事件，特别是标志着转折的事件。这样的事件才能成为历史发展总链条中的一环，记清这样的事件，才能勾勒出历史发展脉络。

③大事记选事必须有一个大体标准。何谓大事，本来就是一个比较抽象的问题，很难规定出具体标准。有人著文为“大事记”开列出几十条应记的事项，这对开阔修志者的思路也许有一定帮助。但是，中国之大，情况千差万别，各个时期衡量大事的标准也不尽相同，要开列出适合于不同时期和不同地区的统一项目，事实上是不可能的。徐无党在注《新五代史》时提出“大事则书，变古则书，非常则书，意有所示则书，后有所因则书，非此五者则否”。这五条虽不很具体，比之开列具体事项对修志者的帮助可能更大些。

④大事记与各分志的断限应该一致。本届修志对上限未作统一规定。这不仅考虑到各地情况有别，同时也考虑到各项事业的发端时间不同。但是，无论各分志的上限如何不同，都必须限制在大事记的上下限之内，这也是我国修志的一个惯例。就连主张方志“不可立一总断限”的近代方志学家黎锦熙先生，也承认大事记是“自然之断限”。大事记脱离全志另立断限，是自找其乱。

大事记的排列位置

至于大事记在志书中应排列在什么位置，关键也在于对大事记的地位与作用的理解。既然大事记被作为全志之纲，并起到勾勒历史发展脉络的作用，那么它的位置理应排在概述之后，各分志之前，已故中国地方志协会副会长董一博同志力主“大事记”应放在志书的前面。董老在山东滕县谈地方志工作时说：“大事记放在志书前面比较好，因为它是志书的编年记事之经，先有了经，然后才能编纬。大事记不能作为附录写，作为附录写起不到应有的作用。有人主张大事记分成几部分写，这更不行，这样肢解以后，就破坏了它的整体性、连贯性。”实践证明，董老的主张是正确的。

大事记的写法

大事记的写法，大致有编年体、纪事本末体和编年体与纪事本末体并用三种。后一种实以编年体为主，辅以纪事本末体，即依时序记事，对不太复杂的事件，跨越时间适当集中，记清首尾。这是目前采用较多的一种写法。

对于这种写法，曾有人提出反对。持反对观点者认为，要么用编年体，要么用纪事本末体，二体混杂，不伦不类，是自乱其体。笔者认为，这种责难是过于挑剔了。编年体与本末之体均来自史书，而史书之体从来就不是一成不变的。章学诚在《文史通义》中说：“《尚书》一变而为左氏之《春秋》，《尚书》无成法，而左氏有定例，以经纬也。左氏一变而为迁之纪传，左氏依年月，而迁书分类例，以搜逸也。迁书一变而为班氏之断代，迁书通变化，而班氏守绳墨，以示包括也。”方志之体同史书一样，自宋、元、明、清以来，各有发展，都在依时而变。完全不必自设雷池，捆住手脚。今天我们编写新方志之大事记，以编年为主，辅以纪事本末，取二体之长熔于一炉，写起来方便，读起来也方便，恰恰是应该予以提倡的。

（发表于《黑龙江史志》1994 年第 3 期）

为民族抗战树丰碑

——评《和顺县志》对抗日战争的记述

有幸从老友处得到一部新编山西省《和顺县志》。捧读一遍，竟致爱不释手。从篇目设计到内容记述，新意迭出，珠矶满目。其中对抗日战争的记述又别具特色。遂将记述抗日战争的有关部分重读一遍，细细品味，深感可资借鉴之处颇多。

我国的抗日战争，是世界反法西斯战争的重要组成部分。是我国人民 100 多年来反对帝国主义侵略第一次取得完全胜利的民族解放战争。它打破了近代我国在抵抗外国武装侵略作战中屡战屡败的先例，洗雪了 19 世纪 40 年代以来的民族耻辱，成为中华民族由衰败到重新振起的转折点，为我国的独立和解放奠定了基础。在我国革命历史的分期中，抗日战争成为一个重要的历史时期。作为记述一定区域内的历史与现状的地方志，记好这一段历史，为中华民族抗日战争的胜利树碑，为在抗日战争中死难的烈士立传，无论对资政、教化和存史，都具有十分重要的意义。此正所谓前事不忘，后事之师。《和顺县志》的编纂者是深明此理的。在这部县志中，对抗日战争的记述，不仅充分，而且精彩。

其主要特点是：其一，脉络清晰。在抗日战争期间，和顺县抗日根据地的建立，人民抗日武装的由小到大，各抗日救亡群众团体的相继诞生，抗日民族统一战线的形成，敌后抗日游击战争的发展，无不作为一个过程加以记述，整个抗日战争的历史脉络清晰可见。其二，重点突出。全部抗日战争的记述，涉及面虽宽，但着重点是两个：一是中国共产党对抗日战争的领导，体现出中共是抗日战争的中流砥柱；二是人民群众在抗日战争中做出的巨大贡献，体现出人民是抗日战争的主体；其三，资料翔实，写战事，时间地点、发生背景、双方兵力、作战经过、最后结果，都交代得一清二楚。写支前，出动人数、担架牲畜、粮食蔬菜、军衣军鞋均有数据可查，绝不用浮泛之词加以敷衍。其四，文字简洁。记事记人，开门见山，述而不论，干净利落，绝无空话。其五，观点鲜明，文中虽只记不议，但一字一词，笔端含情，或褒或贬，毫不含糊。除了上面这五点之外，还有一点是十分突出的，那就是诸体并用，发挥志书中各种体裁的优势，为记述抗日战争服务。此种记法，使人深受启迪，值得详加评介。

抗日战争是一场关系到中华民族生死存亡的全面斗争，它牵涉军事、政治、经济、文化、社会等各个方面，不可能也不应该用一种体裁，在一个地方集中记述。《和顺县志》的高明之处在于它以志为主，同时运用述、记、传、表、录多种体裁，全方位地记述抗日战争及其影响，而且注重了发挥各种体裁的长处，从不同角度，以不同方法加以记述。概述是以高度概括的文字述一地大势大略的一种体裁。《和顺县志》的概述共4200多字，称得上是惜墨如金了。然而就在这篇十分精练的概述中，编纂者却不惜笔墨，用了570多字来叙述八年抗战，占了概述总字数的13%以上。这里从宏观角度主要写了三项内容：一是和顺县抗日战争初期的重要战略地位，即和顺为晋中东山各县政治、经济、军事的神经中枢。以太行山为依托，创建晋冀豫根据地，就是朱德、彭德怀、左权、任弼时率总部于1937年11月在和顺石拐镇举行的会议上做出的决策。秦(基伟)赖(际发)支队是以和顺为根据地发展壮大的。在举世闻名的百团大战中，129师的前线指挥所即设在石拐镇。二是中国共产党领导的人民武装力量，在和顺境内取得赫赫战绩。诸如1937年12月南军城之战粉碎日军“六路围攻”、1938年4月石南坪阻击战粉碎日伪“九路围攻”、1940年9月毙日军36师团永野大队长于双峰、同年10月弓家沟伏击战摧毁片山旅团军用汽车43辆等等。三是和顺人民在中国共产党领导下奋起于民族危亡之秋，全民动员，共赴国难。既有点，也有面，既概括，又具体。这些都是全志中记述抗日战争内容的精华。为后面各种体裁的展开记述做好了铺垫，立下了根基。

大事记是志书中唯一的一条纵线，编年记事，不以对各种事物的影响不同而分割，不以事发地点相隔遥远而阻断，全志中的大事，均在这里雁行鱼贯，顺序排列，以构成历史发展脉络。《和顺县志》充分发挥了大事记的这种优势，把同抗日战争有关的大事，均以简略的文字载入了大事记。从 1937 年 7 月到 1945 年 8 月的抗日战争时期，《和顺县志》的大事记共记了 130 多个事条，其中有关民族抗战的事条就有 80 条之多，占这一时期事条总数的 60% 以上。既记述了人民抗日武装力量的由小到大，由弱到强，又记述了日伪军从疯狂进攻到被动挨打,从不可一世到土崩瓦解。既记述了中国共产党的坚强领导，又记述了人民的顽强斗志。既记述了地方武装灵活机动的游击战又记述了正规部队大量歼灭敌人的运动战，恰似一部粗线条的编年体地方抗日斗争史。

各专志是记述抗日战争的主体，而军事编则是记述的重点部分。我所见到的已出版的新编地方志，在军事编记述抗日战争，多是记在战事和民兵两个部分。《和顺县志》则与众不同，除了这两部分之外，还专设了“参战支前”和“瓦解伪军”两章。记述抗日战争的分量之大为前所未见。仅在“民兵”章的“活动纪略”一节，就记了对日大小战斗 18 次。在“战事纪略”章的“近代战事”一节,更是有声有色地记述了我正规部队对日战斗 15 次。“参战支前”一章，用了一半的篇幅记述人民群众在抗日战争中破坏铁路、运输物资、传递情报、抬担架、护理伤员、缝制军衣和军鞋等活动。“瓦解伪军”一章，则分三节以全部篇幅记述了抗日战争中瓦解伪军的工作，并分专题记了 5 次伪军起义。在军事编的最后，还专附了“日军暴行”，记了 10 次日军制造的惨案。再加上“地方武装”和“驻军”两章中的相关内容，对抗日战争的记述构成了军事编的主要部分。然而，军事编毕竟有它的局限性，它只能从军事角度去记述。中国共产党在抗日战争中的领导决策作用在军事编是很难记得充分的。抗日战争对各行各业的影响，更是无法在军事编中去记述。《和顺县志》做到了各有关专志密切配合，从不同角度记述抗日战争及其影响，是十分可贵的。在“中国共产党”章的“政事记略”一节，用了三段文字，记述中共和顺县委宣传贯彻中共中央《抗日救国十大纲领》，组织抗日救亡群众团体，成立新政权，发动全民抗战，坚持根据地，开展游击战，扩大游击区，以及争取和瓦解伪军等领导活动。在“思想建设”一节，记述了如何教育党员以身作则，动员各界群众投入抗日救亡运动。在“统一战线”一节，记述了发展抗日民族统一战线，团结动员各方面力量一致抗日的工作。在“历次党代会”一节，则分别记述了中共和顺县委、中共和东县委、中共和西县委在第一次代表大会上做出的发展地方武装、开展游击战争、发展生产、支援前线的决议。这些，都体现了中共地方组织在抗日战争中的领导作用。我查了一下，在全志 22 编中，除了“建置沿革”“自然环境”“人口”“经济管理”“方言谣谚”这五编之外，其余 17 编都记述了同抗日战争有关的内容。就连一般认为不大可能写入有关抗日战争内容的“民情风俗”编，也在“良风美德”一节记述了农村妇女杨白孩掩护抗日干部韩四孩，巧妙骗过日伪军搜查的事迹。真可算是调动一切手段记述抗日战争了。人物传是通过人物事迹行其褒贬的一种体裁，就其主要部分来说，是记述那些在历史舞台上叱咤风云，做出突出贡献的人物的事迹，以激励后人踵前贤立志报国的一种体裁。《和顺县志》对抗日战争的记述，十分重视人物传这种体裁。人物编中共为 41 人立了传，其中有 16 个传 (17 个传主) 主要记述了抗日战争中的事迹。这些传主中有抗日武装的指战员，有地方领导干部和基层干部，有普通农民，有开明士绅，有知识分子，每个传都注意了突出传主的个性，事迹生动感人。透过这些人物传，可以具体地告诉人们，抗日战争的胜利，是我国人民经过极其艰苦的斗争，付出极大的代价取得的。从中也可以清楚地看出，中共党员是团结各族人民共同抗战的中坚力量，是全民族利益的最坚定的维护者。在这 16 个传中，有一个是为认贼作父、助敌残害人民的伪维持会长李登熬立的传。把这样一个罪恶昭彰的人物拉出来示众，教人引以为戒，也是十分必要的。这样更可以充分发挥人物传彰善瘅恶的作用。此外，在“人物表”和“革命烈士英名录”中，又分别记载了抗日战争时期的 5 位杀敌英雄，462 位烈士。人民将永远不会忘记这些英雄和烈士，他们的名字将流芳千古。

综上所述，《和顺县志》对抗日战争的记述，诸体并用，各扬其长，有主有次，相得益彰，构成了记述抗日战争的有机整体。确可称为记述抗日战争的一个范例。

如果说《和顺县志》记述抗日战争还有什么不足，我以为主要是对牺盟会的记述不够充分。牺盟会是山西省独有的一种群众团体，它虽以阎锡山为会长，具有合法地位，而其中却有大批中共党员充任骨干。抗日战争爆发后，山西省多数县是由中共党员以牺盟会特派员的名义担任县长的。牺盟会实际上成了准政权组织，在抗日战争中起了重大作用。在志书中记述牺盟会，可使地方特点更加鲜明。而《和顺县志》对牺盟会只在“党派群团”编的“社会团体”章中作了简单介绍。对牺盟会和顺分会的活动只是用十分概括的文字点了一下，而无具体记述，甚至没有记牺盟会的解散时间。使人略感缺憾。然而，瑕不掩瑜，《和顺县志》对抗日战争的记述，从内容到形式，都是好的，是值得推荐的。

（发表于1995年《沧桑》）

阅读志书的向导 理解志书的钥匙

——评《秦皇岛市志》的“总述”

翻开新编《秦皇岛市志》(以下简称《秦志》)，一股清新之气扑面而来，那鲜明的地方特色，浓郁的时代气息，渗透于全志的方方面面。其政治观点的准确把握，各种体裁的合理运用，宏观与微观的彼此兼顾，广度与深度的巧妙结合，以及严谨的结构，流畅的文字，都给人留下了深刻的印象。设于志首的“总述”，即是其精彩篇章中之一例。具体地分析一下这篇“总述”的内容及写法，对于深入探讨“总述”(或称“概述”)在志书中的作用，将是十分有益的。

在全志之首设“总述”是本届修志的一个创举，并为广大方志工作者所普遍接受。经过十多年的修志实践，“总述”要总括地情这一点已为方志界所认同。但是，对于如何去总括地情以及“总述”还要不要发挥更多的作用，认识却不一致。由于认识不同，有些已经出版的志书，其“总述”往往采取浓缩志书内容的办法来总括地情，有的则干脆写成内容提要。这样总括地情，带来的明显问题是，内容庞杂而无所统摄，叙事陡起陡落，层次、段落之间各拦其界，彼此孤立。这样的“总述”即使按总括地情的要求去衡量，也是十分勉强的，当然无法要求其发挥更多的作用了。

《秦志》的“总述”摒弃了这种浓缩志书内容的办法，着重在提炼精华、沟通联系、彰明因果三个方面下功夫，较好地发挥了“总述”这种独特体裁的作用，使其成为阅读志书的向导，理解志书的钥匙。

1. 提炼精华。《秦志》的“总述”没有通过浓缩志书内容去总括地情，而是采取了作画中的写意手法，摘取志书中最具特点、最能“传神”的内容来勾勒地情梗概。且看其具体写法。

全篇“总述”共分四个部分。第一部分交代本市的自然状况。这个部分完全没有涉及建置沿革，一则这个市的建置方面没有特别需要说明的地方，二则建置沿革同本篇“总述”后面展开的内容没有必然联系。这个部分简要地写了三项内容：一是地理位置及同周围大城市的距离，特别指出“位于东北、华北、环渤海三大经济区交会处”，在于说明地理位置特殊。二是自然环境，着重交代地貌，有山地，有丘陵，有平原，有浅海，而且气候温和，在于说明自然环境优越。三是自然资源，在于说明资源的丰富。突出了这样三项内容，既提炼了本市区位与自然环境的精华，又为后面二、三两部分的展开做好了铺垫。

第二部分集中写本市的两大优势，即港口优势和旅游优势。这是秦皇岛最具特色的地情，同时也是地情中规定和影响着诸多方面的基本内容。即使如此，这个部分在文字上也并未做过多的铺陈，而是选取了若干要素，加以勾勒。如叙述港口优势，首先讲其优越的建港条件，即“水深、不冻、不淤、风平浪低、潮差小、地质条件好、气候适宜、风景优美、港域开阔、发展区域广阔、建港主要材料就地可取”。其次讲开港历史，即新石器时代先民便利用此地沿海岬角型天然港湾作渔猎、交换和军事补给基地。春秋战国时期，这一带的碣石港已成为燕国的通海门户。后经历代演变，至清光绪二十四年(1898)，清政府宣布秦皇岛辟为通商口岸。中华人民共和国成立后，几经扩建，至1990年，秦皇岛港已成为世界煤炭输出第一大港，中国大陆仅次于上海港的第二大港。再次是讲港口带来的交通优势，即秦皇岛港有铁路干线、公路干线、民航、国内外货轮航线、输油管道，已成为连接内陆与沿海、北方与南方、国内与国外的重要交通枢纽。叙述旅游优势，着重讲了历史文化和人文景观的丰富多彩，自然景观的星罗棋布。随后说到早在19世纪末，清政府即把北戴河海滨辟为避暑区。1979年，秦皇岛市被国家命名为“甲级旅游城市”。

第三部分是写经济及教科文卫等各项事业的发展变化的。这个部分由于涉及面广，如果平铺直叙，极容易写得冗长枯燥。《秦志》的“总述”在这部分尽量避免面面俱到。首先，叙述经济的发展变化，打破了通常按工业、农业、商业、交通、邮电、电力、财政、税务、金融等各业分别叙述的写法，改为按三个产业叙述其兴衰起伏。为突出本市的产业特色，不是按第一产业、第二产业、第三产业的顺序去写，而是颠倒过来，先讲以港口运输、旅游和商业服务为主体的第三产业，然后再讲以生产玻璃为主要特色的第二产业，最后才讲第一产业。这样叙述，既符合秦皇岛的实际，又给人以新鲜感。叙述到教科文卫等各项事业的状况时，舍弃了对一般性发展过程的叙述，采取了跳跃式的写法，即只写中华人民共和国建立之初的状况，避免了写发展过程所带来的冗长。

第四部分是写秦皇岛人民的。作为概括全志的“总述”，一般都把当地人民的革命斗争历史作为一项重要内容。然而，有些“总述”似乎仅仅是为了“全面”才写这项内容的。以致同“总述”的其他内容不发生任何关系，使人有一种游离感。《秦志》

的“总述”是把人民作为创造历史的动力去写的。正如这一部分开头的一段所写的那样，“尽管秦皇岛地区具有优越的自然环境和独特的区位优势,没有勤劳勇敢的秦皇岛人民,一切都是枉然”。这既是前面所述创造历史成就的根本原因的归结，同时也是后面叙述人民群众革命斗争传统的由头。如果说前三部分惜墨如金的话，这第四部分可算得浓墨重彩了。因为秦皇岛人民确实有着值得引为骄傲的光荣革命斗争史。早在南宋端平元年(1234 年),就有李仙、赵小哥领导的反对蒙古贵族实行种族歧视和压迫的昌黎人民起义，后来又有明代的昌黎白莲教起义，清代山海关、卢龙、昌黎等地义和团的斗争,秦皇岛地区的反提高盐价斗争等等。中国共产党诞生之后，秦皇岛建党较早， 1922 年山海关即建立中国共产党小组,并于同年 10 月领导了山海关铁路工人大罢工。这是我国在中国共产党领导下开展最早的罢工之一。接着又有秦皇岛码头工人大罢工、柳江煤矿、长城煤矿工人罢工，以及参加冀东抗日大暴动等等，几百年来革命斗争绵延不断。中华人民共和国成立后，秦皇岛人民继承革命传统，并且发扬光大，在社会主义革命和建设中，英雄模范人物辈出，谱写着秦皇岛历史的新篇章。所有这些，都是地情中的精髓，是值得大书特书的。

如上所述，采取提炼精华的办法比之浓缩志书内容，能更好地总括地情，不仅能使读者更容易得其要领，而且具有较强的引导性，使读者看过“总述”之后，产生进而阅读全志的强烈愿望。而“总述”中着力叙述的那些内容，正是读者阅读的重点。因此，“总述”即可成为阅读志书的向导。

2. 沟通联系和彰明因果。地方志体例的一个显著特点，是分门别类，横分纵写。受这种体例的限制，如果修志者不能从普遍联系中去把握记述对象，则必然造成各大部分之间、一个部类内各个部分之间缺乏内在联系。随之而来的则是因果之效不彰。“总述”作为志书中唯一可以夹叙夹议的体裁，是应该而且能够在沟通联系和彰明因果上发挥作用的。《秦志》的“总述”就是这样做的，而且收到了良好的效果。

稍加分析即可看出，《秦志》“总述”全篇的四个部分是紧密联系、环环相扣的。第一部分讲地理位置特殊、自然环境优越和自然资源丰富，不仅仅是为了交代地情中的自然状况，同时也为后面展示人工环境和叙述人们在这个自然环境中的活动做好了铺垫。第二部分的内容就是从第一部分引申出来的。第二部分讲港口优势与旅游优势，而这两大优势正是第一部分所讲的区位优越的集中表现。这就把第二部分同第一部分紧紧扣在一起了，沟通了其内在的联系。第三部分讲经济及教科文卫等各项事业的发展变化，又是第二部分所讲的两大优势的延伸。正如这个部分开头所写的那样“秦皇岛市的港口优势和旅游优势，构成秦皇岛市经济技术社会发展的基础”。秦皇岛市的经济，尤其是第三产业，有明显的临港特点。中共十一届三中全会以来，秦皇岛市更加自觉地突出自己的产业特色，以港口运输、旅游和商业服务为主体的第三产业比重逐年加大，至《秦志》下限年的1990年，第三产业总值已占全市生产总值的42%。第二产业的临港特色也逐渐明显起来。其他各业如科技、教育、文化、卫生，也都或多或少受到港口与旅游的影响和制约。这样就又把经济及其他各项事业的发展变化同两大优势的内在联系沟通了。第四部分集中写秦皇岛人民，是从人民群众创造历史这个历史唯物主义的基本观点出发的。这一部分开头写道“秦皇岛市经济技术社会发展的历史，是世代秦皇岛人民创造的”。这就同第三部分的内容紧紧衔接了起来，一环紧扣一环，就使得各个部类之间豁然贯通，全篇“总述”浑然一体。

彰明因果是以沟通联系为前提的。没有内在联系，彼此孤立，自然是因果之效不彰。联系沟通，关系搞清，因果自明。《秦志》的“总述”是按下述逻辑关系秩序排列的：有了特殊的地理位置、优越的自然环境和丰富的自然资源，才带来港口、旅游两大优势；有了港口优势和旅游优势，才构成经济技术社会发展的基础，并已初步形成自己的产业特色；已经取得的巨大历史成就，是勤劳勇敢的秦皇岛人民创造的，并且正在继续创造着更加辉煌的未来。这既是各个部类之间的内在联系，又是各个部类之间的因果关系。沟通联系同时收到了彰明因果之效。使读者读过“总述”，对全志内容既知其然又知其所以然，使“总述”成了理解志书的一把钥匙。

综上所述，把《秦志》的“总述”称为一篇佳作，应该是并不为过的。当然，称佳作也并不是说完全没有缺点。缺少必要的策论就是这篇“总述”的明显不足。设于志首的“总述”，除了总括地情、提炼精华、沟通联系、彰明因果之外，还应该起到策论方略的作用。修志者掌握了涉及面极广、历史跨度极大的资料，经过修志过程的反复筛选、全面消化，修志者(尤其是主编)对本地历史与现状已烂熟于胸。这实际是站在历史的一个点上(下限年)，回头审视本地的历史发展过程，对于其中的兴衰起伏、利弊得失，必然形成一定的认识。把这些认识经过从感性到理性的升华，写入“总述”，便可收到策论方略之效。前面说过，“总述”是志书中的一种独特的体裁，是可以夹叙夹议的。也就是说，在“总述”中纵观古今，横陈利弊，是允许的。本来可以发挥的作用而不去发挥，岂不可惜！《秦志》的“总述”虽然在最后指出了本市在前进中的“薄弱环节”，诸如城市基础设施较差，综合服务功能不全，水资源缺乏，人才匮乏，技术落后，产业结构、产品结构与开放城市的要求不相适应等等，但这些“薄弱环节”同前面的叙述脱节，未能在叙述中随文导出。而且，提出的问题略嫌原则，又未能指出解决的途径，这不能不是一个缺欠。

我们有理由相信，经过认真分析已出版的志书“总述”的长处与短处，必将使我们对“总述”的作用与写法有更新的认识，因此，可以预期有更多精彩的“总述”面世。

（发表于 1997 年《中国地方志》第 6 期）

展示地方特色的有益探索

——关于《北戴河志》的几点回顾

《北戴河志》（以下简称《北志》）出版已经四年多了。四年多来我陆续听到一些对这部志书的评价意见，其中共同的一点是：具有鲜明的地方特色。能够得到这样的评价，《北志》的编纂者们可算得如愿以偿了。我这个顾问悬着的心也踏实下来了。这部志书在编纂过程中所以“七修篇目四易其稿”，在1990年评稿会之后所以要经过四年的修改才定稿付印，所追求的不正是要有鲜明的地方特色么？现在可以这样说“七修篇目四易其稿”的功夫得到了应有的回报。在志书展示地方特色上，《北志》确实进行了有益的探索。这种探索集中表现在立项、布局和记法上。

一、独特的立项

展示地方特色遇到的第一个难题是如何立项。这里有三个问题需要处理好：

第一个问题是党中央在北戴河的活动如何记述，是否单独立项和如何立项。北戴河从 50 年代初就是党和国家领导人夏季办公和休息的地方。1954 年 11 月，国务院即要求北戴河“为中央暑期办公服务”。1984 年党中央明确决定暑期在北戴河办公。从 50 年代以来，中央的不少重要会议和其他公务活动是在北戴河举行的。这是北戴河独有的地方特色。如何展示这一独有特色，当时有两种处理办法可供选择：一是只在大事记中记述，不单独立项，不使用志体。二是既要在大事记中记述，又要单独立项记述。权衡两种处理办法的利弊，后一种办法有利于充分展示这一独有特色，但有两个困难：其一，以地方的志书记中央的活动，分寸不易把握；其二，按“以类系事，类为一志”的原则，此项内容不好归类。前一种办法可以避开这两个困难，但记述过简，不足以充分展示这一独有特色。权衡的结果，《北志》的编纂者舍易就难，毅然选择了后一种处理办法。经过反复研究，为避开归类的困难，决定自成一篇，不归入任何部类。篇下分为三章：第一章记重要会议；第二章记公务活动；第三章记领袖轶事。记会议和公务活动，以公开发表的中央公报或新华社播发的报道为根据，力求简洁，不另加评述。在设想到的困难都迎刃而解之后，在篇的标题上又颇费了一番周折。如果标以“中共中央在北戴河的活动”，不仅题目很长，而且无法涵盖党和国家领导人在北戴河的轶事。如果再把领导人轶事加在题目中，就会长得不再像个题目。由于想不出合适的题目，只好暂时搁置，先写内容。后来在又一次研究到这一篇的题目时，秦皇岛市地方志办公室主任齐家璐同志提出：北戴河从 50 年代初就是中央夏季办公的地方，这里早已成为人们心目中的“夏都”，1984 年中央又正式决定暑期在北戴河办公，题目何不就叫“夏都纪事”？参加研究者都有“蓦然回首”之感，四个字，既简洁又明确，于是敲定下来。

第二个问题是避暑、疗养和旅游如何立项。按照“以类系事”的原则，避暑、休养疗养属于卫生事业，应在文卫体篇立项记述。而旅游则属于第三产业，应在第三产业篇立项记述。如果这样立项，这两项内容都无法充分记述。而这两项内容记述不充分，展示地方特色就将成为一句空话。因为这两项内容对北戴河来说太重要了。可以这样说，没有避暑、疗养和旅游，就没有今天驰名中外的北戴河。历史已经证明，北戴河的避暑、疗养和旅游事业兴旺，其他各项事业都随之兴旺；相反，这两项事业衰落，其他各项事业也随之衰落。所以，避暑、疗养和旅游是北戴河的地方特色中最基本的特色。基于这样的认识，才决定把这两项内容从文卫体篇和第三产业篇析出，单独立项，各为一篇，展开记述。

第三个问题是经济各项内容如何立项。北戴河作为国家级风景名胜区，工农业并非其优势产业。比较起来，第三产业和基础设施建设却发展较快。这正是风景名胜区的经济特色。如果按常规的立项办法，工、农、商、交、邮、建、财、税、金等分别立项，各自成篇，则会使本地的经济特色散见于多篇之中，而不利于集中突出。如果说前两个问题的处理强调的是单独立项的话，在记述经济问题上却刚好相反，强调的是合并同类项。把所有经济部类的内容合并成了五篇，即：把能源、供水、交通、邮电、公用设施、房屋建设、园林绿化、环境保护、城乡建设管理加上总体规划合为一篇，篇的题目标为“基础设施”。工、农、商等按三次产业立项标题。第三产业取其狭义，除商业外，只把金融包容进来。为了详记饮食服务业，把这项通常归入商业的内容析出，自立一章。这也算是合中有分。其余经济内容，包括计划、财政、税务、审计、工商、物价、劳动，统统纳入“经济管理”篇下。这样分篇立项，有利于集中展示北戴河的经济特色。

上述三个问题的处理，使《北志》的立项确实有些“与众不同”，但并未违背志体。实践证明，如此立项，确乎为展示地方特色提供了便利。

二、独特的布局

独特的立项决定了独特的布局。

采用中编法布局并不独特，似乎有点“随大流”。然而，对《北志》来说，由于有了前边说到的立项，在布局上除了采用中编法已别无选择。“夏都纪事”一项具有很强的独立性，不适于归入任何一类。这就是说，那种划分为地理、经济、政治、军事、文化、社会、人物七大部类的大编法是不适用的。而“基础设施”和三次产业的立项，大都合并了同类项，因此不适合采用一事一项的小编法。这样，采用中编法就成为唯一的选择了。

如果说《北志》的立项有些打破常规的话，那么，这些项目的排列即布局则对常规有了更大的突破。

《北志》除概述和大事记外共设 20 篇。前三篇分别是“政区建置”“自然环境”和“人口”。这三篇特别是前两篇，是任何志书都必然要放在最前面的，因为这是记述基本地情的篇章，不先交代基本地情，其他任何内容都无由谈起。但是，把这几篇放在最前面对《北志》来说又具有特殊作用。北戴河所以成为国家级风景名胜区，其决定的因素是优越的区位与自然环境。所以，先记“政区建置”与“自然环境”，又恰恰符合了《北志》的特殊需要。至于“人口”，也可算作基本地情的一项内容，而且后面又没有很合适的位置，作为基本地情排在“自然环境”之后，也是比较和谐的。

按照常规，无论是采用大编法还是中、小编法，在“政区建置”“自然环境”和“人口”之后，应该排列经济或政治的内容。而《北志》则一反常规，第四、五、六篇却分别排列了“‘夏都’纪事”“避暑·疗养”“旅游”。这完全是从更好地展示地方特色的角度考虑的。

“‘夏都’纪事”由于其内容的特殊性，不宜排在任何产业、事业和政治活动之后，只能排在第四篇，即基本地情之后，其他内容之前。然而，如果在这一篇的后面紧接着排列经济或政治的内容，这一篇就会显得很孤，显得同下面各篇很不协调。而避暑、疗养和旅游既然已从文卫体篇和第三产业篇析出，如果再分别排在文卫体篇和第三产业篇邻近的位置，就会因排列分散而影响展示地方特色的效果。于是把“避暑·疗养”和“旅游”两篇一起置前，排为第五篇和第六篇。这两篇同“‘夏都’纪事”性质相近，正好互相配合，形成了展示地方特色的核心部分。

把“基础设施”排在各项经济内容之前，在已出版的志书中已有先例。北戴河的基础设施建设从总体上说优于一般市辖区更应该排在各项经济内容的前面，作为第七篇。这一篇如此排列，同时起到了从记避暑、疗养和旅游向记述三次产业过渡的作用。

在三次产业的排列顺序上曾经有过周折。直到开评稿会时，商业、饮食服务业和金融业等第三产业还是排在工农业之后的。当时虽然知道这样排列同北戴河的实际情况不太吻合，但为常例所拘，未能大胆突破。直到评稿会后改为按三次产业分设三篇之后，才觉察到以前是自设“雷池”。于是根据北戴河三次产业发展情况的实际调整排列顺序，按第三产业、第二产业、第一产业的顺序排列为第八、九、十篇。这样的布局，在已出版的志书中的确显得独特。然而，这种独特并非刻意追求的结果，而是按照各项目的内容理应这样排列。虽说展示地方特色主要靠内容，但好的布局本身对展示地方特色也会起到积极的作用。

三、独特的记法

这里所说的独特的记法，主要是指志书的各个部分都尽可能同本地基本的地方特色联系起来。所谓基本的地方特色，就是对本地的政治、经济、文化等各方面都产生深刻影响的那部分地方特色。地方特色可以分成几种不同情况。有的地方没有很明显的地方特色，需要从横向比较中才能发现本地同外地的某些差异。这些地方修志，只能从深层次内容上展示本地与外地的不同。有些地方虽有明显的地方特色，但对本地的影响面并不大。如吴桥县的杂技是其明显的地方特色，知名度很高。但杂技对本地的影响主要表现在文体方面，对政治、经济并无大的影响。所以吴桥县志对杂技列专项详加记述就足够了。而有些地方其地方特色不仅十分明显，而且影响和制约着本地的一切方面，北戴河就是如此。这里最明显的地方特色是避暑、休养、疗养和旅游。因其影响和制约着北戴河一切方面，所以《北志》就不只要设专篇详加记述，而且其他各篇的记述也要同这一地方特色联系起来，即全方位地展示这一地方特色。这一点《北志》基本上做到了。

志首的概述，全篇是围绕着北戴河何以成为国家级风景名胜区，何以成为人们心目中的“夏都”以及避暑、疗养和旅游事业的发展历程而展开的。大事记则从秦始皇东巡到碣石，“刻碣石门”，在金山嘴筑行宫记起，把汉武帝至碣石筑“汉武台”、曹操临碣石赋《观沧海》诗、唐太宗在碣石“刻石记功”、英籍工程师金达发现北戴河为避暑佳境。英传教士艾德华、甘林在联峰山营寨占地、清光绪二十四年(1898)清廷划定北戴河为避暑区，直至1979年国务院确定北戴河为国家级风景名胜区等等，所有能展示地方特色的大事，都记得清清楚楚。使读者读过概述和大事记之后，就会对北戴河的地方特色有个概括的了解。

下面的各篇，则是对北戴河地方特色的具体记述。除“‘夏都’纪事”“避暑·疗养”“旅游”三篇是记述基本的地方特色的专篇外，其他各篇也都从不同角度记述了基本的地方特色。

第一篇“政区建置”，在第一节即记述了北戴河优越的地理位置“位于渤海湾北岸的中部”，距“秦皇岛港11.1公里，距山海关机场29.4公里”“京沈铁路、山广公路从北部过境”。优越的地理位置和便利的交通，是这里成为避暑、疗养和旅游区的重要条件。第二节记述从清光绪二十四年(1898)划定北戴河为避暑区后的境域变迁，即随着避暑、疗养和旅游事业的发展，境域不断扩大的情况。再往下，记述了北戴河街市建设的兴衰起伏，以及目前作为国家级风景名胜区的街市和功能分区。

第二篇“自然环境”，是展示地方特色的重点篇章。其一，在“气候”章，记述了北戴河的气候状况，说明这里“四季分明，日照充足，雨量适中，湿润多风，气压稳定，气候宜人”，是成为避暑和旅游胜地的主要因素之一。其二，专设一章记“海”，分“海岸”“潮汐”“海浪”“表层水温和盐度”四节，说明这里的海沙软潮平、水温和盐度适中，是海水浴、沙浴和日光浴的理想天然场所。其三，在“自然资源”章中“生物资源”节，着重记述了树和鸟。这里树木种类繁多，鸟类资源极为丰富，是构成北戴河风景的重要组成部分。对树木，列表记载了42科，138个品种，每种树木都记清其科别、名称、类别和分布区域。对鸟类，则列表记载20目，61科，405种，每种鸟都记清其目、科、发现地点或生活环境、居留期间和季节，并说明何种鸟是国家保护动物。这样的记述，在其他志书中一般是看不到的。

第三篇“人口”，不仅记述了随着休疗养和旅游事业的兴衰人口迁入迁出率高于一般市辖区这一特点，而且专设一节“流动人口”，着重记述了暑期流动人口和第三产业流动人口，从一个侧面反映了风景、旅游区的特色。

以下各篇，除“基础设施”和“第三产业”两篇主要围绕着如何适应避暑、疗养和旅游去记述外，其余篇章也都从不同角度记述了同避暑、疗养和旅游的关系。诸如“第二产业”篇记工业发展状况，特别写明“根据避暑区的特殊功能，因地制宜地发展无污染、噪声低的工业门类”。“第一产业”篇记述农业的发展状况时，特别记述了根据避暑、疗养和旅游事业发展的需要，不断调整种植结构，扩大蔬菜种植面积的情况。“中国共产党”篇在“重要决策”一章，共记了四项决策，其中有三项是关于发挥暑期优势和适应休疗养与旅游需要的。“人民政府”篇的“主要政务”章，第一节即记的是暑期工作。“公安·司法·军事”篇，记述了暑期的安全防范、交通管理和暑期警卫。“教育·科技”篇，记述了举办旅游职业高中班；利用暑期优势邀请专家、教授到北戴河举办学术讲座，提高本地科技人员的科技水平。“文化、卫生、体育”篇，记述了暑期的文化活动和公共卫生。“人物”篇，为开发和建设北戴河做出贡献的人物立了传。

总之，志书的各个部分都从不同角度展示基本的地方特色，这正是《北志》编纂的基本要求。现在回过头来看，这个要求基本上达到了。如果说还有不足的话，那就是有些地方还有疏漏。例如：北戴河海滨地区每立方厘米空气含负氧离子 4000 个，高于一般城市 10 至 20 倍。这是北戴河成为休养、疗养最佳地方的重要条件。《北志》只在“概述”中说到了这一点，在“自然环境”篇和“环境保护”章都漏记了。再如，逐步调整第一产业内部结构，扩大果树栽培面积，增加果品生产，本来是为了适应休疗养和旅游的需要，而《北志》却只提供了面积、产量的数据，而未从这是休疗养和旅游区的特点这个角度去记述。类似的疏漏还有一些。尽管如此，瑕不掩瑜，《北志》在展示地方特色方面的探索，对修志同仁仍会有不少启发。

1998 年 12 月

一部农垦企业特点鲜明的志书

——简评《芦台农场志》

看过《芦台农场志》(以下简称《芦志》)，留下印象最深的是，从形式到内容都鲜明地体现出大型农垦企业的特点。无论是谋篇布局还是记述方法，都从本农场的实际出发，既不违背志体，又不墨守成规，独创与革新随处可见。

一、从实际出发谋篇布局

农场志如何谋篇布局，在旧志中没有先例。在《芦志》开始拟订篇目之时，尚无新的农场志可资借鉴。但从已出版的《芦志》来看，其谋篇布局显然是成功的。

首先是明确了本志的性质。农场志究竟是区域志还是专业志或企业志？这是首先需要弄清楚的。芦台农场不仅辖有5个分场，6个实体公司和一个场部管理处，而且辖有两个乡、20个行政村。农场的总场不只具有企业职能，而且行使部分政府职能。从这些方面说，它具有区域的特点。但它不同于县、市等行政区域，它的本质属性仍然是企业。因此，以芦台农场为记述对象的志书，虽具有某些区域志的特点，但不属于区域志。那么，记述农场的志书是否专业志呢？也不是。芦台农场虽称“农场”，却是农、林、牧、副、渔全面发展，工、建、交、商、服综合经营的国营大型农垦联合企业。所以，《芦志》的编纂者经过深入分析，把《芦志》定为具有区域特点的企业志，是十分准确的。

其次是把握住了基本特点。明确了本志的性质，才能准确地把握本志应该突出的基本特点。志书都要有鲜明的特点。这里所说的特点主要是地方特点、行业特点和时代特点这样三项。对于区域志（如省志、市志、县志）来说，地方特点为其基本特点。区域志如无鲜明的地方特点、行业特点和时代特点都将无所着落，正所谓“皮之不存，毛将焉附”。对于企业志和专业志来说，首要的不是地方特点，而是行业特点，即志书的所有内容都必须以行业特点为基础，在这个基础之上才有可能显示其地方特点和时代特点。《芦志》的编纂者正是较好地理解和把握住了本志应该突出的基本特点，全志的谋篇布局才有了明确的设计思想。

《芦志》的篇目设计采用了大编法。凡采用大编法的志书，一般都分为地理、经济、政治、军事、文化、社会、人物七个门类，即通常所说的“七大块”。但这种“七大块”的格局并不适合于《芦志》。其一，芦台农场的场域过去只是宁河县的一部分，在建场前这里本无独立的行政建制与军事建制，加之这里是滨海洼地，在历史上既无军事设施，也很少有战事，而《芦志》的上限又是断自 1949 年 4 月，如果保留“军事”一门，除兵役和民兵外，将没有什么内容可记。其二，农场的现有人员，除所属的两乡外，都是建场后从四面八方汇集来的，在几十年的时间内，不可能形成有特色的方言、习俗和宗教活动。因此，如保留“社会”一门，也将没有多少内容可记。其三，作为记述大型农垦联合企业的志书，其管理内容十分丰富，如果不单设管理一门，不仅像职工代表大会、农场管理委员会、场务会这样的管理机构无处可记，农场的大量宏观管理内容也将无处可记。面对以上三个问题，《芦志》的编纂者坚持从实际出发，大胆突破常例，毅然从大编法的七个门类中删掉了军事、社会两门，增设了管理一门。这样就形成了地理、经济、管理、政治、文化、人物“六大块”的格局。仔细斟酌起来，“管理”这一门似乎同其他五大门类并非同一层次，不宜并肩排列。然而，形式是为内容服务的，章学诚早就提倡过“因事命篇，不为常例所拘”。《芦志》的“六大块”布局，恰恰较好地适应了记述内容的需要，也显示出企业志同区域志的明显区别。

二、设立专章展示经济总貌

《芦志》在经济编下单设了一章“经济综述”，用以展示本农场经济的总体面貌。这也是从实际出发的一种创新。目前我们所见到的已出版的县志，多数都缺少反映经济总体面貌的综合性内容。尽管农业、工业、商业、运输业、建筑业都分别有相当充分的记述,但翻遍全志却找不到反映本县经济规模的社会总产值、工农业总产值、国民生产总值、国民收入等等综合经济指标的记载，也看不清全县经济结构和综合经济效益的状况。这是一个很大的缺憾。造成这种缺憾的一个重要原因，是拘泥于志书“以类系事，类为一志”的体例。按这种体例要求，经济可算作一大类，经济中的农业、工业、商业等等，可各自算作一小类。而经济方面的一些综合性内容却不构成一类。所以，采用中、小编法的志书，有的只把反映经济规模的几项综合经济指标以图表形式附于志首概述之后(如浙江《龙游县志》);有的在计划管理章下加进了少许综合性经济内容;更多的则付诸阙如。近几年才有少数志书列专篇记述综合经济内容。而采用大编法的志书,这些综合经济内容竟找不到容身之所。《芦志》的编纂者深知,作为企业志,充分记述综合性经济内容具有特殊重要的意义。因此,虽然采用的是大编法,仍大胆在经济编下设了“经济综述”专章,不仅在体例上有所突破,而且记述内容十分充实,鲜明地体现出企业志重视经济的特色。

《芦志》的“经济综述”章共分六节。前两节是记述国营经济制度演变与乡村生产关系变革的。因为芦台农场除了国营部分以外,还属有两个乡,所以对经济制度和生产关系的变化不得不用两节分别记述。第一节重点记了国营部分在经营体制上的三次较大变革,即1960年从高度集中的一级核算改为两级管理,三级核算;1982年总场对各分场实行包干,即实行生产责任制;1985年实行职工家庭农场经营承包责任制。第二节则主要记场属两乡从土地改革、互助合作、人民公社到家庭联产承包责任制的演变。这两节的记述,反映了经济制度与生产关系的变革历程,着重反映了改革的成果。第三节记述经济结构三次大调整,反映农场从单一种植业经济发展为今天的农、林、牧、副、渔、工、建、交、商、服多产业的综合经济结构。第四节记述经济规模,分别记述了社会总产值、工农业总产值、国民生产总值、国民收入、固定资产、定额流动资金、销售收入、社会商品零售额等八项经济指标的增长情况。第五节专记经济效益,这是在目前已出版的志书中绝少看到的一部分内容。在区域志中,记工业只记产值,不记效益,不做效益分析;记农业只记产出,不记投入,看不出成本和效益,是一种普遍现象。这种现象同社会主义市场经济体制很不协调。《芦志》作为企业志,全面而具体地记述了经济效益,使我们耳目为之一新。这一节下分五目，第一目记实现利税，详述了东场生产经营的起伏变化。第二目效益分析记述最为细致，下分产值利税率、资金利润率、销售收入资金率、产值资金率、社会劳动生产率、人均国民收入、国家投资收回率等七个目，对效益状况做了具体分析。第三目记建设投资。第四目记产业成果，其中包括生产成果、建设成果和财政收入。最后一目记贡献，即从建场以来累计向国家上缴利税、粮食、肉类等情况。第六节以居民生活逐步改善的状况作为经济综述章的结尾。这一章写得如此丰满，如此详尽，成为全志中十分精彩的一章。有了这一章，才能使读者了解农场的经济总貌；有了这一章，才能同后面分别记述经济领域各业的内容互相呼应，相得益彰。

三、把握农场特点突出记述农业

芦台农场虽然有工、建、交、商、服等综合经营，但农场毕竟是农场，农业仍然是其主业。因此，《芦志》理所当然的应该以记述农业为其主要内容。在这一点上同一般县志有共同之处。那么，《芦志》作为农垦企业志，在记述农业上如何展示自己的特点呢？《芦志》的编纂者在把场情同一般县情作了比较分析之后，在记述农业时把握住了以下三点：

第一，农场的农业在经济中所占的比重比一般县要大。芦台农场是从建场初期的单一农业经济逐渐转向农业与工、建、交、商、服综合经营的。因此，作为农垦企业志的《芦志》，记述农业的分量比一般县志也大得多。《芦志》经济部类共设了十三章，其中属于大农业的内容就有五章。记述大农业的字数占经济部类总字数的55.6%，占全志总字数的25.9%。这样大的比重，在一般县志中是没有的。

第二，农场的农业机械化程度比一般县要高。从建场开始，即使用拖拉机开荒及进行农田作业。到 1991 年，已拥有拖拉机总动力 1135.3 千瓦，耕、耙、耥、灌水、排水基本实现了机械化。这是一般县无法比拟的。因此，《芦志》在显著地位浓墨重彩地记述了本场的农业机械化状况。农业机械化一章，排在种植业之后，林业、水利和养殖业之前。章下分了七节，不仅详记了农机具的发展、管理、引进、革新、维修、供应和监理，而且把机械化作业专列一节加以记述。这一节下共分耕地作业、耙地作业、耥地作业、播种作业、中耕作业、喷药作业、收获作业、晒场机械作业、排灌机械作业、饲养饲料加工机械作业和其他作业十一目，分别记述了各种作业所使用的机具和作业效果，并附有农机安全技术和田间作业操作规程。只这一节，连同图表在内，即占用了 2.8 万字的篇幅。如此浓墨重彩的记述，充分体现了大型农垦企业的独有特色。

第三，农场的农业生产比一般县科技含量更高。芦台农场从建场初期即有一支科技队伍，随后即建立了科研机构。到 1991 年，全场有技术职称的科技人员就有 1029 人。其规模和比重也超过一般县。因此，《芦志》除在文化编的科学技术章记述了本场的科技队伍、科技应用、科技成果、科技交流、科普活动和科技机构外，在经济编大农业各章，均记述了科技含量的逐步提高及各项科技成果的具体应用状况。诸如：从草田轮作与休闲轮作到六区水旱轮作，再到四区水旱轮作的转变；旱育稀植技术的推广；水稻机械化旱直播、杂交高粱繁育生产技术的应用；灌排网络布局；培育“芦花”“芦白”良种猪、创造生饲干喂饲养方式、奶牛胚胎移植成功等等，都有详细记述。这些记述，用事实证明了科学技术是第一生产力，也反映了农场在农业生产上的科学技术优势。

农场志是个新志种，《芦志》在河北开了编纂农场志的先河，不仅为其他农场提供了有益的经验，《芦志》编纂者那种从实际出发，既不离开方志母体，又不为常例所拘的创新精神，是志界同仁都可以借鉴的。

1998 年 12 月

序言

《新方志编纂探论》序

纂修社会主义第一代新方志，是一项开创性的事业。参与这届修志的方志工作者所肩负的任务是极其繁重的，既不仅要在没有前人现成经验可以借鉴的情况下创编新志，还要在实践中不断地、系统地总结经验，全方位地、深入地进行理论探讨，为新方志理论的形成做出自己的贡献。这是历史赋予我们的重任，我们应该担当起来。

新的方志理论有赖于在纂修社会主义新方志的实践中产生，而新方志纂修的实践又迫切需要新方志理论的指导，这就是我们面临的现实。此种情况决定了我们只能在干中学，在学中干，修志中遇到的诸多难点,也只能靠我们在实践中去探索解决的办法。这种探索是艰苦的，然而，正是广大方志工作者的不断探索，孕育着新方志理论的萌芽。新方志理论观点的形成，开始时往往是不那么清晰的，它需要提炼，需要升华，更需要相互的交流和补充。这就要求我们把探索的成果总结出来，写成论文，发表出去。前几年大多数方志工作者处于入门阶段，体会无多，论文甚少。随着修志工作的深入，探索的成果多了，研究的空气浓了，论文也自然多了起来。去年河北省地方志学会就收到全省各地推荐的论文 160 多篇，各地、市没有向省里推荐的论文还有一批。这确乎是个喜人的大丰收。

这批论文的一个显著特点，是从解决修志中的实际问题出发的，尽管其中有些文章提炼不够，或某些观点还有待深化，但它毕竟阐述了一些概念，接触到了问题的实质，而不再是事物的表象。这种文章比起空对空、泛泛议论的文章来，不知要好多少倍。我们党历来倡导理论联系实际，为解决修志中的实际问题而研究方志理论，才是方志理论研究的正确途径。从这个意义上说，这批论文都有其研究价值。

在去年省里召开的几次研讨会上，部分论文得到过交流，但范围不大。有些文章在地方志刊物上发表过，而数量极少。为能使这些论文在更广的范围内交流和对提高志书的质量发挥作用，同时也为进一步推动全省的方志理论研究工作，省地方志学会以去年在承德研讨会上交流的论文为主，加以选编，并选入了本省其他一些论文，共分为指导思想、体例方法、各类专论几个部分，汇编成册，名之曰《新方志编纂探论》，予以印发。所收论文远未涉及方志理论问题的全部，而只是其中的一部分。今后将视需要陆续汇编，以飨读者。

河北全省修志大多已进入编写阶段，提高志书质量已成为当前最突出的问题，围绕志书质量问题，还有许多理论和实践的问题需要解决。我们期望着全省方志理论研究工作的深入，期望着有更多高质量的论文问世。

1990 年 4 月

《河北古代人物综录》序

编史修志历来注重人物的记述。方志学创始人章学诚曾称人物志为“书中之髓”，形象地说明了人物志在志书中地位之重要。目前编修社会主义新方志，以辩证唯物主义和历史唯物主义为指导，重视人物志则更不待言。

河北地域为中华民族发祥地之一，元代以后则为畿辅地区，人文荟萃，域内历代府州县志，多以大量篇幅记述人物。清光绪年间成书的《畿辅通志》，300 卷中记述人物的竟占了 114 卷。可见“方志半人物”之说不虚。

旧志对人物的记述，为这届修志保存了许多珍贵的资料。但是，旧志的编修毕竟受到调查资料渠道不畅和手段落后的限制，错漏均属不少，且由于历史的、阶级的局限，所记人物中节妇烈女占了很大比重。当全省修志工作普遍展开之际，对域内历代有影响的人物进行一次普查整理，已成为一种迫切需要。

然而，此项普查整理工作不仅工作量大，且从事普查整理者需要具备一定的历史知识和古文字基础知识。经河北省地方志办公室多方物色，得到中共河北省委宣传部大力支持，延聘骆志安同志承担河北古代人物的普查整理工作。骆志安同志是中共河北省委宣传部离休干部，河北历史学会会员，热心修志事业，

1987年曾参与《河北市县概况》一书的编审工作。此次更欣然应聘，勇担重任，不惮烦劳，历时三载，查阅了所能查到的史志和辞书，经过认真筛选，作了上万张卡片，整理了6700余人的资料，终于编成这部《河北古代人物综录》。我以工作之便，得以先睹。捧读一遍，深感不负老友三年之辛苦，堪称迄今为止包容河北古代人物较全的一部《综录》。

此《综录》所收人物力求其全，目的在于为省内各级修志提供更多的线索。同时也可满足省内外读者了解河北古代人物的需要。省内各地、市、县欲了解本地古代人物，展卷可得，从而激发起自豪感、爱乡情，进而升华为爱国情，踵前贤之踪迹，为振兴家乡、振兴中华奋发努力。《综录》采取按地、市、县分别编录的办法，人物籍贯的核查力求其确，有争议者加以注明，尽可能为使用者减少麻烦。《综录》介绍人物之史料力求其真，凡有不同记载者，均加核对，取其可信者用之，以避免失实。《综录》的文字力求其简，以能勾勒出人物基本面貌为度，仅为查阅和据以作传者提供线索。求全、求确、求真、求简，即为本书之特色。

这本《综录》的问世，是河北修志工作的又一可喜成果，必将对本省修志工作有所帮助，对省内外各界了解河北有所裨益。

1990年11月

《方志文集》序

本届修志伊始，即面临一个突出的矛盾：一方面，从事修志的人员大多刚刚步入方志界，急需方志理论的指导；另一方面，社会主义新方志自本届创编，新的方志理论尚未形成。这一现实的矛盾，为广大修志工作者带来了巨大的困难。

出于修志任务的紧迫需要，方志界同仁不得不求助于旧有的方志理论。于是，章学诚的方志理论便成为这届修志最初阶段的主要依据。本来，在章氏之后，方志理论研究已有所进展，以民国时期而论，即有不少方志理论著作问世，诸如：李泰棻的《方志学》、傅振伦的《中国方志学通论》、黎锦熙的《方志今议》、王葆心的《方志学发微》、甘鹏云的《方志商》等等，终因其著作流传不广，且其知名度远非章氏可比，未能得到充分重视。一时间，研究和介绍章氏方志理论的文章曾遍载于全国各地的方志刊物。各地举办的培训班、学习班，也往往以章氏的方志理论为蓝本。这对引导广大修志人员入门，无疑起到了积极的作用。

章学诚是我国清以前历代方志理论的集大成者，他的某些论点至今仍然具有生命力，对编纂社会主义新方志也还有着借鉴作用。然而，章氏的方志理论毕竟产生于200年前，今天的中国同清乾隆时代相比，已经发生了翻天覆地的变化，章氏的方志理论以及民国时期的方志理论，已不可能解决这届修志所遇到的许多问题。在修志实践中使我们深切地认识到，填补新方志理论空白的任务，已经历史地落在了我们这一代修志者的身上。

理论来源于实践，新的方志理论只能在创编社会主义新方志的实践中产生。为解决修志中所遇到的实际问题，逼迫着涉足方志界不久的方志工作者边干边学边总结，经过在实践中的艰苦探索，由浅入深地展开了新方志理论的研究。这次新方志理论研究的规模之大，涉及领域之广，层次之深，成果之多，都是中国历代方志理论研究所无法比拟的。十分可惜的是，有关研究的成果，有许许多多没有发表出来。已经发表的，数量虽然可观，但集印成书者甚少，大都散见于各地的方志刊物，不仅集中阅读不便，而且极易散佚，难以流传。这不能不说是个巨大的损失。

衡水地区地方志办公室是有远见的，他们把近几年全地区在省级以上方志刊物上发表过的、在学术研讨会上宣读过的论文，连同部分方志工作文件一起，汇集起来，编成了这本《方志文集》。这不仅会对当前的学术交流起到促进作用，而且为今后的方志理论研究保存了一批珍贵的资料。

衡水地区的修志工作在河北省内起步不算早，然而，近几年在地委和地区行署的领导下，其进展之快，令人刮目。与修志工作进展相适应，新方志理论研究也成果丰硕，而且重点突出。这次收入《方志文集》的 35 篇论文中，论及如何加强政治部类的，即有 17 篇之多。可见他们把研究的重点放在了目前志书质量的薄弱环节政治部类方面。这一批论文，其中不乏佳作，能独抒已见，观点鲜明，说理新颖，论述有据，读后深受启迪。自然，也有些文章中的某些论点还不很成熟或不甚明确，但它毕竟是在修志实践中理论思维的真实记录，从中可以看出本届修志中理论研究的足迹。把这些文章汇集起来，流传下去，对今人和后人都是有益的。

编纂社会主义新方志的事业方兴未艾，新方志理论研究任重道远。《方志文集》的问世，只是衡水地区汇编方志论文的开端，希望能将此项工作继续下去，为当前和今后的修志事业做出更大的贡献。

1992 年 4 月 10 日于北京

《唐山市新区志》序

市辖区修志，为本届修志之首创。唯其是首创，无前例可资借鉴，增加了编纂难度。市辖区作为城市的组成部分，其情况千差万别。以唐山市为例，即有城区、矿区和郊区和新区四种类型。如何修成一部既不脱离方志母体，又能突出本区特点的区志，各地都在探索之中。《唐山市新区志》即是在不断探索中诞生的。

唐山市新区修志起步于1987年。在区委、区政府的领导下，区志办得风气之先，筚路蓝缕，呕心沥血，总共三人，用时四载，借助区直集体力量，于1990年在唐山市各区中第一个拿出了评审稿。经过1991年滦县评稿会的评议，观点、体例、文字诸方面均得到肯定。但对其下限止于1986年，评议者提出异议。新区城区建设始于1978年，至1986年虽已初具规模，但更大的变化还在其后。如果急于出手，势必不足以充分反映新区的巨大变化。因此，评议者建议将下限延至1990年。同时建议根据新区特点调整布局，并加强对部、省、市属企业的记述。下限延长四年，并调整布局，增加内容，谈何容易！其工作量无异于再修一部简志。然而，区志办各位不肯因困难而中辍，他们决心补充资料，另行谋篇，大有不修成佳志誓不罢休之势。区委、区政府对这次修改给予了大力支持，增调人员，拨付经费，加强领导，力促其成。在老主任冯军的带领下，主编韩彦敏等9人，协力同心，甘苦与共，又经过两年努力，《唐山市新区志》终于以崭新面貌呈现在人们眼前。1993年2月，再次召开评稿会，新志稿受到参加评议者的一致赞扬。又经过加工润色，佳志已成。其布局通变、观念从新、记述求深等优长，形成这部志书的突出特色。

所谓布局通变，是指布局打破常规。新区志在内容排列上，打破了通常把“城市建设”列于经济部类后部的格局，在“经济总貌”之后，即安排“城市建设”篇。这种布局的变化是由新区的特点所决定的。唐山市新区诞生于1976年唐山大地震之后。新区的城区部分，是在丰润县城关东部的一片空地上拔地而起的。先有新区的城区建设，后有新区的行政建置，新区的各方面工作，都是随着新区建设而逐步展开的。如按常规布局，把“城市建设”列于工、农、商、财及交通、邮电之后，势必造成本末倒置。先列“城市建设”，正是突出了新区独有的特点。

轻重分明，取舍得当，是新区志布局通变的又一表现。在全志25篇中，“城市建设”篇篇幅最大，设10章30节，从“选址”“规划”直到“环境保护”，记述全面具体，其字数占全志总字数的9.8%。其次为工业篇和商业篇，分别占全志总字数的7.4%和7%。而包括农、林、牧、渔在内的农业篇，却只占全志总字数的不足4%。孰轻孰重，一目了然，真实地反映了新区的客观实际。内容的去取，也是依新区实际情况而定的。历来为志书所重视的“方言”“民俗”，因其在新区无个性内容可记，则毅然舍弃。而多数志书很少设置的经济总貌（或经济综述），则又不惜篇幅，将新区经济的宏观情况，记述于经济部类各篇之首。这种舍人之所重，补人之所缺的做法，足见编纂者独具匠心。章学诚在《文史通义·答客问》中说“通古今之变而成一家之言，必有详人之所略，异人之所同，重人之所轻，而忽人之所谨，绳墨之所以不可能而拘，类例之所以不可得而泥，而后微茫妙忽之际，有以独断于一心”。章氏这段修志经验之谈，在新区志中得到了具体体现。

所谓观念从新，是指编纂者的观念要跟上时代步伐。改革开放意识不够明确，经济观念较为陈旧，是目前修志中一个值得注意的问题。新区志的编纂者，不仅在经济部类的记述中能以新的观念选择材料，判断是非，即使在党政篇的记述中，也能突出经济建设这个中心。诸如：在“经济总貌”篇，详细记述了经济体制改革的历程及其巨大成果；在农业篇的无题序中，着重叙述了从传统农业向城郊型农业的转变；在商业篇中，设专章记述市场的培育与发展；在经济管理篇中，记述了主要由市场形成的价格机制；在党政篇中，重点记述了党委和政府领导经济体制改革和发展商品经济的举措和成就。凡此诸端，都有效地加强了志书的时代性。

所谓记述求深，是指力求记出个性突出的深层次内容。新区志在这方面有新突破，仅以党政篇为例。本届修志以来，如何加强政治部类，被视为一个难点，而其中最难者，莫过于对党委决策和政府政绩的记述。而新区志的编纂者却迎难而上，协力攻关，终于取得可喜成绩。在中国共产党地方组织篇的第四章，虽冠以“重大活动”的标题，实则记的是党委决策。编纂者经过精心研究，概括提炼，从大量的党委工作中选出七项，大书特书。从“拨乱反正，落实政策”记起，直至“树立自身创业精神”，既突出了领导经济体制改革、发展新区经济的内容，又记述了领导精神文明建设和党委自身建设的内容。地方特色和时代特色十分鲜明，从深层次体现了区委的领导作用。对政府政绩的记述如采取同样办法，势必造成同党委部分的重复。新区志的编纂者独辟蹊径，把从新区成立建设指挥部以来直至四届区政府，共分成六个阶段，主要以新区变化反映政绩，中心是记述政府在领导新区建设，发展新区经济和为民办实事方面取得的成就。记述形式新，选择角度准，既同党委决策相一致，又充分体现了政府的职能。

当然，如何修好区志，仍然是需要在实践中进一步研究的课题。《唐山市新区志》尽管还有不尽完善之处，但编纂者的进取精神和探索成果，对我们确有不少启迪。值此志稿即将付印之际，谨附浅见，是为序。

1993 年 11 月于北京

《枣强县志》序

枣强有志始于明代(或其前)，至民国20年(1931)，县志、邑略及补正凡12修。有志之早，志书之多，可知枣强有修志之优良传统。本届修志枣强起步稍晚，且专任其事者仅有5人，用时也只有6载，却修出了一部堪称佳作之县志。其中原因，一为任用得人。主任兼主纂王桓，副主纂步进、孙英普皆为修志好手。他们熟悉县情，文笔流畅，勤奋好学，勇于创新，均能独挡一面。两位责任编纂亦能恪尽职守，兢兢业业，不逐名利，甘于奉献。5人坦诚团结，形成合力，筚路蓝缕，焚膏继晷，是修成佳志的中坚力量。二为众襄其事。县直各有关部门俱组织相应人力，或编写分志初稿，或提供修志资料，或核对有关史实，或帮助打印校对，真正做到了“众手成志”。志之成功，实赖众人之力。三为领导有力。任用得人，众襄其事，固然是领导重视与支持的具体表现，而本届修志以来，县委、人大、政府、政协各届领导亲自审阅志稿，则更加难能可贵。经费开支有保障，是修志得以顺利进行的重要条件。有的县县志稿早已改定，独以经费支绌，把注无方，不得出版。枣强地方财政亦不无困难，而修志开支终无拮据之虞。“领导支持是关键”之说，在枣强县再次得以印证。

枣强志稿评议会我曾应邀出席。参加评议者众口一词，称赞志稿出手不凡，并相信经过最后加工，必成上乘之作。不出所料，杀青甫就，已是锦上添花。观点正确，体例完备，资料翔实，行文规范，凡此诸端，自不待言。而其诸多独具匠心之处，更能显其优长。

在经济部类之首，专设“经济综述”一编，下分经济制度、经济发展、经济结构、居民收支4章，详记宏观经济内容，展示全县经济总貌，成为经济大类一个“窗口”，至关重要。而目前已见志书，多数付诸阙如。《枣强县志》能使宏观与微观相对应，此其优长之一。

经济部类共设7编30章，如何排列看似无关紧要，实则却能反映编纂者经济观念之新旧。《枣强县志》以“经济综述”开其端，以“基础设施”为接续，其下再分列农业、工业、商业、财政金融各编，而以“综合经济管理”殿其后。如此排列，符合改革开放时期考察一地经济状况的认识顺序，表明编纂者的经济观念已有所更新。此其二。

经济部类是全志中分量最大的部分，记述重点依各地不同情况而各异。《枣强县志》既力求各编章内容充实，而又不平分秋色。其中种植业、水利、工业、商业等编章，记述从详，而林业、畜牧水产等等，记述从略。主次分明，突出了地方特点。此其三。

在政治部类中，如何记述中共党委决策和人民政府政绩，被视为一个难点。其难有二：一是长期以来，党政工作实为一体，记述内容难以划分；二是我国重大运动频繁，成为各个时期的中心工作，若以此为线索顺序记述，因其均为中央统一部署，全国略同，很难写出地方特点。《枣强县志》的编纂者别出心裁，避难就易，把党委决策和政府政绩合二为一，以“党政要务”为题独立成编，下分6个时期列成6章19节。抛开政治运动，着重记述地方工作。此种记法虽不如党政分记更能体现其不同职能，却避免了党政内容交叉之弊端，亦较好地反映了地方党政的领导作用。此其四。

如何记述政治运动，本届修志以来争论颇多，争论的焦点之一是集中与分散何者为宜。其实，集中与分散均属记述形式，非关本质。关键在于如何正确处理粗与细、肯定与否定、失误与纠误。《枣强县志》取集中记述与分散记述相结合而以集中记述为主的形式，分别记述了从土地改革到“文化大革命”历次运动的全过程。记述中严格遵循“宜粗不宜细”的原则，重在记运动的主要做法及结果，而不描绘细节。既记成效，又记偏差，既记失误，又记纠误，是其所是，非其所非，观点鲜明，效果积极。此其五。

在文化部类中，教育，多作记述重点。然而，重新中国成立后，轻新中国成立前，重正规教育，轻业余教育，已成普遍现象。《枣强县志》独能补人之缺，详人之略。不仅分别记述了私塾、书院和县学，在小学教育节中，又记述了清末及民国时期的教育状况，并用较长篇幅，详记了抗日战争和解放战争时期的教育。在业余教育节中，又详细而生动地记述了新中国成立前的扫盲教育，真实地反映了共产党重视教育及其取得的重大成果。此其六。

述而不作，寓观点于记述之中，是志界历来遵行之要则。然而，如何巧妙地寓议于记，目前仍需进一步探索。《枣强县志》大胆尝试，确有突破。大事记中记周恩来总理逝世和记“反击右倾翻案风”即为其中较为典型之两例。类似笔法，贯穿全志，亦记亦议，记中有议，笔端含情，而又不违志体，成为志书一显著特色。此其七。

凡此种种，殊难枚举，仅撮其大要，以概其余。浏览既竟，受益良多，复为河北有此佳志而深感荣幸。遂略记如上，勉为之序。

1993 年 11 月于北京

《石家庄地区志》序

本届修志以来，对地区一级是否修志，未作统一部署。其原因大概是由于地区不算一级政权。然而，自从中国共产党诞生以后，在所有开展工作的地方，均建有地区一级党政机构，直至市管县体制普遍推行之前。地区一级虽然是省的派出机构，而实际上党所领导的各项工作，都是把地区作为一级进行规划并组织实施的；地区党政组织作为省和县之间的机构，半个多世纪以来，在革命和建设事业中，都发挥了十分重要的领导作用。地区这一级工作的许多内容，不仅县志无法记述，省志也无法囊括。地区一级如不修志，则一方事迹将漫无可稽，久之将日竟湮灭，岂不可惜！1985 年，在河北全省修志工作刚刚起步不久，中共石家庄地委、地区行署从加强社会主义精神文明建设着眼，先于省内其它地区，决定编纂《石家庄地区志》，实乃明智之举。此后，河北也曾有几个地区决定修地区志，又都因种种原因而中辍。唯石家庄地区，迎难而进，坚持不懈，加强领导，充实力量，历时七载，终于大功告成，使《石家庄地区志》成为河北省第一部地区志，诚为难能可贵。

江淹有言“修史之难，无出于志”。而编纂社会主义的地区志则更是难上加难。

其一，资料难于搜集。省志、县志之修，尚有历代旧志可提供部分资料，各种典籍文献中以省或县为记述范围的资料也可资利用。修地区志所需资料却无此便利。除为数不多的档案以外，必须从相关资料中去零星摘取，经过分离与综合，方可入志。资料性是志书的本质属性，资料不足岂可侈谈修志？为取得足够资料，《石家庄地区志》的编纂者，不惜时间，四处奔波，八方搜罗，除广征文字资料而外，对于凡可能提供口碑资料者，莫不虚心咨访。而后，精心考据，择优厘定，博而能约，取多用精，终于做到了资料宏富，考订精详。

其二，上限之断颇费斟酌。断自古代或近代，当时并无地区建置，因此也无具地区特点之内容可记。断自有地区建置之始，又会割裂许多重要内容的历史连续性。《石家庄地区志》把上限断自 1912 年始，亦即中国封建王朝灭亡之时。而建置沿革、文物、人物等几项则根据需要向前追溯。如此确立上限，即可将有地区一级建置之前的历史背景交代清楚，又可使连续性较强的内容不致被拦腰斩断。这种从地区志的实际需要出发确立断限，不墨守断限中的“贯通古今”“首尾一致”等一般成规的做法，足以说明例有行而不可拘泥，这对研究地区志的断限将会是一种新的启示。

其三，记述内容不易把握。是专记具有地区工作特点的内容，还是所有内容都记？诸如自然环境、方言、民俗、人物等等，并无地区工作之特点，省志、县志中又均有专志记述，地区志还要不要记？对所辖各县的相关内容是分别记述，还是汇入总体分类综合？所有这些，都必须在拟订篇目之初即做出决断。石家庄地区的党政领导和地区志的编纂人员一致认定，地区志也同样是区域志，凡区域志应记的内容地区志均不宜缺项。依此原则，《石家庄地区志》采用中编法，除志首之概述、大事记，志尾之志补、杂记之外，共列29编，156章，429节，举凡区域建置、自然环境、人口、经济、政治、军事、教科文卫体、风俗、方言及人物，皆所不遗，应有尽有。其属县的内容，均“从全地区着眼，对各县特点、不同情况，分类归纳，使统一性与特殊性相结合”（“编纂始末”语）。其结构及内容安排，似旧实新，似因实创。它比县志剖分更细，记述更全，地方特色更加鲜明。例如：在经济部类中首先记述经济综情，以展示全地区的经济总貌；把改革开放之后在农村崛起的新生事物乡镇企业单列一编，展开详记，突出了时代特色；把工业、农业、林果、食品、药材等各方面的土特名产列为一编集中记述，使地方特色更加浓郁。在中共石家庄地区地方组织编，以三章篇幅分别记述了一二次国内革命战争时期党领导的重大斗争；战争年代城市工作和敌工工作；新中国成立后地委重大经济战略举措，较好地体现了地区党组织在革命和建设中的领导决策作用。在军事编专设一章记述了战争年代为革命做出过巨大贡献的堡垒户，反映出革命老区的特点。尤其引人注目的是，在志书的最前面，以八页之篇幅，载入了毛泽东、周恩来、刘少奇、朱德等37位党和国家领导人对石家庄地区的指示、批示、讲话、题词，体现了党和国家领导人对石家庄地区人民的关怀，使人读来倍感亲切。接下来又专列一编西柏坡，充分记述了党中央在最后一个农村指挥所的主要活动，不唯更加突出了石家庄地区的特点，而且可使石家庄人乃至全河北人引为自豪，由此也为《石家庄地区志》增色不少。凡此种种，都显示着编纂者独具匠心，勇于标新立异，善于详独略同。

《石家庄地区志》作为全省第一部地区志，在其编纂过程中，所遇到的困难自然不只上述几点。读完全志使人最感钦佩的是，志书编纂者赠其才智，兀兀穷年，不仅能化难点为优长，而且尽力发挥，竟使全志新意满篇，珠玑遍布，为河北再添一部佳志，可喜可贺！当此志书即将出版之际，谨以窥豹之见，略举数端。是为序。

1994年11月于北京

《三河市志》序

继1988年新编《三河县志》出版之后，新编《三河市志》又将于近期面世。一个县级单位，相隔12年，编纂出版两部志书，这在我国的修志史上是极为少见的。而且，这两部志书的出版时间之早，在河北来说也是值得特别提到的。新编《三河县志》，是新中国第一届修志中河北省继《井陉县志》之后出版的第二部县志，曾对全省乃至省外编纂社会主义新县志起到过很好的示范作用。而新编《三河市志》，则是新中国第一届修志后，在河北省出版的第一部续志。唯其是第一部，又对如何编纂续志进行了有益的探索，它的出版，对当前已经陆续起步的续志编修工作将会起到更大的示范作用。

新编《三河市志》，充分吸取了编纂《三河县志》的正反两方面的经验，借鉴了新中国第一届修志以来在方志编纂方面理论研究的优秀成果，因而编纂出了一部新意迭出、精彩纷呈的志书。其显著特点有三：

其一，时代特点鲜明。《三河市志》的断限是1985年至1996年。这12年是三河历史上变化最大、最深刻的时段。在这12年中，三河改革开放跨出的步子最大，取得的成效最显著；在这12年中，设置了1278年的三河县改建成了三河市。而这两者又是互为因果的。改革开放为撤县建市创造了条件，撤县建市又为进一步改革开放开拓了广阔的道路。中共三河市委、三河市人民政府之所以于1996年决定续修志书，其目的正是为了记述这12年的历史巨变，以发挥志书资治、教化、存史的功能。《三河市志》的编纂者对市领导的这种意图是十分清楚的。在关于篇目的几点说明中就申明，要“充分地展示改革开放的巨大成果和出现的新变化、新情况、新问题，揭示事物的发展脉络和规律”。即从设计篇目开始，编纂者就自觉地注意到突出时代特点的最基本方面——改革开放及其所带来的巨大变化。在26编中，除“经济概览”编集中记述了经济体制改革的方法、步骤、曲折和成果外，“北城开发”和“燕郊经济开发区”两编，则集中反映了改革开放的具体实施情况。其余有关各编，也都从不同角度记述了改革开放的实施及成果。因此可以说，这部志书记述时代的主流——改革开放及其成果，不是个别编章，而是全方位的，使整部志书充满浓郁的时代气息。

其二，记述重点突出。全志共26编，分量大体均衡。其中有5编写得更加充实、具体。看得出，这是编纂者作为重点而着力加工的。这5编是：经济概览、北城开发、燕郊经济技术开发区、农业、浩然文艺绿化工程。在这5编中，前4编都属经济部类。这说明，在各个部类中，编纂者把主要注意力放在了经济部类上。这就抓住了全党全民工作的中心，把编纂地方志汇入了时代的主要潮流之中。在上述经济部类的4编中，经济概览从宏观上展示了本市经济的总体面貌，而北城开发、燕郊经济技术开发区、农业3编，则从微观上表述了党的改革开放的各项方针、政策在三河市的具体实施状况及其所创造的巨大成果。这种宏观与微观的巧妙结合，以无可争辩的事实回答了三河市何以在十几年的时间内经济面貌发生了如此巨大的变化。浩然文艺绿化工程之所以被列为记述重点，一则这是三河市独有的特点；二则这项工程对全国来说具有开拓、创新的性质，值得作为重点大书特书。志书对这项工程的记述，细致而具体，俨然是一部浩然文艺绿化工程的简志。在县级志书中有这样一编，确实是别开生面，也为《三河市志》增色不少。

其三，内容全面具体。这部志书内容之全面，在已出版的志书中是少见的。许多本来应该记而又往往容易被忽略的内容，在这部志书中都有专项记述。单以经济部类为例，诸如“经济概览”中的“横向位次”“小康达标”“ 经济效益”，“农业”中的“科技服务”“农业成本”“养殖技术”“ 养猫养狗”,“交通”中的“村路”等等，在已出版的志书中都是容易被忽略的，其中多数内容也是《三河县志》中所没有的。当然有的内容如“小康达标”，由于已出版的志书下限比较靠前，无法记述。但多数内容是应该记而未记的。《三河市志》作为续志确实起到了补前志之缺、详前志之略的作用。而且由于各项内容的记述非常具体，可操作性强，将增加志书的实用价值。

除以上三点之外，观点准确、结构严谨、资料丰富、文字流畅，也都是这部志书的优长。我们为河北志书宝库中又将增加这样一部佳志而由衷地感到高兴。当此《三河市志》即将付印之际，谨附浅见，是为序。

2001年8月于北京

《丰南县续志》序

《丰南县续志》(以下简称《续志》)是继《三河市续志》之后河北省的第二部续志。如果说前志——《丰南县志》由于其出版时间领先和质量较好，曾经在省内外起到过示范作用的话，那么，这部《续志》在新中国第二轮修志中，出版时间更加靠前，其质量比前志更有全面大幅度提高，可想而知，它的示范作用也远远超过前志。丰南是我的家乡，我为家乡编纂出这样一部佳志而感到格外高兴，并向志书的编纂者们表示深深的敬意。

《续志》的上限断自1986年，与前志的下限相衔接；下限断至1993年，即丰南撤县建市之前。断限之内虽然只有8年，然而，这8年正是丰南县各项改革不断深化，经济实力迅猛增长的8年。自1990年起，丰南县的综合经济发展水平连续数年被列为河北省十强县之首。1991年的经济实力又进入了全国百强县的行列。在经济快速增长的推动下，各项事业都有了长足的进步。正是在这样的背景下，中共丰南市委和市人民政府决定修一部续志，把这8年改革开放的实际记载下来，以发挥资政、教化、存史的作用。因此，这部《续志》的面世表明，丰南市的党政领导在注重促进生产力不断发展，促进本市经济实力不断增长的同时，也十分重视继承和发扬中华民族的优良文化传统，推进社会主义文化建设，这是落实“三个代表”重要思想的具体表现。这部《续志》的面世还表明，志书的编纂者们有着较强的历史责任感。他们认真总结第一轮修志的经验教训，吸取方志理论研究的优秀成果，辛勤笔耕，默默奉献，终于修成了一部“续”“补”“创”俱佳的志书。

既然是续志，自然主要是“续”，然而，方志面向百科，百科走进方志，如果面面俱到，平分秋色，虽则横不缺项，纵不断线，却绝难修成一部佳志。《续志》的做法是，既注意内容全面，更注意突出重点。所谓突出重点，即要使志书的内容与时俱进，把握住时代的脉搏，弘扬时代的主旋律——改革开放。《续志》不只在经济总情编专设了“经济体制改革”章，在经济部类后面又设专编记述了开放。在各相关编章，都记有改革的内容，或记述改革开放所带来的新事物、新气象、新成果，使整部志书充溢着浓郁的时代气息。

《续志》在“续”的同时，在“补”上下了大功夫。前志虽在出版时被认为是质量较高的志书，但随着修志水平的普遍提高，越来越发现当记未记、当详未详的内容几乎各部类都有。所以在编纂《续志》时，对于“补”前志之不足给予了特别的重视。不仅“续”中有“补”，“续”外也有“补”，而且“补”的完整、生动，有的可成为志书中的精彩篇章。如“县委决策”“党风廉政建设”“精神文明建设”“经济总情”“沿海开发”“开放”等，是前志所没有的内容，基本上是全“补”，而“经济体制改革”“盐业”“乡镇企业”等则是前志记述简略，这次详加记述的内容，是部分“补”。除了这些“续”中“补”之外，在志书后部还专设了一项“前志补遗”，详记了1976年大地震的始末；我国第一条标准轨距铁路的修筑经过；我国第一个铁路机车厂；被誉为“评剧之花”的“真理剧社”等。经过这样补记，不仅使前志的缺憾大部得到弥补，而且进一步突出了时代特点和地方特色，特别是经过对与其他地方相异之处的深入发掘，大书特书，更显一方之秀，更见一地之长，使见者兴奋，闻者向往，乡人自豪，异客思慕。

“续”和“补”中又都有“创”。把时代特点鲜明的事(如“党风廉政建设”“精神文明建设”“减轻农民负担”与“小康建设”等)列专项记述，是创新；把综合性的经济内容作为一编，记述得周全、清晰，是创新；把能突出地方特色的事如“盐业”作升格处理，采用专记的形式详记始末，也是创新。类似的内容与形式的创新还有不少。因此，翻开《续志》，虽然按大框架似乎与第一轮志书无大变化，但细看内容，仍能给人一种新鲜感。

如何把“续”“补”和“创”自然而和谐地结合起来，是第二轮志书编纂中普遍面临的问题，在这方面，《续志》提供了不少有益的启示。

除此之外，层层有概述，加强宏观记述；上下限适当松动，保持记事的连续性和完整性；图表多样化，增强志书的直观效果；合理运用“附”文，提高资料的使用价值等等，《续志》的这些做法也应是可资借鉴的经验。

略感不足者是《续志》的文字过长。“博观约取”是修志良法。“博观”要求充分占有资料，这一点《续志》是做到了；“约取”要求严格选择资料，取其精华部分，这一点《续志》略显不足。尽管如此，瑕不掩瑜，《续志》是一部佳志，是应该得到公认的。

2002年6月于石家庄

《井陉矿区志》序

2006年年末，我收到了一部《井陉矿区志》的送审稿。粗阅之后得知，与当前正在陆续出版的第二轮志书不同，这是一部贯通古今的区域志，重点记述了1950年建立矿区后53年来政治、经济、文化和社会的巨大变化。这部志采用的是中编章节体式，在总述、大事记和特载之后设了31章136节。全志结构严谨，体例完备，资料翔实，文字顺畅，观点正确。尤其是在突出地方特点方面，处理得当，给人留下了深刻印象。

突出地方特点，是修志的基本要求。地方特点是否鲜明，是衡量一部综合性地方志质量高低的重要标志之一，在一般市辖区，地方特点往往并不明显，需要经过比较、研究，才能把握得准。而井陉矿区则不同，“矿区”这个区名本身，就使得本区的地方特点彰明较著了。也就是说，本区内有煤矿，煤炭生产是本区域内的支柱产业。这是矿区最为显著的特点。其他产业、事业都与这一特点有着某种联系，并或多或少地受到这一特点的制约。照此看来，《井陉矿区志》只要把煤矿及煤炭生产详加记述，地方特点自然就会突出了。实际上并非如此简单。矿区志要做到地方特点鲜明，必须解决好以下两个问题：

其一是如何记井陉煤矿。井陉煤矿是石家庄地区内最大的煤矿，其产量、产值、利润等都远远超过其余所有煤矿的总和。但是，井陉煤矿从新中国成立后即是国家统配煤矿，由国家直接管辖，其产量、产值等均不计入区内，各种统计资料也不在区内。即使如此，《井陉矿区志》也必须记井陉煤矿及其生产，否则就不能称其为矿区志了。这里的关键是如何记。有两个问题要处理好：一是对国家统配煤矿同地方小煤矿是合起来记还是分开记。矿区志采取了合起来记的办法。只在记到煤炭的开采、运销、安全生产和企业管理时，才把部属煤矿与地方小煤矿在细目上分开。为了突出煤矿及煤炭生产，矿区志特意把煤炭从“工业”章中析出，作升格处理，独立成为一章，而且排在“工业”章之前。“煤炭”章是全志中文字分量最大的一章。章下共设7节，从煤田的形成，煤田的开采，煤炭的加工、运销，煤炭企业的管理，直到矿工的生活，都有详细的记述。此外，还在“井陉矿务局简介”中，记述了随着煤炭资源的逐渐枯竭，矿务局所采取的应对措施。这样记，不仅避免了分开记有些项目不好分割的困难和不必要的重复，而且使志书对煤炭的记述更加完整和充实，成为独具光彩的一章。二是对井陉煤矿是只在“煤炭”章中记还是全方位记。矿区志采取了只在“煤炭”章中记的办法，并且只记其与煤炭生产相关的内容。除了“煤炭”章之外，即使在“经济总情”一章中，也只记由矿区管辖的地方经济，而不再记井陉煤矿。这样记，在充分记述井陉煤矿及其生产的全过程的同时，也为展示矿区内地方经济的特点留出了余地。

其二是如何记地方经济。以煤矿和煤炭生产而闻名的井陉矿区，其地方经济(不包括国家统配煤矿)在长时期内却并非以煤炭生产为主导产业。在70年代中期以前，矿区的经济结构一直是以农业为主的。只有70年代后期到80年代初期的短短几年时间，地方煤炭生产才得到了较大发展，曾经成为支柱产业。到80年代以后，随着煤炭资源的逐渐减少，矿区的工业结构又向着非煤产业调整。这是井陉矿区地方特点的另一个方面。只有记清了这另一个方面，才能算准确地反映出井陉矿区的地方特点。矿区志在这一点上做得是既简便又有效的。其方法是：通过“总述”“经济总情”章、“工业”章和“中共井陉矿区地方组织”章中的“重大决策”节，从不同角度记述了地方经济的两个转变。这两个转变一个是从70年代开始的经济结构由以农业为主向工农业并举的轨道转变，到1978年，工业产值比1970年增长了7.2倍。另一个是从80年代开始的发展战略“由地下转地上”的转变，到1986年，非煤产业的总产值已占工业总产值的78.8%。其后，产业结构进一步优化，出现了跨越式发展的态势。记述了这两个转变，矿区地方经济的特点就十分清楚了。

从以上可以看出，井陉矿区的地方特点，既有其明显的一面，又有其复杂的一面。要理清这些特点，并在志书中突出这些特点，实非易事。由于矿区参与修志的同志们处理得当，使《井陉矿区志》成为一部地方特点鲜明的志书。也正是由于其地方特点鲜明，这部志所蕴涵的现时的和潜在的资治作用将会是很大的。井陉矿区的地方特点对那些以开发不可再生资源为经济支柱的地方是一种警示，它告诉人们，既然是不可再生的资源，就不是取之不尽的，总会有枯竭的一天。因此，在开发这些资源的同时，必须及早谋划新的发展战略，开辟新的生产门路，以免临时应对，造成经济的严重滑坡。

在《井陉矿区志》即将面世之时，略申窥豹之见，谨此为序。

2007年1月于石家庄

《志书编纂思与行》序

新中国第一届修志以来，硕果累累。这不单单是指第一届的省、市、县（区）志的编纂已接近全部完成，也包括社会主义新方志理论研究的空前广泛与深入，数量巨大的新方志理论文章的发表，还包括陆续涌现出来的一大批优秀修志人才。在河北省众多的优秀修志人才中，秦皇岛市地方志办公室主任、《秦皇岛市志》主编之一的齐家璐同志，便是佼佼者之一。

因为工作关系和对方志事业的共同爱好，我同齐家璐同志接触较多。在整整十年的不断接触中，他给我留下了深刻而鲜明的印象。齐家璐同志参加修志工作的时间不算早，但他却能在边干边学中很快进入了角色，熟悉了业务。他才思敏捷，勤奋好学，思想解放，勇于创新。我们曾多次在一起研究解决修志中遇到的难点，在诸参与研究者绕室彷徨、苦思而无所得的时候，每每是他独抒创见，使难题迎刃而解，使参与研究者从困惑中解脱出来。他脑勤手勤，善于总结。如他自己在“后记”中所说，在1994年之前，由于突击编纂《秦皇岛市志》和指导县、区修志，工作压力太大，“几乎没有时间写什么东西”。但是，在《秦皇岛市志》出版之后，特别是在他卸掉了秦皇岛市地方志办公室主任的担子之后，在完成《秦皇岛市志》（简编本）的编纂和弘治《永平府志》的点校注释工作的同时，仍能挤出时间，伏案疾书，仅仅几年，已是积稿盈尺。这次经过筛选，收入本书者，不论是“编纂思考”，或是“志书评论”“旧志研究”“志稿评议”“市志编纂”，都是他对修志实践经验从不同角度、以不同方式的总结与表述，也是他对社会主义新方志编纂的理论思考。不仅值得方志工作者一读，对从事各种写作者也有借鉴价值。

齐家璐同志的已发表过的有关方志编纂的文章，大体上我都看过。他的那些志稿评议的发言，大部分我都在当场听过。这次汇集起来，我又浏览过，深感其文观点鲜明，新意迭出。其中有些观点虽借鉴了志界前人及当代方志学者的论述，然而却能因时因事阐发自己的独到见解，似旧实新，似袭实创。有的文章看起来理论色彩不浓，但却是就实论虚，是从编纂工作的实际需要出发的，有较强的可操作性。在志稿评议中，有些观点是作为商榷的意见提出的，立足于继续探讨与研究，足见其虚心与谨慎。把这些文章集印成册，面市发行，无疑对新方志理论建设是个不小的贡献。

目前第一届修志虽已进入扫尾阶段，继之而来的续志编纂已在各地陆续起步。方志事业的发展，需要新的方志理论与其相适应，马克思主义的方志理论建设仍然任重道远。如能像齐家璐同志这样，把已发表和未发表的文章集印成册，既防止散失，又为使用提供方便，将是为新方志理论建设所做的一件实事。从这一点考虑，也应当为齐家璐同志这本书的出版感到高兴。

在这本书即将付印之际，勉书数语，充作序。

2000 年 7 月于北京

《新编方志文论集》序

正当河北全省新一轮志书续修陆续启动的时候，王广才同志所著《新编方志文论集》即将付印出版。这本文论集共收论文19篇，志评14篇。这是作者十几年来潜心研究方志编纂学的结晶，它部分地记录了作者十几年来从事市、县志编纂指导工作的轨迹。这本文集的面世，对于提高续志编纂的质量，对于正确地总结第一轮修志的经验教训，都具有现实的指导价值。

我曾经同王广才同志在河北省地方志办公室共事两年。我离休之后，十几年来我们依然保持着在方志业务方面的密切联系。在长期相处中，王广才同志的敬业、勤奋和务实的精神一直是我所钦佩的。读过这本文论集，使我对他的这几种可贵的精神进一步加深了认识，因为这些精神在论文和志评中都有鲜明的体现。

这本文论集至少有以下三个明显的特点：

其一，文论集中所提出的问题，都是从修志实践中来的，又通过总结实践经验提出解决问题的办法。作者作为省地方志办公室的副主任，一直分工负责市、县志编纂的指导工作。他熟悉本省市、县志编纂中遇到的各种问题。因而，文论集中论及的关乎志书质量的问题涉及面很宽。既有如何认识有价值、有深度的资料，又有如何挖掘和利用这些资料；既有篇目设计中大、中、小编及章节体、条目体、类目体三种体式的各自优缺点的分析，又有如何因地因事制宜，在篇目设计中改革创新；既有志书改革创新中的通病及其对策，又有志书在改革创新中如何善于存疑和释疑；既有强调新编续志尤应突出时代特色和地方特色，又有县志反映地方特点之不足及其对策，等等。这些都是跨越志书各个部类的，我们姑且称之为宏观方面的问题。而如何处理好撰写概述中的四个关系；续志如何对待可变和不变事物的记述、如何对待政府行为与社会内容的记述；如何处理生人、故人入志的问题；如何加强经济效益的记述；续志如何加强公、检、法部类的记述深度；对居民生活部类的审视与思考；要慎重处理敏感性问题，等等，这些都是涉及有关部类、篇章的，我们姑且称之为微观方面的问题。这些都是影响志书质量的带有普遍性的问题，有很强的针对性。而文中所提出的解决问题的办法，又都是以成功经验为依据的，有很强的可信性。从这些文章中，我们看到了作者对市、县志编纂指导工作的负责精神，也看到了作者对提高志书编纂质量的殷切期望。

其二，文论集中所阐发的观点，既博采众家之长，又有作者的独到见解。这本文论集中有很多文章在展开论述的时候，都引述了一些已出版的志书的成功做法，有的文章还引述旧志的成功之处。在引述这些志书的同时，注入自己的观点，阐述自己的见解。作者所引述的志书不仅有省内的，还有大量省外的。仅《全国部分志书选萃》一篇文章，就对96部志书的优长进行了点评。这96部志书绝大部分都是省外的。试想，即使粗略地翻阅一遍这些志书，需要多少时间和精力？更何况还找出其成功之处加以点评。如果没有勤奋好学的精神，是绝对做不到的。除了引述志书以外，引述各地的方志论文以及专家、学者的专题调查资料，用以支持自己论点的例子也随处可见。由于作者阅读了大量的志书、论文和专题调查资料，不仅拓宽了自己的视野，提高了自己的业务水平，也使自己的论文有了坚实的依据，从而有更强的说服力。

其三，文论集中的文章朴实无华，注重实效。在这本文论集全部33篇文章中，论及方志基础理论的虽有（如《续志编纂中有关问题综述》中论及志书功能），但很少。绝大部分文章是侧重于方志编纂学的。这同作者长期分管市、县志编纂指导工作是分不开的。这些文章大都是出于指导市、县志编纂工作的需要而撰写的。每篇文章既讲做什么，怎么做，又讲为什么要这样做。朴朴实实，直来直去。目的在于方便读者的理解和运用。这些文章表面看来，以实际经验说理较多，似乎理论色彩不浓。但这些从实际经验中抽象出来的道理，已不再是感性认识的重复，而是已升华到理性认识。因此，应该被视为是对方志编纂学理论的一种贡献。因此，我对这本文论集的出版感到特别欣慰。

新中国第二轮修志正在全面展开，而当前的修志队伍中却是新手居多，迫切需要业务指导。我们期望已发表过多篇论文的方志工作者和有关专家、学者，能像王广才同志这样，把你们的论文选编起来，付诸出版，以便在方志事业的发展中发挥更大的作用。

2003年8月于石家庄

讲稿

在河北省地方志学术研讨会上的总结讲话

同志们：

我们这次地方志学术研讨会，经过两天半的大会发言和分组讨论，今天就要结束了。

省地方志编纂委员会和地方志学会的几位领导同志，就会议的收获、不足以及今后如何进一步开展方志理论研究的问题交换了意见，并且委托我在会议结束前讲一讲。

我们认为，这次研讨会有四个明显的特点：一是研讨会的中心议题选得准。在全省各级志书大部已进入编写阶段的时候，大家在编写实践中都遇到了许多难点，而如何以社会主义初级阶段理论为指导，写好近30年这一段，如何记述好中华人民共和国成立以来的政治运动，则是难点中的难点。抓住这两个难点进行深入的探讨，就是抓住了当前提高志书质量的主要问题，符合全省的修志实际。研讨会在突出这两个重点的同时，也兼顾到与之相关的一些问题，对大家也有启发。二是认真贯彻“双百”方针，大家敞开思想，各抒己见，充分阐述自己的观点，气氛比较活跃。三是在大会上发言的代表面广，既有各地、市的同志，也有各县、区的同志；有男同志，也有占百分之二十的女同志；有参加方志工作时间较长的同志，也有参加方志工作不久的同志；尤其可喜的是，一批年轻同志的发言，受到了大家的好评，也使我们看到了方志界后继有人。四是会上会下结合，有不少同志充分利用会下的时间互相访问，探讨问题、交流经验，表现了强烈的求知欲望与寻求解决修志难点办法的迫切心情，也扩大了会议的效果。大多数同志反映，这次研讨会收获很大，归纳起来有以下三点：

一、促进了全省方志理论研究活动的开展。这次研讨会是今年年初就已经纳入工作计划的，3月初省地方志学会成立后作了具体部署，要求各地、市报送论文。到这次会议召开之前，省地方志学会秘书处共收到近80篇文章，选出到会上宣读的和印发到会同志的共54篇。各地、市没有上报的，估计还有相当数量。以石家庄地区为例，他们上报的是6篇文章，而他们最近准备集印成册的就有20多篇。在不到半年的时间内，就有这样一大批文章出手，尽管有些文章在质量上还不够理想，但它确实是个大丰收，也是全省方志理论研究活动的一次大的突破。大多数地、市对于为研讨会准备论文的活动都很重视，是把它作为突破修志难点、培养修志队伍、提高志书质量的重要措施去抓的。有些论文在出手前经过了作者的反复修改，有的还经过了集体讨论，在送到省地方志学会以后，多数文章又经作者作了修改。为研讨会准备论文这个活动本身，就是对全省方志理论研究工作的一次有力的促进。这次研讨会的举行，将更进一步推动全省的方志理论研究工作。

二、提高了以社会主义初级阶段理论指导修志工作的自觉性。我们这届修志记述的重点是中华人民共和国成立以后的40年，而这40年中，有30多年是属于社会主义的初级阶段。能不能记述好这一段，无疑是志书成败的关键。党的十三大提出的社会主义初级阶段理论，是我们党总结了30多年来正反两个方面的经验，运用马克思列宁主义、毛泽东思想对我国国情进行再认识的新的理论概括，是一切工作的指导思想，修志工作当然不能例外。以社会主义初级阶段理论指导修志的问题，从党的十三大开过之后就提出来了。去年上半年，针对我省修志工作的实际，我们曾经突出地强调了学好初级阶段理论，并用以指导修志实践的问题。但是，包括省志办在内，全省各级修志同志对这个问题的研究从总体上说进展迟缓，直到去年年末，不少同志仍然模模糊糊，说不清初级阶段理论同修志的关系，甚至有的还把以马克思列宁主义、毛泽东思想为指导，同以初级阶段理论为指导看作是两回事。这次研讨会对如何以初级阶段理论指导修志问题的探讨虽然还只是初步的，但有两点大家已经明确：一是认识到离开初级阶段理论的指导，就无法真实、准确地记述近30年的史实，甚至可能犯原则性的错误；二是对志书应该反映初级阶段的哪些基本特点有了接近一致的认识。有的同志的发言，还对志书如何反映初级阶段的基本特点进行了一些探讨。这确实是个很大的进步，说明大家对以初级阶段理论指导修志的自觉性提高了。

三、对如何记述新中国成立以来的政治运动问题，各种观点进行了有益的交流。这个问题同前一个问题不同，许多地方在编写实践中已经经过了一段摸索。会上有些同志的发言，已不再是构想，而是实践经验的总结。现在大家在这一点上是一致的，即：政治运动是志书的一项十分重要的内容，想绕也绕不开，想越也越不过，企图绕开或越过是错误的，必须记述清楚，记述准确，使之有利于资治、教化和存史。但是对于究竟怎样记，是集中记还是分散记；是记得粗一点还是记得细一点；哪些该粗，哪些该细，粗细到什么程度，以及哪些运动算作政治运动等等，看法是不一致的。这次会上的发言，这些问题全部涉及了，而且存在着明显的不同观点。我们认为，现在不可能也不应该强调统一于一种模式，相反，应该允许按不同方法去记述。这里的关键是要从实际出发，而不是从主观愿望或自己的好恶出发。然而，各种不同观点的交流是件好事，由于发言的同志都比较详尽地陈述了自己的理由，对立观点相互之间都会有所启发，甚至可能从不同的观点中吸收某些有益的东西，有利于把对这个问题的探讨引向深入。

这次会议的不足，在于对如何以初级阶段理论指导修志的问题，探讨还不够深入。大家的发言对志书中应该记述什么谈得较多，但对如何记述触及不多。再就是这次尽管力求照顾到各地、市这个面，但仍然很不平衡。在各地、市内部的县与县之间，也存在严重的不平衡问题。这种不平衡，反映了方志理论研究工作的不平衡。这些问题有待于在今后加以解决。

以上就是我们对于这次研讨会的基本估计。下面就今后如何进一步加强方志理论研究工作讲几点意见。

一、充分认识加强方志理论研究工作的迫切性。开展方志理论研究，是我们省方志工作中的一个薄弱环节。我省方志工作起步晚，因而方志理论研究工作比起许多兄弟省落后了。这固然是一个客观原因，但不是主要原因。主要原因在于省志办抓得不紧，措施不得力。今年认真抓了一下，已收到初步效果，就充分证明省志办抓得紧与抓不紧大不一样。毛主席说过，抓而不紧，等于不抓，确实如此。这里应该特别提到在我省部分方志工作者中存在的两种认识，它们阻碍着方志理论研究工作的开展。一种叫作“没时间，顾不上”。我省各级地方志办公室人员都不多，或者说人手相当紧张，任务又是那样重，确实有点压得人透不过气来的味道。因此有些同志便认为，搜集资料和编写志稿都顾不过来，哪里还有时间去研究方志理论。这种甘苦我们大家都有同感。可是，没有理论指导的实践是盲目的实践。修志者自己对许多问题似懂非懂，又怎么能够写好志稿？到头来还得返工修改，煮“夹生饭”，往往更费工夫。如果能够安排适当的时间，加强学习，加强研究，把思想搞明确，虽然学习和研究占去了一定时间，但编写起来可能更顺利一些、用的时间更少些、志稿的质量更高些。所谓“磨镰不误砍柴工”，就是这个道理。再一种叫作“没实践经验，不具备理论研究的条件”。在这些同志看来，只有修完一部志书之后，才算有了实践经验。这种认识也不对。参加这届修志的人员，几乎都没有实践经验，而在修志过程中有许多理论问题和实际问题又非解决不可，这就迫使我们必须边实践、边学习、边研究，在实践中学习研究，又以学习研究的成果指导实践。其实从我们投入修志工作起，就已经在实践了。先人和别人的实践经验，也是我们学习和研究的材料。但是我们不能坐等别人的研究成果，只有大家都动起来，造成浓厚的研究空气，才能互相启发、互相补充，收到更多更好的研究成果。目前我省各级志书大多已进入编写阶段，有的已到了修改定稿阶段，许多难点已成为“拦路虎”，迫切需要经过学习和研究加以解决。希望大家都能以很强的责任感和紧迫感，投入到方志理论研究中来，为突破修志难点、提高志稿质量，做出自己的贡献。

二、方志理论研究必须紧密联系实际。理论来源于实践，又反过来指导实践。我们之所以强调加强理论研究工作，完全是为着指导我们的修志实践。因此方志理论研究工作必须从修志的实际出发，为突破修志难点、提高志书质量服务。有的同志以为，为着解决实际问题而研究的成果，不能称其为理论，充其量是经验和体会之类的东西。是的，这次大家宣读的论文，的确有不少称之为理论文章远不够格，有些还只是感性认识或感性认识的重复。但是，这恰恰是符合理论研究的一般规律的。任何理论的形成，总是从低级到高级，而且总是从解决实际问题入手的。为着解决实际问题而提出认识方法、方案，经过实践的检验，不断升华，构成理论，这是一般过程。把理论研究看得高深莫测，以致望而生畏，是不对的。脱离开解决实际问题，为理论而理论，是没有任何意义的。

三、在方志理论研究中要鼓励创新。胡乔木同志对于编修社会主义新方志，提出了四个新，即新观点、新方法、新材料和新体例，核心都是一个“新”。这届修志开始以来，各地在创新上的确做了不少努力。已经出版的志书，同旧志比较，也的确是一种新的面貌。但是，从总体上说来，目前创新仍然不够。本来现在的方志工作者过去几乎都没有修过志，没有什么老框框，但在借鉴旧方志理论的时候，却自觉不自觉地接受某些老框框，后来又自己设置了不少新框框，以致用新老框框把自己捆住了。现在是打破框框的时候了。我们应该提倡敢于创新，特别是在方法上、体例上，要丢掉顾虑，敢于提出新的见解、新的形式。在学术问题上坚定不移地贯彻“双百”方针，才会有新的突破，才能逐步形成新的理论。当然，我们所说的创新，必须是在马克思列宁主义、毛泽东思想指导下去创新，而不是想怎样就怎样，特别是对待政治问题，必须从宏观上加以控制，必须同党中央保持一致。在这样的前提下的创新，才能符合社会主义新方志的性质。

四、在方志理论研究中，各级方志工作的领导同志应该起带头作用。方志工作的领导同志，是方志工作的组织者、主持人和带头人，特别是主编，是修志的总设计师、总工程师，从体例的运用，内容的安排，文字的处理，各种问题的解决，无不体现着主编的意图。因此，主编应该是也必然是突破修志难点的主将。在方志理论研究活动中，各级方志工作领导同志，理应成为带头人。事实证明，哪里的领导同志抓得紧，并带头进行研究，带头写论文，哪里的理论研究活动必然活跃。希望我们各级领导同志尽可能摆脱些事务，保持清醒的头脑，踏踏实实做些理论研究工作，这不仅是自己做好工作所必需的，也是组织大家开展理论研究工作的需要。

同志们，我们期待着这次会后全省理论研究工作能展开一个新的局面，期待着下一次学术研讨会拿出更多，质量更高的论文来。

1989年9月26日于承德

在丰南、遵化县志稿评议会上的讲话

去年9月在北戴河召开的三河、抚宁两县志稿评议会，是第一次评稿会，规模较大，有140多人参加。这次在遵化县召开的遵化、丰南两县志稿评议会，是第二次评稿会。规模小一些。两次评稿会都邀请了专家、学者参加。如果将两次评稿会做些比较的话，觉得这次比去年那次评稿会发言的水平更高一些。会上，唐山市各县区的八位同志发了言，他们都经过充分准备，提出了涉及当前修志中普遍存在的一些问题，都关系着志书的质量。对这两部县志稿，我不想讲具体意见，因为还要同两县个别交换意见，我的看法跟大家的看法比较一致。我认为两部志稿写的是基本成功的，说它们是基本成功的，主要体现在资料的充分，体例的完备，突出了经济，突出了地方特色，某些部分写得比较精彩。大家指出的问题，我把主要之点归纳了一下，有以下几个。

一、关于总体设计及分类归属问题

大家对这方面的问题提的最多。几年来，我们着力于研究这个问题，究竟总体设计怎么搞，怎么分类，领属关系怎么摆布，都花费过功夫。1986 年在三河县召开的那次研讨会，重点解决篇目设计问题。到现在这个问题究竟解决得怎么样？回答是，还没有完全解决好。其关键不在于某些内容归属不当，而是在于创新不够。当然要和旧志比多少有些创新，但从总体设计上还没有跳出旧志的圈子。这属于形式问题，形式为内容服务。我们要写的内容已和旧志远远不同了。我们修的是社会主义新方志，要容纳许多新内容，这样靠旧形式就不行了，因此必须有所创新，有所突破，有所进展。现在有些兄弟省已突破了旧志书的形式，根据自身的内容，设计了自己的篇目。我省还没有哪个县这样做过。乔木同志提出要用新观点、新材料、新方法编修新志书。后来又经他同意，增加了新体例，这非常必要，因为新的内容是旧体例所适应不了的。

去年在北戴河评稿会上开始提出了志书体例创新问题。有的同志不同意，认为创新是在原有基础上的创新，不能抛弃旧志体。我说不是那个意思，我以教育志的篇目为例加以说明。现在一般教育志篇目大体都是这样设计的：书院、私塾、学前教育、小学教育、中等教育、高等教育、成人教育以及师资、经费等，如果按照这个排列办法，从解放区教育到新中国成立后的教育，有些内容没法安排，有些问题没法解决。教育有其自身规律。现在看来，我们在教育问题上，对教育思想、教育内容多少带有些主观主义倾向。解放后有一段时间，曾嫌学制长了些，于是改为九年一贯制、十年一贯制，现在又变回来了。按现在的篇目，学制的这些变化及原因，就无法记述。再说教育方法。解放初期，我们曾学过凯洛夫那一套教学方法，以后把它踢开，现在又有点靠拢它了。究竟孰是孰非？以公式化的体例去设计篇目，那怎么能写透这些内容呢？由此看来，不创新不行，事实逼着我们创新，而我们的创新意识还不强，这个问题是应该引起高度重视的。

二、关于以议代记问题

两部县志稿中，有些地方不是记述事实，而是进行议论，或解释政策，或申述原则，这不是地方志的写法。以议代记是个比较普遍存在的问题。我们需要的是画龙点睛式的议论，寓论于记。比如说，《丰南县志》的经济部类写得很好，但是有些部分议论多，这反而感到不清楚了，如果把过多的议论部分删去，反而会更好些。编纂者加些议论是想把问题尽量说明白一点，可是说明白问题要靠事实，靠选择典型事例，靠记述，而不是靠空泛的议论。有的地方已选择了大量典型事实，一动笔好像又不太好写了，于是多加几句议论，想把问题说明白，这是导致议论多了些的原因之一。

修志有一条原则，叫作“述而不作”，对此不能做绝对的理解，完全没有论述是不可能的，“概述”不就是一篇精彩的论文吗？但它不是空论，而是就事去论述。比如说，某个庙宇因年久失修而倒塌，你说这是记还是论？我看既有论又有记。“概述”是如此，志稿内容也不能空论，用套话去写。胡乔木同志不反对在志稿中有某些判断性的、画龙点睛式的论述，所反对的是过多的或不必要的多余的论述。这样的论述多了，宣传色彩就比较重了，这是地方志应该注意的问题。

三、关于资料不太充分的问题

两部县志稿都存在资料不太充分的问题。遵化比丰南需要补充的资料要更多一些。两部志稿在资料方面有共同的问题，就是历史资料不足，写中华人民共和国成立以前的内容，寥寥几笔，极为概括。民国前的资料同中华人民共和国成立后的资料相比，明显的不足。当然我们要重点记述新中国成立后的事实，但是对以前的也要勾勒出一个脉络来，这就要靠资料，不能只靠写几笔概括的空话。比如，写到新中国成立前的农业生产情况，只说新中国成立前生产落后，产量低而不稳等几句空话，即一掠而过。这涉及一个原则问题，即如何理解“纵不断线”问题。一下子隔过一大段去，一跳几十年几百年过去了，这样能说是不断线吗？我们要用必要的资料去勾勒其发展脉络。因为缺乏资料，就用些连接词勉强把他们凑到一块去写，让人去判断，去推测，这是不行的。

资料不足是修志者的苦衷。搜集历史资料确实是个难题。有的跑遍全国，空手而归。这里有搜集资料困难的问题，也有下功夫不够的问题。井陉县修政法志的同志们深有体会。他们在编写“政法志”时，想找过去刀把子掌握在反动统治阶级手里的时候审案的资料。为了找这种典型案例，在本县找不到，便去省公安厅、法院、档案馆找，资料都翻遍了也找不到，下去调查也找不出这种典型案例。我说，你们还是没下功夫。他们说，我们跑了几个月了，怎么说没下功夫呢？我说，你们别再跑了，《畿辅通志》里就有。我叫他们到《畿辅通志》的“诏谕”里去查，记载的就有发生在井陉县里的一个非常典型的案例。为这个案例乾隆皇帝曾下过八道诏谕。说的是老百姓告倒了赃官打赢了官司却被杀头的一件案子，非常典型。真是“踏破铁鞋无觅处，得来全不费功夫”。这也说明了，我们如不下功夫，就不会得到满意的资料。你不去搜集，人家总不能给你送来。所以说，下功夫不够，就不会搜集到充分的资料。

四、关于精神文明建设内容过少问题

精神文明建设内容过少的问题，在丰南、遵化两部志稿中都是存在的。岂止这两个县，就是在已经出版的许多县志中，同样存在这个问题。其中，特别是人们的观念形态的变化，几乎没有写几笔，既没设专章写，也没有在各专业志中记述。大家都谈到了这个问题。特别是宝田同志讲得更生动，他说在东北有些地方，你让他去做小生意，一天能赚十块、八块的，一个月能赚好几百元，他却嫌丢人，这就是有关商品意识问题。这种传统的轻商观念，不只是东北有，在西北表现得更明显，在那里人们只要稍微动一动，就可以从山里拿到大把钱，可是有些人就是不去拿。在我们这里就没有吗？只是程度不同而已。

上面所举事例说明，要写观念形态的变化，这在我们的志书里是很少见的。至于如何写精神文明建设，是值得探讨的问题。比如写社会新风尚，即现在所说的“五讲四美三热爱”，如果只以写说几句“请”“对不起”“你好”这类低层次的文明用语为满足的话，这简直是对社会主义精神文明建设的糟蹋。可是连那些东西我们也记得不充分。这部分内容单薄，设专章难写，能不能穿插在各专业志里去写，写从传统观念到现代观念的变化。如果没有这个观念的变化，就不会有现在这种形势。近者从党的十一届三中全会以来，人们观念的变化是很大的。从而出现了当前这种局面。远一点，“文化大革命”当中，也影响人们观念的变化，再远一点，五十年代从前期到后期，人们观念形态的变化都是很明显的。在志书里如果把这几个阶段人们观念形态的变化情况都写出来，那就非常好了。不一定写它的变化过程，要注意它的阶段性，写其明显的变化标志，能够把这些内容写出来，有关精神文明建设的内容就不感到单薄了。

五、关于以事系人问题

志书里都有以事系人问题。丰南、遵化两县都写得很不够。因为不论任何一项事业，都是人做出来的，都是人在那里活动。宝田同志讲的人和周围环境的关系，就是这个意思，有了人，才有人工环境的变化，只写变化，没写人，严格说来这是不符合历史唯物主义的，没有注意人的因素。

志书用传、表、录等各种形式记人，但大量的是在各个专志里头以事系人。《丰南县志》稿里，以为“模范人物”应该写，不写不合适，于是打破了“生不立传”的限制，在人物传里写了在世人物。我觉得这样做不合适，还是用以事系人的形式写为好。你这样写生人，会有人提出质问：“我跟他差不多，为什么不写我呢？”你可能会这样回答，是县委、县政府讨论决定的。但是光靠这个说服不了人，将来会带来麻烦，会有人认为这样做不公平。如果以事系人去写，事是他做的，这个争论要小得多。中国地方志指导小组坚持生不立传，怕一旦开了这个口子，给生人立了传，就会带来许多问题。

井陉县修水利志，写修一条大渠的情况，记述的资料比较充分具体，渠的上边多宽，下边多宽，动了多少土方，能浇多少地等都有。井陉县搞了那么大个工程，军分区政委、县长亲自指挥，抽调了县委、县政府大批干部参加，在群众中出现了一些水利迷、土专家等等，甚至有的为兴修水利贡献了自己的生命，可是《水利志》里不见他们的踪影。县水利局一位老局长说，写水利志就得写这些人，不写这些人就要挨骂，人家会说，修水利的时候你找着我们，到修志的时候就把我们忘了。但这时稿子已经写成，只好在这个地方添上一个，在那个地方添上一个，总有个刀痕斧迹，很不自然。如果从开始写就注意到这个问题，那就好多了。究竟应该怎么写，还要靠大家去创造。

六、关于政治部类比重小的问题

在许多志书中，都有一个共同点，就是经济部类比重大，政治部类比重小。重视经济是对的。旧志轻经济，新志应该把经济摆在重要地位。根据经济基础决定上层建筑的理论，把经济部类放在政治部类前边，是可以的。在讨论《三河县志》稿时，有人认为政治、经济两部类都可以放在前边，这不是个原则问题，孰前孰后各有道理。我们省里把经济部类放在志书前边的起码要占1/3，或者更多一些。经济部类丰满了，相比之下，政治部类就显得薄弱了。其他如文化、教育、卫生、体育等，所下的功夫也不如写经济部类下的功夫大。

政治部类中，首先涉及的是写中国共产党，都认为这部分内容总应该写得丰满。但是恰恰相反，这一部分却写得干干巴巴，内容贫乏。这一来，党的作用体现在哪里呢？我们党历来重视思想建设，可是一写就跟政治运动联系起来，这里面出的毛病不少。确实其中有些内容不太好写，例如党风问题，涉及不涉及？如涉及，写到什么程度，很难说。对不正之风你要全盘端出也不好，不写，将来后人会品头论足，质问为什么不写。我想有一条是可以写的，就是长期以来的以党代政，强调所谓一元化领导问题。现在中央已经提出来还权于政，报纸也在宣传，但一落笔还是不敢涉及。过去一切都是党委管，第一书记之外配了一大批书记，什么管种白薯的、管养猪的，甚至专有管滚珠轴承化的书记，分兵把口，各司其职，这不是以党代政吗？这些书记挂帅的历史事实，在志稿里却没有写。政治运动如何写，对这个问题我考虑不成熟。我主张抚宁县应把“四清”好好写一写。因为这个县是“四清”的重点县。大兵团压境，搞得抚宁县人仰马翻，打击了那么多干部，死了那么多人，不写要受到很多人指责。今年夏天在北戴河办学习班时，我还主张写，因为这是个很严肃的问题。后来抚宁县委的一位书记和政协主席都去了，说写这些很难呀，一旦哪句话说得不合适就要挨找哇。我说只要咱们写的是事实就不怕挨找。观点按照六中全会决议写，事实是抚宁县的事实，我们就站得住脚。但最近看了抚宁写“四清”的那部分稿子，觉得问题不少。

政治部类应该写得丰满些。但是有些内容是个敏感的问题，在志书里实在不好处理，希望大家想点办法加以解决。

七、关于文字不规范及数字不准问题

大家对志书文字不规范问题提得比较多，不要轻视文字方面的问题，你内容再好，如果文字粗糙，使人一看就腻，也会影响志书质量。志书中的数字、事实要核对清楚。如果一件事情在两个地方出现两种不同情况，就会失去人家的信任，这部志书就不可信。三河县志办公室的同志在评稿会后，除研究吸收大家的意见外，还进行了自查，查出了四千几百条属于这方面的问题，然后分工负责核对，特别是对数字，把前后核对清楚，跟表上的也核对清楚，稍一疏忽，两个数字不一样就是硬伤。有几处硬伤，这部志书的价值就没有了。

八、关于志书整体性的问题

关于志书整体性问题，乔木同志在第一次全国地方志工作会议的讲话中也指出过，认为这是旧志中存在的主要问题，也是在目前修志中存在的普遍问题，就是在各门类之间，看不出彼此的必然联系。为了解决这个问题，李宝田同志建议要找到一条线，把它们串起来，即以人为轴心，把它的周围环境，包括自然环境和人工环境，把志书的全部内容串联起来。这个建议很重要，它能否成功还需要经过实践来检验。本来各个事物之间是互相联系的，没有孤立存在的事物，这是辩证法的基本观点。如果一个个的专志都修成封闭式的，不把它们连成一块，就不能成为一个有机的整体。为解决这个问题，各地方都在想办法。我认为表现志书的整体性不在于形式，而在于内容。如果你把某个专业的内容放在适当的位置上，写出它跟周围专业的联系，它的整体性就强了。比如说金融志，光写每年贷款回归增长的数字，不能表现其工作的成绩，而是要看他投资方向是否正确。如果投资扶植技术落后、濒于灭亡、行将倒闭的企业，就是错误的。相反，你把贷款给予具有新的技术、新的潜力的企业，那就是正确的，是有成绩的。又如，生产部门直接出的是产品，需要通过销售和消费，才能表现出它的经济效益来。倘若像过去那样，只计算产品的产值，而没有通过流通领域到达消费者的手中，就不能说是你所生产的东西起了任何作用，取得了任何成绩。比如，唐山有的瓷厂不生产群众急需的大缸，而非去生产电镀槽不可。固然电镀槽用料少，一个能卖几百元。但是它销路小，多数没有进入商业部门，而是在院里堆着，这怎么能产生经济效益呢？又如，写农业如不跟工业、商业的发展联系起来写是不行的。因为工业、商业的发展，必然制约着农业的发展。修志不写事物之间的相互联系与制约，就无法体现志书的整体性。

经济部类是如此，其他部类也是如此。比如写一个县的《交通志》，写集市辐射线，只写公路从哪起到哪止，路面多宽，铺油多厚，而没有写为什么修这些路，路修成后对农村经济发展起了什么作用是不行的。要把公路建设跟农村经济联系起来。通过辐射线路建成前后车流量多少的对比，集市贸易成交额多少的对比以及行业多少的对比，来展示公路建设的经济效益，说明党的十一届三中全会前后农村显著变化的情况。孤立的封闭式的，不加联系地写志，是我们修志当中容易犯的毛病，必须加以纠正。

如何用社会主义初级阶段的理论来指导写新方志，是个更大的题目。但在大家的发言中没有涉及。这说明我们在修志实践中还没有达到那种程度或深度。但是对这个问题要研究，如不研究，不以这种理论指导修志实践就会犯错误。因为这是个基本理论问题，我们要学习它研究它，要以它为指导，联系经济建设这个中心问题，检查我们的修志工作。我们要以是否有利于生产力发展来判断是非。不要以为我们重视了经济，增加了这方面内容的比重，就算是贯彻了社会主义的初级阶段的理论。过去曾长期地把发展生产力放在次要地位，这些问题在我们的志书里应该有所反映。这也是属于记述社会主义初级阶段的特征问题。

关于要写改革问题，有的同志发言中提到了。我认为改革要写，但不赞成对改革的内容都写。我们要写相对稳定的东西，尚在游动，没经过检验的东西，不要轻易入志，对看得准的要写，比如农村改革，它的第一步已经看得非常清楚，要写。其他方面的改革，看得准的也可以写，但要谨慎。我们不能像有的报纸宣传那样，在一个新事物出现之时就大喊特喊。我们是在修志，凡记入志书的内容，要流传后世，要对后代负责，因此对正在进行的改革，未经过实践检验的改革，不要轻易入志，我们写的志书不同于新闻报道。

为什么要改革，因为有弊病才改。一般说来写成绩比较放得开，写弊病则心有余悸。这不对，写不出过去的弊病，改革就成了无源之水。要把改革的条件，改革的基础写出来。对这个问题要很好地研究，需要深化，就是要从改革的需要出发，来记述志书的内容。希望大家下次开会的时候能说出自己的意见来。

关于两部县志如何修改的问题。这次评稿会开过之后，希望两县的同志不要急急忙忙动手修改，可参照三河县修志的路子，大体上分三个阶段进行。

首先，要把大家的意见整理出来，根据自己的实际情况、认识水平，择善而从，经过研究，确定哪些应全吸收，哪些部分吸收，哪些不吸收。经过消化之后，还要坐下来用一段时间学习有关政策。

其次，制订修改方案，明确分工。在制订的修改方案中要指出：哪个要大改，哪个要小改，哪个基本不动；明确谁修改哪部分，修改什么；谁查证，查证什么。

再次，主编通篇完善，审查定稿。经过大家充分讨论，发扬民主，最后汇总到主编那里，凭着他一支笔定稿。从观点到设计，从内容到形式，从语言到文风，都由主编一人通篇完成，最后定稿。

同志们，我们这一届修志，是为以后打基础的，以后修志不会再贯通古今了。今后是承接这次修志的下限来续修。如果我们这次志书的基础打不好，使下次修志者再重新贯通古今来修，那就等于宣布我们这一代的志书作废，说明我们无能，没尽到责任。由此看来，我们所负的责任是何等的重大。希望大家下大工夫，花大气力，一定要把我们的志书修好。

1988 年 9 月根据记录整理

在迁西县志稿评议会上的讲话

这次会议开得是成功的，从各个县的发言看，都是有准备的，跟去年遵化评稿会比较，层次提高了。几位专家学者的发言，站在更高的层次，从不同的角度，联系迁西志稿，实际上给我们上了一课。对迁西这部县志，大家基本上肯定了它的框架，觉得迁西县志办公室，经过短短的三年时间，拿出一百万字的初稿，基本框架是站得住的，内容方面也有创新。志书总的体例，按现在的要求，大家还是满意的。资料，新中国成立以后的还是比较全的；观点，就其主要来讲，还是正确的。迁西县志办的同志本着出手要快的精神，在三年的时间里从设计篇目、搜集资料、编写、修改，拿出了这部征求意见稿，速度是快的，质量是高的。这也可以看出，迁西的同志们是勤奋的。我和宝田同志曾交换过意见，我们认为，迁西志稿就像盖一个大楼，其整体架构看上去很漂亮，挑不出大毛病，但是进到里边一看，毛病还不少，就是内装修的任务还相当大。我们作地方志工作的不需要来虚的，如果对志稿只是夸奖一顿，不指出它的毛病来，那就没有什么实际的帮助。就这次评稿会提出的问题来说，比头几次评稿会提的还少得多，提的意见还是不够的，不要以为没有提出更多的问题来，志稿就行了。我不客气地讲，市内各个县区同志的发言，是经过了准备，但是没下很大工夫。比去年遵化县评稿会，层次上确实是提高了，但没有达到应有的水平，如果大家下力量充分准备，可以提出更深一些的问题。这次就志书的表现形式方面提的比较多一些，在内容的深度方面提的问题比较少。迁西的同志对大家提的意见要举一反三。

我们这次评稿会的开法，和去年遵化评稿会的开法基本相同，根据山西曹振武同志和其他地方介绍的经验，今后的评稿会是不是稍作一下改变，比如还是我们这么多人参加，是不是分一下任务，如丰南县你就评概述，唐海县你就评大事记，这样分下去，每个人包一个题，有人还可以脱开志稿的各个部分，从宏观角度，从整体上评。开会时一部分一部分地讲，好处是可以深入一些，也不会漏掉哪个部分。山西介绍的另一种办法是，他们首先规定，这部志稿你没有看过两遍，就没有资格参加评稿会。参加评议的人不多，大家坐下来，一部分一部分研究，还设旁听席。这样会议时间可能长一些，但效果会更好一点。可以全部志稿完成后开评稿会，也可以开部分志稿的评议会，如专门让几个县拿出几篇人物传来，大家评，对大家的帮助可能更大些。我们这支队伍的素质，实事求是地说，不太适应，特别是以马克思列宁主义、毛泽东思想为指导编修社会主义第一代新志书，大家都没有经验。提高我们这支队伍素质的办法，不能单靠办训练班，特别是到了目前，办大培训班的办法已不适应，更好的办法是大家一起研究。因此，开好评稿会是非常必要的。

今年省志办提出要围绕志书质量这个中心开展工作，为什么特别强调提高志书质量问题？现在多数地方的修志工作已进入总纂，但怎么总纂，大家没有经验，当前重要的是解决我们队伍素质与我们要承担的任务不相适应的问题。因为我们这一代志书是用马克思主义观点编修的第一代志书，要贯通古今，今后再修，是承接这次修志的下限修续志，这样一种特殊地位决定这届修的志书必须质量高。另外，我们所处的时代是承前启后的时代，是大变动的时代，有很多问题不好处理，增加了修志的难度。我们这支队伍与我们的任务相比，确实存在相当大的距离，这是实际问题。这就要求我们大家要有很强的质量意识，就我们的水平，能够尽量修得好一点。要说我们一定拿出上乘的志书来，不一定。但是我们能够达到的水平，如果没有达到，那就是问题了。起码拿出来让大家看着还可以，将来不至于让我们的后人推倒。所以质量问题大家无论如何要把得严一点，不要将就。

下面就目前在提高志书质量方面几个带有共同性的问题讲几点意见。

一、突出地方特点问题

这个问题我过去理解的比较狭窄，究竟突出地方什么特点，怎么样突出地方特点？有的县特点很鲜明，他们把这些特点写出来了，是不是就算突出地方特点了？宝田同志我们一起到北戴河研究《北戴河志》，其中就涉及如何突出地方特点的问题。他们这个地方特点很鲜明，很突出，没有旅游也就没有北戴河，因此旅游影响着它的一切方面，那里的整个经济结构都要考虑到它是旅游区，种玉米不仅考虑高产，还要考虑什么样的蒸青玉米好吃；生产汽水比一般城市质量要高得多；教育上它要考虑培养导游人才。它这旅游城市的特点规定和影响着一切方面。所以，我们跟他们研究，所有专志都必须围绕着这个特点去写，不是靠你把旅游升个格，而且摆在最前面就算突出地方特点了。我们帮他们出主意，从中也得到了启发。所谓突出地方特点，绝不是我们这个地方有什么特点，把它升个格，或者是把它摆在前面就可以了。这算不算突出特点，不能说不算，但仅仅这样做还不够，突出地方特点应该从全部志书去考虑，而不是从某一个篇章去考虑。比如迁西，影响着、制约着迁西各个方面的是什么？是山区，这是它的特点，它规定着、影响着其他一切方面。迁西县的人就生长在、生活在这样一个自然环境里，这里的经济也好，教育也好，卫生也好，其他包括方言、民俗，都跟这个自然环境密切联系，他就从这个地方写起。迁西在这方面做了努力，但是，是不是也跟我前几年一样，对突出地方特点理解的还是窄了一点？既然这个特点规定和影响着其他各个方面，那么，全部志书不论哪个专志，都应该突出这个特点，从概述就突出这个特点。有的同志对迁西县志的概述是比较满意的，要我说，真正从突出迁西特点来说，这个概述还得修改。写概述有几种形式，比如“拼盘”式，浓缩式、《建德县志》是抓了 4 个特点来写，《井陉县志》是抓住山区特点这条线，把其他内容串起来。迁西和井陉有很多相似之处，优势与劣势都很明显，优势和劣势都因为它是个山区，过去叫穷山恶水的地方，解放后，由不自觉到自觉，逐渐发挥优势，克服劣势，迁西就起了变化，它发展快靠什么？靠开发矿产资源。如果从概述就这样写起，然后不管写到哪个部分，写教育，为什么过去教育那么落后？还是那个特点，穷山沟；写卫生，也跟这个特点联系起来；写风俗习惯，包括写人们怎么吃也是跟这个联系起来；写方言，也跟这个联系起来，每个部分安排的时候都提到这个特点，让人拿来一看，这是《迁西县志》，它绝不会想到你这是《乐亭县志》，特点十分鲜明。这里的人，在这样一个自然环境里，和这样的自然环境发生关系，然后营造出这里的人工环境。但有的县自然环境的特点不那么鲜明，这并不是说没有特点可突出了。树上的叶子，没有一片是同别的叶子完全相同的，同样你这儿也办教育，他那儿也办教育，绝不能完全一样，从它发展的整个过程和现状来看，都不可能一样，就是要从相同当中去找不同，从共性中去找个性，要比较，横向比较，纵向比较。如果是写到哪一部分，不想到自己这个县与其他县有什么不同，把握不住自己的特点，讲突出特点就是一句空话。找到特点了，例如我这儿出雪花梨，把雪花梨升格，我这儿有赵州桥，把赵州桥升格，把这两个特点突出了，剩下我就没有突出特点的任务了，这不对。这两个是特点，是要写，其他的，你写教育，有你本县教育的特点，都得从横向比较中来，找出你自己的特点。也就是说，特点不十分鲜明的地方，也应该写出特点。乐亭县是平原，滦南县也是平原，如果把两县换换数字，把乐亭的数字搬到滦南去也一样，这就失败了。唐海县也是平原，它那儿的特点写出来也是很鲜明的，上边是县，是行政机构，下边是农场，是企业，面积不小，人口不多，所以要计算人均收入，他那里就占很大便宜，这就是特点。玉田县有那么多大洼，从地理环境上它就是特点。每个县都有自己的特点，有的在地理环境上有特点，有的是在经济上有特点，有的是在政治上有特点，有的是在文化上有特点。不是把明显的特点突出写一下就行了。

二、志书的整体性问题

为什么目前地方志的整体性不强，那么散？认识上不完全一样，有一种看法主要是认为地方志的整体性由于横剖被破坏了，完全不横剖又解决不了，基于这种认识，就尽量减少横剖，农业按大农业设，工业按大工业设，然后加强综合性记述，加强宏观记述。农业把农、林、牧、副、渔各业全都归到里边，然后对整个农业有一个宏观的记述。所以他们提出的办法是：合并大志，减少横剖，增加宏观记述。这是一种看法。昨天罗来兴先生讲的，志书所以散，整体性不强，是因为全部志书的内容没有纳入一种科学体系，就是没有一个东西把它串起来，罗老叫串糖葫芦，也可以叫红线穿珍珠。找到一条线，把所有的内容都用这条线穿起来，找来找去觉得人类生态学能够把这些内容都穿起来。宝田同志早就提出这样的想法，1987年在北戴河评稿时提出来的，现在逐步完善。还有一种办法，是从事物本身的内在联系上处理这个问题。恩格斯说过“当我们深思熟虑地考察自然界或人类历史或我们自己的精神活动的时候，首先呈现在我们眼前的，是一幅由种种联系和相互作用无穷无尽地交织起来的画面”。我们所要记述的这个客观世界，就是这样紧密联系着的。如果我们能够实实在在记述这种联系，就加强了志书的整体性。现在我们就是没有写出这种联系，每一个专志，每一个篇章，都是封闭式的。写农业，就只写农业，似乎它和工业没有任何联系；写教育，就只写教育，似乎它和经济没有任何联系，于是就形成了一个大“拼盘”，而实际上它们都是有密切联系的。工业本身各部门之间，工业和农业，经济和文化教育都是互相联系的，如果写出这种联系来，就可以加强志书的整体性。以上我说的是加强志书整体性的三种途径。如果把这三种方法的长处都吸收过来，可能处理起来更方便些。如果这样写了，让人看了感到这是现在志书里整体性最强的一部，那就确实立了一功。

三、党政志的问题

这是个难题，现在党政志最不好写，我赞成迁西县同志们的创新精神，他们在共产党这部分写了党组织的活动。虽不很成功，但他们这种创新精神是可取的。我们岁数大一点的人左顾右盼多一些，不大敢创。《迁西县志》把这几年大家讨论的意见能够吸收的都吸收了，有的吸收得很好，有的吸收得不太好，有的自己想走出一条路子，没有走通，这不要紧，我说还是应该鼓励敢闯。“共产党”这部分提出来的问题是什么？党是领导核心，但从这部分内容看不出党怎么发挥核心领导的作用，包括现在已经出来的志书，这部分写得多数都不理想。有的写得干干巴巴，只有党组织发展过程，历次什么时候开会，组织机构演变等等，作为领导我们事业的核心力量的中国共产党，就写这么点内容，究竟它是怎么样发挥领导作用的，看不出来。这个问题到底怎么解决？我想起码有两点我们是不是可以考虑，一个是带有共性的，也是大家容易忽略的，就是党委实施领导，在组织上有一条措施。比如就一个县来说，县建立党委，政府建党组，你在县委是常委，甚至是副书记，在政府是县长，县委通过政府的党组对政府实施领导，几乎我们所有的工作，党委都得抓，这个各地方都是如此，是个共性的东西，但是大家都不写，但这又确是党委实施领导的一个重要措施，包括人大、政协也是党委在那里实施领导。其实这些内容比较好写，也用不了多少字。再一个就是要写党委的重要决策，这个难度比较大，好多决策都是按照上边部署来的，上边怎么部署，我们往下怎么布置，但是仔细研究是有不同的。我们不是记所有的决策，而是要记在重大转折时期，关键时期的重要决策，成功的就记成功，失误的就记失误，这个记起来难度比较大。赵县志稿中记述，在中央的农村政策没有放宽之前，赵县县委书记就是冒着让人给戴上搞资本主义的帽子这样的危险，允许乡镇企业放手搞，规定了若干条，他的意见在县委通过了，这就是一个重要决策。后来中央发文件，证明他这个决策是正确的。

在五六十年代，搞农业改造，河北的做法是小组变成社，社变成大集体，逐步升级。有的省就没有动，同样是中央的精神，而在两个省决策不一样，有的县报粮食指标时吹牛，前人吹牛给后人带来灾难。有的县就比较实事求是，报的实在一点，征购的基数也小一点。所以，这种决策是找得出来的。粗一想，好像这个东西都是一个令下来的，找不出特点出来，其实找得出来。这里应该注意一种倾向，过去我们存在以党代政的问题。你不要把政府管理的事情都写到党委那里去，这样，志书本身就表现了以党代政的倾向。政府怎么记呢？现在挂一个牌子叫人民政府，人民政府跟旧政府的本质区别不是表现在牌子不同上，而是在它的政务活动根本不同上。记党委和记政府，不同的地方是在于记党委是记决策，记政府是记实施。政府是实施决策的，包括具体办法。政务活动一般的志书都没有反映，觉得不好记。再加上长期的以党代政，好多的事都是党委包办代替，不易分清楚。实际上还是有内容可记的，现在咱们好多内容没有写进去，包括在新中国成立以前我们的解放区建立的政府起码有民政科、实业科、财政科、教育科。战争年代的政府负有支援战争的任务，包括当时成立的联合县，根据地域的大小，各地有各地的情况。这些现在都没有写出来。在这方面，大家都想些办法。

四、政治化倾向和政治观点问题

政治化倾向应该避免，这是乔木同志在第一次全国地方志工作会议上讲的。但政治观点要十分鲜明。大家提出来迁西县志稿有些地方记述文化大革命太客观了，有些地方没有加否定词，觉得有些地方应加“所谓”等等。中国的语言文字还是很丰富的，还可以有更好的办法表明作者的观点。完全客观的记不行，实际上从古到今那种纯客观的记述从来就没有过，今后也不会有。有的人说，地方志就是客观纪实嘛，你客观纪实就完了。怎么会那么客观记述呢？你修志者主观意识必然介入到你的工作中，从你选取哪些材料，到怎样进行表述，到遣词造句，不可能脱离开政治。所谓政治化倾向是乔木指出的那种宣传色彩，不必要加上那么多政治空话，比如写地主，你写这个地主确实剥削人挺厉害，写事就行了，非加上反动地主如何如何，没有必要戴政治帽子，什么罪大恶极等等，这就是政治化倾向。表明自己的观点不属于政治化倾向。同样一件事情，你怎样记述，你用哪些词记述，你选择哪些例子去记，这就是政治观点，我常举傅振伦先生那个例子，他在《新河县志》里写一个县国民党两派，各派一个县长去了，都有委任状，互不相让，最后当地选派了代表，敛了些钱，给了其中一个县长，这个县长就夹起皮包走了。没有加任何评论，把国民党各派势力的尔虞我诈，争权夺势，视财如命等这些观点都写进去了。不用这些形容词，人们一看就得出这样的结论，这就是写得高明之处。这样记就不是政治化倾向，这是作者的观点。所以政治观点一定要鲜明，不要以为我多加上几个词就行了，主要看你选事，选了事看你怎么去表述。当然有些地方要靠画龙点睛。

五、如何记述改革问题

记述改革也是一个难题。改革要不要记，我看还是要记的，比如农村改革已经这么多年了，农村第一步改革出台以后，它的效果是相当明显的。但是记到什么程度，怎么个记法值得研究。

农村实行联产承包责任制，它之所以见效了，是因为它解决了两个矛盾，一个是分配上的“大锅饭”，一个是劳动管理上的“大呼隆”，调动了农民的积极性，效果十分明显。但是我们记的时候要说清楚，这是在过去多年农田基本建设的基础上解决了两个矛盾增产了，如果没有过去那么多年的工作基础，不可能增产幅度那么大。现在看，经过几年的发展，农业后劲不足，把头些年的老本快吃光了，如果不记那些，现在的现象就没法解释。所以记的时候要把条件说清楚，不要说过头话。生产责任制解决了两个矛盾，调动了农民的积极性，加上有过去农田基本建设的比较好的基础，增产了。我们只能记到这样的程度，不要说成好像农业生产责任制可以呼“万岁”了。这几年家庭大包干带来了很大效益，但也带来了一些弊病，由于配套的改革措施没有赶上去，许多农田基本建设不仅是没有发展，而且遭到了破坏，速效肥投得多，农家肥投得少，不肯向土地投资，追求的是短期效益，这些东西我们也要适当地加以记述。志书不是要资治吗？我们如果不从实用的角度来考虑写我们的志书，那这部志书没有用。讲实用，这是一个根本，现代人实用，后代人也实用。我们走这条路不容易呀，把社会主义改造、社会主义建设说得那么一帆风顺，是不符合历史事实的。应该写出来让人们感到，走社会主义道路是付出了多少代价，走了多少弯路，这才是事实。社会主义现在还是在实践当中，我们每走一步都要经受实践的检验。我们写的东西也要经得住历史的考验。

六、如何记载“文化大革命”期间的历史

迁西县的同志有的提出这样的疑问：“文化大革命”期间有

些事业发展，而且发展得很快，怎么记法？记这些是不是和否定“文化大革命”产生矛盾？应该肯定，是事实就应该如实记述。现在要把两个概念分清楚，我们要否定的是“文化大革命”作为一场政治运动本身，这要按照《决议》精神写，从理论基础到它的具体措施都是错误的。我们否定的是“文化大革命”本身，否定的不是“文化大革命”期间。应该掌握住三点：第一，我们写“文化大革命”期间成就的时候，要说明任何一项成绩的取得，都是多年工作的积累。就像一个工厂，它在“文化大革命”期间投产了，但在投产前，选择厂址、勘测、设计、施工，这可能是几年甚至十几年工作的结果。第二，广大干部、广大群众是要干社会主义的，这一点必须写出来，任何时候都不能动摇。并不是因为“文化大革命”期间有林彪、江青反革命集团，我们的人民也变了，我们的党也变了，我们的干部队伍也变了。跟江青反革命集团跑的那是极少数。第三，要写清楚如果没有江青反革命集团的干扰破坏，我们的成绩要大得多。虽然那个时期农业发展了，但副业被砍掉了。还有“农业学大寨”问题，我们学大寨学的是精神，但学大寨运动曾经走上极“左”的歧途，如果记学大寨本身，我们应该写清有它的成绩，后来走偏了方向，也有它的弊病。写农田基本建设的成就，不一定都冠以“农业学大寨”的帽子。

七、如何记人的问题

去年在遵化我曾经讲过，记人有两种，一种是立传，一种是以事系人。这样理解是否太狭窄了。可不可以这样理解，所谓记人，不只是写到张三、李四是记人，就是没有写到张三、李四的许多地方也是在记人。比方说，大家特别关心分配问题，我们写分配达到什么程度，不只是脑体劳动的倒挂，就是同一工种，因为在不同厂子，分配就显然不一样，甚至悬殊。这些情况，把它写进去，我认为就是在写人。比如写民主权利，我们并没有提张三、李四，我们是不是写人，我看是写人。我们从新中国成立就说，人民群众当家做了主人，这话没错，但是我们志书里不能写这样的空口号，我们当家做主人，当然比过去享受的民主权利多得多了，但现在之所以提出来加强民主与法制，民主程度还远远不够，要把这种情况写出来。这是不是写人呢？我说是在写人。还有劳动就业问题，由于存在僵化的劳动体制和人事制度，不用说双向选择，甚至单向选择也还实现不了。目前对知识分子实行“双放”，正在朝着合理的劳动人事制度前进。记载这些是不是写人？我认为是在写人。志书要以记人为核心，我们就要研究各个方面，不一定在志书中非出现张某某、李某某。

1989 年 11 月根据记录整理

在黄骅县志稿评议会上的讲话

一、先谈对评稿会的看法

这次评稿会开得好不好，不是哪一个人说了算。我听到的说开得好，收获大。评稿会开得好不好，主要看会上的发言，是否对黄骅这部稿子做出了全面公允的评价，实事求是指出了长处和短处。这一点我看做到了。去年10月召开了《正定县志》评稿会，11月召开了《迁西县志》评稿会，12月召开了《雄县志》评稿会，这又是一次。四次评稿会比较，这一次比前三次好。这次评稿，不仅指出了长处短处，而且还说出了为什么，又提出了修改建议，这就是进步。发言的同志，普遍都是这样做的。比前几次有深度，层次高一些，包括提出问题的层次和建议的层次。层次高低，一是看志稿基础，志稿基础差，所提意见层次也不会高。大家认为，黄骅志稿基础是较好的。二是看发言的同志所具备的政治、业务素质。如果志稿基础好，但大家对方志业务不深入研究，也提不出很好的意见。可以说大家对方志理论研究，已达到相当水平。这当然是比较而言，是在现阶段的比较，包括横向比较。明年的今日，评价可能大不相同。纵向比较，就是自己和自己比。去年5月，我对他们(黄骅)批评多。现在看，他们有创新意识，有自己的想法。当前修志，大家都苦于找不到新的出路。一部志稿，有几部分特色鲜明，其余部分也就带起来了。黄骅志稿前3本下功夫大，当然里头也还有需要修改的地方。要想每个部分都写好不容易。修改时，不要平均花费力量。沧州地区所属各县的发言，平均水平比较高，还得益于山西的经验，就是事先明确分工，认真准备，准备不好不发言。从发言情况看，大家有责任心，态度认真负责。

还有一个重要原因，就是请来了专家，罗老(指中科院地理所研究员罗来兴)上了很好的一课，宝田(中科院地理所副研究员)也上了很好的一课。这样，起码把立脚点抬得高一点，使我们思想开阔一些。他们站得高，看得远。这个作用，不会立竿见影，但长远会起作用。

总之，这次评稿会，既帮助了黄骅，大家也受到了教育，是一次实际的培训。

一、评稿会给我们的几点启示

我们这届修志，队伍与任务很不适应，有很大的差距。既然这样说暂停行不行？不行。另请高手行不行？也不行。必要的个别的调整可以，但不宜大换班。我们这支队伍是稳定提高的问题，目前只能是边干边学。

评稿会给我们的第一点启示，就是集思广益。求教于大家，发挥大家的智慧，是提高业务水平的一个好办法。志书的水平不会超过主编的水平。要提高志书水平，就得提高主编水平。参加评稿会就可以得到提高。沧州地区对评稿比较重视，多次召开评稿会，评某一部分，大家交换意见，你想不到的别人想到了，你看不出来的问题别人看出来了。还可以搞一些交流会、座谈会、小型研讨会。地区可以有意识地组织一下，不一定是全区性的，可以就近找几个县(市)，然后总结推广，充分发挥大家的智慧。

第二点启示，就是要多学习。学习与方志有关的知识。地方志涉及百科，任何大学问家，进了方志门，就不能自满了。有不自量的同志，刚接触修志工作不久，就以为自己全懂了，这是半瓶子醋。真有学问的人，不骄傲。他们知道什么是真学问。钱学森，大学问家，很谦虚。我们不能做半瓶醋。要尊重专家。主编不可能门门精通，但要粗懂一些。志书要引进现代科学成果。这二者结合越紧密，志书质量就越高。各科知识都要了解一些，尽可能多学一点。要向专家多请教。如这次聘请的丰润县志办的王建之同志，他懂方言，就得向他学习，千万不能知难而退。

第三点启示，就是各县志办，要各扬所长，形成合力。黄骅县志办做得比较好。办公室主任李友良，从部队回来的，运用部队政治工作经验，自己又以身作则。评几年模范，自己不当模范。张希德副主任，把后勤这一摊子管起来了。主编杨庆礼集中精力考虑业务问题。这样就形成了合力。目前有一半的县(市)是办公室主任兼主编。这样的好处是一元化领导，但精力不太集中，主任与主编分设的，就是要处理好主任与主编的关系问题。主任与主编，职责明确，但有时又分不清楚。主任与主编的关系，就像报社社长与总编辑的关系。社长是主持全社工作的，是行政负责人。具体业务问题是总编辑的事。社长在大政方针上负责。政治上，办公室主任也要负责。政治上如有分歧，主编要服从主任。业务上，主任要服从主编，主编在业务上有最后拍板权。只有相互团结协作，才能形成合力。

三、几个带共性的问题

1. 关于强化质量意识。对这个问题，大家是不是注意够了？特别强调这个问题，一是我们队伍的素质不适应。二是这次修志，是第一届修志，是以马克思列宁主义、毛泽东思想为指导修的第一部新方志，是贯通古今的。以后修志是续志。既为第一部，是为以后修志打基础，就具有特殊意义。这次修得好，以后就好续，修得不好，以后还得从头来。如出现这种结果，我们在座的脸上无光，愧对今人后人。三是我们的志书要出口。外国人不说哪个县出的，说中国出的，志书修得不好，给国家丢脸。我感到压力很大，确实有一种忧虑。我们党和国家抽出这么多人，拿出这么多钱修志，而我们修出的是废品，怎么向党和国家交代？怎么向今人和后人交代？把我们安排在这个位置上，要发挥出超水平，千方百计把志书修好。我们在座的，一要有很强的责任心，二要努力提高自己。《三河县志》起码修改了十几遍，到现在，事实有无出入仍是他们的一块心病。

2. 如何使资料更充实一些。资料不足是一个大问题。地方志是以资料取胜。严重缺乏资料，志书就没有生命力。资料不足带有共性。拿黄骅县志来说，也是资料不足。真正做学问，是在资料上下功夫，一部志书，一半功夫是搜集资料。要先从资料工作做起，建立资料卡，一事一卡，分门别类。修一百万字的志书，要有一千万字的资料。有的县资料搜集的少，就以议代记，这哪里是在修志？简直是在开玩笑。甚至有这种情况，不知到哪里去查资料。也有的费劲不小，找不着资料，有的连查卡片都不会。有的也是下功夫不够。素质、作风、思想问题都有。有的有了资料，考证鉴定也不够，以讹传讹，就出大毛病。三河县有哪三条河，哪个部队解放的三河，他们都做了考证，纠正了原来的错误。核对资料，要下一番功夫。资料多了，要写出带规律性的东西。《三河县志》自然灾害写得不错，分析出了概率，价值就大了，地方志大量的工作是资料，一定要高标准做好资料工作。

3. 突出时代特征问题。现在一说反映时代特征，就认为是记改革，记初级阶段。这当然对。但这是时代特征的一部分，不是全部。曾三同志说，我们的时代，是中国共产党进行艰苦斗争的时代，是充满翻天覆地变化的时代。中国共产党领导中国人民推翻三座大山，志书记载不足，应在中国共产党部分予以充实加强。这一部分要写得很充实，有的志书，对新中国成立前的情况没怎么反映。

4. 注意避免轻政治重经济的倾向。现在以经济建设为中心，志书重视记经济，这完全是对的。旧志书对经济不重视，现在要改变这种状况。但也要防止出现另一种倾向。近几年一手硬一手软，特别是放松了思想政治工作。这种倾向在修志工作中也有所表现。黄骅志注意了这一问题。现在对党政本身的记述也是薄弱的，党务政务的内容还是要补充。所谓党务，就是常说的“党要管党”那部分内容。

5. 如何记失误。郦家驹同志讲：“反面问题正面记。”当然不是所有问题都能这样。现在不是对所有失误都不敢记，主要是对党的十一届三中全会之后的失误记起来有顾忌。这就不是实事求是。我们不是挑毛病，是为了资政。存史也是为以后资政，教化是资政的一部分。为了资政，就不能不记失误。失误也是经验，有的对“文化大革命”中的成绩不敢记。要具体问题具体分析：第一，任何成绩的取得，都是长期积累的结果，实行生产责任制后，产量上去了，这不能说与多年农业学大寨、大搞农田基本建设没有关系。实行生产责任制，解决了“大锅饭”“大呼隆”，经济效益一下子就显示出来了。“文化大革命”中的成绩，也是多年工作积累的结果。第二，我们否定的是作为政治运动的“文化大革命”，不是否定“文化大革命”时期。“文化大革命”时期，广大干部群众是好的，是在干社会主义的，对江青反革命集团是有抵制的。不敢记“文化大革命”期间的成绩，是不对的。第三，“文化大革命”时期如果没有江青反革命集团作怪，我们取得的成绩会更大，当时经济是畸形发展，高投入，低产出。我们要研究如何正确记述“文化大革命”期间取得的成绩。

6. 关于大胆创新问题。总的看创新不够，务必请大家注意。新志与旧志大不相同了。新志要体现没有共产党就没有新中国，只有社会主义才能救中国，才能发展中国。原来的形式不适应，就得创新。不能说一点创新没有，是继承多，创新不够，互相学习，又带来了新框子。有的内容感到没办法处理，就采取贴的办法，或者干脆舍去。有的地方，新志还没有旧志处理得好，不要沿袭任何框子。新方志是什么样子，谁也不清楚，要靠大家创。往前走这一步，很难。但我们要有信心，像挖井一样，再努一把力，就可能挖出水来。请大家都重视这个问题，都来创新。

（根据记录整理，1990年1月）

在北戴河志、昌黎县志志稿评议会上的讲话

一、对这次评稿会的认识

绝大多数同志认为这次评稿会开的是好的，收获是大的。尽管有不足之处，我觉得这次评稿会有四个特点：

第一，分工明确。这个方法现在看来简单，可这是我们摸索了几年才想出的办法。1987年在北戴河开了全省第一次评稿会，评三河和抚宁两部志稿，那时每个地区都分别准备了一至三个发言，但发言讲什么，没有分工，因此，有几个部分大家都没有评到，有的比较集中评了一个部分。后来在迁西评稿会上，提出了这个问题，就是大家不要偏于几个方面，如政治部类，这是大家都感到棘手的问题，谈的就比较少，经济部类谈的就比较多，文化部类谈的也比较少。会上提出可不可以借鉴山西的方法，评稿人员明确分工。所以在黄骅评稿会上，第一次使用了分工的方法，确定谁谈哪个部分，这样就可以避免漏掉或集中谈某个部分。实践证明，这种方法是好的，这次评稿会采用此法是一种进步。

第二，准备充分。准备工作是由秦皇岛市志办负责组织协调

的。事前采取自报的方法认了题目，然后，自己去准备提纲，又花三天时间讨论提纲，认为提纲可以了，再回去写稿子。所有的发言稿又都经过了市志办的审查，这样就保证了发言的质量。所以这次评稿会平均发言水平比较高。

第三，结构合理。是指参加评稿人员的结构合理，发言的同志既有北京请来的专家，又有从省内请来的有经验的专业修志工作者，有本市各区县修志工作者，还有市直各部门熟悉各方面专业、又熟悉地方志业务的同志，所以结构是合理的。我要特别说一下，前几年的评稿基本上是让做地方志工作的同志来评，这就叫体内循环。这部分人是不可缺少的，因为他们是专门修志的，在修志业务上毕竟懂得比较多一些。但仅仅是这些人评稿还不够，志稿在社会上能不能通得过，这是一个问号，我们没有解决这个问题。那么第一次在全省范围内打破体内循环的是保定地区。在雄县评稿会上，保定地区请了十位老顾问，这些同志有几个特点：经验丰富，在那个地区都工作了几十年，熟悉本地情况；热心方志事业，都有一定的文字功底。具备了这样几个条件，他们来参加评稿会，讲的是内行话，和修志专业人员所不同的是，他们根据自己的工作经验，提出了很多很有价值的意见。比如对政治部分，他们觉得写得太薄弱了，这不行。共产党领导中国人民夺取政权。是经过了艰苦卓绝的斗争，不是像志稿写得那么简单，好像取得政权就那么容易。他们的发言不仅指出了问题，而且是带着深厚的无产阶级感情来发言的。所以他们提出的问题很能感染人，说服人。听了这些老同志的意见，我自己非常受教育，仅仅是修志人员讲不出这些话来。

我觉得这次是又一个突破，就是专业人评专业志，这是一个非常重要的经验。后面我还要说到，因为方志旁涉百科，修志者不可能各行业都熟悉，评交通志的那位同志的发言很深刻，不做交通工作的一般人不知道，也讲不出来。这应该作为一条经验，很好地加以推广。

第四，讲求实用。大家都没有离开这两部稿子，两部志稿存在什么问题，为什么会产生这样的问题，应该怎么样改，提出自己的建议，朴朴实实，没有多少虚的。

以上是四个特点。不足之处我认为也是有的：一是按照保定地区的经验，我们这次会议如果请上几位在本地工作多年的，又是热心修志的，又有一定文字水平的老同志，听听他们的意见会更好一些，这个结构就更加理想了；二是这次会议实是实，但应该务虚的地方务虚不够。这次大家提的意见是从微观上评的比较多，从宏观上评的比较少，那么加上少数发言是从头至尾地讲下来，哪章哪节什么毛病，建议怎么改，有点就事论事，没有提炼升华，这样普遍意义就差一些。如果加以提炼，同类性的问题都会适用。仅仅就事说事，那只能是对这部志稿的某段有用。如果大家认为确实存在这方面问题的话，那么下次开评稿会，在这方面大家就下点功夫。

二、评稿会后，昌黎、北戴河的同志在修改上应取的态度和工作顺序

第一，对两部志稿的估价。会上大家都肯定了这两部志稿各有长处，同时也指出存在的问题。问题提得不少，但大家一致的意见是这两部志稿已经具备了修改的基础，对其基本框架、资料及写法都肯定下来。

现在认为这两部志稿仅仅具备了修改基础，估计是不是太低

了。我认为不低。我们修志讲实事求是，那么评稿也应该讲实事求是，既不能虚夸，一味地唱赞歌，也不能人为地贬低，提出一个虚无缥缈的高度，去要求这两部志稿，那是不对的。一部志稿在拿出评议的时候，经过大家横挑鼻子竖挑眼，挑过之后，还能肯定他具有修改基础，这就很不容易了。任何有学问的人只要进了修志的大门，都会感到知识的缺乏，如果有谁认为自己的知识足以满足需要，那就只能证明他的浅薄和无知。这个话，我讲过多少次了，在几个会上都讲过。咱们有些同志，觉得自己搞了这几年志了，这也没有什么可难的嘛！把修志看的那么容易，好像自己完全可以适应了，这正好说明他不太懂，或者，干脆说他不懂。所以要开评稿会，目的就在于向各方面专家、行家来请教。经过评议，大家提出来应该修改的地方，这部志稿并没被全部推翻，这就是基本的肯定，就证明我们的工作是很有成效的，我想应该这样看。所以这个评稿会以后，完全没有必要悲观。金城同志讲了，在《三河县志》评稿会上，大家提了180多条意见，三河又自查出4000多条，有一些，靠外县的人是提不出来的，因为他不了解事实，何况每个同志都不是从头至尾仔细研究，逐段逐句研究，有些问题也来不及提出来。

就这两部志稿来看问题不少，有观点方面的，有事实方面的，有结构和体例方面的，也有数字、文字方面的，甚至有常识方面的问题。因此，我们应该实事求是地肯定它应该肯定的长处，又应该实事求是地指出它的不足和缺陷。经过几年的辛苦，总是有那么一些部分自己比较欣赏，这是很正常的事情。做文字工作的，有时写一篇文章确实是经过了很多的努力，最后到出手时候自己感到满意了，别人认为还不行。自己还认为，我费了这么大的劲，这篇文章可以了，怎么你说不行呢？后来仔细考虑考虑，人家说的有道理，确实应该改一改。我是爬了几十年的格子，我自己深有体会。有的部分自己是不满意的，有的部分自己觉得没有弄好。但是，有几个部分自己比较欣赏，觉得可以，一旦别人提出意见时，总是感到别人太挑剔了，后来仔细想一想，人家的意见还是对的。

第二，作为修改者应该取的态度。评稿以后，就要进入最后的修改阶段了，这是修志全过程当中最艰难的一段，是爬坡阶段。这一段很苦呀！三河在修改过程当中，我到那儿跑过几次，金城同志就偷偷地跟我说：真难啊！他说的是实话，我完全理解他的苦衷，真难哪！但是他又不好意思老在县志办的那些同志面前叫苦。他还得鼓劲啊！气可鼓不可泄呀！说到难别人都不如他体会的深，因为他是主编。这部志稿能不能改好，首先取决于修志者的态度是否正确。要注意两种倾向：一种是自我满足，自我欣赏，老是自我感觉良好。大家费了那么大的心血，提出了那么多好的意见，就是不在意，或者不服气，到了修改时，一般地修修补补了事。咱们省就有这样的例子。金城同志知道，咱们不点是哪个县了，金城同志还特地找上去说，你可千万不能这样出啊，这不行啊！苦口婆心地跟他说，当时他也表示要改，事后潦草一改就又满足了。要避免这种倾向。另一种倾向就是畏难情绪，甚至自卑情绪，缺乏信心。觉得要求那么高，我改不成了，不行了。于是就想打退堂鼓，另请高明吧，让别人来吧。修志本来就是一项艰苦的工作，哪里有不经过呕心沥血就完成的著述呢？从来没有。所以满足是不对的，丧失信心也不对。这两种态度都是不正确的。外因通过内因而起作用，关键是在我们方志办的同志自己，难是难，这点应该客观地承认。但是，我们要迎难而进，要克服困难，要争取最好的效果。

我觉得在评稿会以后修改时，起码应该注意以下四点：

(1) 坚持高标准、严要求。这次特别提出高标准、严要求，是因为有它的特殊意义。我们这次修志是新中国成立后在党的领导下，以马克思列宁主义、毛泽东思想为指导修的第一部志书，是贯通古今的志书，以后再修志，不是从头来，是承接这次修志的下限来续修。也就是说，这次修志是为以后续修打基础的。基础打好打不好，关键在我们。那么，就存在两种可能，一种是这部志书站住了，成为名志流传下去，后代人续志，连后代人也会感到光荣；另一种是失败。后代人一看这部志书根本不行，站不住。把咱们这部志中的有用材料作为资料，再重来，这种可能不是不存在。在咱们河北省也可能会出现这种情况。如果真是那样，我们不只愧对今人，尤其愧对后人，那真是我们这代修志者的耻辱。所以一定要坚持高标准。在这里我要顺便说一下，省志办发了一个文件，县志终审权在县。这个意思有的正确理解了，有的理解偏了。终审权在县，这是对的。哪一级著书终审权就应该在哪一级。我说有的理解偏了，是指的一部志书修出来了，也往地区送了，地区提出意见他们根本不理，说终审权在县，你地区提的意见，我可以采纳，也可以不采纳。如果是认真考虑了人家这些意见，不一定全部采纳。但他根本没有很好地考虑这些意见，就强调一条终审权在县，这就不对了。中国地方志指导小组有一个要求，就是对于县里一些拿不准的问题，要请示上级党委，并不等于终审权变了。有些事情就是拿不准到底应该怎么办，这类事情必要时就要专门写报告，请示上一级党委来定。其中要特别指出，对市志没有这个要求。终审权并没有变，县里应认真负责审查。到最后县志改完了，县志出手的时候，一定要有一个终审报告。

回过头来再说严要求，一部志稿评过之后，要求的严与不严，标准高与不高，它的后果大不一样。高和低、严和宽都是相比较而言的，我们这个高，绝不能提出一个虚无缥缈的标准来，我们不能搞理想主义，我们所说的这个高度，要借用过去常说的一句话，跷跷脚能够得着。就是经过努力可以达到的高度，我们要争取这样的高度。每一篇，每一章，每一节都要严把质量关，甚至一个标题也要尽量标得好。曾让大家拍案叫绝的一个标题是《人民日报》的，那时咱们国家生产的第一辆高级轿车是东风牌，毛主席等中央同志都看了，毛主席还坐了坐，要发这么一条消息。各报纸都想标一个好标题，想了半天老是不满意，结果《人民日报》一出来，是让人拍案叫绝，就这么几个字：毛主席含笑乘“东风”。一语双关，“东风”，是加着引号的，多么准确、鲜明、生动！后来一打听，这是几个人在屋里转了好半天才憋出来这么一个题目。

志书的标题很讲究，文字要少、要严、要说明问题，不要很多附加成分，严和不严不一样，有时想不出来，先用这个凑合着吧，这种情况是很容易发生的，一凑合，你将遗憾几十年，以后这个志书出来总看着不顺眼。因此，我们要尽量少留这种遗憾。

(2) 择善而从。对大家提的这么多意见要择善而从。这里有一个值得注意的问题，就是对提出的问题、意见要反复琢磨，有的初看初听没道理，他经过琢磨有可取的地方，甚至这是一个相当好的意见，采纳了这个意见，那个部分就可以提高的很多。择善而从要有一个基础，就是在充分地考虑了这些意见之后择善而从。

(3) 举一反三。有时提的具体建议不一定采纳，但他提的那个意思是好的，可根据大家提的意见，有的没有提到的，它对我有启发，我还可以自查，然后加以修改。

(4) 突出重点。修改志稿，几十万字，每个部分都平均使用力量，志稿很难改好。但并不是说哪个部分可以放弃，我们要抓住几个重点。真正能表现本地特点的东西不能放手，写不好誓不罢休，没有这个决心不行。平均使用力量往往是一种失败的做法。同样就全省来说，140部县志都成为上乘之作，那当然好。但省里只能抓几个重点，每部志书都是好志不可能。保定地区20个县你想一起抓，力量不够，只能是在几个重点县下力量，这几个县志必须修好，别的县稍微放一下手，让他们自己下力量，然后重点带一般。具体到修改一部志稿，也应有重点，一定要把它写好，其他部分稍弱一些也可以。

一部志书真正能够表现当地特色的那几个部分抓住了，把这几个部分真正写好了，这部志书也就站住了。任何一部著作，每一部分都好，几乎没有。它只是有几个部分写得相当精彩，于是把整部书带起来了。一篇文章也如此，它讲了若干观点，其中有几个观点相当精彩，讲得有独到的见解，全篇文章就带起来了。如果大家觉得这个道理对的话，在将来修改当中不要平均使用力量，要抓住重点，而且是不改好誓不罢休，其他部分能达到一般水平也就可以了。

第三，要把好四关：

(1) 政治观点一定要正确。头几年方志界也多少受了一点资产阶级自由化的影响，有的就主张不要太重视政治观点的问题，甚至说离政治越远越好，修志就是记录客观实事，不需要讲什么指导思想。这当然是错误的。我们是在中国共产党领导下修志，是以马克思列宁主义、毛泽东思想指导修志，这一点毫不含糊。在有的评稿会上，我说过这样的话，主编如果对党的路线、方针、政策还有自己的看法，那你最好写一个辞职书，别干这个主编，因为地方志是官书、政书，不是你自己的著作，必须与中央保持一致。可以有若干标准，但政治第一，这一点要毫不动摇。

(2) 史实关。已经走过全过程的金城同志、李继隆同志深有体会，把史实这一关也相当不容易，有时要核对一个事实，不知要花多大功夫。如三河县城解放究竟是哪个部队打的，原来以为有把握，后来得知不是这个部队，而是另一个部队打的，这是一个偶然的机会发现的，要不然就搞错了。像这样的事过去时间并不久也容易搞错。我们引用旧志，旧史书中的材料不要完全相信，里面错的东西不少，特别是对一些事件和人物，旧材料我们不能照搬，这只能用阶级分析的方法。前几年一提阶级分析方法，有人就认为是以阶级斗争为纲，其实这是两回事。现在还以阶级斗争为纲当然要不得，阶级分析还是要讲的，因为1956年以前就是阶级社会。

史实要反复核对，包括一些数字，必要的时候可以花一些钱，请专门做统计工作的同志帮助，输入电脑统一计算一下，包括统计口径对不对头，他们是内行。

(3) 体例关。就是要基本上符合志体，但又不拘限于旧志体，或者是新提出来的志体。有时为了内容的需要破一下不是不可以。修志有许多老框框，现在又出现许多新框框，没有这些框也不行，想怎么写就怎么写，那就不是修志。体例关总的来说还是要符合志体，个别的地方可以突破，包括横排竖写，其实也是以横为主，大事记就不是横排竖写，它就是按照时序排下来的。有的地方先竖后横，我看可以。比如像政法这部分，有的开始就横分，写起来比较困难。因为旧时的公安局和现在的公安局是两种完全不同的职能，你把它一块横着写就相当困难，很难分清楚。先纵一下把事情交代清楚，然后再横分，我看可以，把体例关时，不要太机械。

(4) 文字关。地方志的文字应该是相当规范的，这个句子可不可以这样用，人们看到地方志上就是这么用的，于是相信这是合乎语法的，志书应该起到这样的作用，可千万不要相反，成为找病句的出处，语文教师要找病句就从地方志上去找。现在就出现了这种问题，文法不通的到处都是。你要让志书在社会上发挥什么作用，那就相当难了，人们一提起来就嗤之以鼻。所以这一关不要小看。文字要讲点文采，文采并不是普通所说的文艺手法的文采，而是像司马迁写《史记》，是纪实性的美，不是说语言越干瘪越好。志书需要朴实，但并不排斥那种美。

三、修改当中应注意的几个问题

第一，修志的立脚点要高。

修志如果是站在过去的观点看过去、看现在，那当然不行了，就是站在现在的观点看过去、看现在也不够，应该从发展来着眼。为什么这样提出问题？你不这样看，有些问题看不清楚，比如说河北省本来是沿海省份，可是前些年我们没有明确地意识到我们是沿海省。辽宁、山东起步早，直到前几年，才想起来我们这里有海呀，是个海湾，而且这个湾还不小，这才提出开发山海坝，这才把海列入开发重点。如果我们站在过去的观点上，总认为我们是个内陆省，看河北的经济发展，你怎么能够看得清楚？如果仅仅用现在的观点也不行。所以，要求修志者的立脚点要高一些。修志者可以参与经济发展战略研究，因为我们有个优势，这就是占有大量资料。就掌握综合材料来说，任何一个部门也比不上地方志，包括档案局。掌握资料的时间跨度之长，任何部门都不可比。这么多资料经过加工，就可以产生若干结论，这就是我们可以参加经济发展战略研究的资格。

第二，地方志的全部记述都要以人为中心。

这本是一个相当明显的问题。看来修志的同志并不都那么自觉。地方志是围绕着人来记的，这点应该明确，但是往往不能够随时想到它。我们记自然环境是人生活的自然环境；记经济是为改善人的物质生活；记教育是提高人的素质；记卫生是为了人的健康，哪一项不是围绕着人记述的？如果不是人的需要那你写它干什么，修志都不需要了。因此，我们就要围绕着人去想问题，围绕着人去记述。如果能随时围绕着人去想问题，就可以记述一些深层次的内容。比如政治部类的记述，首先要想到人们的政治权利，民主权利究竟有多大，从一解放我们就说人民当家做主，这话对不对？是对的。因为这个政权代表了人民，党代表人民的利益，这没错。但我们现在说要逐步健全民主与法制，说明民主、法制还不够。人民群众享受直接管理国家的权利有多少，享受到什么程度，要不要研究一下，要不要记出来，往往我们不从这个角度想问题。现在，老实说民主权利还不够，至多只是一些间接管理国家的权利，直接管理国家的权利少。再说劳动权利，现在是僵化的劳动体制、人事制度，常常出现这种情况，这个人不适应这个工作，却一辈子做这个工作。现在不仅实现不了双向选择，甚至连单向选择也实现不了，我们经过改革正在向这个路子上走。社会问题也是一样。

想到人，你记的层次就可以深一些，写到每一个部分都想到我是围绕着人去写的。这样就可以使志书的内容层次深一些，丰满一些。

第三，志书要突出地方特点。

地方志要突出特点，它包括时代特点、行业特点、地方特点等等。在这里我主要讲一下地方特点，如果地方志没有地方特点，昌黎志拿到深县也是一样，拿到抚宁也那么写，只是数字不同，这样的志书作用就不大。怎样突出地方特点？前几年我理解得也相当窄，只是前年5月，宝田同志我们一起到北戴河，商量北戴河志怎样改，我从中受到启发，突出特点应该是全志突出特点，而不是某一个部分突出特点。像北戴河就比较好突出特点，因为它是休养、避暑、旅游胜地，这一特点就规定和影响着其他一切方面。没有这几个特点，就没有北戴河。

有的地方只有一、二处特点比较突出，如赵县，有赵州桥，还有赵县雪花梨，把这两部分升格，突出了地方特点。但其他内容是不是不需要突出特点了，现在看来这种理解不对。赵县的教育和栾城的教育一样不一样？大体上看来一样，具体分析也不一样，世界上就没有两片相同的树叶，要找本县自己的特点。有的特点很鲜明，有的特点不那么鲜明，在特点不鲜明的地方就要从共性当中去找个性。人有我有，就小写；人有我有，我比人强，就大写；唯我独有，我就大写特写，浓墨重彩。如果不能这样下功夫发掘自己的长处或者自己的短处，志书的生命力就差。所以，我们应该提倡全部志书的内容都要突出地方特点。

第四，正确地记述成绩与失误。

都说记成绩好记，记失误就比较困难，其实不尽然。现在看到的志稿，有的记失误似乎也很放手，这分哪一段。写“文化大革命”时候的失误就比较放手，有的甚至写得不符合决议精神，过头了。比如用“经济濒临崩溃的边缘”，这话就过头了。写决议时，这话已经改了，所以不要认为写“文化大革命”时的失误不怕过头，那不是实事求是的态度。写党的十一届三中全会以后的成绩不怕过头，实际情况不对。现在确实存在这样的问题，写“文化大革命”中的成绩顾虑比较大，写党的十一届三中全会后的失误顾虑比较大。这里边说到底是有一种私心在作怪，怕自己捅娄子，犯错误，其根源是没有很好地学习。很好地学习一下《决议》，这些问题是可以解决的。比如“文化大革命”中成绩不记行不行，不行。那是广大群众干出来的，你怎么可以减下来呢。河北省又有一个特殊情况，真正下力量解决粮食自给问题是从

1965年开始的。从1953年统购统销开始，直到60年代末，河北吃了国家110多亿公斤粮食，平均每年吃国家5亿多公斤粮食。粮食问题成为河北省的巨大压力，成为国家一个巨大的包袱。省领导下决心解决粮食问题，但又不能一下子解决，所以，1964年省委决定压缩400万亩棉花面积，改种粮食作物。这样一个重大决策，是后来经周总理亲自批准的。棉花面积减少了，你要讲经济效益，当然是不如棉花面积大的时候。但河北没有饭吃，整个70年代，共吃国家2.5亿多公斤粮食，其中有三年自给有余，还向外多少拿了一点。1975年河北第一次向外拿粮食，那是经过了多少年的努力，而且做了牺牲，包括压缩棉花面积。重点棉花产区一下压缩那么多面积，经济效益受很大影响。所以，这些必须了解其背景。

1963年发大水之后，河北省开始根治海河，毛主席题了词。在“文化大革命”中武斗那么厉害，两派对立，可一上海河工地，团结一致修海河，这是“文化大革命”中河北的一大特点，这不是怪现象，这就是人民要解决粮食问题，要救灾。因此，说“经济濒临崩溃的边缘”，这不对。我们只能说如果没有“江青反革命集团”的干扰破坏，实现粮食自给的过程肯定要短得多，成绩会大得多。“四人帮”的干扰破坏是干扰了我们，但我们取得了很大成绩，这个并不违背决议精神。

我想记述“文化大革命”中的成绩应掌握住以下三点：

(1) 要说明任何一个成绩的取得都是多年工作的结果，特别是工农业生产。

(2) 要看到林、江两个反革命集团并没有篡夺了全部权力，一手遮住天，只是篡夺了部分权力，广大干部、群众对他们是抵制的，是要干社会主义的。有时会出现这种现象，他们讲的是错的，下面人们是按正确理解去做，这点在决议里是肯定的。不要认为是在“文化大革命”期间，就把广大群众这股热情、干劲否定了。广大干部、群众要都顺了他们，我们还会有今天吗？

(3) 要写清楚没有“文化大革命”的干扰和破坏，我们的成绩会更大。“文化大革命”期间广大干部、群众做出来的成绩绝不能抹杀。

至于记党的十一届三中全会后的失误，大家有顾虑，我看这没必要，如中央讲了经济过热，写志时为什么不敢写？还有一手硬一手软的问题，这是近年来我们忽视政治思想工作的结果，忽视了对广大党员、群众的教育，这我们为什么不敢写？我们记成功的经验是宝贵财富，记失误也是宝贵财富，失误是花了代价的，所以，要正确记述成绩和失误。

第五，大事记要围绕各个时期的主要矛盾去选事。

现在大事记往往不被重视，比较潦草，主编不肯下功夫。大事记普遍薄弱，有些不是大事被选上去了，有些真正是大事又漏掉了。大事记应围绕着各个时期的主要矛盾去选择大事，这样就不会带来随意性，就不会把大事记变一部公共汽车，谁赶上谁就上。既然要围绕着主要矛盾去选大事，就要写出它的转折，从大事记看出历史发展的脉络。这个要求并不高，如抗战开始后，我们和国民党联合的时候，就是一个大转折，大事记就应记出这样的转折，你不记出来，就看不出历史的脉络。

第六，关于民政、乡镇企业、计划统计入志的问题。

民政、乡镇企业如何入志有两种主张。一种是主张单列；一种是打散。主张散开的，认为民政属于不同的部类，大量地属于社会部类。如社会救济、婚姻登记等等，管基层政权的归入政治部类，不单设民政一章。主张单列的，认为民政从过去的国民政府一直到现在，所有政府，民、财、实、教都有民政，从上至下是一个系统。从资治方面考虑，还是单列比较好。究竟是哪一种做法比较好，我个人是同意单列，从资治来说有利，从科学分类来说，好像它应该打散，我们列篇目，主要是按科学分类，但要适当地照顾到部门分工，民政即如此。乡镇企业也同样有这两种主张，我看可以根据不同情况，乡镇企业里既有第一产业，又有第二产业、第三产业。在乡镇企业较发达的地方，我主张单列。因为这是特殊历史时期的一种特殊产物，我们在志书里的一种特殊处理方法。乡镇企业真正大发展是在党的十一届三中全会后，而且在有的县已经成为全县经济的主要支柱。如丰南县，乡镇企业的利税占全部利税的82%，在工农业总产值中占60%，集中写就很有必要，最能体现时代性。

关于计划统计，好多志书丢掉了，好像单独写不值得，归到哪一类也不合群，所以，干脆甩掉了。我们社会主义经济的一个最显著的特点是计划经济，你不写计划这部分，计划是怎样制订和实施的，就说不清楚，把这个丢掉了，是一个重大失误。我们的商品经济和资本主义的商品经济最大的区别是，我们是有计划的商品经济，这部分应该记，单列也可以，列一个经济综合管理志也可以。

（1990年8月根据记录整理）

新方志编纂中的政治质量问题

这一届修志开始以来，为了保证新志书的质量，方志界普遍强调要把好“四关”，即政治关、体例关、资料关和文字关。在这“四关”中，如何把好政治关，即如何保证志书的政治质量，是最重要的。志书在体例、资料、文字几个方面稍差一些，或许还能存在并流传下去，一旦在政治观点上出了毛病，志书就成了废品，就失去了存在的价值。

志书的政治质量问题不只涉及修志的指导思想是否正确，记述是否符合党在各个时期的路线、方针、政策，甚至涉及遣词用字是否准确。所以，保证志书政治质量是全方位的。我只能根据自己的理解，就几个主要问题讲一些意见。

一、必须有坚定而明确的指导思想

所谓指导思想问题，实质上是以什么样的世界观指导修志的问题。

地方志是记述一定区域范围内的自然和社会的历史与现状的书，即把一定区域范围内的自然和社会的矛盾运动这种“动”

的形态，化为文字记述这种“静”的形态。这种记述不同于照相，不同于复印，不可能也不必要“全部收入”。编纂者总要根据自己的认识和判断，对各种纷繁复杂的现象加以选择，加以取舍。这种选择和取舍，又必然以一定的哲学思想为依据，并且要坚持一定的资料价值标准，采取一定的方法加以组织和表述。这就是说，地方志同其他社会科学著述一样，它是主观与客观相结合的产物。既然地方志的编纂者在编纂过程中注入了主观意识，于是便产生了编纂者的主观意识是否正确的问题。它的实质，就是以什么为指导思想，即以什么样的世界观指导修志的问题。

有人以为，地方志是资料书，是资料的直观记述，而且强调述而不论，因此，指导思想问题似乎并不重要。这是一种误解。诚然，地方志不是评论历史的书，不是史论，并力求避免染上一种宣传色彩。但是，这丝毫不意味着地方志可以不表现编纂者的世界观。事实上，不表现编纂者世界观的地方志过去从来没有过，今后也不会有。试想，在设计篇目时，设多少门类，各门类的比重怎样安排，突出什么内容；在搜集资料中，选取什么，舍弃什么；在编写中，肯定什么，否定什么，怎样表述，如何反映规律，如何体现时代特点与地方特点，等等，哪一个环节没有编纂者的观点？所谓资料的直观记述，无非是不允许编纂者离开记述以评论的形式阐述自己的观点，而是把观点寓于记述之中。

地方志作为社会科学中的一门学科，历来是有鲜明的阶级性、倾向性的。历代旧方志，就其总体来说，都是地主阶级或资产阶级的利益、要求、意志的体现，其指导思想都是历史唯心主义。即使有个别思想较为进步的学者所编纂的志书，可能包含了朴素的唯物主义观点，可能在某种程度上反映了劳动人民的一些正当要求，但其思想体系仍然脱不出历史唯心主义的窠臼。社会主义的新方志，是为广大人民群众的根本利益服务的，是为社会主义物质文明与精神文明建设服务的，因此，编纂新方志的指导思想只能是马克思列宁主义、毛泽东思想，只能坚持辩证唯物主义与历史唯物主义的世界观。中国地方志指导小组制定的《新编地方志工作暂行规定》，明确指出“编纂社会主义新方志，必须以马克思列宁主义、毛泽东思想为指导思想”。这个指导思想应该贯穿于新方志编纂的全过程，并在新方志的全部内容中得到体现，使它成为志书的灵魂。

一些同志在接触到修志的指导思想的时候，总感到很抽象，觉得不易把握。但是，这里所说的指导思想，不是指的马克思列宁主义、毛泽东思想的某些个别原理，而是指的马克思列宁主义、毛泽东的完整的体系。既然是指导思想，就必须在志书的全部内容中得到体现，而不是专指哪个部分。有谁能够为全部内容开列出应该怎样和不该怎样的具体条条呢？修志者只有学会运用马克思列宁主义、毛泽东思想的立场、观点和方法，才能指导修志的全过程。当然，这不是说不可以针对修志工作的需要，明确一些必须掌握的重点。编纂社会主义新方志，应该掌握的重点是历史唯物主义的如下几个基本观点：社会存在决定社会意识的观点；经济基础决定上层建筑的观点；阶级斗争是阶级社会发展的直接动力的观点；人民群众是历史的真正主人的观点。也许有的同志以为，这些都是老生常谈了，离修志实际岂不太远了吗？其实不然，在修志实践中，涉及这几个基本观点的内容是经常会碰到的。不只在利用旧史志文献资料时，常常会遇到在这几个问题上的历史唯心主义观点需要去纠正，尤其重要的是，在记述中国共产党领导革命和建设时，如何记述坚持这些基本观点引导革命和建设从胜利走向新的胜利，如何记述在违背这些基本观点时所造成的损失，更是随处可以遇到的必须恰当处理的问题。好在其中的重大问题，党中央在《关于若干历史问题的决议》和《关于建国以来党的若干历史问题的决议》中都有透辟的分析和明确的结论，我们只要以《决议》为准绳，遇到重大问题是可以处理得当的。

二、记述内容必须符合党的路线、方针、政策

政策和策略是党的生命。党在各个时期的路线、方针、政策，是党中央运用马克思列宁主义、毛泽东思想为解决当时革命和建设中的实际问题而制定的统一全党思想和行动的准则，是全党一切实际行动的出发点和归宿。党的十一届三中全会以来，党中央经过拨乱反正，制定了正确的路线和一系列方针、政策，十一届六中全会通过的《关于建国以来党的若干历史问题的决议》，又对新中国成立以来党在制定和执行路线、方针、政策方面的正反两个方面的经验作了系统的总结。这些，都是广大修志人员必须遵循的准则。志书所记述的内容，必须与党的路线、方针、政策相一致，稍有偏离就会造成政治错误。这个道理是无须多讲的。

然而，在我看过的志稿当中，偏离党的路线、方针、政策，甚至与政策相抵触的现象却不是极其个别的。大体可以分为以下几种情况：

①以地方具体规定代替国家政策。如有一部县志稿在记到提倡晚婚晚育时写道：县政府为实现晚婚晚育，明确规定：男24周岁，女22周岁始准登记结婚。这种记述就是同《婚姻法》相抵触的。1980年9月颁布的新《婚姻法》规定的结婚年龄是：“男不得早于22周岁，女不得早于20周岁，晚婚晚育应予鼓励。”当地提出的男24周岁，女22周岁的结婚年龄，如果作为倡导和说服的一种要求，是可以的。如果作为硬性规定，则是以地方规定代替了

国家法律。

②既否定又肯定，自相矛盾。有的县志稿在记述“文化大革命”期间的农业生产状况时，在前面的“概述”中写道：“1966年以后，由于‘文化大革命’的干扰破坏，使农业生产受到严重损失，1966年的粮食亩产量由1965年的270公斤，下降到250公斤，减产7.4%。”可是，在后面的“历年粮食产量表”中，1967年粮食亩产量是290公斤，1968年以后增长更快，到1976年，粮食亩产量已达到430公斤，比1965年增长近60%，这就造成了前后矛盾。

如果说前面所举的结婚年龄的例子属于缺乏法律知识以致造成错误的话，那么，这后一个例子则是由于修志人员的私心杂念和认识问题造成的。据我接触到的志稿，这后一种情况比前一种情况多，而且对志稿的政治质量危害更大。因为这后一个例子具有一定的代表性，我们不妨在这里作一点分析。这个县在“文化大革命”期间是远近闻名的高产县，七十年代初，省内外的参观学习者络绎不绝。修志人员明明知道本县的粮食生产在“文化大革命”期间增长幅度是比较大的，那么为什么要写“农业生产受到严重损失”，而且又用1966年比1965年减产例子来说明这种损失呢？原因就在于修志人员有顾虑，他们担心照实记述会造成美化“文化大革命”的后果。恰好1966年粮食比1965年减产，于是就用这一年的例子为整个“文化大革命”期间的“农业生产受到严重损失”提供佐证。但是，在制作历年粮食产量表时，他们又只能按实际数字去记载。作者的意图是想说明“文化大革命”给农业生产带来严重损失，结果是，后面的数字否定了前面的结论。这样的记述不仅没有能够否定“文化大革命”，反而会给读者带来许多疑问，社会效果肯定是不好的。

对于“文化大革命”这场造成严重的混乱、破坏和倒退的政治运动，是必须彻底否定的。正如党中央《关于建国以来党的若干历史问题的决议》中所指出的“历史已经判明‘文化大革命’是一场由领导者错误发动，被反革命集团利用，给党、国家和各族人民带来严重灾难的内乱”。对于“文化大革命”在各个方面所造成的严重破坏和损失，志书应该给予充分记述，以揭露“文化大革命”的恶劣后果。但是，绝不应该因否定“文化大革命”而否定或贬低此期间由于广大干部群众的共同斗争而取得的成绩。我认为，在记述“文化大革命”期间的成绩的时候，有三点是必须弄清楚的：其一，许多成绩的取得，往往要经过长期工作的积累，例如一项新产品的问世，要经科学研究和科学实验，要经过试生产等诸多环节；农业增产，要经过多年农田基本建设、品种改良、改进耕作技术等等。有些在“文化大革命”期间显示出来的成绩，不见得都是此期间做出来的。其二，林彪、江青反革命集团只是篡夺了部分权力，绝大多数干部、群众、知识分子没有动摇热爱祖国和拥护党、拥护社会主义的立场，对两个反革命集团的倒行逆施是有抵制、有斗争的。《关于建国以来党的若干历史问题的决议》中指出“正是由于全党和广大工人、农民、解放军指战员、知识分子、知识青年和干部的共同斗争，使‘文化大革命’的破坏受到一定程度的限制。我国国民经济虽然遭到巨大损失，仍然取得了进展。粮食生产保持了比较稳定的增长。工业交通、基本建设和科学技术方面取得了一批重要成就”。对于这期间所取得的成绩，志书加以如实记述，正表现了我们的人民是伟大的人民，我们的党和社会主义制度具有伟大而顽强的生命力。完全没有必要顾虑是否会美化“文化大革命”。各地方在这期间取得的成绩，如同一些新铁路和南京长江大桥的建成、一些技术先进的大型企业的投产、氢弹试验和人造卫星发射回收的成功、籼型杂交水稻的育成和推广等等一样，都是记不到“文化大革命”的账上去的。其三，如果没有“文化大革命”，我们的事业会取得大得多的成就。

③用肯定的语气记述已被否定的现象。例如有的志稿这样记述1958年的“大跃进”：“1958年6月，全县人民在总路线的照耀下，开展了轰轰烈烈的‘大跃进’运动，以敢让高山低头、河水让路的精神……”随后又记道：“1958年9月，全县在 xx 个高级社的基础上成立了 xx 个人民公社，实现了人民公社化。”

这样的记述，完全是肯定的语气。1958年农村大兴水利，尽管有些工程因计划不周和施工质量差，后来被废弃，但也确有一些水利工程保留下来，对促进农业的发展和改善工业用水、人民生活用水起到了重要作用。但从总体上说，“大跃进”的损失是很大的。人民公社由于一哄而起，又强调一大二公，助长了“共产风”，遗留下很多问题。党中央《关于建国以来党的若干历史问题的决议》中指出“没有经过认真的调查研究和试点，就在总路线提出后轻率地发动了‘大跃进’运动和农村人民公社化运动，使得以高指标、瞎指挥、浮夸风和‘共产风’为主要标志的‘左’倾错误严重地泛滥开来”。对于这样《决议》持批评态度的事，采取完全肯定的语气加以记述，就违背了《决议》的精神。

④记述简单化，缺乏具体分析。这样的例子很多。如记述农业生产，新中国成立前往往是这样写：旧社会在封建土地制度的束缚下，加上历代政府的横征暴敛，地主富农的严重剥削，农业生产十分落后，粮食产量低而不稳……。记到新中国成立后，则是：党和人民政府十分重视农业的发展……。记新中国成立前的教育，往往是：旧中国由于政府不重视，教育十分落后……。记到新中国成立后，则是：党和人民政府十分重视教育事业……。记卫生、体育等等，也大体如此。似乎有一种通用的公式：新中国成立前一切落后，一直落后；新中国成立后一切进步，一直进

步。这就把复杂的历史发展简单化了。这种不作具体分析的简单化的记述，严格说来是不真实的。即使在旧中国，各项事业在漫长的历史发展中，都有自己的兴衰起伏，比较而言，都有进步的时期和落后的时期。即使在新中国成立后，各项事业的发展比之旧中国当然是顺利的多、迅速的多，但也并非都是一帆风顺，同样走过了曲折的道路。只有记清其兴衰起伏，才符合实际，才有资政价值。简单化的记述，不仅违背了实事求是的精神，甚至会同党中央已做出的结论相抵触。我们仍以教育为例，新中国成立后党和人民政府对教育并不是一贯重视的，在这方面是有失误的。对于这一点，党中央在《关于建国以来党的若干历史问题的决议》中是有明确结论的。《决议》中指出："要坚决扫除在长时间存在，而在'文化大革命'期间登峰造极的那种轻视教育科学文化和轻视知识分子的完全错误的观念。"这说明，轻视教育的现象曾长期存在，并非一贯"十分重视"。所以，那种不作具体分析的公式化、简单化的记述，是造成政治错误的原因之一，是绝对要不得的。

三、必须加强政治部类的记述

前面我们说过，志书的政治质量问题是全方位的，那么这里为什么又特别指出加强政治部类记述的问题呢？这是因为：第一，政治部类比起其他部类来，政治性更强。不要说比地理部类，就是比经济部类和文化部类，政治性也要强得多，其他部类，记到具体的业务工作内容，政治性毕竟差一些。而政治部类，即使是记述具体的业务工作内容，也都有很强的政治性。所以，写好政治部类是提高志书政治质量的重点。第二，这届修志以来，已出版的志书和已见到的志稿，政治部类薄弱是个带有普遍性的问题。1991年中国地方志指导小组在郑州召开的工作会议，着重指出了这个问题，强调要在加强政治部类的记述上下功夫。

所谓政治部类，是指政党、人大、政府、政协以及公、检、法、司和民政等几个部分，有的把军事部分也包括在其中。按照中国地方志指导小组的说法，加强政治部类主要是在政党、政权和政治运动的记述上下功夫。而这“三政”的记述，一直被许多修志人员视为难点。从1988年以后，全国各地修志人员对如何写好这“三政”进行了认真研究，专题座谈会、研讨会、经验交流会开了不少。近两三年出版的志书和修出的志稿，在“三政”的记述上也确实有所加强。但是，我认为目前还不能说这个问题已经解决了。所以，我们把它作为加强志书政治质量的重点提出来专门加以研究，是很必要的。写好“三政”，对于我来说，同样是个难点。为了突破这个难点，我愿意讲出自己的意见，和大家共同讨论。

①关于中国共产党地方组织的记述。在已见到的志书、志稿当中，这一部分记述薄弱主要表现在三个方面：

其一，位置低。无论采用大编法、中编法或小编法，多以“政党”为题列篇或列章，也有的以“党派群团”为题列篇列章。这就把“中国共产党地方组织”的记述放在了篇下章或章下节的位置上，按大编法，它处于第三层的位置上，按中编或小编法，它处于第二层位置上。而在政治部类中，民政一般都单列一篇或一章。按大编法，民政在第二层位置，按中、小编法，民政在第一层位置，即民政比中国共产党高一层位置。党的领导同民政下的“优抚工作”“婚姻登记”“殡葬管理”等处于同一位置。如果同其他部类横向比较，则党的领导同农业中的“种子改良”“农作机具”等处于同一位置。这里用不着多讲什么道理，这样设计篇目，把作为领导核心的党的记述降到这样低的位置，是无论如何也说不过去的。然而，这样排列的却相当不少。这主要是因为过多地考虑了对中国国民党的记述，如果把它放在大编法的第二层或中、小编法的第一层显得摆高了，而且没有很多内容好记，所以不如放在“政党”或“党派群团”中记述一下。于是，便使共产党“吃了国民党的亏”，一起跟着降了格。当然，也有从科学分类角度考虑，把政党分为一类的。不管是从什么角度考虑，在志书的排列中，把中国共产党降格记述，都是不应该的。我主张中国共产党必须单列，如用大编法，则是政治编中的第二层位置。如用中、小编法，则居于第一层位置。至于中国国民党，在国民党组织比较健全、活动时间久、活动内容多的市、县，可以单列。在国民党活动时间不长，活动内容很少，甚至连组织也不健全的县，则可连同国民党统治时期的社团合为一篇。

其二，分量过小。1989年以前出版的志书，中国共产党部分一般只列“党的创建与发展”“历次党代表大会”“历任领导人”“纪律检查工作”“统一战线工作”。有的多加一节“组织机构”和“党员状况”。全部字数多则3万字，少则1.5万字。从我手头的几部县志看，记述中国共产党的部分字数多的是《三河县志》，3万字（包括表格），占全志125万字的2.4%。中等的是《丰南县志》，2.2万字，占全志118万字的1.86%，《井陉县志》2.2万字，占全志120万字的1.8%。少的是《萧山县志》，1.5万字，占全志95万字的1.58%。整个政治部类的字数，多的占全志的10%左右，少的只占6%。当然，字数少，并不就等于薄弱。但字数过少，比重太小，则很难写得充实。从上面我所摘的这部分的篇目即可看出，按这样的篇目记述，内容是残缺的。近两三年看到的志书和志稿，已有所改进。有的加上了“党员教育”，有的加上了“宣传工作”，还有的加上了“整党整风”，内容比过去充实了一些。

但也出现了一些需要研究的问题。例如：有的县志把政治运动集中起来记述，加在中国共产党部分，使这部分的字数大量增加了，但并没有真正解决质量问题。字数太少，比重太小，固然难以提高质量，但是数量大了并不等于质量高，应该在提高质量上下功夫。

其三，没有很好地反映出党的领导决策作用。我认为，这是中国共产党部分写得薄弱的主要问题，也是加强政治部类记述的核心问题。有人说，志书既然是一个整体，是否反映党的领导决策作用，就不能只从中国共产党这一部分来看，其他各部分的记述中，都反映党的领导决策作用。这个认识是有道理的，看一部志书是否充分记述了党的领导作用，的确不应该孤立地看中国共产党这一部分，其他部分也要注意反映党的领导作用。但如果过于强调了这一方面，以此为理由而忽视在中国共产党部分切实加强党的领导决策作用的记述，那就错了。应该认识到，其他部分虽能反映党的领导作用，但毕竟不是从党的领导决策活动的角度去记述的，因此是有局限性的，代替不了中国共产党部分的记述。在中国共产党这一部分中，“党组织的创建与发展”“组织机构”“党代表大会”“党员教育”“宣传工作”“纪律检查”“统战工作”等等，写起来并不十分困难。难就难在如何记述领导活动和决策作用上。去年以来，我看到有几部县志稿，单设了“党务要点”或“党的主要工作”一章，从本地有了党组织时记起，把党在各个时期的主要工作按编年体顺序记述下来，记到志书下限为止，既记党的活动，又记成绩与失误。这应该说是一种有益的尝试，比起完全绕开党的领导活动和决策作用的志稿来，甚至可以说是一种突破。但是，我看过这些志稿之后，认为这样写难度相当大，而且效果不一定理想。我之所以这样认识，主要是考虑到以下三点：第一，用一两万字来写一个地方的党组织60多年的领导工作历史，选择什么，舍弃什么，很难把握。遗漏了重要的领导活动，写入了一般性工作，是极容易出现的事。第二，在领导和决策活动中的利弊得失，很难写准确。有些历史问题党中央或某上级党组织是有明确结论的，有些则没有。对没有明确结论的那些历史问题，难于有所褒贬。如果不加褒贬，纯客观地记述当时做了什么，怎样做的，又同反映党的领导作用的意图相违背。褒贬错了，则会在政治上造成恶劣影响，甚至会引起争议。第三，这样不分主次地按时间顺序记述，那些最能表现党的领导作用的内容，反而被淹没了，使该突出的重点不能突出。那么究竟怎样记述党的领导活动和决策作用呢？我以为，不如以“重要决策”为题，有选择地加以记述为好。即：选择有地方特色的、影响较大的、在各个时期有代表性的决策，用纪事本末体加以记述。如果早期党的领导活动不好从决策的角度写，也可以把这部分一分为二，前一部分写“执政前的主要革命活动”，后一部分写“执政后的重要决策”。这样写的好处是：第一，不必顾虑遗漏了什么。既然是选择有地方特色而又有较大影响的革命活动或决策，一般是不会遗漏的。第二，资料好搜集。在当地有较大影响的革命活动或决策，有些是有文字记载的，即使没有文字材料，口碑资料也比较好搜集。第三，写起来生动，可读性强。第四，重点突出，能较好地反映党的领导作用。当然，各地的具体情况不同，不可能采用同样篇目和同一模式，在写法上尽可以创新。但不论用哪种篇目，关键都在写好决策，决策写好了，中国共产党这一部分的主要内容就加强起来了。

②关于地方政权的记述。政权部分包括人民代表大会和政府。已见的志书和志稿，多数采取人大和政府分列的办法，即各占一篇或一章。也有采取以“政权”为题合列为一篇一章的。我以为以分列为好，分列可以记得更充分一些，而且没有降格之虞。

目前已见到的志书、志稿，凡政权部分记述薄弱的，主要表现是记述过简，内容残缺，而且往往是漏掉了最主要的内容。下面分别就人大和政府的记述谈谈存在的主要问题及解决这些问题的意见。

前些年看到的志书和志稿，人大部分一般只列“各界人民代表会议”“人民代表大会组织机构”“人民代表大会历届会议”“人大常委会”这样几项，也有的把“代表联系制度”和“提案处理”各列一项。每一项记述都很简单，只有组织机构和人员更迭状况，开了几次会议，什么人做了报告，形成了什么决议，处理了什么提案，等等，干干巴巴，没有生动具体的工作内容及效果。一般都漏掉了代表的选举，特别是漏掉了从间接选举到直接选举的演变，漏掉了代表的构成和代表的作用，更重要的是漏掉了人大对一府两院监督的内容。我认为，要加强人大这一部分的记述，除了上述各项都应该围绕着各地人大是地方国家权力机关，是人民行使国家权力的机关这样一条主线，充实生动具体的内容以外，关键是写好对一府两院的监督和人事任免。其内容包括：常委会听取汇报，主任会议听取汇报，委员、代表视察，办理议案、批评、建议和意见，受理信访，开展执法检查等项。不只写制度，主要是写出具体的工作内容，反映出我国的民主和法制正在逐步健全。这些内容充实了，人大这部分就加强起来了。

政府这部分薄弱的表现，主要是没有写出政务活动和政绩。记政务活动和政绩确实难度较大。如果记具体工作，很容易同有关的专志重复（如记教育工作同教育志重复，记农村工作同农业志重复等等）；如果记宏观决策，又很容易同中国共产党部分重复。那么是不是就无法记了呢？我认为，只要选好角度，还是可以记得好的。试举几个方面的内容如下：1. 记地方国民经济计划的宏观控制与实施；2. 记改变本地生产条件的部署与实施；3. 记对科技工作的宏观规划与领导；4. 记对教育事业的宏观规划与领导；5. 记对外事、旅游工作的宏观规划与领导；6. 记对计划生育工作的宏观规划与领导，等等。这些内容都可以冠以“重要政务”的题目加以记述。这里最重要的是选好角度，避免与有关专志重复。记这些内容，主要是从执行和实施中的宏观领导的角度去记。例如记前两项，可从当地国民经济发展战略的具体部署与实施的角度去记。经济发展战略是由党委决策的，部署实施则主要是政府的事，这样记不会同党委决策重复。这种部署与实施，涉及诸多部门，也不会与经济部类的其他专志重复。记第3、4项，是从政府领导的角度去记，党委决策部分一般记不到这类内容。而配备科技副职，科技、教育经费的筹措与使用，科技、教育设施的改善，人才的引进与交流等等，又是有关专志中一般记不到的，所以不会重复。记5、6项也大体是这种情况。上述六项只是举例说明，由于各地具体情况不同，记什么不记什么，则应从实际出发。这里只在于说明，政务和政绩并非不能记，而只有记好政务政绩，政府部分才能真正充实起来。

③关于政治运动的记述。记好政治运动，对于正确地总结中国共产党在领导革命和建设中的经验教训，为今人和后人提供历史的鉴戒，是非常重要的部分。这届修志以来，如何记述政治运动，不仅一直被方志界视为难点，而且争论也比其他部分为多。争论主要集中在两个问题上：一是“宜粗不宜细”的原则是否适用。二是究竟应该集中记还是应该分散记。

我们先说第一个问题的争论。中国地方志指导小组制定的《新编地方志工作暂行规定》第十一条中规定“关于建国以来重大政治事件的记述，要遵守宜粗不宜细的原则”。有些同志不同意这样的原则，认为按照这个原则就是只准粗，不准细，而粗了则不能说明问题。例如对“文化大革命”的记述，担心记得粗了不利于彻底否定“文化大革命”。甚至有的同志提出，“宜粗不宜细”不符合秉笔直书的精神。强调要记得细的同志，有的在记述1952年“三反”时，把如何组织“打虎队”实行逼供信，把本来廉洁的人打成“大老虎”的情况写得十分具体。有的记述“文化大革命”中迫害领导干部时，专列“刑法种种”一节，进行了许多细节描写。这样的记述不仅没有必要，而且社会效果不好。我们记述政治运动，目的在于使读者能够正确地总结历史的经验教训，从中得到鉴戒。无论记述正确的政治运动，还是记述有失误或完全错误的政治运动，都是如此。记述错误的政治运动也不是写批判文章。地方志是官书，不能不考虑社会效果。我以为，邓小平同志在指导起草《关于建国以来党的若干历史问题的决议》时，一再强调的对历史问题“宜粗不宜细”的原则，对于修志中记述政治运动是完全适用的，中国地方志指导小组的规定是正确的。所谓“宜粗不宜细”是个原则，是个精神，并没有具体提出要粗到什么程度和不宜细到什么程度。它的中心意思是要有利于统一全党的思想，有利于团结一致向前看。《决议》就是根据这个原则写的，其中“‘文化大革命’的十年”这一部分就写了6700字，占全部字数的19%。对“文化大革命”中几个阶段的主要问题都有透辟的分析和明确的结论。并不是像一些同志理解的那样，坚持了“宜粗不宜细”的原则，就会粗得不能说明问题。有的志书对政治运动确实记得太少了，少到看不清政治运动的轮廓的程度。这并不是坚持“宜粗不宜细”这个原则造成的，不能归咎于这个原则。至于说“宜粗不宜细”不符合秉笔直书的精神，是完全搞错了。这两者并不是一对矛盾。所谓秉笔直书，核心是直书，它是对着曲笔而言的。记得粗一点，只要不歪曲事实，就符合直书的精神；反之，记得很细，如果歪曲了事实，也不符合直书的精神。粗与细同直书和曲笔是不同的两回事，是不该搅在一起的。

现在说第二个争论。对政治运动究竟是集中记述还是分散记述，中国地方志指导小组没有明确规定。后来有的地方在修志实践中，在“宜粗不宜细”后面又加上了“宜分不宜集”。提出这种主张的同志，认为分散开来记，可以有所选择，不必有头有尾，写起来比较容易；而集中记述则必须有头有尾，记其全过程，有些棘手的问题不好处理。有些政治运动影响面非常之大，在哪里有影响就在哪里记，比较方便；集中起来记述很难记全其在各方面的影响。新中国成立以来的政治运动，有失误的不少，集中在一起会显得失误过多。另一些同志则坚决反对分散记，认为分散记看不清原委，难于使人从中吸取经验教训，特别是“文化大革命”，不集中记述往往说不清，道不明，不利于对它的彻底否定。在开头几年出版的志书，集中记述政治运动的很少，近几年逐渐多起来。两种意见仍然各执己见。

我认为，记述形式固然会对内容产生重要影响，但毕竟不是起决定作用的，起决定作用的是内容。集中和分散两种办法各有所长，各有所短，都是应该允许的。有些采取分散记述法的志书，的确记述过简，以致看不清政治运动的基本面貌。有些采取集中记述法的志书，虽然记清了运动的全过程，但对其在各方面造成的影响则记得比较抽象，而且有些概括分寸掌握不当。无论采取哪种写法，关键是记清楚其背景、目的、做法和效果。分散记述，则应在大事记中记得详细些，并在相关的专志中记清其影响，使之相互照应，达到记述清楚的目的。集中记述，则应特别注意概括的准确并且不要在相关专志中对其影响避而不记。不管采取哪种记法，对于有失误的和错误的政治运动，一定要记清我党自我总结、自我纠正的情况，尽可能从积极意义上去记述，使之收到积极的效果。

四、必须注意文字准确和保密

前面已经说过，遣词用字不当，也会影响志书的政治质量，甚至会造成政治观点的错误。这方面的例子很多，略举几例加以说明。有的志稿写到皇帝时，多处称之为“皇上”。“皇上”是臣民对皇帝的一种尊称，我们编纂社会主义新方志，把皇帝称为“皇上”，一字之差，就把自己摆在了臣民的地位。还有的写到康熙皇帝出巡，这样记述“仁皇帝巡视，曾驻跸于此”。这里有两个问题：一是把康熙皇帝玄烨称为“仁皇帝”。“仁”字是其谥号，而谥号是帝王死后由礼官拟议上报的评定褒贬的称号，其中多带褒义，康熙皇帝的谥号全称是“合天弘运文武睿哲恭伶宽裕孝教诚信功法大成仁皇帝”，用了这么多好字眼，极尽恭维之能事。我们也用这恭维的谥号去记述，立场就错了。帝王有庙号(如圣祖)、年号(如康熙)、谥号，我们修志写到帝王，一般用其年号。明清两代，一个皇帝一个年号，可直用年号称之。如明毅宗朱由俭，可称为“崇祯皇帝”，清圣祖玄烨，可称为“康熙皇帝”。二是用了“驻跸”一词。这个词是专指帝王临时驻扎的。“跸”是指帝王车驾的。这个词虽不像用谥号那样恭维，但毕竟是一种恭称，是记帝王行止的专用词，我们修志还是不用为好，直接写成住在什么地方就行。再如，有的志稿记日军暴行，这样写道：“2日凌晨，日军突然包围了ｘｘ村，捉去村干部和群众十四人，行至半途集体枪决。”问题就出在最后的“枪决”一词。这个词是有感情色彩的，一般用于敌人和罪犯，表示其罪有应得。用于革命者和人民就错了，应改成“杀害”。所以，一个词一个字，都必须准确，不可疏忽。这里只是就有关政治质量问题谈的。至于其他用词，在讲如何把好文字关时必然讲到，这里不多涉及。

严守党和国家机密，是保证志书政治质量的一个重要方面。保密的范围很广，既包括党内的机密，也包括军事机密、科技机密、公安机密等等。有些机密是比较明显的，如：驻军的番号、兵种、数量、装备、驻地等；民兵的近期装备、军训内容；公安机关的近期机构设置、侦破设施和手段、武器装备、破案率、在押人犯数字；重大科技发明创造，重要矿藏已知储藏总量等等。有些则是现行保密规定中没有包括的，再加上保密的范围又是随着时间变化的，修志人员难于掌握。因此，撰写有关涉及机密的专志的同志，应在动笔之前，先向有关部门或保密委员会了解有关的保密规定，以便有所遵循。志稿写成后，再请有关部门严格审查，以防泄密。有人主张先放开手写，最后送保密委员会审查把关。这样做危险性比较大。因为修志人员事前不了解有关的保密规定，放手去写，最后推给保密机关，文字分量那样大，必然给保密机关造成很大压力，甚至无法承受。还是修志人员、有关部门和保密委员会几个方面共同把关为好。

（这是1992年在北京市举办的培训班上讲课的一部分讲稿）

志书的体例、编写及总纂

一、志书的体例

大凡修志者，在一切准备工作开始之初，应该首先熟知志书的体例。李泰棻在《方志学》中说“体例之于方志，如栋梁之于房屋，栋梁倒置，房屋安得稳固”。足见先明体例之重要。体例不明即动手修志，则势将徒劳而无功。

何谓体例？体例是指的著作的编写格式和组织形式。志书的体例主要由三个要素构成：一是体裁，二是结构，三是门类。

方志在长期发展中，形成了自己特有的体例。但这并不是说方志的体例是统一的，即使是明清两朝曾制定全国统一的体制，要求各地一体遵行，实际上也并未统一起来。当时就有仿《史记》《汉书》的纪传体。如隆庆《永州志》，分一纪、七志、五传；又有章学诚所主张的“三书”体，即仿纪传正史之体而作志，仿律令典例之体而作掌故，仿文选、文苑之体而作文征，如《湖北通志》；还有以编年体为主，不分门类的，如乾隆《广陵通志》，全书好像一篇文章；还有以天、地、人、物为总纲系以细目的。如万历《广平县志》，分土地、人民、政事、文献四纲，康熙《密云县志》分天文、地理、人事三纲；也有平列门目，无所统摄的，如顺治《河南通志》。旧志体例纷繁，这里只能选其主要者略有提及，为的是能够看出新志同旧志在体例上的继承关系。我们要研究的重点是新志的体例。

我们现在编修的是社会主义新志书，对旧志的体例当然会有所继承。但是，社会主义时期同旧社会比较，各个方面都发生了翻天覆地的变化，新志的内容其范围要比旧志广得多，其层次要比旧志深得多。记述重点也发生了明显的变化。因此，新志的体例不应该也不可能完全沿袭旧志，而必须在继承旧志优点的基础上根据实际需要有所创新。

当前通行的新志体例，是以1981年8月中国地方史志协会制定的新编省志、市志、县志三个基本篇目为蓝本而形成的，即全志由述、记、志、传、录五大部分组成。尽管各地有所变通，但其基本框架是大体一致的。十几年来的修志实践证明，这样的体例与新志的内容是基本适应的。

下面我们分别就体裁、结构和门类谈谈新志的体例。

体裁，是志书的表述形式。这届修志以来，各级各类志书通常所采用的体裁主要有七种，除了上面提到的述、记、志、传、录五种之外，还有图、表两种。因为图、表一般随文而行，不单独成立为一个部分，所以我们主要谈前面的五种体裁。述，即概述。这种体裁系由小序、序例发展而来，由黄炎培先生修《川沙县志》首创。但黄先生是在各卷之首设概述，而未设统领全志的概述。在全志之首设概述，是这届修志的一个创举。概述又分总概述和分概述。目前一般只在全志之首标以“概述”，各分志的概述则作为无题小序。志首概述是阅读和理解志书的向导，其功能有五：(1) 总括地情(专业志则为专业总情); (2) 提炼精华 ;(3) 沟通联系 ; (4) 彰明因果 ; (5) 策论方略。记，即大事记。是全志中唯一“以时系事”，即按时间顺序纵写的一种体裁。一般以编年体为主，适当采用纪事本末体作为辅助，记本地（专业志则为本行业）各方面的大事，勾勒历史发展脉络，是纵贯全志，串联所有门目的纲。志，即各分志（专志）。是志书的主体部分。志者，记也。一个地方，一个行业各种事业的历史与现状、兴衰与起伏，主要靠志这种体裁具体地记述出来。每一个分志，都从不同角度反映一个侧面，合起来则反映全貌。传，即人物传。分独传、合传、附传，专记人物事迹。人物传这种体裁历来为修志者所重视，所谓“方志半人物”，说明人物传在方志中占有十分重要的位置。录，有专录和附录。专录，即在正文中以录的形式记人或事的，如革命烈士英名录、名人录、学子录、灾害实录等。附录，是把不列入正文而又有参考价值或保存价值的某些资料附于志尾，如某名人籍贯考辨、某地名考、重大事故纪实等。图，即图形。分地图、统计示意图、实物图、照片、影印件等。表，即表格。分统计表、沿革表、职官表等。这两种体裁旧志早已有之，现在加上现代化手段，使之更加多样，更加精致。同文字比较，图、表是起辅助作用的，但它更加直观，可使读者了然于目，豁然于心，既节省篇幅，又能形象、简便地说明问题。

体裁中还包括文体。按《新编地方志工作暂行规定》的要求，新志一律采用规范的语体文。

结构，是志书的组织方式，即志书的谋篇布局。志书的总体布局是：以概述开其端，提纲挈领，展现总貌；以大事记树其经，纵贯全志，勾勒脉络；以各分志织其纬，分类记述，构成中腹；以人物传殿其后，彰善瘅恶，激励后人；以附录为志余，尽收归无类，以为志尾（即旧志之卷末）。各分志是志书的主体部分，其结构的主要特点是横分竖写。所谓史体纵看，志体横看，史是一条线，志是一大片，就是形容史和志在结构上的明显不同。一部志书究竟设多少个分志，本无定例，完全根据实际需要而定。其各级层次如何横分，依采用的编法不同而各异。目前通常采用的有三种编法即大编法、小编法和中编法。大编法的第一级只起分类作用，并不是实体。如省、市、县志，一般分为地理、经济、政治、军事、文化、社会、人物七大部类。这是第一级横分。每个大部类之下再横分，为第二级横分，如政治部类之下再分为党派、群团、政权、政协、公安、司法、民政、人事等等，这已经是各分志的实体。每个分志之下再横分，为第三级横分。如党派中再分为中国共产党、中国国民党、民主党派。这以下一般还要有第四级和第五级横分，才能进行竖写。如中国共产党之下再分为组织建设、思想建设、纪律检查、统战工作、党委决策、代表会议等等。在组织建设之下，再分组织发展、党员构成、组织系统等等。大编法一般需要五级结构，即编、章、节、目、子目，个别章甚至还要有微目。大编法的好处是，统属关系比较清楚，整体性较强。缺点是容易产生畸轻畸重，也为归属带来一些麻烦，大类的标题也难以准确。小编法比大编法少了第一级这个层次，即各分志平列，无所统属。但各分志的排列顺序仍按大类，实际上是隐去了大类。好处是各志分量较为均衡，减少了归属上的麻烦，组织编写也较大编法方便。缺点是由于统属关系不明，显得散，容易带来肢解感。中编法是介于大编与小编之间一种编法，或者说是对小编法的改造。这种编法也去掉了分大类的一个层次，但把小编法分割的各个分志中性质相近者加以合并，有的则是组成联合体，如把党派群团合为一志，把政权、政协组合在一起等等。好处是适当避免了小编法分割过细的肢解感，又避免了大编法在归属上和大类标题上的困难。缺点是有些宏观内容不好处理。

志书的结构所以强调横分，是由志书资料性所决定的。资料性是志书的本质属性。横分的目的正是为了容纳更多的资料，同时也是为使其条理清晰。但强调横分并非分的层次越多越好。所谓“横剖至尽”，是指横剖到宜于纵写的一级。再分下去不仅支离破碎，而且会导致结构上的“绝缘”，使记述离开所记事物的整体。还有一点也是应该说明的，即不能把横分绝对化，横分竖写固然是志体的一个特征，但不是所有分志所有层次都必须先横后纵。不仅大事记是一条纵线，即使各个分志，有的也可以先纵后横。如公安、司法，在不同社会制度下，其性质、职能、目的完全不同，一定要先横后纵，列项都很困难。如果先分期，后分类，就比较便于记述。这应该是允许的。以横为主是应该坚持的，否则即会自乱其体，在这个原则下个别宜先纵后横者尽可放手去做，不必过于拘泥。

志书总的结构是梯形的，在梯形结构中，每一级都必须是平行的，既不能打乱领属关系，又不能相互交叉，相互包容，这样才能使领属相同，互不侵扰。

门类，亦称门目，是志书的骨架。李泰棻说“纂志之道固多，而门目标题则为首要”。瞿宣颖说“但阅其门目，便知其有无鉴裁之力”“故欲精志例，先求分目之允”。由此足见分门别类之重要。划分门类的标准是按科学分类，即以类系事，事以类从，类为一志。这也是志书区别于史书以时系事的一个重要特征。有许多工作是各个部门都有的，例如党的工作，团的工作，工会工作等等，但不能各个分志都记这些工作，只能把它们完全归入到专记党、团、工会工作的专章中去。教育也是许多部门所共有的，如农业部门有农学院，林业部门有林学院，水利部门有水利学院，卫生部门有医学院等等。在农业、林业、水利、卫生专章中，可以从培养专门人才的角度记到学校。而如何办学则应归入教育专章去记。即不按部门分管的工作设章节，而必须按类划分。但这也不是绝对的，有的也要适当照顾到社会分工。如省、市、县志中一般都设有民政志。记述的内容即民政部门分管的工作。如按科学分类，民政部门分管的基层政权建设，应归入政权专章，而其分管的社会救济则应归入社会部类。但考虑到从民国以来，从上至下就有一个民政系统，单列一个分志，有利于资政。这就是“因事定制”，例当行而不可拘，法应守而不可泥。门类多寡，依实而定。事繁可多分门类，事简可少分门类，本地本行业独有的可单设门类。增减分合，既要遵守通行原则，又要从实际出发。具体到铁道志如何分类，像我这样的外行是说不清的。作为自成体系的铁道志，各种体裁具备，这是毫无问题的。关键是作为主体部分的志，应分多少门类。据我这个外行从表面了解，起码如下各项可各为一类，如：铁路建设、运输生产、科学技术、经营管理、职工生活等等。具体如何划分，设多少个层次，则需内行掌握了志体之后加以确定。

二、志书的编写

这是一个很大的题目。志书的每一个部分的编写，都有不同的要求，如概述如何编写，大事记如何编写，人物传如何编写，每一个分志如何编写，都可独立成为一讲。这里不可能涉及某一部分如何编写，只能讲一讲志书编写中一些带有共性的要则。

(1) 时空界限。这里包含两层意思，一是确立时间断限，二是划定空间范围。

断限，即记事的起讫时间，断自何时起为上限，限至何时止为下限。本届修志以来，对于上限断自何时颇有争论，主要有四说：一是从有历史记载开始；二是从本地有行政建置开始；三是从历史分期的近代史起始之年（1840年）或从现代史起始之年（1911年）开始；四是从承接本地最后一部旧志的下限年开始。针对上述争论，中国地方志指导小组在1985年4月制定的《新编地方志工作暂行规定》的第八条中提出“新方志的年代断限，上限不作硬性的统一规定”。

由于对这个条文的理解不同，已出版的志书，其上限的确立，上面提到的各种主张几乎都有。我认为，如果把这个条文理解为因事业(事物)的发端时间不同，各地能查到的历史资料起始时间不同，而对上限不作硬性统一规定，是对的。譬如修铁道志，中国有铁路不过一百年多一点的历史，上限无论如何不可能断在近代史开始的1840年。有的偏远地方，历史虽久，但有文字记载的资料却如凤毛麟角，硬要把上限断得很靠前，必然造成严重断线，成为残缺不全的志书。所以，考虑到中国如此之大，各项事业如此纷繁，上限确实不宜作统一规定。但这里需要加进十分重要的一点，即尽可能追溯事物的发端。这里应注意两种倾向。一是贪图省事，把上限尽量后延，使大段历史成为空白；二是为了显示本地本行业历史悠久，把大事记上限尽量前推，不仅造成严重断线，而且使全志上限七高八低。

至于下限，中国地方史志协会原想能使全国志书有个统一的下限，以便在下一届续修新志时求得统一的上限。但实际上做不到。在《新编地方志工作条例》(征求意见稿)中，曾提出“一般断至1981年《关于建国以来党的若干历史问题的决议》通过时止”。在中国地方志指导小组制定的《新编地方志工作暂行规定》中，修改为“一般情况下可暂定断至1985年即第六个五年计划结束之时，也可断至该志书脱稿之日”。后来的事实证明，当初对修志的难度估计不足，一是修志所需时间比原来预计的要长，二是各地起步的时间不一，有的竟差了七八年。现在已出版的志书，下限同样极不统一。所以，下限还是按各自的实际情况确定为好。下限无论定到哪一年，全志各部分应该是一致的。

与确立时间范围同等重要的是划定空间范围，即划定记述区域。就省、市、县和各级专业志来说，其记述的空间范围，只能是下限时的行政区划境域，全国性的专业志，则是下限时的我国疆域。铁道志的专业志则有其特殊性。因为各路局、各分局、各站段所管辖的并不同行政区划相一致。如果是省志中的铁道志，只能记述全省境内的内容。而自成体系的专业志，则可完全按本专业的区域划分来划定记述范围。这里所以要强调下限时境域，是因为我国行政区划变动频繁，如不以现行区划为准，则必将造成混乱。例如河北省，历史上曾包括了今北京、天津两市，如不以现行区划为记述范围，则无法记述两市划出后的内容。铁道系统恐怕也存在管辖区域变化的情况，也只能以现行管辖区域为记述范围。只有遇到同已划出的区域有密不可分的联系的事，才可涉及现行区域以外。

(2) 述而不作。此语出自《论语·述而》："述而不作，信而好古。"按朱蕉的注解："述，传旧而已；作，则创始也。"原意是只阐述前人的著作，无自己的创见。用于地方志编写，引申为只记述客观事实，而不加作者的评论。所以方志界有的把它改为"述而不论"。重论与重记是史与志的一个重要区别。凡著作之史，均要求作者从大量资料中提炼出某些观点和论断，并围绕着论点阐发道理，叙述史实，即资料服务于论点，"记"为"论"所支配。甚至在叙述一段史实之后，作者可以直接出面发表大段评论。如《史记》中的"太史公曰"，即作者的评论。而志书则不同，志书靠资料取胜，重在记述，不允许作者直接出面发表大段评论。胡乔木同志在全国地方志第一次工作会议上的讲话中指出"客观的历史就是客观的历史，不需要在地方志里画蛇添足地加以评论。

地方志不是评论历史的书，不是史论。多余的评论不但不为地方志增光，反而为地方志减色”。他还特别强调地方志不要染上一种宣传色彩，要避免政治化倾向。但是，这并不是说地方志中没有作者的观点，而是不准许用评论的形式来表达作者的观点。那么作者的观点怎样表达呢？这就要把观点寓于记述之中。这比起由作者直接出面发表评论来表达观点要更加讲究写作技巧。如记述1958年“大跃进”时期提出的一些过高的生产计划指标，如果只记某年某月由哪里提出了什么计划指标，就会成为无观点、无倾向性的客观主义记述；如果在记述了何时提出了什么样的计划指标之后，再说这个计划指标如何脱离实际，则成了作者发表评论，即有悖于志体；如果在提出计划指标之前加上“不切实际地”几个字，则既不悖于志体，又表明了作者的观点。所谓“述而不论”，并非禁绝在记述中使用一切评论性语言，而是不允许离开记述去发表评论。如“某庙宇因年久失修于某年倒塌”，“因年久失修”即是评论性语言，但它又是记述的事实。在志书的各种体裁中，概述应该算是一个例外。概述是对一地或一行业的历史与现状的高度概括，且其中又有策论的内容，不允许作者发表评论是写不成的。概述是一种夹叙夹议、叙议结合的体裁。但它不是空论，而是就实论虚。

(3) 详略得当。为文皆有详略，即使是写几百字的短文，也有何者详何者略的问题。志书是大部头著述，少则几十万字，多则几百万字，上千万字，处理好详略尤其重要。“志贵详备”，这是传统的说法。它的意思绝不是说志书越详越好。这里的“详备”是相对于史而说的。史是取其精要，存其大体，志则宏纤具备，资料取胜；史是勾勒梗概，志则记述情节。所以一般都说史提其纲，志显其目。这些说法虽不完全确切，但它在于说明史略志详，是比较而言的，并非史越略越好，志越详越优。无论史志，芜杂繁冗或简古空洞，都会伤其主旨。但在目前已出版的志书中，简至空洞者多表现于某些部分，冗长臃肿者却大量存在，成为主要倾向。一部县志一般都在百万字以上，多者竟达二百万字，且有字数越来越多的趋势，实在堪忧。详略的处理涉及资料的去取，编章的安排，主次的分辨，还有文字表达能力。详其当详，略其当略，说起来容易，做起来实在很难。但也并非无可遵循，在长期的修志实践中，形成了对详略的一些基本要求，成为修志者一体遵行的信条。这些基本要求是：

其一，详今略古，也称详近略远。这个要求也适用于史，如《史记》的本纪，秦以前几千年只有《五帝本纪》《夏本纪》《殷本纪》《周本纪》四个本纪。而秦汉之际百余年，即有《秦本纪》《秦始皇本纪》《项羽本纪》《高祖本纪》《吕太后本纪》《孝文本纪》《孝景本纪》《孝武本纪》八个本纪，可见近者详于远者。但一般说来，史书是分期主编，大体比较均衡。断代史则不存在详略哪一段的问题。志书则更加强调详今略古，这是由志书的资政功能所决定的。志书乃政书，更多地从资政方便考虑。《新编地方志工作暂行规定》第三条指出“新方志要详今略古，古为今用，着重记述现代历史和当前现状”。意思很清楚，“略古”的目的也是为了“今用”。所以，一般县志的大事记，中华人民共和国成立以后的事条，均占40%以上。各分志记述新中国成立后的内容比大事记比重还要大。这里说的比重，是指的已出版志书的实际情况，并非有什么关于比重的规定。“略古”不是“弃古”，有的门类，兴于当代，无古可记(如电子工业);有的门类，不追溯到古代，不足以说明问题(如建制沿革、文物古迹)，情况千差万别，要视具体情况而定，不可“一刀切”。详今略古是从总体上说的，有些事属当地特点，即使年代久远，也要不惜笔墨，详加记述；当代之事也不是一切都详。

其二，详独略同。这是突出地方特点和行业特点的需要，人有我有者，略书；人有我有我优于人或我劣于人者，详书；唯我独有者，大书特书。如庆祝国庆节，从何时起人民币以新币兑换旧币，从何时起进行人口普查，全国皆同，略书即可，而且要记明本地具体情况；再如，各地都产水果，而深县所产深州蜜桃，赵县所产赵州雪花梨，不仅量大，而且品质优良，则需详书，甚至要记当地土壤的理化成分；再如孔府、孔林为山东所独有，即值得列专编记述。具体到铁道志也是一样。例如唐山至胥各庄一段铁路，里程虽短，却不宜按一般铁路建设那样记述，而应该大书特书，因为它是我国自建的第一条铁路。一个地方、一个行业，何为特点，不仅要自身作纵向比较，还要同其他地区、其他行业作横向比较，有的还要同世界各地比较，以便分出优劣异同，通过详记，使之突出。

其三，详本略末。志书要记述的客观世界纷纭复杂，若不分主次，兼收并蓄，势必“兰艾混杂”。即使对一事物的记述，也有本有末，不能巨细毕书，以枝叶掩盖主干，致使看不清事物的本质。修志时搜集资料要博，犹如韩信点兵，多多益善（当然不是滥收）。使用资料要精，择善而用，务求精当。前者图多，后者图精，这就是“博观约取”。章学诚说：“非博观无以为约取也”。没有大量的资料作基础，很难选择出精当的资料入志。一旦大量的资料到手，则需精心研究，分清本质与现象，主要与次要，选择那些最能说明本质的、主要的材料入志。下决心舍弃那些非本质的、次要的材料。即使同是反映本质的资料，也要选择其中最优者，加以利用，余者宁弃勿收。过多地考虑搜集资料之不易，尽可能多收而不肯割爱，是不可取的。

其四，详此略彼。志书因其分门别类纪事，有些内容涉及几个门类，必然出现交叉。在志书中，交叉是允许的，也是不可避免的，而重复则是应该避免的。避免重复的办法之一就是详此略彼。例如大事记，因其是贯穿全志的一条纵线，是负责勾勒历史发展脉络的，全志各个分志中的大事，均在大事记中雁行鱼贯，顺序排列。这样才能使大事记起到纲领作用。读大事记即可了解全志大事，如撒网之提纲，振衣之挈领。惟其如此，大事记同各分志在大事的记述上必然会有交叉。为了不致重复，大事记应当从略，各分志则宜从详，大事记中略有提及，各分志中适当展开。在行文上又要讲求技巧，尽可能做到记事互见而语不重出。再如水资源，在自然环境专章中的“水文”部分要记到，在水利专章中“水资源”部分也要记到。两者可错开角度。“水文”部分，着重记水体分布及其水文现象在时间和空间上的分布变化特征和规律，而省略生产、生活可利用水的水质记述。“水资源”部分，着重记人类可利用水的分布、水量和水质及其特征，而省略其他水文现象的记述。

详略问题还涉及文字表述上的详略繁简。这主要取决于编纂者的文字功底，这里不必细说。

(4) 相互联系。这里既包括各门类之间的联系，也包括一个门类内部各个部分之间的联系。志书所要记述的客观世界，本来就是一个有着内在联系的有机整体。恩格斯说过“当我们深思熟虑地考察自然界或人类历史或我们自己的精神活动的时候，首先呈现在我们眼前的，是一幅由种种联系和相互作用无穷无尽地交织起来的画面”。志书要反映的正是这个“交织起来的画面”，因此也就不能抛开构成这个画面的“种种联系和相互作用”。然而大量的旧志，却看不出这种联系。我们看到的是各门类各立门户，彼此孤立，类似拼盘。胡乔木同志在全国地方志第一次工作会议上的讲话中指出“过去的地方志，别的问题且不说，它们有一个共同的缺点，就是在各门类之间看不出相互间的影响和逻辑关系。”造成这种共同缺点的原因，一般都归之于横排门类，这不全面。横排门类对“看不出相互间的影响和逻辑关系”会有影响，但这不是不可克服的。我以为，其主要原因是由于当时的编纂者的世界观和方法论，决定了他们不可能用唯物辩证法普遍联系的观点去认识和分析事物，而是把事物和现象置于孤立和静止的地位，造成彼此割裂。因此，要使志书成为一个有机的整体，除了在篇目设置上要分类科学、领属得当，使各层次形成层层相辖的严密网络之外，关键是从普遍联系中去把握每一项记述内容。志书的每一个分志，既是一个相对独立的整体，又是志书这个大整体的一部分。所谓相对独立的整体，即是要处理好每一个分志内部各个部分之间的联系。如果各分志内容是互不联系的，那么整部志书也必然是松散的。但每一个分志又都同其他分志有着内在的联系，即每一事物都受其他事物影响，同时又影响其他事物。如铁路建设的发展，是运输生产发展的基本条件，而运输生产的发展又是促进铁路建设的主要原因。而铁路建设和运输生产的发展，又都受到国家经济发展状况的制约，国家经济发展了，可运量远远不能适应需运量的要求，则产生了增建铁路，扩大运量的客观要求，而国家经济实力如何，又决定了国家向铁路投资的数量和铁道事业发展的速度。如此记述，即沟通了相互联系。

(5) 实事求是。党中央《关于建国以来党的若干历史问题的决议》，把实事求是归结为毛泽东思想的活的灵魂的三个基本方面之一。任何工作都必须坚持实事求是的原则，其道理用不着多说。本届修志以来，许多修志者热心于提倡“秉笔直书”，这是一个古老的、传统的治史原则。“秉笔直书”作为一种史德，早已被引入方志编纂，它的积极的、进步的意义是不可否认的。但是，“秉笔直书”同其他治史原则一样，是有阶级性的。事实上历朝历代的史官，真正做到“秉笔直书”的几乎没有。一是史官本身即有阶级性，其判断是非的标准不能不受到本身阶级性的影响；二是统治者也不会允许你什么都记。所以唐代刘知几在《史通》中讲到《直书》与《曲笔》时，也不得不发出“直如弦，死道边”，“曲如勾，反封侯”的慨叹。有的修志者认为，“秉笔直书”即是纯客观记述。更有甚者，认为不论记什么事，只有详记其细节，才算“秉笔直书”，如记“文化大革命”非记清发生武斗的次数、规模、形式、伤亡状况及迫害干部的种种刑罚等等，才算“秉笔直书”；记腐败现象，非记清腐败的种种表现才算“秉笔直书”。这是一种误解，是把“直书”与“曲笔”、“详”与“略”这两对不同的矛盾相混淆了。只要不歪曲事物的本质，略记也是“直书”；反之，如果歪曲了事物的本质，记得再详细也是“曲笔”。何者应详，何者应略，除了前面“详略得当”中谈到的以外，还必须顾及社会效果，修志中的客观主义是错误的。

我认为，编修社会主义新志应当以“实事求是”取代“秉笔直书”。“实事求是”是马克思主义的能动的、革命的反映论，而且强调人们的认识是否正确要经过实践的检验。所以，它比之“秉笔直书”要科学得多，准确得多。“实事求是”，要求修志者要“立党为公”，要有坚持真理的勇气。既要抛弃“左”的思想影响，又要抵制资产阶级自由化思潮的侵袭，做到存真求实，效果积极。

(6) 指导思想。这是志书的灵魂，贯穿于修志的全过程，体现于志书的全部内容，决定着志书的成败。《新编地方志工作暂行规定》第二条指出“编纂社会主义新方志，必须以马克思列宁主义、毛泽东思想为指导思想”。这届修志开始后，曾有人对修志要不要统一规定指导思想提出疑义。他们认为，中国修志历史两千年，从未规定过指导思想，这次何必多此一举，只要照实记述就是了。这种认识显然是不正确的。过去修志也并非没有指导思想，所谓“义例”，“义”即指修志的宗旨，实际上也是指导思想。过去讲“先言志义，因义而生例”“义之不立，例之何有？所谓皮之不存，毛将焉附”(寿鹏飞《方志通义》)。这里的立义，就是确立目的和指导思想。只不过过去修志的目的和指导思想和现在不同罢了。不讲指导思想的“照实记述”，过去没有，今后也不会有。不错，修志是把客观的曾经是“动”的实践形式化为“静”的文字记载形式，志书的内容即客观实际的反映。但是，这种反映过程即是主观与客观结合的过程，这里即有了主观因素。因为修志者在记述客观实际时，不管你是否自觉，总是要依据一定的历史哲学、一定的价值标准，并采取一定的方法，也就是总要介入主观意识。恩格斯在《自然辩证法》中说“历史和自然史不同，仅仅在于前者是有自我意识的机体的发展过程”。试想，从篇目的设计，入志资料的取舍，文字的表述，哪个环节离得开作者的认识和判断？既然修志过程必然注入自我意识，也就带来了立场、观点、方法正确与否的问题。所以，这届修志规定以马克思列宁主义、毛泽东思想为指导思想，是完全正确的，因为只有遵循这样的指导思想，才能正确地反映客观实际。

有的修志者认为，规定以马克思列宁主义、毛泽东思想为指导思想太抽象了，一切工作都可以这样提，具体到修志能否更具体些，最好规定若干条。这种心情是可以理解的，但却是难于做到的。因为这里指的是马克思列宁主义、毛泽东思想的完整的体系，而不是某个部分，要指导修志的全过程，而不是某一段。因此，要把指导思想分解为若干条是不可能的。这就要求修志者要有很好的理论素养，学会运用马克思列宁主义、毛泽东思想的立场、观点和方法，指导修志的每一个环节，以保证志书的政治质量。

《新编地方志工作暂行规定》在讲到指导思想时，还提出

“必须坚持党的四项基本原则，坚持党的十一届三中全会以来和十二大所确定的路线、方针和政策，在政治上和党中央保持一致。必须以《关于建国以来党的若干历史问题的决议》和《中共中央关于经济体制改革的决定》为准绳”。有人对此提出异议，认为，随着时间的推移，党中央还会有新的决议、决定，作为地方志工作的《规定》，应是长期起作用的，不宜具体规定某个文件，只规定以马克思列宁主义、毛泽东思想为指导思想已经很明确了，因为中央的文件也是马克思列宁主义、毛泽东思想在新的具体条件下的运用。我认为这些意见是有道理的，在修改《规定》时应该考虑。但是，在修志实践中，把党中央在志书下限内做出的重要决议、决定等，列为指导思想，是正确的。因为这些决议、决定，代表着党中央的新的认识，是马克思主义基本原理同我国革命新的实践的具体结合。要同党中央在政治上保持一致，志书就必须同这些决议、决定的认识相一致。志书是官书，是代表党和政府观点的书，而不是文责自负的个人著作，任何同党和政府的观点相违背的观点，都会造成政治错误，因而是不能允许的。这一点，每一个修志者都必须自觉。

三、志书的总纂

总纂是修志各个环节中的最后一个环节。修志的特点是分门别类编写。即使是出自一人之手，也往往是根据占有资料的情况，不管其排列顺序，先着手编写资料齐全的部分，待各个部分都写完之后，再总其成。这届修志的一个显著的特点是“众手成志”，即发动社会力量，依靠各个部门，各个单位，共襄其事，由有关的专业部门，编写有关的分志。这种修志方法是前所未有的，体现了社会主义制度的优越性。它的好处，一是进度加快。大家动手，全面开花，比起少数人自己搜集资料，自己编写要快得多。二是内容充实。利用了各个部门保存的资料，不足部分由各部门分头搜集，等于撒下大网，资料自然丰富。三是记述准确。志书旁涉百科，少数修志专业人员不可能精通百科，稍不注意即容易搞错；而由专业部门编写本专业分志，则可保证准确。但是，“众手成志”由于参与其事者分工不同，角度不同，水平不同，责任心不同，也带来了人多笔杂，体例不一，文风各异等问题。所以，这届修志总纂的任务就更重，对担任总纂者的要求也就更高。

怎样才算总纂？有人认为总纂只需把各部门编写的初稿加以整理，调整一下不同的文风，文字上删繁就简，加以润色，按照篇目合成起来，即为总纂。这个看法是不全面的，对总纂的要求太低了。其实，总纂是贯彻指导思想、体现志书功能、规范体例、文字的关键一环，是对全志内容的一次深加工。总纂过程是志书整体优化的过程，是实现质的飞跃的过程。动手总纂之前，总纂者必须熟悉并消化志书的全部资料，有明确的总纂意图，然后从头至尾，按顺序进行总纂，切不可顺序颠倒，随便从哪个部分开始，以致无法照顾全局。总纂过程中，要处理好四个关系，达到四个统一。

四个关系是：

(1) 全局与局部的关系。志书中的每一个分志，都有其相对独立的完整性，即处理好每个分志内部各个部分之间关系，使其紧密联系，形成一个相对独立的有机整体。这是小的全局与局部的关系。但各个分志对于整部志书来说，它又只是一个局部。尽管分志的编写者能够从普遍联系中去把握本分志的内容，但由于其很难从整部志书的全局去顾及方方面面，总有一定的局限性，甚至可能写成封闭型的分志。总纂时则要打破这种局限和封闭，沟通各个分志之间的内在联系，使其比比相通，成为全志有机联系中的一个部分。

(2) 各分志的交叉关系。前面我们说过，各个分志之间某些内容的交叉是必然的，但重复是应该避免的。即使事前分工明确，协调工作做得好，由于分志编写者往往专于本专业，对其他专业了解不多，造成某些内容与其他分志重复，是很难完全避免的。这就要靠总纂者加以权衡，分清主从，该补充的补充，该删削的删削，使交叉内容详略互见，使能不交叉的得以避免。

(3) 资料与观点的关系。志书靠资料说明问题，作者的观点寓于记述之中。总纂中对一切需要有明确态度的记述 (如“文化大革命”中的一些极“左”的做法)，均应通过资料选用和排列，或用画龙点睛式的倾向性鲜明的语言，表明作者的观点，杜绝客观主义的记述。对于离开记述的评论、空话、套话及解释性的文字，一律删掉，避免志书染上宣传色彩。同时，也要防止资料与观点脱节，形成“两张皮”。

(4) 专业性与普及性的关系。志书以类系事，类为一志。每个分志，几乎都涉及一个专业，所以人们把分志称为专志。所谓“专志贵专”，有两个意思，一是各分志只能围绕本专业去写，不能写入其他专业，即不能互相“侵扰”，不能写成“杂志”；二是每个分志必须写出本专业的特点，符合本专业的实际，即要有专业性不说外行话。但专志不是专著。专著是写给专业工作者看的，而专志除了专业人员可以利用以外，还要面向社会，为全社会所用。所以既要注意其专业性，又要注意其普及性。写专业志必然要用某些专业术语，而有些专业术语是不能改动的 (如记地层中的寒武系、石炭系、二叠系等等)，改动了就连内行也看不懂了。但是，凡能不用专业术语也能说清楚的，应该尽量不用专业术语，凡能用通俗语言代替的，尽量用通俗语言。同时，专业志不要写得学术性很强，以照顾到非本专业读者的阅读和使用。

四个统一是：

(1) 统一观点。记述同一事物，无论在一个分志内部还是涉及几个分志，其观点都必须统一，概述、小序和内文，对同一事物的记述，观点也必须统一。不能各行其是，这里褒那里贬。同时必须使观点和资料相一致。

(2) 统一体例。志书的每个部分，都必须符合凡例。凡例应在各分志动手之前确定，以规范志书的编写。但凡例一般都比较简单，不足以包括编写活动的每一个细节。为了保证志书的体例统一，最好事前制定一个细则，把凡例未能包括的内容 (如节和目的分类标准，数字的使用，行文规范等) 都做出具体规定。总纂时，即以这个细则为准则，使全志体例一致。

(3) 统一事实。同一事实，可能在概述、大事记和有关分志中都记到，由于资料的来源和出处不同，往往造成时间、地点、人名和情节的不一致。总纂时必须认真核对，确定那个准确，并以其为标准加以统一。有的事实无法确定哪个是准确的，遇此情况，可以一说为主，同时存其他几说，不可主观断定。

(4) 统一数字。这是总纂中的一个难点。由于我国统计制度不够完善，各个时期，各个部门的统计口径不一，常常造成志书各个部分同一数字的不一致。而在编写过程中，由于书写或计算上的疏忽，又常常造成分数与合数、表格与文字记述的不一致，甚至前后左右同一数字相差甚远。统一数字是一项十分复杂细致、费时费力的工作。单靠总纂者去统一，实有不堪其扰之感。最好是确定一人专门负责核对数字，并请统计部门的专业人员给予帮助。凡遇专业部门数字与统计部门的数字不一致时，应以统计部门的数字为准。

总纂工作一般都由志书主编一人承担。主编是志书的总设计师、总工程师，志书的每一个部分，都应该体现主编的意图。所以，由主编负责最后总纂是理所当然的。不管有几位副主编，都只起辅助主编的作用。副主编可以分别承担其分工的有关部分的总纂任务，但最后还要经过主编之手，即“一枝笔”贯到底，以求得意图一致，风格一致。

但是，大型志书(如省志)和系列志书，由于其分量过大，一人承担总纂不仅精力难支，且用时过长，也可组成总纂班子，靠集体力量进行总纂。

(1993年11月在铁道部方志培训班上讲课的讲稿)

在全国五部县志评议会上的发言
（摘要）

从1983年开始做地方志工作，参加过几十次评稿会，可以听到党政领导、修志人员的意见，但听专家、学者的意见很少，今天听了专家、学者的意见受益匪浅。在河北来讲，社会部类是最不受重视的，往往是能搜集到多少资料就是多少。近几年出版的志书对人口的记述比较重视了，有的把它放在地理或社会部类，有的单设人口志，这在河北省是越来越多。但对家庭、婚姻重视得不够，这主要是修志人员不懂，应组织培训，听听专家、学者的意见，打破内循环，对搞好地方志很有好处。下面谈几个问题：

一、上下限问题。最初，志书上限断到1840年，后来打破了，好像追溯得越远越显得本地古老。上限究竟断在什么时候为好，我认为不要从建县开始，因为建县早的还可以，要是建县晚的，如二十世纪四十年代建县的，那么四十年代以前的没人给记，那块就成了空白。所谓追溯到事物的发端，真正能追溯到发端的也就是三块：建置、大事记、人物。上限太靠前无资料。上限应有个大体说法，否则会记乱。下限原定为1985年，到现在还坚持这个下限的志书仍然不少。可有些志书现在的稿子刚出手，到出书离1985年已有八九年的间隔时间，这部分内容有的就写成志余或志补，这样可以弥补志书下限到出书隔八九年的问题。

二、体例创新的问题。现在主要倾向是保守，不敢突破。这五部志书在体例创新、篇目设计上好多了，但志书整体性还没有解决。《龙游县志》在体例上的创新我比较欣赏，它除了文学功底深厚、文字简洁外，篇目设计上的创新也决定了志书字数的减少；《龙志》经济部类注重了宏观的记述，别的志书比较薄弱的部分恰恰是《龙志》比较充实的部分。《龙志》把基础设施单写很有必要，特别是现在改革开放，基础设施建设非常重要。这说明《龙志》从篇目设计上就有现代意识。

志书政治化很难避免。因为是官书，修志人员多半是在党政机关工作过；本届修志又是党委领导，政府主持。

三、概述。全志志首设概述是这届修志的创举，但怎么运用，对其功能认识不一。我认为概述的功能大体上有五种：①总括地情；②提炼精华；③彰明因果；④沟通联系；⑤策论方略。

前四个认识比较接近，但策论方略认识就不一致了，有的认为要求太高做不到。我认为志书最大的优势是资料，把全部资料经过充分深加工总结历史的经验教训，这应该成为概述的内容，是可以做到的。《崇庆县志》做了尝试，这可以证明通过概述恰当地策论方略是可以的。概述作为特殊的体裁，应有点论，应是就实论虚的怎么运用是需要进一步研究的问题。概述要能起到上述的五个作用，就可成为阅读志书的向导。

四、中国共产党的部分。这是目前方志界关注的热点，也是修志中的难点，现在看来还没有解决。1991年郑州会议提出加强政治部类主要是三块：政党、政权、政治运动。这三块中关键是政党这一块。如果是只写党的机构，领导人更迭，几次代表大会，部门工作等，确实显得薄弱。中国共产党作为我们事业的领导核心，应该写得丰富一点。党怎么领导、怎么决策应该反映出来。影响比较大的事情可从头到尾写，写起来很生动。要选各个时期有代表性的事重点记述，可读性就强。最大的好处就是能体现地方党的领导作用。如江苏为什么地方工业发达，是合作化时没有盲目地把地方企业都改成国营。而在河北，都纳入了国家计划，后来感到吃亏了。这样的决策错了，这些到底是记还是不记。我认为不管是正确的还是错误的，都要写，这才能反映地方的特色。有的可从大角度写，有的可从小角度写，可以灵活点。这儿有两部志书，一个是武安，一个是崇庆。解放前的决策写得还可以，解放后不太好。我们长期以党代政，党政不分，现在虽然提出来了，实际还没有改变。比如任何工作都要书记挂帅，有养猪书记，有管种白薯的书记。长期党政不分，政府有的部门，党委都有。现在写在志书中不能再党政不分了。哪些放在县委里，哪些放在政府里，包括经济问题，不一定都写在政府里，事关全局的可以写在县委里。县委决策我觉得还是有可写的，问题是没有深入挖掘。武安之所以前几个县委决策写得生动，是因为他们找到了当时的县委书记，让他谈最得意的杰作是什么，县委书记一口气说出了几个故事，他们很满意，就写上了。如果光靠翻档案，查材料，光靠开会让书记说县委决策的内容，他们回答不上来。我认为县委决策应该写，可以写好。现在这几部志书共同的毛病就是从头到尾写工作，这样写不出好书，也没有特色。

政府这块同样存在这些问题。这几部志书大体上都写了机构、领导人员更迭、部门设置等情况，这样写的太多了。这块比党委那块写起来难度还大。因为它不能与有关专志和党委决策重复。宏观的去掉了，微观的也去掉了，怎么写很困难。但不是没有可写的。写解放前政府怎样搞土改，抓解放区的教育，跟后面的也重不了。解放后怎样抓国民经济计划管理，怎么抓教育管理。

改革开放后政府怎样转变职能，加强服务，这些都是可以写的。政府这块不是不能写，是要选好角度，不能党政不分。如崇庆写“文化大革命”是政府工作，这就不行。

五、关于经济部类，有三个问题说一下：一个是宏观经济内容的记述。就这几部志书看，龙游记的比较好，严格地讲还存在问题，图表缺文字说明，为什么有变化，怎样演变过来的，什么时候最突出，这都没有。这几部中武安把所有制结构分别记入农工商各专志里，松江除分别在农工商各专志里记述外，还在概述后面附了一个表。江阴市工业、农业、商业经济综合分别设了三个志。宏观记述的是龙游，分别设了三个图表，他的所有制、产业、工业产值等在图表中都有了。宏观经济内容很多志没有，这与大中小编体例有关。用大编法分经济部类。龙游用大编法，用图表表示，后面在产业中也写了。还有物价，不但写了物价演变，还把比价也都写了。我认为龙游物价那块写得相当精彩。如按中编法就难了，产业结构就没法表现。小编法有单独写的，有的设经济总情，有的不设这块就丢了。这些内容很重要。如国民生产总值、社会总产值，找不出来，这是一种保守表现。有的认为大编法有地方写，中小编法就没地方写了，我觉得中小编法也可以设经济总情。

第二个是有关经济效益的记述问题。有些志书反映效益不突出，只讲产出，不讲投入，看不出成本效益。这五部志书除崇庆志书没有记述，其余都记述了经济效益，所以说这五部志书还是好的。但记述都不全，一般都用图表记述，龙游对工业方面记述的比较充分，但对农业效益记述不够，只记述产值利润，看不出效益。松江经济效益记述比较全，有七项。但也差粮、棉等单位成本，其他志零星写了点但不全。这四部志书不同程度地记述了经济效益，但都不全，说明如何记述经济效益是个问题。现在看对工业不讲经济效益是过去体制造成的。农业上问题就更大，比如高产穷县是不少的，如河北正定县，“文化大革命”中，亩产过千斤，但成本很高。这问题相当大，现在志书中不记载，以后看不出来。我看过一份资料：1989—1991年全国粮食产量增长2.2%，棉花蛋奶等增长6%以上，可是同期农民收入从545元，增到708元，扣除物价因素只增长12元，年增长率0.7%。从这些资料可以看出，工农业剪刀差不是缩小而是扩大了，这样谁还去种粮食呢。我们不重视经济效益是个普遍的问题。

第三个问题是乡镇企业是否单列一篇。怎样记载，这个问题认识不一致。有人认为它不是独立的一类，应分别记入有关门类中。另外有人认为现在乡镇企业已成为农村的经济支柱，记述好乡镇企业能反映出时代的特点。我认为乡镇企业可以作一个独立部分，我赞成设个专篇专章。不是把乡镇企业从工业中挖出来单记。单记乡镇企业最重要的是两块：一个是它的机制，要记它灵活的营销机制、用人机制和分配机制。乡镇企业为什么发展得这么快，机制很重要。还有要写清效益，一个是经济效益，一个是社会效益。乡镇企业改变了农村的各方面。改变了农村的传统观念，扩大了农业的投资，要消灭城乡差别，办乡镇企业很重要。我觉得我国的乡镇企业单记很有必要。

还有就是中国共产党篇目排列上放在什么层次。现在除崇庆单列中国共产党一篇，其他几部都在第二或第三层次上写。按类划分，把党划出来是否合适？我认为没有什么不合适，别的可以升格单列，中国共产党为什么不行呢？

体例规范我倾向不要搞统一的东西，考虑有两个原因：一、几个大部类的排列，哪个在前哪个在后，按什么顺序，这次会上涉及的不多，尚须进一步论证，不是一两天可以说清楚的。如政治这一块放在哪里好？从这五部县志看，有两部是先经济后政治，有三部是先政治后经济。上次三部县志评论会上，专家们认为怎么放都可以。现在提政府要转变职能，提倡服务，小政府大服务，固然是这样。地方志记的是历史，就我们国家说，政治对经济、文化等的影响是巨大的，我们几十年发展的兴衰起伏，起决定作用的我看还是政治。这段历史要顾及我们的国情，今后会有变化，但在相当长的时期内不可能变得很厉害。现在县志的体例确实五花八门，随意性很大，不太规范，但现在就把它规范化，如何规范？如讨论不成熟就会起副作用。二、关于体例，现在担心的不是乱，最值得担心的是思想放不开，不敢大胆去创新。体例怎样适合当前的情况，大家都在思考，这个时候发个规范化的东西好不好？我认为不妨让大家去创，可能会出现有用的东西，规范化了弄不好就会起束缚作用。这届修志是为以后趟路子，无论是理论也好、编纂也好，这一次都是探索。这次修志规模之大，是历代修志从未有过的，直到这届修志结束，有些问题还是在探索中，所以还是不搞规范化的东西为好，放开手让大家去创。

要不要为现实服务？如何为现实服务？现在理解上有偏差。什么是为现实服务？是不是跟现实跟得越紧就算是为现实服务？这就是误解。我认为志书内容写得很真实，能反映地方特色，就能为现实服务。现在要解决的问题是：共性与个性的问题没有处理好。共性内容多，个性内容少。志书内容需要反映什么，哪些可简练一些，考虑得不深。现在是对这些问题研究不够，往往先有个框框再找材料，这就会千人一面，写不出个性来。

现在有些领导同志理解上不够全面，过分强调为现实服务，强调效益。地方志毕竟是写历史的书，有些是要长期起作用的。作为乡土教材，对学生进行爱国主义教育，也是为现实服务。方志有个特点，就是历来都强调为现实服务，“详今略古”就是为现实服务。若强调过分了，就要出毛病。

至于志书的对象，决策者还是主要对象，但仅仅是为决策者修志就不对了。读者对象是多方面的。历史上为什么新官上任就抓修志，一个是要为自己树碑立传，再一个是为了用。

河北省丰南县县志出来后，送给一些老同志，很受欢迎。县领导决定让县志办的同志在电视上讲县情，并让编乡土教材。正因为方志有用，所以志修完后，还设县志办公室，给人给任务。这不就是为现实服务吗？

（发表于《中国地方志》1993年第2期）

评稿意见

《辛集市志》简评

《辛集市志》出版后，我断断续续地阅读了一遍，总的印象是：这是一部特点突出，质量上乘的志书。

其一，资料十分丰富，实属难能可贵

各章节的记述均力求追溯事物的发端，因历史久远无文字可考者，均有说明。许多章节能从明、清记起，而且有实质性内容，实属难能可贵。全书几乎找不到因资料缺失而敷衍虚文的痕迹。不少章节后面所附资料，都有重要的存史价值。资料性乃志书的本质属性，《辛集市志》资料之丰富，是使之成为佳作的基础。

其二，内容充实，类目新鲜

正因为有丰富翔实的资料在手，所以编写中可以放开手脚，横向铺陈，纵向详述，敢于记人所未记。诸如在《自然灾害》章中记鼠害；在《水利》章中记水利投资与经济效益；在《乡镇企业》章中记个体户、联合体、专业村、皮毛世家；在《物价》章中记商品价格演变；在《环境保护》章中记公害治理、环境管理；在《土地管理》章中记土地监察；在《外贸》章中记扶持商品生产；在《劳动工资》章中记劳动保护；在《中国共产党地方组织》

章中记市县委领导核心、市委领导制度；在《建国以前革命斗争纪略》章中记抗日堡垒户、干部南下支援新解放区政权建设；在《建国以来政治大事纪略》中记抗美援朝运动、“三反”“五反”运动、社会主义改造运动、整风运动和反右派斗争、“大跃进”和人民公社化运动、社会主义教育运动、“文化大革命”运动、拨乱反正纠正“文化大革命”的错误；在《中国国民党地方组织》章中记国民党特务组织；在《民政》章中记临时收容、扶贫致富；在《信访》章中记信访案件；在《教育》章中记考试与招生、教师职业道德要求、校舍建设与教学设备、教育世家；在《文化艺术》章中记戏剧班社、四级群众文化网、抗日歌谣、三中全会以来歌谣；在《编史修志》章中记述束鹿县旧志馆藏情况；在《档案》章中记档案工作监督指导；在《卫生》章中记医疗进步；在《社会编》中记婚姻家庭、民族、侨务、残疾人、商幌市声、地方谚语等等。这些新鲜的类目，在已经出版的新编志书中很少能够看到，它充分说明志书编者已把探索的触角伸向社会的方方面面，真正是有所发现，有所创新。《辛集市志》记述内容之全面充实，记述视角之新颖，是这部志书的突出特点之一。

其三，体例完善，结构合理

《辛集市志》采用大编法，除编首、编末外，共分地理、经济、政治、军事、文化、社会、人物七大编，章、节、目层层相辖，浑然一体，有些用大编法不好处理的内容，皆能归属得当。例如人口，用中、小编法可单列一编（篇），将人口总量、分布、结构、变动同婚姻家庭、计划生育合在一起，而用大编法如果将人口独立成编，则打乱了地理、经济、政治、军事、文化、社会、人物七大编的格局。如将其放进地理编或文化编，皆有归属不当之虞。《辛集市志》将人口同计划生育、婚姻家庭分开，将人口归入地理编，使地理编不致缺人口一项；将计划生育归入文化编，排在医疗卫生之后而独立成章；将婚姻家庭归入社会编。经过这样化解和编排，使之各得其所。再如信访、外事、侨务，一般地认为是难于处理的项目，欲独立成章而内容过于单薄，欲插入某章而又归无其类。《辛集市志》由于资料丰富，把上述三项均独立作为一章，将信访、外事归入政治编，将侨务归入社会编，则堂堂正正，无可挑剔。又如劳动人事，本来是两项不同的内容，因其管理机构是一个，故多数志书把它们合为一章，以致形成不同内容的组合。《辛集市志》分设《劳动工资》和《干部》两章，前者归入经济编，后者归入政治编，则顺理成章。上述这些，足见《辛集市志》编纂者在志书篇目的总体设计上是独具匠心的。

其四，地方特点突出，时代特色鲜明

《辛集市志》突出地方特色不在于个别部分，而是全方位的，从概述到各编章，均注意捕捉本地的特点，浓墨重彩地加以详记。如经济部类在记述了农村经济体制改革以来辛集市粮、棉大幅度增产的同时，还突出记述了鸭梨、蜜桃、枸杞、香椿等土特产的发展和丰收。在记述地方工业的迅速发展中，详记了辛集皮毛业的兴衰起伏（这是辛集市的传统优势产业）。在记述商品流通盛衰中，特别突出记述了辛集人善于经商的特点。政治部类着重记述了辛集市曾经是冀中抗日根据地的重要组成部分，人民群众在中国共产党的领导下，掀起过无数次气壮山河的革命斗争，为中华民族的解放事业做出了重要贡献。这种英勇顽强，敢于斗争，敢于胜利的革命精神，在新时期得到了发扬光大。文化部类突出了辛集市教育发达，文化繁荣的历史传统，以及这种优良传统在社会主义精神文明建设中发挥的巨大作用。而改革开放以来工农业产值的大幅度增长，地方工业的迅猛发展，特别是乡镇企业的崛起，城乡建设的辉煌成就，教科文卫的崭新面貌，无不充溢着浓重的时代气息。

其五，文字流畅，风格统一

《辛集市志》语言规范，文风严谨、朴实、简洁。整部志书从头至尾如出自一人之手，这是一大优长。由此可见主编的笔削之功和用心良苦。

（《中国地方志》1997年第4期）

对《枣强县志》稿的评审意见

《枣强县志》稿是近两年中我所看到的志稿中最好的一部。本志稿广泛吸收了近几年方志界在志书编纂方面许多优秀的研究成果，又独具匠心，写出自己的特色。资料之翔实，观点之鲜明，固然是贯穿全志的特色，尤其使人感到有新意的是，在文字表述上，采取了寓议于记的记述方法，既有明确的倾向性，又不失为记述体，对如何做到“寓观点于记述之中”，这部志稿可能是一个突破。全志各个部分不论是处理得成功的，或是处理得不理想的，都可以明显地看出编纂者的意图。因此它是一部主编意识十分鲜明的，所有资料都按主编意图深加工过的志稿。

当然，这部志稿并非各个部分都好。在我看来，概述写得就不理想，经济部类中工业部分就比较差一些，政治部类中中国共产党和政府部分还有进一步研究的必要；其他那些写得好的部分，也有些具体问题需要再斟酌修改。但总的看，这是一部有特色、有新意、基础相当好的稿子。一部大部头的书，要求各个部分都好，是很难做到的。关键是看有没有自己的特色，几个主要部分要好，其余部分要合格。依我看，枣强这部稿子，有现有这样的好基础，又有枣强县委、县政府的重视支持，有县志办这一班较强的编纂力量，应该也能够把《枣强县志》修改成上乘之作。

下面我着重就概述、大事记、中国共产党和政府部分谈谈我的意见。然后再就其他部分提些具体的调整和修改意见。

一、概述

本篇概述文字不少，用了七千多字，分了四部分，25个自然段。第一部分是在讲本县的特点，包括了特产、尊董之风，古道所带来的频繁战事。第二部分是在讲在中国共产党领导下本县人民英勇顽强，前赴后继的斗争。第三部分是在讲新中国成立后本县人民走互助合作道路，发展农业和工业的曲折历程，以及由于经济繁荣，教育、科技、卫生等事业的发展，人民生活的改善。最后一部分是在讲本县的不利条件与有利条件，展望前景。

这篇概述不是简单的浓缩，没有面面俱到，看来作者的意图在于突出本县的特点(如悠久的植枣、植棉和皮毛业、毛毡业，古道所带来的频繁战事)，突出人民在共产党领导下英勇顽强的斗争，突出在发展经济中所走过的曲折道路。在叙述经济发展时，又特别突出了新中国成立以来的曲折，以及党的十一届三中全会以后的巨大变化。也就是说，除了第一部分，其余部分都把重点放在了共产党领导革命之后，特别是党的十一届三中全会以后。这些想法不能说不对，但实际效果并没有达到预想的目的。下面我们作些具体分析：

首先，在概述的开头，只用了70多个字说明枣强是平原以及位置、面积、耕地、所辖镇乡村和人口。至于自然环境，除平原二字之外未作任何交代。作者可能考虑交代自然环境同全篇概述没有多大关系。是的，有些县志的概述用了较多的文字写自然环境，甚至不厌其详地写建置沿革，既同有关部分重复，又同概述全文没有多少联系，属于赘疣，应该大加压缩。但枣强县志的概述完全不写自然环境则不对。我对枣强的情况不了解。但从水利章中看到，县内有12个重点大洼（在地貌和水文中未记），占地48514亩；有碱地80028亩。从大事记中看到，枣强历史上水旱灾害频繁，特别是水灾，损失巨大，如北宋熙宁元年(1068)“黄河大决口，本县北部村落漂没无遗”，元丰七年(1084)，“黄河两次决口，县治城垣被没”，清嘉庆六年(1801)“大雨连降十余日，平地行舟可达郑家口”。这些不可能不成为制约枣强农业经济发展的重要因素。从种植业章所附的粮食产量表中可以看出，整个五十年代，粮食平均亩产只有25.19公斤，棉花亩产6.82公斤。整个六十年代粮食平均亩产也只有27.385公斤，棉花亩产只有5.905公斤。这就说明，在农业生产条件没有得到根本改造之前，农业的产量是很低的。七十年代以后才有明显提高，八十年代才出现快速增长。这是符合黑龙港流域的一般情况的。因此，在概述的开头，不交代自然环境，后面就很难说清楚。写自然环境不是为写而写。一般说做个简要交代都是必要的，写多写少，着重写什么，都要从本县实际出发，并且要为概述的展开服务，为后面做好铺垫。

从第二部分开始，着重突出中国共产党领导革命以来的斗争，意图是对的。但历史是有延续性的。写好过去，才能看出现在是过去的延续，也才能形成必要的对比。这一点，本志稿在各个专志中处理得是好的，而概述则没有充分注意到这一点。如第二部分写党领导下的人民斗争，从二十年代写起，就不如再向前追溯一下。从志稿中看，枣强人民是有光荣的斗争传统的。从明天启年间枣强人民响应白莲教起义，到清光绪年间王庆一举起义旗，再到民国14年（1925）肖张中学学生出动示威，贴出“打倒帝国主义”的标语，说明枣强人民是不畏强暴，勇于斗争的。后来在共产党领导下的斗争，是过去的斗争精神的发扬和升华。

这里需要研究的是，枣强人民历史上这种勇于斗争的精神，同自然环境所造成的农业生产落后有无关系？如果有关系，文章即可以从这里做起，说明落后的农业自然经济，使农民感到生活无保障，艰苦的生活磨炼了坚强的性格，培育了反抗意识，表现在政治上是对社会不满，勇于反抗；表现在经济上则一方面许多人另寻生活出路，另一方面渴望改变生产条件。在改变生产条件，即同自然的斗争中，不畏艰苦，百折不挠。这种考虑不知是否符合枣强情况。

经济上只从新中国成立之后写起也不足以说明问题。既看不出改变生产条件的延续性，也缺乏对比。应从旧社会如何无力改变生产条件写起，然后才能看出新中国成立后，特别是八十年代的变化是如何来之不易。

工业，说新中国成立之初工业基本空白，不妥。可能现代工业是空白，传统工业、手工业则发展较早，基础不错。现代工业又首先从支农工业办起。这样就把工业的发展同传统手工业、农业联系起来了，也同枣强的历史联系起来了。

概述不宜面面俱到。但枣强的商业和教育、科技还是要写的。枣强的商业，在清末民初已有坐商240余家。1949年，全县有私营商业1142家，其中坐商408家。应该说是比较发达的。商业的发展，同本县的皮毛业、布业、毡帽业有关。历史上商业基础较好，对当时本县经济的发展和现在商品生产的发展，都有重要意义。枣强的教育基础也是较好的。清光绪二十九年(1903)，这里就办了高等小学堂，以前的书院建设也较早(明嘉靖三十四年，即1555年)。要研究一下原因，除受董仲舒影响外，还有什么原因，写出教育对本县经济的影响。科技工作的成果，在农业部分写得不错，概述中应写到科技渗入农业、工业的成果。

最后讲有利条件与不利条件的一段，最好能分散到各有关层次中去。从各业的兴衰起伏中，策略方略。

二、大事记

这篇大事记写得好。有如下特点：

①主线分明。大事记是用以勾勒一地历史发展脉络的，是全志中唯一的一条纵线，它应该如同一根链条，贯穿全志，各专志中的大事在这里雁行鱼贯，顺序排列，千年大事连贯而成脉络。这就要求大事记选事必须以各个时期的主要矛盾为主线。古代部分，由于资料的限制，往往难于做到这一点。近现代部分则应该主线分明。枣强志稿的大事记基本上做到了这一点。在清末阶级矛盾与民族矛盾交织，民族矛盾上升，记述了捻军在本县的活动，特别是义和团的活动。民初则记述了军阀的腐败，流匪的横行，南京政府的争权夺势，群众的反国民党贪官污吏的斗争。抗日战争以后，对日本侵略军的暴行，国民党政府的畏敌，广大群众在中共领导下的英勇斗争，均记得有声有色。解放战争时期，一方面记述同国民党的斗争；一方面记述党如何在农村逐步完成民主革命的任务。新中国成立后的各个时期，主线更加鲜明，特别是社会主义改造，人民公社的调整，联产承包责任制的实行，均有阶段性记载。而各种政治运动，由于有专章记述，在大事记中只大略记其过程。

②选事面宽。主线分明绝不是只选用同主要矛盾相关的内容，在不淹没主线的同时，各方面的大事均应入大事记，不如此就无法贯穿全志。枣强志稿大事记在这方面是做得好的。经济、

政治、军事、教、科、文、卫、体各方面的大事，在大事记中都有反映。又特别注意了带有转折、标志特点的新事物的记载，如第一个书院，第一所西医医院，第一所高等小学堂，第一所师范学校，第一次通汽车，第一个澡堂，第一个中共支部，第一次开通八个发电站，第一眼深机井，第一次不吃返销粮，等等。有些段本不属于“事”，而是综合情况，但收入大事记很有意义。如1978年一条“今年，全县已有社、队办企业大小共1000余个，年产值达8000多万元”。再如1979年的一条“是年，在全县1648个生产队中，有1501个实行了定额管理小段包工责任制，34个实行了划分作业组联产计酬责任制。这是本县农业改革迈出的第一步”。这种记载对勾勒历史发展脉络起着重要的作用。

③表述方法好。前面说到的寓议于记的表述方法，在大事记中已有运用。如1976年1月8日的一条，记周恩来总理逝世，是这样记的“全县人民极为悲痛，许多人伏枕抽泣，年长者放声大哭的颇多。连日中群众自动停止娱乐活动，无知幼童有笑颜，有的长者也给予责备”。这无疑是记，但记中有议，议在记中，倾向性十分明确。这比干干巴巴地记一条“周恩来总理逝世，消息传开，全县人民悲痛万分”效果要好得多。在这篇大事记中，类似的寓议于记的事条很多。这里的关键是选什么情节，怎样表述。从选事和表述中注入感情色彩。

总之，这篇大事记写的是成功的，并提供了一些有益的经验。

下面谈谈我认为需要商榷和需要修改的地方。

①大事记从商代记起，共两条，一为建“棘津城”，二为丞相比干在大营一带居住时带领居民熟制生皮。这些均属传说，不宜入大事记。周代也有两条，一为黄河改道，二为建“煮枣城”。黄河在浚县改道的资料不知取自何处，我没有查到东周时有个浚

县。“煮枣城”是否也是传说？而且商周两代只此四条，有没有必要追溯至商周？可否就从汉记起？

②前面我说到了本大事记注重了记第一次出现的有生命力的事物。但恰恰第一个互助组，第一个初级社，第一个高级社却没有记。如果第一个互助组不好找到确切资料，起码应该把第一个初级社、高级社记出来。因为这是农业社会主义改造中的重要标志。

③有的事件记述过简，如1962年12月召开的第四届人民代表大会，1984年召开的第八届人民代表大会，1987年召开的第九届人民代表大会及同时召开的政协二届会议，都只记了何时开会一句。人代大会和政协会议，都是政治生活中的大事，尽管后面有详细记述，这里也不可过简，应记出主要议题或主要决议。只记何时开会就失去了记述的意义。

④凡加书名号引用的文件名称，必须准确。如1946年9月一条所引中央五四指示的全称，即把《关于清算减租及土地问题的指示》错成了《关于反奸清算与土地问题的指示》。1977年7月的一条，把《关于王洪文、张春桥、江青、姚文元反党集团的决议》错成了《关于“四人帮”反党集团的决议》。同一条中还记了《关于提前召开中国共产党第十一次代表大会的决定》，有无这个以文件下达的决定？请再核对。

三、政党、政权、政治运动

1990年中国地方志指导小组召开的郑州会议，强调指出，加强政治部类的关键是写好政党、政权和政治运动，而其中的重点又是写好党的领导决策作用。为了写好这一部分，地方志工作者都在想办法，就我看到的河北的志稿，有的把党政合在一起写，如黄骅县志列了“党政要务”，有的是党政分开写，党的部分设“中心工作”，或“党的工作要点”或“党的领导”，如泊头、任丘、孟村、藁城。只有武安，单列了“县委决策”。枣强县采取了党政合写的办法，单列“政务概要”一编。这可能是考虑到长期党政不分，以党代政这一事实。这一编按时期分了五章，下设十八节，即十八项工作，节下有的设目共十七目，三万余字。所列十八项工作，对各项工作的记述都比较细致和准确。可以看得出，对这一编枣强志办的同志们是很动了心思，很花了功夫的。这样记不能说不行，但我以为并不理想。

首先，“政务概要”这个标题，就没有着重从党的领导作用方面着眼。因为“政务”一词，一般理解为行政管理事务，宽一点理解，是管理国家的事务。按习惯理解，也是政府公务，总之同党的核心领导作用有相当的距离。

其次，按时期分章，实为史体，同其他编的横剖，在体例上不协调，所列十八项工作，第四章只有三项，即：人民公社化，全力安排人民生活，抗洪救灾。而这一段时间最长，为避免写“反右倾”“大跃进”，这一时期显得内容单薄了。有些工作又是不好按时期划分的，如农业学大寨。本来是按时期分章，却非常明显地中间空过了十年，即“文化大革命”的十年。尽力避开政治运动，是对的，但同按时期正面记述主要工作的写法有矛盾。

再次，同有关专志难以避免重复。

最后，所列十八项工作，除抗洪救灾以外，不说全国，起码在全河北省各县大体都是一样的。这样就显不出枣强的地方特点，用我与人同的工作，去体现地方党的领导作用，是很难达到目的的。

那么怎么办呢？有两种办法：一是基本维持现状，但要改变按时期分章的办法，合并同类项，以工作分章，如现在第一章的五节，可合并为“抗战动员和准备”“重新组织干部队伍”两章。现在第二章的四节可合并为“完成民主革命扫尾”“开展大生产运动”，……这样章多一些，但在体例上可同其他编保持一致。二是大改。党政分开。党的部分写重要革命活动和决策，政府部分写“政务概要”。现在的政府部分实际上只写了机构，很单薄。党的部分新中国成立前写重要革命活动，新中国成立后写决策。无论活动和决策，都要以小见大，即从小角度反映大背景。不是正面写某项各地同做的工作的全过程，而是选择其中最具地方特点的、影响大的、能够反映大背景的一个活动、一个决策去写。例如民国22年（1933）高等小学堂4000余名师生大示威，罢课两个月，反对有人诬蔑共产党。再如同年举行抗议活动，迫使县长下台。还有民国27年（1938）吴罡智斗鹿仲麟，民国29年（1940）摧垮汪派国民党县委会等等。决策也按此法选事。总之不正面写一项中心工作的全过程，而是选个小角度去写。这样写的好处是：资料好搜集；写起来生动，可读性强；不必担心选漏了哪项工作；分寸好把握；地方特点鲜明；能较好地体现地方党组织的领导作用。

政府部分的政务概要写起来难度更大些，既要避免从宏观决策角度同党的部分重复，又要避免从微观工作角度同有关专志重复。实际是在一个夹缝里找出路，只能写综合内容。如多方筹款，支援战争；改变农业生产条件；引进人才或重视人才发展工业，或大力扶植乡镇企业；改革教育体制，改善教学条件；转变职能，强化服务；动员全社会力量抓好计划生育等等。这些都是涉及多部门的工作，既有政府工作特点，又不会造成更多重复，能较好地反映人民政府的作用。

重大运动部分下了很大功夫，并注意了掌握分寸。主要问题是过细。尤其是有失误或完全错了的运动，记得过细。如反右派一章的第三节错划“右派”的类型，由于没有不是错划的，实际上是全部右派类型，划分那样六种，其中没有一种是思想观点上确有错误的，最严重的是“对局部政策的片面理解”。这样分未必准确。再如“大跃进”章，下面分了七节（包括了“反右倾”），竟用了9000多字，对当时的高指标、浮夸、平调等都有很具体的记述，实无必要。再如“文化大革命”，分了五节，共14000字左右。几乎是逐年记，比中央《关于建国以来党的若干历史问题的决议》中“‘文化大革命’的十年”还多7000多字。其中不仅过程细，数字具体，而且专列一节“群众心态”，包括学生“红卫兵”心态，“革命对象”心态，未被冲击的干部和广大群众的心态。这是很难写得准确，又极易为人挑剔的部分，应删掉。段、李上书专设一节，用了5000多字，无必要。生产有所发展专列一节也不妥。看来作者的目的在于说明从中央到地方的一批干部和广大群众对林彪、江青两个反革命集团的抵制和斗争。但商业的发展怎么办？其他事业的发展怎么办？这部分只记运动，其他不记，可免去很多麻烦。

这几个部分的其他一些具体意见：

①中国共产党地方组织处于章的位置，即处于第二个层次，是否低了？可否考虑把中国共产党地方组织单列一编？如果这样处理，涉及中国国民党及群众团体如何处理。可以有两种办法，一是分列党派群团一编，把共产党作升格处理。党派群团编先写人民群众团体，再写国民党及旧时社团。另一办法是人民群众团体设一编，中国国民党及其外围社团设一编。究竟怎么办好，再研究一下。

②党的地方组织部分，应把地方党组织的创建与发展同组织机构分开写。现在都包括在组织发展一节中，交代不清。党的创

建与发展部分着重记创建地方党组织的艰难，党员的发展，包括各个时期不同的发展重点，不同的党员构成。组织机构部分包括县级机构，派出机构，基层机构。

③党代表大会只能按“次”记，不能按“届”记。1957年8月记载“召开第一届代表大会第二次会议”，不知是怎么回事。

④党的部分应增加宣传工作。纪律检查部分不要分期记，还是要横剖。

⑤政府部分明、清知县一览表似无必要，如要，可作附件。

⑥人大部分应增代表选举一节。记出县人大代表由间接选举到直接选举的演变，及代表构成的变化。

四、对其他各编的一些意见

①自然环境编土壤章下第二节“改良和利用”，下面有八个目，包括施肥、治碱、改良沙荒、翻耕和调整作物布局。这些都不属自然环境的内容，而是种植业的内容，治碱又有水利部分的内容。应从自然环境中删掉。土壤章下仍可设两节，一节为土壤类型与分布，一节为土壤质量，包括肥力、等级。

②自然环境编水文章下第一节河流，标题应改为地表水，其中包括河流、洼淀等。河流不是地表水的全部。枣强有十二个重点大洼，即使现在改变了，也该记。

③人口编第一章，人口数量记述过简，不能只靠表，文字记述中应记出重要历史阶段的人口数，并简要说明猛增或剧减的原因，表是不能说清的。人口结构章中的性别比，应按常例以女性为一百，不要以男性为一百。人口移动章的标题改为人口变动，因为这是在人口学方面通常使用的词。人口变动包括自然变动与

机械变动，自然变动记出生与死亡，机械变动记迁移与流动。本章未记出生与死亡，只在计划生育部分的第二节有几个年份的出生、死亡数字。迁移与流动是混在一起写的，而且只记到1964年，改革开放后的人口流动无记载，应补充。计划生育章的标题，或改成人口政策，或改成人口生育。若从人口政策角度写，最好有历史资料，记出从鼓励生育到自然生育到计划生育的演变。若缺历史资料，可从人口生育角度写，也可设人口政策一节，写新中国成立后的政策演变，即自然生育，提倡节制生育（从提倡生两孩到提倡生一孩），规定只生一孩。这一编缺人口素质一章，只在人口结构中记出很少的内容（文化结构），这一章应包括身体素质（营养、疾病患病率、预期寿命），文化素质，劳动技能，道德素质。如自然素质缺资料，起码应记出残疾人状况。

④农业编种植业章耕作栽培节，化控、地膜覆盖两目写得好，种子节写得也好，写出了科学技术转化为生产力的状况。但管理节中财务管理写得过简，没有写出民主理财的丰富内容。缺成本核算一节，应补充。

⑤工业编下分三章，一章为县办工业，二章为乡镇企业，三章为电力，分得不合理。工业应是指全县所有工业，单把县办工业列一章，除了发展过程和管理机构两节以外，中间十一节均按门类记述，其中包括了体制、生产、经营管理，均按一个个门类写，眉目不够清晰，而且不能反映工业全貌。因为要了解乡镇办的和个体、联合体办的工业，需看另一章。第二章列乡镇企业是归属不当。虽然在乡镇企业中工业是主体，但乡镇工业概括不了乡镇企业。目前乡镇企业又有其特殊的重要地位，仅仅包括在工业中也与之不相称。第三章列电力，把电力放入工业中也过于牵强。枣强没有电力生产，只有电网建设和电力管理，因此在枣强电力不是工业生产。

修改意见。工业编中去掉乡镇企业和电力两章。工业本身可按工业体制、工业门类、经营管理、重点企业简介、管理机构设章。每章均应包括全县各种所有制的工业。乡镇企业另列一编，除现有内容外，在经营管理部分要写出经营机制。现在的机制一目，仅仅写出了县级管理机构。还要增加效益一章，写出乡镇企业的发展所带来的经济效益和社会效益。电力不好单列一编，一个办法是列能源编，把煤炭、石油、太阳能、沼气都归入这一编。另一个办法是设基础设施编，包括能源、交通运输、邮电、城乡建设。

⑥交通运输编中第五节交通管理，改为公路管理为好，以免同下一节交通监理相混淆。

⑦商业编中前三章是按所有制划分的，把物资归入了综合经济管理编中。这样写，供销合作部分写得比较充分，但相比之下，国有商业的购销部分显得不充分，主要内容都写入了机构部分。如把购销部分充实起来，则容易同供销商业重复。集体商业章有六节，国有商业只三节。再就是把个体商业包括在私营商业中不确切。可否考虑这样改：第一章为商业体制，包括私营、个体、合作店、供销社、国有商业各公司。第二章为主要生产资料购销，把国有、集体都包括在内，也包括物资的统配与议购议销，即把第十一编的物资管理移此。第三章为主要生活资料购销。第四章为农副产品收购(包括废旧物资回收)。第五章为粮油购销。第六章为对外贸易。第七章为经营管理。如本县市场发育好，也可单列一章。如一般，可在体制章中单列一节集市贸易。

⑧财政金融编中第五章金融下的第七节债券，应归入财政。

⑨综合经济管理编中建议把产业结构，社会总产值、国民生产总值、国民收入、工农业总产值的变化列入计划管理章。因为采用中编法，没有地方写入这些宏观内容。而这些内容又是不应

该缺少的。写入计划管理不算很合适，但还可勉强。写入这部分内容后，可把计划管理由第三章改为第一章。其他各章顺延。把经济技术协作单列一章很好，有创新。如能把上述宏观内容再写入这一篇，则可锦上添花。

⑩劳动人事编第一章干部队伍节，应把第一段删掉，不必记旧政府官员(把他们称干部也不妥)。这一节涉及干部任免内容，应归入干部管理。干部队伍结构的变化应有文字记述，不能只靠表。

⑪军事编第二章标题为“地方武装与驻军”，而第二节却写的是日伪武装。日本侵略军及附属于日军的伪军，既不能算地方武装，又不能算驻军。他们是非法占领，志书如把他们写入地方武装和驻军，客观上会造成承认其合法的印象。这部分内容应放在附件中，并以盘踞标题。人民武装与驻军一节，包括了华北抗日联军第三十支队和抗日游击东进纵队独立团。这两支部队称人民武装可以，称驻军则不妥。凡过境或临时驻扎，不能称驻军。

⑫教育科技编中教育章是按幼儿、小学、中学、师范、业余、职业等几种教育分节的，即按教育类型纵分的，同教学研究、教师队伍、教育经费、勤工俭学的横分法不一致。可否考虑设一节教育结构，把包括古代教育到职业教育都收进去？如果单列教育结构，则可把教育方针、学制、课程另设两三节。这样就完全横分了。如基本维持现状，可否把小学、中学两节合为普通教育一节？我以为还是把教育方针、学制、课程明确列出为好。或把学制、课程合为一节。因为在执行教育方针上和学制、课程上，有不少经验教训。第六节的师范教育和教师进修可分开，把教师进修写入教师队伍一节。

⑬群众文化编的标题不如改为文化，因为其中包括了档案、文物等内容，称群众文化不确切。当然，“文化”一词在这里内

涵也是不确定的，但毕竟大家都用，还好理解一些。其中第三章的标题“社会宣传”，不如改为“新闻宣传”，把概念限制一下，否则太宽。第五章谣谚中的歇后语一节，应剔除以人的残疾取笑的内容，如“聋子的耳朵——摆设”“秃子当和尚——就打材料，正合适”等等。文物章的第一节文物损坏，是否同第二节合并，增文物种类、文物保护，只记文物如何管理保护。文物研究之后记机构。

⑭民情编人民生活章下面所设八节，从第三节到第八节实际上都是支出。前两节又单设收入、支出，不是平列关系。解放后人民生活从衣食住行用和娱乐几个方面反映，内容充实。可否考虑按新中国成立前后设节，形成鲜明对比。新中国成立前的农民生活资料不足，记得比较抽象，最好补充一些典型材料（包括地富生活），把收支合在一起写。新中国成立后可分农民和职工两部分，也是写了收入接着写支出。

⑮人物编分了两部分，一部分为“本县籍人物传记、事略”，另一部分为“外县籍人物事略”。除传记外，加事略，有无必要？这里应该遵循的原则是，确有突出事迹者立传，无突出事迹者不立传，不以官职高低取人。何必还要在传记之外再加个事略？即使是客籍，也应按事迹决定去取，不必给予另一种待遇。其实，客籍的称事略，其中易良品、王东福、王录的事略，文字都不算短。而李林的一篇除履历之外只有瓦解国民党军队一个排一句。既然本县李秦村为纪念李林改为李林村，就应设法补充事迹。在本籍人中张博、石大洲、王荫轩、杨庆鋆、何长海等几个传，也基本无事迹。该去掉的去掉，确有突出事迹的都应下决心补充。卢荣甫所在的沙河村既然已划归武邑，则应由武邑去立传。李衡甫去世于1990年，超越了下限，是否立传应慎重考虑。

⑯建议把“本县历次修志事略”移入文化编，单列编史修志

一章。

⑰应尽量避免以“发展概况”之类为题设章设节。因为全部内容都可称概况。

总之，这是一部相当好的稿子，希望能再接再厉，以敢于开拓，敢于争先的精神，下功夫修改，一定把枣强县志修成一部上乘之作。

（1992年10月）

对《大厂回族自治县志》稿的评审意见（节选）

《大厂回族自治县志》稿阅后使人高兴，这是一部已基本成熟、接近定稿的稿子。这部志稿有以下鲜明的特点：

一、主体民族的特点得到了充分体现。这部志稿没有单设民族编，这是大厂志办的同志们经过深思熟虑后的选择。这届修志开始以来，对民族自治地区的志书要不要单设民族编，一直存在着争议。坚持要设民族编的同志认为，只有单设民族编，才能更充分地体现主体民族的特点，包括主体民族的族源，主体民族在生活和生产中的特点，以及在文化教育诸方面的特点。坚持不设民族编的同志则认为，民族自治地区的志书，应该在全志的各个部分综合体现主体民族的特点，而不能单靠民族编。另设民族编，反而会削弱作为民族自治地区志的特点。河北省共两个回族自治县，孟村回族自治县的县志单设了民族编，大厂则没有设民族编，是两种不同的模式。依我看，两个县的县志都较好地体现了主体民族的特点。由此可见，是否单设民族编并不是关键，关键是编纂者有没有明确的突出主体民族特点的意识。大厂志稿，除自然部分以外，其他各个部分都注意了主体民族——回族的特点。经济方面的牛羊饲养、屠宰、经商，教育方面的回民学校，生活方面的特殊习俗，以及政治方面的民族自治政策，军事方面回民队的斗争，都比较突出。总之，从概述开始，即可看出是回族自治县的县志。不足的是人物传中回族传占的比例过小。

二、篇目设计合理，有创新。首先，在地理部分，分为“建置”和“自然环境”两编，比合设一编“地理”更好些。因为编的标题叫“地理”并不十分贴切。这一部分所应记述的内容，远非“地理”的全部。而且分成两编比合为一编，自然环境部分可以写得更充分。如合为一编，“自然环境”只能为其中的一章，地质、地貌、气候、水文等均只能为一节，特别是气候节下，不仅要有目，还要有子目(如日照一目下应有日照时数、太阳辐射总量;温度目下应有气温、地温等)，层次显得多。人口单列一编，是近几年的趋势，说明了人口问题越来越引起修志者的重视，也说明有越来越多的修志者认识到记人是志书的中心内容。因此，人口编被列在自然环境之后，其他专志之前。但苦于资料不全，人口素质部分往往不尽如人意。农业编是按大农业设编的，下面各章是按大农业处理的。即把经营管理、农机具、农业机构均单独列章，按大农业记述。这一点有所创新。现在通常的做法是按大农业设编，下面的种植业、林业、牧业、渔业均各自独立。实际是一种组合，而并没有完全按大农业处理。可惜的是，大厂志稿在大农业编下的无题序没有完全贯彻这种编纂意图。工业、商业均在第一章设体制，避免了按所有制分章所必然带来的过多的交叉与重复。交通邮电编完全是组合，下面共两章，分别记两项内容。好在此两项均属基础设施，又都是起位移和传输的作用，放在一起是可以的。财政金融编，实际是财政、税务、金融三部分内容，也是组合，下分三章分别记述。性质相近，组合也是可以的。城乡建设列编，也是通常的做法。这样列可以。也可以考虑把城乡建设、交通、邮电、电力合为“基础设施”编，在城市，还可把水利包括进去。把土地管理从城乡建设中析出，在经济综合管理编中单列一章，是值得提倡的。土地管理问题理应引起更大的重视。在采用中编法中，把中国共产党单列一编，是一种创新。采用中编法，一般都把“政党群团”合为一编。所以这样列，一是考虑到文字分量可与其他编大体匀称，二是顾虑单把中国共产党列成编，中国国民党不好处理，同政权、政协也摆不平。其结果，中国共产党只能占一章的位置，同文化编中的文化机构、文学艺术等在同一个层次上。这显然是降了格。大厂的同志果断地把“中国共产党”摆在第一级的位置上，即全志任何内容没有比这项内容摆的更高的。这种篇目设计中的倾向性是应该鼓励的。固然，大厂在1955年以前不是一个县的建置，没有国民党的县级机构，放在附的地位不致有异议。但关键还是篇目设计者的思想明确。公安、司法编，人事、劳动编，民政、侨务编，都是综合成编，再下面的教育、科技、卫生、体育，也都是组合编，下面分章记述，这是中编法的长处(可以减少编数)，也是中编法的短处(不得不组合)。民情编也有创新之意，这编的内容，分别列编显得过于单薄，与中编法不合，合列一编，标题则往往犯难。有些志书没办法只好标以“社会”，然而其外延太宽。大概念小用，在志书中其他部类也有，如“文化”，既不是大文化，也不是小文化。“社会”一词在这里其内涵也是不确定的。大厂志稿既未用“文化”，也未用“社会”，而以“民情”标题，它虽然也有其内涵不太确定的缺点，总比“社会”要好些。其中包括了民族分布、习俗、方言、生活(至于宗教信仰，可并入宗教编)，我以为是可以的。宗教一编是大厂志稿的一种特殊处理。由于大厂志稿未单设民族编，对主体民族——回族的记述，有些内容(如清真寺及其管委会，伊斯兰教协会，经量教育，宗教制度改革等）觉得在别的编内不好写，所以把宗教从民情中析出单列了一编，其目的是为了突出伊斯兰教，至于佛教、天主教，只是单独列宗教编后的一种陪衬。这样处理是显得突出一些，在民情中单设一章是不是也可以考虑?

三、加强了管理与效益的记述。农业中只记产出，不记投入；工业中只记产值，不记效益；工农业只记管理机构，不记管理内容，这是当前很多志书和志稿的通病。大厂志稿在这方面有突破。在农业编中，专设了“农业经营管理”一章，其中包括了劳动管理、财务管理、收益分配，还特别设了一节农产品核算，对粮、棉、牛、猪、鸡、鱼等十五项，采取典型调查办法，记载单位成本及产品的盈亏状况。并附有农产品成本核算表，对1974—1985年12年间各种农产品的产量、产值、亩成本、费用、用工、收益均作了统计。在工业编中，单设了“工业管理”一章，对质量管理、劳动定额管理、技术管理、人事管理、销售管理均作了记载。这些内容，构成大厂志稿的一个鲜明特点。

四、上限处理得当。在大厂这样建县较晚的县，如何处理上限是个比较棘手的问题。如果同其他县一样，均追记到事物的发端，有些内容（如财政、税务、金融、城乡建设、计划管理、工商行政管理、统计管理以及政党、群团等等），不仅资料不易查清，而且难于记述。反之，如果一律从建县之后记起，则建县前的许多内容将成为空白。大厂志办的同志采取了比较灵活的办法，能向前追述的，则尽可能追述，无法追述的，则从建县之后记起，较好地处理了上限问题。

五、人民政府中的“主要政务纪要”写得有特色。这一部分主要记述了利用本地优势发展经济，落实民族政策，推行教育体制改革，制止和纠正新的不正之风，转变职能强化服务五个方面的内容，选材精当，地方特点鲜明，既避免了同县委决策的雷同，又避免了同有关专志的重复。是目前见到的记政务记得成功的一例。

仅从上述几点，就足以说明大厂志稿是一部条理清晰、选材审慎，地方特点突出，时代风貌鲜明的好志稿。

当然，大厂志稿作为一部评审稿，毕竟离定稿还差了一步。而且，在全国都致力于提高志书质量的今天，我们评一部志稿，总应该起点高一些，应该有点提前量。按高标准要求，大厂志稿仍有不少不足之处。下面把我认为应该修改的地方提出来，供大厂的同志们在修改时参考。

一、概述

本篇概述采用了浓缩体。同已出版的志书用浓缩体写的概述比较起来，这篇概述算是说得过去的。但同写得好的概述相比，仍有差距。如按充分发挥概述应有的功能——即比较理想的概述来衡量，则修改的工作量还不小。其中主要是应该在沟通联系和策论方略方面下功夫。沟通联系是概述的主要功能，是其他体裁无法代替的。例如经济部类，如果说农业内部、工业内部各部门之间的关系，可以分别在这两编的无题序中去沟通联系的话，那么，工农业之间，政治、经济、文化之间的联系，除了在总概述中加以沟通之外，其他地方都无法承担此项任务。现在的稿子不仅几大部类各立门户，经济内部也各拦其界。要沟通这种联系，则必须综合分析，研究其制约关系，写出其作用与反作用。但要注意不可从一般关系上做文章，要找出具有本县个性的东西。联系写好了，彰明因果的功能就比较好发挥了，也为提炼精华提供了基础材料。至于策论方略，则属于更高层次，像现在的稿子这样，只写取得成就的一面，不写失误和不足；只有本县过去和现在的纵向比较，而没有在更广大的范围内去作横向比较，是无法策论方略的。总概述与各编的无题序，在策论方略方面亦应有所分工。总概述应站在更高的角度，从宏观上去分析本县的大势大略，例如产业结构是否合理，领导体制是否适应，教育科技同经济发展是否匹配，本地优势是否已充分开发，本地劣势是否已得到改变，所在的优势和劣势是什么？等等，只有把这些都分析透了，才可能策论方略，即真正做到概地方优劣长短之势，述地方兴衰利弊之由，导振兴腾飞之机，策安上全下之术。这里可以把县委、县政府关于本县经济发展战略的构想吸收进来。

二、大事记

本篇大事记选事严格，表述简明，基本勾勒出了本县历史发展脉络。有点具体的修改意见。(略)

三、人口

这一编按一般要求应该算可以了。但按高标准要求则不足。

①第二章“人口变化”，应为“人口变动”，包括自然变动与机械变动。自然变动即出生与死亡，这部分内容有一些，只是太简单了。记了1949年、1955年、1985年三个年份的人口数量和出生率，自然增长率，没有出生数和死亡数。机械变动包括迁移与流动，迁移中又包括县内迁移和县际迁移。这方面的内容，新中国成立前有一点情况，无数字，新中国成立后则没有。人口流动则缺项。

②人口构成一章，年龄构成、文化构成、职业构成，均只有1982年的数字，连1964年第二次人口普查的数字都没有用。看不出变化，是静态记述，而不是动态记述。文化构成又没有同年龄组挂钩。按说应该单列劳动人口，包括劳动年龄人口数量、性别构成与分布、在业状况、行业、职业、文化。这是最重要的人口要素。

③人口素质也是人口中的重要内容，它包括自然素质(青少年生长发育、居民营养、健康状况、预期寿命)和社会素质(文化程度、科技水平、思想道德面貌)。现在的稿子只在人口构成中记到了部分社会素质，自然素质未记，起码应把残疾人状况补进来。

④人口控制一章记述过简。应有政策演变、政策实施、宣传教育、技术服务、财务保障。

总之，这一编不算充实，如资料缺乏，可用些典型资料加以弥补。

四、经济

整个经济部类写的是好的。从篇目到内容都好。只提一些具体问题。

①农业编第一章生产关系变革，土改前的土地占有状况未单独列节，可能是因资料缺乏，只在无题序中概括叙述了一点，减租减息一节也未记出当地工作的具体内容。如无全面资料，可否补充些典型材料，否则显得很空。

②农业编附的表，计量标准同文字记述不一样。凡例中说："除为反映历史需要使用当时单位外，均用国家规定的新单位。"文字记述中基本上换算过来了，而表中仍使用旧单位。应统一按凡例

办。

③林业章第五节林业管理中，单设了管理机构一目，无必要。因为农业编的第九章是专门按大农业写管理机构的，林业一章中再记机构已属重复，应删。

④水利章中第一节为“水患治理”，即把水道治理与修建排水站合起来写，就大厂的实际情况说，这样处理是可以的。但不要把“县外水利施工”归入此节。“水患治理”应是指本县，不宜扩大其外延。县外施工可单设一节记述。

⑤水利章第二节排灌下面的引蓄工程、打井、平地改土三目均用编年体记述，类似大事记，显得零碎，应有综合概括，对资料进行深加工。

⑥不宜把电力归入工业，而且只在“工业门类”章下作为一节。大厂无发电厂，不生产电力，只是电网建设，购电售电和管理。因此作为工业的一个门类写入工业不妥。有两种修改办法：一是小改，即单设“能源”一编，把煤炭、石油的购、储、销也写进来，如有太阳能、沼气，也写进来。二是大改，即另设“基础设施”编，把能源、交通、邮电、城乡建设都归入这一编。作为第九编，取代城乡建设。

另外，在“电力供应”目下只记“电力负荷以农业为主，工业次之”不够，应有工业、农业、生活各种用电的分配数，并写出历年变化。在“电力管理”目下，应增补安全用电的内容。

⑦交通、邮电编中交通章下客运一目，民间客运只记了“二等车”，后面写到汽车客运即无具体内容。大厂有没有个体或联合体的客运汽车，如有，应予记述。

⑧经济综合管理编中计划管理一章，可否考虑增加一些中编法不好写进去的宏观经济内容，例如产业结构（包括工农业比值，第一产业、第二产业、第三产业状况），工农业总产值。如不加在

这里，将无处记述。我以为加在这里可以说得过去。如加在这里，可作为第四、五两节。

⑨物价管理一章记述过简。应补充物价演变(包括农产品、工业品、非商品价格的演变)，交换比价，以看出动态。

⑩标准计量和统计两章，内容过简，应补充管理内容。标准计量章不只要记计量管理，还应有标准管理内容。统计中也应增加统计管理的内容。

另，乡镇企业单列一编实有必要。

五、中国共产党

这一编写得好不好的关键是第八章“重大决策”，大厂的同志单列了这一章，说明他们是迎难而上的。近四五年来，志界对政治部类薄弱议论颇多。1990年以来，更集中在如何写好中国共产党的问题上。而写好这一部分的关键，是如何休现党的领导决策作用。在河北，武安县志首先写了县委决策。从那以后，有写中心工作的，有写领导作用的，也有专门写决策的。但写得理想的不多。于是，写决策就被视为难点。大厂的同志不畏困难，单列“重大决策”一章，列了七个题目，以体现党的领导决策作用。可以想见，他们选这七项工作，写这七项工作，会是多么的困难。他们是要尽量避开正面写失误，力求写得积极，又要有各个时期的代表性。于是选了三大改造、办人民公社、纠正“一平二调”，抓甄别工作、落实政策、清理三种人，改革开放搞活经济这样七项工作。这七项工作中，有三项是属于自我纠正错误的。因为大厂只能从五十年代写起，在不到四十年的时间里，有近二十年“左”的严重影响，可以说一个失误接一个失误。这就为写决策，体现党的领导决策作用带来了困难。大厂志稿选这七项工作，应该说在一定程度上体现了党的领导作用，但不理想。从大面的工作去写，是很难写好的。其缺点有五：①容易漏项。为什么是这七项，而不是别的？②分寸难把握。比如落实政策一项，写了1971年至1982年，这中间跨越了两个时期，即“文化大革命”时期和新时期。中间写了1971年后对“清理阶级队伍”和“一打三反”中的问题落实政策，就很难写。写1973年、1974年对“凡是定性不准、搞错的案件，均予纠正、平反”，就不符合实际。③重点不突出，因为每一项工作，都写了全过程，县委的决策作用主要表现在哪里？突出不出来。④地方特点不鲜明，这些工作几乎是全国都在做，而且都按中央的指示做。⑤领导作用不能充分体现。那么怎么解决这些问题呢？我以为应该从小角度反映大背景，即不从一项项工作的大面上去写，而是选择其中的一点，即最能体现党的领导作用的一点，去做文章。例如三大改造，不去正面写从何时部署，何时实施，具体做法，更不要农业、手工业等一项项去写，而是选择其中某一项中最能体现党的领导作用的环节去写。如果本县在办社初期解决干部学习办社本领问题有突出效果，或者在部分社员发生动摇时，县委（区委）通过深入调查，既解决了社员思想问题，又健全了管理制度，不仅使全体社员稳定下来，而且得到发展，并扩大了农业社的影响。这样写，即是从小角度反映大背景。不是从面上写工作，而是选准一点去反映这项工作。所选的点，应该是具有时代特点的、地方特色鲜明的、影响较大的事。这样写的好处是：资料好搜集，可读性强，是本地独有的，因而是最能体现党的领导决策作用的。

当然，如果有大决策，甚至管很多年，影响到各方面的大决策，也不妨从大角度写。（以下略）

（1992年10月）

对《大城县志》稿的评审意见

《大城县志》稿是河北志界盼望已久、争先睹之为快的一部志稿。之所以如此，一是大城是我省编修社会主义新志动手最早的县份之一。这个县从1978年至1982年即曾组织班子修出了一部25万字的《大城县志略》。除了怀来曾于六十年代修过一部新志，遵化曾于八十年代初修出过一部简志之外，大城可算修志最早的第三家。这足以证明大城县委和县政府对修志这项重要的文化建设的重视。1982年打印出版的虽然只是一部《志略》，但它为1985年以后的修志积累了相当一批资料，而且是编修社会主义新志的一次试写和练兵，对完成这一部志稿是颇有借鉴作用的。二是大城县志办具有人才优势。本届修志以来，大城县志办在方志理论研究上成果累累，李玉川、缴世忠、任子义等同志在全国各地的方志刊物上发表的一大批论文，能独抒新见，颇具影响，显示着大城县志办具有较强的整体实力。因此人们很自然地预料他们在论文中阐述的修志见解会在志稿中得到体现。由于上述的两条原因，人们对大城志稿的期望值较高，这也是很自然的事。然而，实践经验已多次证明，认识得到和做得到并不总是一致的。认识不到的，固然无法做到；认识到了却不一定都能体现得出来。因为在实际编写中会遇到资料、表达能力以及时间、精力等等各方面的制约。所以，要求过高，太理想化，往往是不切实际的。大城志稿正是如此。纵观全部大城志稿，有些部分很有新意，诸如政治部类的中国共产党章，经济部类的水利章，文化部类的教育、文化章，社会部类的太监章以及人物编等等，确实反映出大城县志办的同志们既能博采众家之长，又独具匠心。但是，实事求是地讲，这部志稿并非各个部分都好，比较的来说，政治部类和文化部类更好些，而经济部类则相对比较弱。这就是说，这部志稿在评议之后，还有不小的修改任务。下面我按志稿顺序，讲讲我对一些编章的具体意见。主要讲我重点看的部分。

一、篇目。这个篇目大的框架是好的。有些具体问题还需要斟酌。

①现在的第一编是大事记。这届修志以来，通行的惯例是：大事记同概述一样，不纳入编章序列，而是冠于志首。个别也有单列一编的。我以为，大事记作为全志唯一的一条纵线，用以贯穿全志，还是不纳入编章序列为好。

②自然环境编中，第三章为气候，第四章为物候。这样排列不妥。物候是气候在生物上的反映，应属气候，不可与气候并列，可作为气候章中的一节。现气候章中第二节标题为“降水量”，可改为“降水”，因为气温、日照等也都有“量”，标题应一致。第三节“日照”中，应增“辐射”。因为日照不能包括辐射，有时无日照，但有辐射。

③第五编“政党群团”。按类为一志的原则，把政党和群团合为一编，是合理的。但若从突出记述重点来考虑，这样排列又有很大的缺憾。这样排列，中国共产党只能居于章的位置上，同军事编中的“军事机构”“兵役制度”“兵祸匪患”等处于同一层次。像“党委领导”这样的重要内容只能作为章下的一节，“党委决策”仅为一目。层次低，记述内容就很难充分展开，而且与

记述重点也不相称。我一直主张在篇目设计中，中国共产党这部分内容在排列层次上不能低于任何一项内容。因为我们现在编纂的是社会主义新方志，而中国共产党是领导我们事业的核心力量，无疑是志书记述的重点。为了突出地方特点，把某个事物从同类中析出，单列于突出位置，在我国方志史上早有先例，南宋范成大所修《吴郡志》，共五十卷，其中有“古迹”两卷，“园亭”一卷，“山”一卷，“祠庙”一卷，这已经打破了类为一志的局限，而他为了突出“虎丘”，既不把它归入“园亭”，也不归入“古迹”和“山”，而是单列一卷。到了明清，把诏谕、宸章、宦绩等单列的更不胜枚举。我们今天修志为什么一定要死守类为一志的规矩，而不设法把中国共产党单列在突出位置上呢！因此我建议把现在的第五编拆解为三编，即：第五编，中国共产党；第六编，人民群众团体；第七编，中国国民党及旧社团。即把现在的第一章和第三章合为一编。以下各编的序号顺延。在“国民党”之前加“中国”二字才更准确，因为之前还曾有过宋教仁的“国民党”。

④第六编“政权、政务”。在标题上特别标出“政务”，看来作者的意图是为了把“民政”和“人事”包容进去。但这样组合并不合理。其一，只把“民政”和“人事”作为“政务”，很容易引来挑剔。因为广义的“政务”绝不只包括民政和人事，凡国家管理的事务均可称政务。其二，政协既不属政权，也不宜称政务。因此，建议将“民政”“人事”析出，各自单列一编。将本编标题改为“政权、政协”，包括人大、政府、政协，实际上也是一种组合。在顺序上第一章应是人大，第二章才是政府，第三章政协。志稿把政府列为第一章，可能是考虑到政府要写沿革，但这样不顺。先写权力机关，再写执行机关，才顺理成章。政府章中第二节的“伪政权”不宜纳入政府序列，可改为“附”。第三节“人民政权”，应改为“人民政府”，因为“政权”起码应包

括权力机关。政府章中无政务活动和政绩。另，外事、信访缺项。

⑤第八编“政法”。“政法”一词外延太宽，是政治法律的简称。建议改为“公安司法”。第三章标题“法院”，是机构名称，而不是从业务性质标题，建议改为“审判”。

⑥第九编“军事”中第一章“军事机构”下的第三节“日伪武装”，既不应承认其为驻军，也不能承认其为地方武装，因此不能纳入地方“军事机构”中，应附于本章之后。

⑦第十一编“工业”，第一章为“电业”，值得考虑。“工业”编记的是工业生产，而“电业”却不是记生产。在一个县一般只是电网建设，电力购入、售出和电力管理。只有个别县有电力生产。因此，把“电业”放入“工业”编不妥。这是一个比较难处理的问题，单列一编无多少内容，放在“工业”中又不合适。好在本志稿把交通、邮电、城镇建设组合成了一编，建议把电业也加进去(改作“能源”亦可)。现在的第十二编标题为“交通、邮电、城镇建设”，是三项组合体，如再加上电业，即成为四项内容的组合体，过于复杂了。建议将标题改为“基础设施”。有的志书把水利也纳入基础设施，这在比较发达的城镇是正确的，因为水利对第二、三产业和人民生活的重要性已越来越明显。但是，大城是个低洼易涝的地方，治水于农业的发展有着特殊的意义。所以我赞成将水利归入农业编。除去水利，把其余四项内容冠以“基础设施”的题目，也是可以的。

⑧第十三编“贸易”。本编按大商业设置，外贸、物资、粮油单独设章，按中编法，这样设置是对的。但结构层次的安排值得再深入研究。除了外贸、物资、粮油之外，其余商业部分共设了“合作商业”和“国营商业”两章。这样按所有制分章，一是丢掉了私营及个体商业，也丢掉了集市贸易；二是其经营范围和经营品种如都写会造成许多重复，如为了避免重复有的

写，有的不写，则会造成内容残缺。现志稿国营商业对经营品种采取了文字从略，列表详记的办法，但重复仍无法避免。可否考虑改变一下。第一章设“商业体制”，把私营、个体、集体、国营、集市贸易(包括专业市场)都分节纳入这一章。第二章设“生产资料购销”，无论国营、集体和个体的，凡经营生产资料的，都记入这一章。可按主要生产资料分节，如化肥、农药、耕畜、农机具，其他农用品。把购销渠道、供应办法等都分别写入其中，农副产品收购可单独列节。第三章设“生活资料购销”，可按生产资料购销一章的办法处理。把废旧物资回收也列为其中一节。第四章设“饮食服务”。现志稿把饮食服务完全写入供销社内，不能反映全貌。单设一章，则可把各种所有制的饮食服务都写进去。有这样四章，商业这一块就全了，也可避免重复。然后再列“外贸”。现在“外贸”章下所列四节，不是平列关系，第一节“出口商品购销”，只能向第四节的“机构设置”并列，第二、三节的“民间手工艺品”和“工业工艺品”，都是出口商品，从出口商品中抽出两类，是不宜同“出口商品购销”并列的。如某类出口商品具有特殊价值，需要单独介绍，可标“×× 工艺品生产”或“×× 工艺品简介”之类的题。再就是改变现在的设计，共设三节，第一节题为“出口商品”，下面可按主要出口商品列目，详加介绍。第二节为“购销方式”。第三节为“出口管理”，把机构也写进去。第四章“物资供应”，不如把题目改为“物资”。因为前边已有“生产资料购销”一章。这里是否可设这样四节：第一节“统配物资”，第二节“议购议销”，第三节“仓储运输”，第四节“管理机构”。这一编如按上述意见改，变化较大，当否，请斟酌。

⑨第十一编“财税、金融”，“金融”章下第五节“债券”，应归入“财政”章。大城志下限是1988年，按此下限，“债券”

一节记述的主要内容应是公债和国库券。而公债和国库券的发行单位不是人民银行，而是财政部。但具体业务由财政部委托金融部门办理。因此，应记入财政。虽然1987年后也发行了其他建设债券，但时间较短，在详记公债、国库券认购情况的同时(顺便提一下，“金融”章中“债券”一节记述过简)，简略记一下即可。“财政”章中“审计”一节，最好归入“经济管理”编。

⑩第十五编“经济管理”，第三章“计量管理”应改为“标准计量管理”，并增加标准管理内容。在改革开放和市场经济条件下，标准管理具有越来越重要的意义。还应增补计划管理。

⑪第十六编“科学文化”中应增补“报刊通讯”。

⑫第十七编“卫生体育”。“卫生”章中前三节是按城镇、农村和厂校分别记述医疗机构和医疗设施的。这样的好处是便于区分城镇和农村各自的医疗状况。缺点是各节分类标准不一，即前三节是按城镇、农村、厂校分类，后八节是按卫生工作分工分类。也可考虑把前三节合并为两节，即“医疗机构”和“医疗设施”。究竟怎样更好，请酌定。第十一节“医药”，按性质应归入“贸易”编。“体育”章下第四节“全县运动会”可否改为“体育竞赛”，即不单记县运动会，而是把竞赛活动都记进去。

⑬第十八编“民情风俗”，第一章“人民生活”应改为“居民生活”，因为要记各阶层。第六章“方言”下应增加“语法”一节。各地都有自己的语法特点，记出这种特点，是方言中的重要内容，就目前说，有利于横向交流。而且地方有特点的语法也有变异，记出这些，有重要存史价值。

二、概述。本篇概述取浓缩式，文字简洁，突出了本县历史特点，着意概括全县人民在中国共产党和人民政府领导下在经济建设上取得的伟大成就，把文教卫生事业的发展同经济发展联系起来，概括面虽宽而又不平分秋色，有重点地勾勒了县情总轮廓。

按一般要求来说，这是一篇相当不错的概述。但是，若按高标准来要求，我以为还有改写的必要。在谈为什么需要改写及怎样改写之前，首先应该对概述的功能达成共识。

目前全国志界对概述功能仍存在几种不同认识。有的认为：概述，望文生义即是概括陈述，只要能写出一地概况即可，并需坚持“述而不作”的原则；有的则认为，概述不仅要概括地情，而且要有分析综合，并可有精要议论；也有的认为，概述是新的体裁，可以有叙有议，夹叙夹议，是对全志材料的高度提炼和再创造，主观因素可以多些；还有的认为，概述应从总结历史的经验教训中揭示出本地特殊的发展规律。我以为，对概述要求过低(如写成概况或提要)，有悖于设置概述的初衷，使概述失去存在的意义。但如果要求过高(如揭示本地特殊发展规律)，不切实际，会使志书主编产生可望而不可及的慨叹，我仍然坚持我几年来反复阐明的观点，我认为，概述是新志中一种可叙可议的特殊体裁，应该发挥以下五种功能：①总括地情，②提炼精华，③沟通联系，④彰明因果，⑤策论方略。一部志书的主编，他的最大优势，是掌握了涉及方面非常广、时间跨度非常大的资料。这些资料在修志过程已不知翻阅过多少遍。当志稿完成之后，经过对这些资料的科学分析和消化，肯定会形成对地情的前所未有的认识。我上面说到的概述的五种功能，即是志书主编对地情总体认识的体现。

根据上述对概述功能的认识，我认为本篇概述的主要缺点，一是沟通联系不够。大城县的经济以农为主，但在叙述农业状况时，却从中华人民共和国建立后写起，没有能同本县恶劣的自然条件联系起来。虽然前边在交代自然条件时引用了“春天无雨愁出苗，秋天雨涝水难逃，一年辛苦累弯腰，种一葫芦收一瓢”的民谣，但后面讲农业没有同前面衔接起来，即讲到本县主业时，没有同自然环境联系起来，讲到工业时，又没有同农业联系起来，没有讲工农业之间的相互影响，以及由于工业滞后对全县经济的影响。第五部分写“随着工农业生产的蓬勃发展，促进了各项事业的发展”，接着把交通、邮电、商业、财贸、文教、卫生并列其后。从形式上看，是把这些同工农业联系起来了，但这样的联系过于简单了，并没有沟通其内在联系。二是没有策论方略。在叙述农业、工业的发展状况时，虽然讲到了发展中的曲折，但说到现状却只有取得巨大成就的一面，而没有说明当前还有什么不足，例如潜在的优势是什么，潜在的劣势是什么，发展中需要解决什么问题，都未涉及，以致策论也就无法展开。

修改好这篇概述的关键在于对县情的总体把握。由于我对大城县的情况不了解，很难提出具体的修改意见。只从志稿提供的情况肤浅了解，我觉得现在第二部分的内容应该后移，在第一部分之后，接着就讲农业，以便同自然环境紧密衔接。讲农业要从旧社会讲起，以便同新社会形成鲜明对比。讲旧社会要讲当时的生产条件。第一部分已有较形象的描述，这里要讲得稍加具体，例如在全县耕地中，低洼易涝地占多少，其中常年积水的有多少，碱地占耕地多大比重等等，然后再讲农业产量如何低而不稳，既要讲平均值，又要讲极端值。讲到新中国成立后，在简略叙述了五十年代中前期“春打堤、夏防汛、冬救灾”后，着重写如何根本改造生产条件，如兴修水利、治理水患、改土治碱，以及台、排、改、灌、林等综合治理的成果，直至科学种田，农业稳步发展。总之，浓墨重彩地写好农业的兴衰起伏，这是历史上大城人赖以生存和发展的基础，也是现在发展的基础。讲工业，要从指导思想说起。在大城，新中国成立后以主要精力抓农业是完全正确的。但不必讳言，当时发展工业的意识也确实不很明确，这是事实（1958年是特殊情况）。在长时期中，农业几乎是唯一的中心。

而工业的滞后，不仅制约了农业，也制约了全县整个国民经济的发展。六十年代中期后，为了发展农业，解决河北缺粮问题，围绕农业发展工业，即发展支农工业，这是河北各县的一般情况，不知大城是否如此。在“文化大革命”期间，除支农工业外，其他工业一直受到限制。改革开放后，工业的发展才放开手脚，特别是乡镇工业的兴起，使支农力量得到空前加强，也带动了整个国民经济的发展。而工农业的发展，要求有发育良好的市场和便利的交通，更要求有与之相适应的人才和先进的科学技术。这样一环紧扣一环地写下来。既写成就，也写不足，策论随文自然导出。至于革命斗争精神部分，可同大城人民在长期同恶劣的自然环境的斗争中，磨练了坚毅顽强、百折不挠的斗争精神联系起来，放在后面，最后同展示前景，大城人民将为更美好的未来奋斗不已相衔接，体现创造美好未来靠的是大城人的潜在意图。不知这样是否符合大城的情况。如果这个思路对大城志办的同志有所启发，对改好这篇概述能起到一点作用，我就非常满意了。

三、大事记。本篇大事记基本上勾勒出了大城县的历史发展脉络，体现了详今略古的原则，应该算是一篇合格的大事记。但也存在一些值得研究和需要修改之处。下面我不分巨细，将我认为可算作问题的一一列出。

①上限问题。本大事记上限起于周惠王十三年（前664），即从徐州归燕起。至徐州改名平舒，共六条，时间跨度是410多年。而这六条，都是记的徐州时而归燕时而归齐的领属关系的变化。有无必要一定要追溯这么远？黎锦熙说：大事记乃自然之断限。按这个原则，起码建置沿革的上限应与大事记相同。所以，我建议大事记上限改在燕王喜五年(前250)，即徐州改名平舒之时。为了交代清来龙去脉，可把建置沿革第一段的意思写在这里，最后写明“平舒之名自此始”。因为“平舒”“东平舒”之名沿用了

1200多年，这里应有所交代。

②纪年问题。秦以前均用的是公元纪年，这与《凡例》第八条不符。我估计可能是因为春秋、战国时期各诸侯国年号交叉，用当时的习惯纪年比较困难。但不能因此而违例。一个办法是用周的年号；另一个办法是按领属关系纪年，再加注公元。另，中华民国的纪年，应用阿拉伯数字才符合出版物的规范。

③属于历史常识的一定要准确，否则极易引来指责。这里仅举几例：第8页嘉靖三十年条，写“县令赵德光在县南八里修筑龙王庙一座”，明朝的职官中已无县令，县级长官为知县，县令只是一种习惯称谓，不宜入正文。第12页乾隆五年条，写“并呈河道总督顾琮、直隶总督孙嘉淦转内阁批准，开挖大城杨家口之已淤河口”，这可能是引用的资料有问题。清朝自雍正设立军机处以后，内阁便徒有虚名，成为传达谕旨、公布文告的机关，虽在名义上是最高官署，实际已无此权。第14页嘉庆四年条，写“正月初八革大学士和坤职，下狱”。“和坤”应为“和珅”。这也可能是打印错误。但我看到过几部志稿把和珅写成和坤。请务必改过。和珅是臭名昭著的人物，是军机大臣，文华殿大学士，结党营私，卖官纳贿，家财无数，有“和珅跌倒，嘉庆吃饱”之说。万万不可弄错。

④对党代表大会和人民代表大会的记载一定要准确。党代表大会按次不按届。大会选出的委员会才按届。代表大会只选举委员，至于常委、书记并非由代表大会选举产生，而是由委员会选举产生。大事记和中国共产党部分对党代表大会的记述都有错误，应该一一改过来。第一次党代会只记了开会日期，未记会议开了几天，与其余几次不统一。第二次党代会只记了一句，过简，应补充。第一届人民代表大会也只有一句，过简。一般说首届第一次会议，应记得比其他届详些。记人代会的选举情况要注意各

届的平衡。

⑤主线一定要鲜明。所谓主线，即各个时期的主要矛盾。本篇大事记对抗日战争时期的记述，主线十分鲜明。进入社会主义改造和社会主义建设时期，则显得围绕解决主要矛盾选事的意识不太明确。如农业社会主义改造，对互助组，只在1952年记了一条培训互助组长，而没有互助组的发展情况。对初级社，只在1953年10月记了一条县委布置试办初级社，到年底有初级社50个。既未记全县第一个初级社，也未记其发展情况。对高级社，只在1956年11月记了一条县委制定出在农村办高级农业生产合作社的意见。这个意见发下后执行情况如何，全无记载。江泽民同志在1991年7月1日的讲话中，把社会主义改造称为中国历史上最伟大、最深刻的社会变革。本篇大事记对社会主义改造的记载没有给予足够的重视。同样，农村实行责任制是农村改革的重要一步，对各业的改革都有不可估量的影响。而本篇大事记也未予足够重视，只在1981年11月记了一条地委书记刘元生到大城调查农业生产责任制情况，又在1983年1月记了一条三级干部会学习中央文件，讨论了农业生产联产承包责任制的巩固、完善问题。至于本县何时试行责任制，几种形式，后来是怎样发展的，则完全未记。这些都是必须加以补充的。

⑥选事要严。大事记所选事条，应该是“大事”。当然何为“大事”，很难界定。有的列出几十个方面，我认为是不可取的，因为一是无法列全，二是每个方面何为“大事”也难以说清。我觉得徐元党在修《新五代史》时说的几句话，仍有参考价值。他说“大事则书，变古则书，非常则书，意有所示则书，后有所因则书，非此五者则否”。在县志大事记中，对县直机构的建立、合并、裁撤，领导人员的一般性视察，县委和县政府发的指示、通知等，一般不必载入大事记。如本篇大事记中第44页的“建立

县扫除文盲工作委员会”“建立投考空军飞行员动员办公室”，45页的“建立生产救灾委员会”“成立选举委员会”“建立人事科；工商科改建为商业局，计划统计科分建为统计科、计划委员会”，43页的“县委下发《关于加强党的政治思想教育，深入开展反对资产阶级思想斗争的指示》”，40页的“河北省副省长高树勋来大城视察工作”等等，均应删掉。至于省军区某部拉练途经大城，更不必当作大事记入志书。本篇大事记，经过再次筛选，可以减少许多篇幅。

还有些零星问题，我在志稿上已作了修改，供你们参考。

四、人口。把人口单列一编，置于自然环境之后，其他部类之前，是正确的做法。人，是志书记述的中心。大城县的历史，是大城人的历史，大城县能否腾飞，能发展到何种程度，决定的因素是大城人，特别是人的素质。把人口单独列编，是目前全国修志的一种趋势，反映了修志者对人口问题越来越重视。然而，单独列编仅仅是形式，关键是内容。目前已见到的志书和志稿，其内容大体上与大城的人口编类似。也就是说，同已出版的县志比较，大城志稿中的人口编，应该算是不错的。但是，我认为目前的记法不足以充分反映一个县的人口状况。本人口编第一章“人口繁衍”，实际记的是人口总量。这一章历史资料显得不足，只有明万历二十三年（1595）的户数，清康熙十年（1671）的丁数和光绪八年（1882)的户数及人口数。到民国以后，才有1928、1930、1933、1935、1943几个年份的数字。也就是到民国以后才有能够说明问题的数字。最好能加以补充。如无确切数字，能有个推算出来的大体数字也好。有了这样的数字，才好说明人口增减的原因。1949年以后，除了列表记出历年数字外，在文字表述中，最好能分出几种增长型(如高出生高死亡、高出生低死亡，低出生高死亡，低出生低死亡)。第二章“人口分布”中，只记了全县平均人口密度，而未记出县内城乡之间、镇村之间、村村之间的差异，虽有分布表，但是只有经过计算，才能找出这种差异。在文字记述中，应选几个有代表性的年份，说明差异状况。第三章“人口流徙”，建议改为“人口变动”。因为“流徙”只反映机械变动，而不反映自然变动，更无法反映流动人口。“人口变动”章下，可分自然变动、机械变动、流动人口三节，把后面的人口变动表前移，并增加文字记述。流动人口，包括县内流动和县外流动。记好这一部分很能反映政治经济状况。下面即是“人口构成”，一般都这样记。我说这样记不足以充分反映人口状况，关键是人口素质记得不充分。因为人口构成中只有民族、性别、年龄、文化程度和职业几项，自然素质中的身体素质，社会素质中的劳动技能、道德品质等均反映不出来。文化程度构成又没有同性别和年龄挂钩，不足以反映劳动人口的文化素质。如因资料不全，在自然素质中起码可以把残疾人数量及残疾类型写出来。在社会素质中，起码可以单记一下劳动人口的文化素质（顺便说一下，性别比应以女性为一百计）。此外，人口调查应作为一章，记普查工作。鉴于“民情风俗”编未记婚姻家庭，应在人口编中加以记述。

五、中国共产党。从志稿可以看得出，大城县志办的同志们对这一章是下了功夫的。这届修志以来，写好中国共产党部分一直被视为一个难点，近几年大家都在突破这个难点上想办法。在河北，武安县志首先在记党委决策上有新突破，在全国颇具影响。依我看，大城志稿在记党委领导上（主要是记党委决策上）又有所创新。目前记党委领导主要有以下几种记法：一是从抗日战争开始，分成若干时期，按顺序记述各个时期党的主要工作。二是只记新中国成立后，把历次政治运动作为党委领导的主要内容一一加以记述。三是选择各个时期能反映主要工作的、地方特点鲜明的、影响较大的地方党委的具体决策，用记事本末体来记述。目前采取前两种记法的居多，但都不很成功。第一种记法记党在各个时期的主要工作，查资料费力很大，写的篇幅很长，但因为所记的都是全国统一部署的工作，都是中央的决策，很难写出地方特点，尤其难于写出地方党委的决策作用。而且容易漏掉某项工作，分寸也难于把握，往往招来指责。第二种记法更不可取，从客观效果上看，好像这些年我党除了搞政治运动，没有做别的事，加之五十年代后期以来，政治运动失误较多，容易造成屡犯错误的印象。因为这里是专记党的领导作用的，不同于专记政治运动。第三种办法即武安的记法。但武安县在党委决策的后半部分没能完全坚持这种记法，现在看也是个遗憾。唐山市新区志完全坚持了以小见大的记法，写得相当精彩。大城志稿的记法，与上述几种记法都不同。在“党委决策”一目，虽然也分了六个时期，却没有按时间顺序去排列各个时期的主要工作，而是有所选择。记述中也未采取正面的从头至尾记述全过程的办法，而是着重写县委如何部署力量，如何解决遇到的问题，包括某些具有地方特点的做法，这就避免了由于平面记述全过程而显示不出地方党委领导作用的弊病；也解决了采用以小见大记法选择具体决策内容的困难。所以，我以为，在不易选择具体决策内容的地方，这样记不失为一种简便易行的记法。当然，比较起来，这种记法不如以小见大的记法读起来更生动，更能体现地方党委的决策作用。大城志稿现在已经记入党委决策的内容中，有些事只要再加以补充，即可达到以小见大的效果。如抗日战争时期麻痹敌人的策略；社会主义改造时期，总结推广西马村李玉龙农业社的经验，在东陈庄、北才搞高级社试点等等。能否写得更生动些，请大城志办的同志们酌定。

上面着重说了党委领导部分。下面谈谈这一编的其他问题。

①结构调整问题。中国共产党最好独立作为一编，前面已经说过。那么现在的节即变成了章。现在的第一节第一目即成为第一章第一节。现在的标题是“早期活动”，既然章的题目是“组织建设”，这里标“早期活动”就不够协调，建议改为“第一个党小组的建立”。第二节的标题“组织发展”，建议改为“自上而下发展组织”，以突出大城党组织发展的特点。现在的第三目“组织机构”，实际记的是县委工作机构，并没有写党的组织机构，这个题目保留，作为第三节，内容写县委、区委、乡（公社）党委、基层支部。把“党委领导”中的第一部分“县委班子”移到这里，同时增补区、乡、村、县直党组织的内容。第四节为“县委工作部门”，即现在第三目的内容。现在的第三节“党委领导”，即变为第三章，在移出“县委班子”之后，可将章的标题直标为“县委决策”。这一章之后，应增加一章“社会宣传”。前面虽有“思想建设”，但未涉及社会宣传，这也是一大块，可按宣传队伍、宣传形式、宣传内容分层记述。以下各章顺延。

②内容补充问题。除了前边提到的应补充的内容之外，在组织建设部分，应补充党员构成的内容，包括性别、年龄、文化程度、职业。可选择几个有代表性年份，说明其构成的变化。第279页的党组织统计表，最好能分出机关、学校、工厂、农村。在“县委工作部门”中，应增党校。后面“思想建设”中的“党校”，标题可改为“党校培训”，将其中何时建党校，历任校长等，移入“县委工作部门”。

此外，有些地方记述得不规范，我已在文稿上改了一些，供参考。

六、经济。志稿中并没有“经济”这个编章，我这里所以把“经济”单独作为一个项目提出来，是因为志稿中整个经济部类缺少了一项重要内容，即宏观经济内容。所谓宏观经济内容，主要是指的全县的经济结构、国民生产总值、社会总产值、国民收入、工农业总产值等等。这些内容，对反映一个县的经济总体面貌是至关重要的，不可缺少的。我见到的已出版的志书，缺少这方面内容的为数不少。这应该算是一个失误，是修志者经济观念陈旧的一种表现。记述了这方面内容的，其记述形式也不同。有的在大编法的经济编之下设“经济综述”；有的在概述之后设图表；有的单设了“经济总情”（经济总貌、经济综情），也有的记入计划管理中。比较来说，我认为单设“经济总情”记得比较充分。大城县志如果单加这样一编，除了记上面提到的内容及其演变以外，鉴于本志稿在编下未设无题序，也可以把农业的内部结构（如农、林、牧、渔各占比例）、工业的内部结构（如轻重工业比例，行业比例）、社会商品零售总额等记入其中，甚至可以考虑把生产关系变革也写进去。采用哪种形式，请大城志办的同志们考虑，但这些内容是应该有的。

七、农业、工业。这两编所以合在一起说，是因为我要说的是这两编的共同性的问题，即均未记经济效益。先说农业，农业经济效益差是长期存在的问题。七十年代以前，国家缺粮，特别是河北，长期缺粮，所以当时最关心的是产量，而不是成本，只鼓励提高产量，不讲效益，只讲产出，不计投入，所以出现了一些高产穷县。八十年代以后，农村实行了联产承包责任制，农业效益显著提高。近几年大多数地方农业效益又在下降。1989—1991年，全国粮食增长2.2%，棉花、油料、肉禽蛋等等增长率均在6%以上。而同期农民人均收入由545元增至708元，扣除物价因素，人均实际收入仅增12元，年增长率仅0.7%。1991年农民比1988年少购了301亿元的商品。所以，农业效益问题如不注意，将蕴藏着极大的危险。在市场经济条件下，我们修志者的经济观念也应该更新，不要再忽视效益。本志稿农业编特别是农业章，没有单记管理，应予补充，并在管理中单记农业成本。如无全县的资料，可用典型资料，选择有代表性的年份，计算出粮、棉、油料等主要农产品的各项投入是多少，总成本多少，产量多少，减去投入收益是多少。

工业章中虽设了“经营管理”一节，但记的是管理体制，而未记工业管理内容。经济效益虽有一个表，但只有产值和利润。其他各项经济指标，如全员劳动生产率，百元固定资产年创产值、利润，销售收入，百元工业总产值实现利润、利税，百元销售收入实现利润、利税，资金利用率，百元销售收入占用流动资金，人均创净产值，人均利润、利税等等，均无记载，应予补充。

八、建议把乡镇企业单列一编。志稿没有提供全县乡镇企业的全面情况。仅从工业章看。到1988年，乡镇工业的年产值是58408万元，利润是17235.60万元，税金1600万元。而县办工业的年产值只有10320万元，利润459.60万元。乡镇工业的产值相当于县办工业产值的5.6倍以上，利润相当于37.5倍。由此可见乡镇企业在大城经济中所占的地位。虽然工业中记了乡镇工业，但毕竟不是乡镇企业的全部，而且包括在工业中也无法记出乡镇企业的特点。所以，我认为有必要列专编记述乡镇企业(工业章中照记乡镇工业)。乡镇企业不是一个独立的产业，其中第一产业、第二产业、第三产业都有，单列一编似乎不属一类。但我认为这是特殊时代的一种特殊处理，它最能反映时代特点。农村乡镇企业的迅猛发展，已经和正在给农村带来许多始料不及的好处。所以，单记乡镇企业除了要记它的门类、产值、重点企业之外，应着重记其经营机制和社会经济效益。记得好，将成为全志中极有光彩的一编。

“政治运动”和“人物”两编我也都较细地看了，我认为写得不错。有些文字我已改在稿子上，这里不再赘述。

大城县志有现在这样的基础，有县委、县政府的重视和支持，有县志办一批修志人才，修改成一部上乘之作是指日可待的，祝大城的同志们成功！

(1993年10月)

对《深县志》稿的评审意见

对这部志稿我从头至尾看了一遍，总的印象是：指导思想明确，政治观点把握较准；体例完备而严谨；文字流畅。有几个部分写得非常好，如大事记、农业中的生产关系变革、文化艺术、人物等等。缺点是有几个部分历史资料不足，有的部分基本上是从新中国成立以后记起。再就是有的部分缺项，如经济编中的宏观经济内容，工农业生产中的经济效益，党政部分的决策和政务等等。似乎有意绕开了一些难点。但总的看，这还是一部基础较好的志稿，经过评审后再加修改，完全可以成为一部好志。

下面按志稿顺序分别提出对各编章的具体意见。

一、篇目

本志稿采用大编法，共设七编，五十五章。编下章节的分布排列基本合理，但也有个别需要调整的地方，有的标题还需斟酌。

(一)地理编。①第二编的标题为“地理”，我以为不如改为“自然环境”更好些。这个问题在地理界议论不少，有些地理学者对地方志中的“地理”这个标题很有意见，认为这样标是题文不符。

因为地理中包括自然地理、人文地理、区域地理、历史地理等项，仅按人文地理，则地方志中的相当多的内容均可纳入其中，而建置沿革则属历史地理。现在归入第二编“地理”的，仅仅是“地理”中的一部分内容，主要是自然地理的内容。如将标题改为“自然环境”，则无可挑剔。

②第二编的第三章“水文”，共分两节，都是记的地下水。这可能是考虑到深县境内无河流，所以这里不记地表水。这是不对的，没有河流不等于没有地表水，降水和客水也有其分布、变化和运动规律，也是应该记的。何况，深县历史上是有河流的，其变化也应简要记出。利用石津灌渠的水也该记。

③把“人口”列为“地理”编的第五章，值得研究。按人文地理，人口是其中一项内容。但这一章的第四节为“计划生育”，记的是计划生育的政策和工作情况，列入本编则是归属不当。建议补充内容，单列一编，或列一章，归入民情编。

④地理编未列“自然灾害”章。大概是因为在气候章已有一节“灾害性天气”，怕造成重复，而略去了“自然灾害”。这样就成了舍本逐末。“灾害性天气”只能记气象灾害，而“自然灾害”中还要记生物灾害和地质灾害。这样处理就把两种重要灾害漏掉了。为避免重复，可错开角度，灾害性天气，主要从气象角度记。而自然灾害则着重从成因、概率、受灾状况角度记。如不好错开，宁可不要“灾害性天气”一节，也不能不要自然灾害一章。

（二）经济编。①经济编是七编中最大的一编，下设二十三章，占全志总章数的41%以上。然而，这些章都只反映经济的一个侧面，全县的经济总貌却无处反映，一些能够反映经济总貌的数字，即使翻遍整个经济编，也无法计算出来。这就是说，经济编没有记出宏观经济内容。诸如：全县国民生产总值，工农业总产值，社会总产值，国民收入，经济结构，社会商品零售总额等。

这些，不只要有下限年的情况，而且要反映有统计资料以来的变化。要补充这些内容，有两个办法，一是在编下加一经济综述，写进宏观经济内容。二是在前边加一章“经济总情”。

②把“科学技术”排在经济编的第一章，我以为还有商榷的必要。从“科学技术是第一生产力”的角度看，似有道理。但科学技术毕竟不属经济范畴，马克思在《政治经济学批判大纲(草稿)》中确实说过“生产力里面也包括科学在内”。邓小平同志也说过“科学技术是第一生产力”。但不能由此得出科学技术属经济部类的结论。一则，当科学技术成果还未实际应用于生产过程的时候，它只是一种知识形态的生产力，或者称作潜在生产力；只有当科学技术成果实际应用于生产过程以后，才成为现实的生产力。二则即使科学技术作为生产力要素，也不宜归于经济部类。我们知道，生产力三要素中第一是具有一定科学技术知识、生产经验和劳动技能的劳动者；第二是以生产工具为主的劳动资料；第三是劳动对象。如果凡生产力要素都属经济部类，则首先要把劳动人口归入经济部类，因为劳动者是生产力中的决定性要素。这样岂不乱了套？所以我以为还是把“科学技术”归入文化部类好。

③在经济编二十三章中，绝大多数章都把“机构”放在第一节，有的标“机构”，有的标“管理机构”，有的冠以行业名称，如“农业机构”“财政机构”。这里的问题不仅在于节的标题标法不统一，而且都放在前面，有的显得很不协调。例如“农业”章，第一节是“生产关系变革”，是从清光绪二十五年(1899)记起的。而下面紧接着的第二节“农业机构”，则是从1949年记起的。因为经济部类所有机构都是从1949年记起，又都放在前面，似乎以此节定了上限。造成这种印象，即成了中华人民共和国建立以来的断代志。解决这个问题一是把机构后移；二是不一定都要专记

机构，可在管理中去记，也可在政权章中集中记；三是尽量补充新中国成立前的资料。

④深县已改市，虽然改市在下限以外，但深县的城市建设在衡水地区是较有名的，这有关投资环境的改善。可否考虑把城乡建设、交通、邮电、能源、环保集中起来，作为一编，标以“基础设施”，放在经济编靠前的位置，请斟酌。

⑤金融章中第五节为“债券”。按所记内容应归入“财政”。这一节记述的是公债和国库券，而这两种债券都是以财政部的名誉发行而委托金融部门具体办理的。即都是由财政部发出而用于国家财政的，理应归入“财政”。

⑥从第十八章开始，分别列了“工商管理”“物价”“标准计量”“土地管理”各章，却漏掉了计划和统计。而这两项是经济管理中十分重要的内容，望予补充。

⑦在经济编中，“乡镇企业”没有单列，只在“工业”章中记了乡镇工业。但仅从乡镇工业看，其产值和利税已远远超过县办工业。这一章的统计表中没有村、队工业和个体、联户工业的数字（这是不应该的），从文字记述看，1989年村、队工业的产值是9907万元，占全县工业总产值的28.1%。个体、联户工业的产值是10492万元，占全县工业总产值的29.7%。如果再加上乡办企业的产值8074万元，占全县工业总产值的22.9%，乡镇工业的产值是28473万元，占全县工业总产值的80%以上。工业是乡镇企业中的主要部分，但不是全部，如果加上工业以外的其他乡镇企业，其产值和利税数，会占全县社会总产值中相当大的比重。实际上乡镇企业已是深县经济的重要支柱，而且其生命力旺盛，发展乡镇企业是改变全县经济结构、解决农村剩余劳动力出路，开拓农民致富门路，逐步缩小城乡差别的必由之路。我以为还是单列一章为好。

（三）政治编。这一编缺少了一些重要内容。如“中国共产党”一章没有记决策或领导活动；“政权机构”一章从标题上即标明只是记的机构，而没有记政务活动和政绩；有关这方面的具体意见，在后面结合记述内容再谈。现在只提一下第四章的标题。现在标的是“地方国家权力机关”，加上“地方”二字固然准确，但却造成了标法的不统一。如“中国共产党”“中国国民党”同样记的只是地方组织，政权、政协又何尝不是地方的？所以这个题目不如只标“权力机关”，或直接标“人民代表大会”。

（四）文化编。①第二章的标题为“新闻、广播、电视”，而这三者不是平列关系。“新闻”是个大概念，它包括了广播、电视。并非只有报社、通讯社才是新闻机关。可将“新闻”改为“报刊”。

②教育章下的各节中，除一、八、九、十一四节外，都是按不同教育类型标目的，但第七节的“职业教育”同第十节的“成人教育”中间隔了一节“教师队伍”，一节“教育经费”，把分类顺序打乱了。应该把第十节变为第八节，后面的顺延。

③卫生章下共分“机构”“卫生防疫”“医疗”三节，分得太粗了。起码应把“妇幼保健”和“爱国卫生”单列出来。

（五）社会民情编。①编的标题为“社会民情”，所以在“社会”后面加“民情”二字，大概是考虑到“社会”一词概念太大。本届修志以来，对大编法以“社会”分为一类议论颇多，避开一下是好的。但既要避开，只标“民情”就可以了，何必再加“社会”二字？

②第三章“民族、宗教、姓氏”，其中民族内容很少，因为深县除汉族外，各少数民族总共只有381人，占全县总人口的0.07%。这一节又没记民族工作，何必在这一章中作为第一节单记？不如在人口章的人口构成中加一段民族构成，既可避免人口构成中缺项，又可避免单列一节显得太单薄。

③方言章中的第四节为“谚语歇后语”。谚语和歇后语不属方言。要么把它归入文化，因为文化方面的三套集成中就包括谚语；要么在标题上把方言和谚语并列，变为组合体。

（六）人物编。这一章下面只有两章，还要不要分章？一个人物传，一个人物表，顺序排下来就行了。“深县在外地工作人员表”这个标题太宽了，实际内文中的表只是师级以上干部和有高级技术职称人员表。大概是考虑作为表的题目太长了，所以简化了。但这样简化同内文的表就不一致了。建议将地师级以上干部和高级技术职称人员分成两个表，看起来更清楚些。

（七）附录。共七项，其中诗选和碑文选内容不少，也可考虑像旧志的艺文志或经籍志那样，在文化编单列一章“诗文”。二、三、六、七都是关于修志的，深州修志较多。已记得在本届修志前共有九修，现在可以找到志书的大概有五六部，也可考虑单列“史志编修”一章放入文化编，同时把党史、文史资料的编写也收入其中。

二、概述

据说这是在志稿打印过程中赶写出来的，一篇“急就章”能够写到目前这个样子，已经相当不错了。这篇概述采用的是浓缩体，六个部分分别写了方位、面积及建置沿革；大农业的发展历史及现状；工商业发展状况；交通、邮电及城镇建设的发展状况；教育、文化的发展状况；杰出人物及人民群众英勇无畏的斗争精神。这六个部分基本概括了县情，文字比较通顺，注意了评量得失，策论方略。这些都是好的。但比较明显的缺陷是各个部分各拦其界，彼此互不联系，全篇缺乏一条主线加以贯通。由此必然带来的问题是因果之效不彰。不仅大部类之间的因果关系写不出来，在同一部类的各业之间的相互影响也未能写出。如仍以现稿为基础，仍用浓缩体，建议针对上述问题加以改写。

第一部分目前的写法过简，不足以说明问题。在交代了方位、面积之后，应着重写清深县的建置和自然环境特点，以便为后面做好铺垫。在写农业发展状况时，应突出深县的生产条件特点。从这些特点出发，分析旧社会农业落后的特殊原因，即从共性中寻找个性。现在第二部分第六行写的“旧时，生产力落后，耕作粗放，农田水利设施简陋，……”是共性原因，全国皆然。具体到深县是个什么情况？这些写不清楚，深县的特点就没了。写到林果业，则又是一番景象，如“桃李蔽野，桑拓成林，榆、柳、杞、梓诸木亦茂密可观，有蕃庶之象焉”。再加上引崔护诗及其后的描写，同前面写旧时农业时的“民多饥死”，形成了强烈反差。这是由于没有把握住基调造成的。只有吃透县情的历史与现状，定好基调，才能首尾一贯，奏出和谐音。林业、桑蚕、畜禽均属大农业，不仅要基调一致，而且要写出相互影响。写工业也要从经济各部门的相互依存、相互影响、相互制约的角度着眼，也要突出本县的特点。

写工业的开头几句是不能说明问题的。“深县既无山脉，又无河流，工业向不发达”，不知想说明什么。因为有无山脉、河流，同工业是否发达，不存在必然的因果关系。还是从整个经济发展状况去分析，才能恰如其分。如能写出农业同工业的相互影响，第三部分同第二部分即有了内在联系。

深县长期是州治，交通又比较便利，为什么“旧时，……县内商业极不发达”？应有深入的分析。商业的不发达对整个经济有什么影响，也应写出来。这一部分的策论内容也应从目前商业是否适应经济发展着眼。交通、邮电、城建等如能从基础设施同发展经济的关系去写，就把整个经济部类各部门沟通了。

第五部分的教育、文化等内容，也应该同经济状况及长期为州治等联系起来。这样就可以以经济为一条线，将全部内容贯穿起来，使整篇概述浑然一体。关于人物和人民群众的革命斗争精神，则可作为全篇的一个归结，即从人民群众创造历史的观点着眼，把深县人民具有百折不挠、勇于斗争的光荣传统作为中心内容，讲过去的一切，是人民创造的，今后深县的腾飞，仍然是靠人民，把现有的内容串联起来。

前面我说到，本篇概述注意了策论方略，这是好的。但有两个问题：一是策论的角度太小，即没有站在更高的角度去俯视本县的历史与现状，视野也不够开阔。所以策论内容就难免就事论事。例如，在叙述到商业的最后，只提了“面对个体商业的挑战，国有商业必须迅速扭转‘官商’作风，改善经营方式，经营手段和服务态度……对个体商业必须严格认真地加强管理……”。这样策论，角度太小。应从目前商业发展是否适应整个经济发展的需要，如流通渠道是否畅通，市场发育如何等等去着眼。教育部分的策论，仅仅谈到了加强学校体育工作，增强学生体质和加强德育这样两项内容。即使就教育说教育，恐怕也没有说到点子上。要从教育如何为深县腾飞多培养合格人才的角度，去评量教育工作在今后的发展中应着重解决什么问题。二是策论的方法不对，用的是指令性语言，如“今后，要进一步加强……”“国有商业必须……”“我们再不能让传统的桑蚕业继续沉睡下去……”，这就不像方志中概述的策论了，而像政府的指示。概述中的策论应该是随文导出，是评量，是议论。试就第二页有关桑蚕的一段策论文字修改如下（在志稿上修改）。总之，策论者的立脚点要高，视野要宽广，策论内容要跟上时代要求，要随文导出，要是研究性的。

三、大事记

这篇大事记写得好。我认为有以下三个特点：

一是串联全志。大事记是志书中唯一的一条纵线，它把分类横剖的各项内容贯穿起来，在一定程度上有助于弥补黄炎培先生指出的志书“偏于横剖，缺乏纵贯”的弊病。所以从这个意义上，把大事记称作全志之纲，并不为过。而要使大事记真正成为全志之纲，则选事就必须照顾到志书内容的方方面面，即使各个专志中的大事，均能顺序排列，比连成篇，犹如一根链条，把全志串联起来，这样才能纲举目张。把握住大事记，即如振衣之挈领，撒网之提纲，对全志大事大致了了。这篇大事记的选事，除古代部分受到资料的限制，近现代部分顾及了各个方面，除民情篇以外，自然、经济、政治、军事、文化、人物都顾及了，所以，把它作为全志之纲，摆在各专志之前，是当之无愧的。

二是主线鲜明。这篇大事记选事面虽宽，却没有淹没了主线。所谓主线，即各个时期的主要矛盾，也就是最能表明历史发展脉络的事件。这一点从清咸丰三年(1853)以后，可以看得十分清楚。从咸丰三年(1853)至同治七年(1868)十五年间，记太平军、捻军同清兵斗争的就有十九条之多。而从清光绪二十一年(1895)至光绪二十七年(1901)六年间，记义和团活动的就有五条。充分反映了清王朝同人民群众的矛盾已达到十分尖锐的程度，清王朝的灭亡已为期不远。民国以降至抗日战争开始前，虽然只有十四年，记的条数不多，但频繁的自然灾害，国民党军队、政府敲诈百姓，追捕共产党人，以及共产党领导穷人请愿，反对滥捐款，反对地主贪污公款，反对官盐店掺杂使假，反对填写反共志愿书等，均反映了当时的阶级矛盾。民国26年(1937)以后，民族矛盾上升为主要矛盾，于是大事记转向记述在中国共产党领导下的抗日斗争。整个抗日战争这八年，记得尤其好。从这些分事条的、不连贯的记载中，我们可以看到深县抗日斗争的全过程，既可以看到日本侵略军的凶残和疯狂，又能看到我抗日军民由弱到强，由分散隐蔽、零星消灭敌人到攻县城、拔炮楼，成批消灭敌人的转变，看到抗日军民在中共领导下的英勇气概。其中1942年日伪发动五一大“扫荡”以后，记得特别好，可以看到我抗日军民从防御到反攻的转变。新中国成立以后，从经济恢复到社会主义改造，再到社会主义建设，每一段的主要任务即要解决的主要矛盾，都有充分记载，真正做到了大事不漏。我对其中从互助组到初级社、高级社的社会主义改造的记载，以及从人民公社成立到公社管理体制的几次调整，直到联产承包责任制及大包干的体制改革的记载，特别感兴趣，每一段变革记载得这样清楚，使我有一种要说“久违了”的感觉。这样的大事记才能勾勒出历史发展脉络。

三是选事得当。注意了标志转折的事件及第一个出现的新生事物的记载；每一事条都基本上交代得清楚；很少有那种发出指示、通知等一般公文的事条。

有以上三点，所以我认为这篇大事记写得好。当然写得好不等于完美无缺，也还有一些需要研究和修改的地方，现在分述如下：

①大事记从头至尾用公元纪年法，只是在中华人民共和国成立之前，加注历史纪年。这与省方志办发的修志细则不符。国家语委等七单位联合发布的《关于出版物上数字用法的试行规定》中，也提出“重排古籍，出版文学书刊等，仍依照传统体例”。早在中国地方史志协会制定的《新编地方志工作条例》中，就明

确指出“新编方志中的称谓，如历史纪年……，均依当时的历史习惯称呼，必要时可注明，如公元，今地名等”。所以建议中华人民共和国成立前，用历史习惯纪年，加注公元。

②本大事记上限起自汉高祖六年(前201)，而两汉总共只有五条。从东汉建武十三年(37)以后，至下一条隋开皇十六年(596)，中间隔了东汉183年，加上三国、魏、晋、南北朝，两条之间隔了559年，跳跃过大。如果没有资料可入大事记，还要不要把上限推得那样靠前？与其这样断上限而造成严重断线，还不如把上限定在隋开皇十六年（596），即有深州建置之始(顺便说一下，建武十三年条，写“深州境内开始有边患”，此时距有深州建置还有550多年，写“深州境内”不妥)。

③元代97年时间，只记了五条，而且所记事条并不十分重要。应设法加以补充。

④不可随意省略。如把回民支队简称“回支”，把区委书记简称“区书”等等。流行较广、约定俗成的简称可用，但第一次出现时应用全称。

⑤事条要交代清楚。如唐仪凤四年(679)条，记马君起为其父母立造像碑，应记清马君起是哪里人，碑树在何处。再如民国36年(1947) 9月12日条，记冀中十一地委召开土地会议，因为前一年即记了若干条土地改革事项，这里应记清是为贯彻《中国土地法大纲》开会，才把深县定为土地平分试点。1953年记开始实行统购统销政策，无意义，因为全国都一样，只有记清本年购粮多少才有记载价值。

⑥民国36年（1947）12月下旬条，记“由于区领导犯了‘否定一切’的错误，要搬掉‘石头’，致使许多村支部活动被停止”。这样记不妥。贯彻土地法大纲时，否定一切，搬“石头”主要不是区领导的责任，责任在上面。

⑦ 1951 年最后一条，记和平签名，请再核对，是否 1950 年？

⑧ 1952 年记“三反”，只记了查出多少贪污分子，贪污款多少。后来证明，水分不小，应将落实情况一并记出。

⑨ 1959 年 6 月 1 日条，记贯彻中央《关于人民公社的十八个问题》的规定，有无这个文件？请查对。

⑩ 1969 年 12 月 29 日“揭露苏修，准备打仗”一条应删。

⑪记述“文化革命”的事条可减少，内容可简化。具体的武斗情况可不记。要显出阶段性。

⑫ 1975 年记《红旗》发护驾迟大队评论《水浒》的文章，观点模糊，不知是褒是贬，应删。

四、人口

前面已经说到，建议把人口作为一编。无论作为编或章，单记人口记到目前这种程度，缺项不少。具体意见如下：

①第一节“人口变化”，建议改为“人口总量”。“人口变化”一词含义不明确。可以理解为人口数量变化，也可以理解为人口生死及流动。而“人口总量”则是通用词，其中自然要记到总量的变化。第一节中应记出人口的增长类型。如果新中国成立前因缺少资料，无法记出，起码应把新中国成立后 40 年的增长类型记出来。如新中国成立初期的高出生高死亡型；其后至三年困难以前的高出生低死亡型；困难时期的低出生高死亡型（如 1960 年只比 1959 年增长了两千五百多人），实行计划生育后的低出生低死亡型。

②人口构成最好能做一塔形图，并把文化程度同年龄组挂起钩来。文化构成不能仅仅靠一个表，表是不能说话的，如为什么

1990 年高中文化程度的人数反而比 1982 年减少了 3500 多人？只有靠文字才能说明原因。

③在“计划生育”节之前，应增加“人口变动”一节。节下可设三目，即自然变动、机械变动、流动人口。

④如有资料还应增加“家庭婚姻”一节。“家庭婚姻”是人口志中一项重要内容，有的把它纳入社会编。而这部志稿在“社会民情”编未记此项内容，如果人口部分再不记，就漏掉了。“家庭婚姻”节中，“家庭”包括家庭类型(如单身型、核心型、扩大型、其他型)，家庭规模(从全国看，1900 年平均为 5 口，中华人民共和国成立时为 4.5 口，改革开放后已不到 4 口)，家庭功能。“婚姻”包括初婚年龄，结婚率、离婚率，丧偶人口状况，再婚等人口状况等。

⑤还应在最后增一节人口普查，记普查工作。

⑥“计划生育”一节的第四目中“惩罚”一个子目，不必记得那样细，应予简化，太细了，客观效果不好。

五、农业

这一章中的第一节“生产关系变革”写得相当好。从“减租运动”直到“生产责任制”，分六目较细致地记述了消灭封建土地制度及体制改革的全过程，虽然多用了一点篇幅，却是很值得的。这六目中实际上是记述了农村三次深刻的革命，一是从减租清算到土地改革，记述了消灭封建土地制度的过程，这是使贫苦农民从政治上得到翻身，经济上得到解放的一次深刻的民主革命。从互助组到高级社，是农村社会主义改造的过程，按江泽民同志的说法，这是一场伟大、深刻的社会变革。从人民公社到生产责任制，则是新时期具有重大意义的改革。这些是理应大书特书的。那些轻描淡写，一掠而过的记法是不足取的。但这里有两处需要修改一下：一是第 156 页记到“五四指示”时，用书名号写的文件全称是《关于反奸清算与土地问题的指示》，不准确，应改为《关于清算减租及土地问题的指示》。二是第 170 页记到省里某领导的两段话，虽未指名道姓，但已记入志书，应删掉。

后面几节记得也基本可以，但有两个问题：一是历史资料缺乏。除农业区域是 1979 年以后的事，无法向前追溯，农业作为一个最古老的行业，本应记出历史状况，但从机构开始即只记新中国成立以后，棉花追记至清乾隆三十年 (1765)，也远不是开始引种棉花的时间。只有改良盐碱地利用历史资料较好，记到了宋代引滹沱河水治碱。其余均缺历史资料，如能补，适当补充才好。二是只记了产出，未记投入，看不出农业的经济效益，如无全县资料，望能用典型调查说明效益的变化。

六、林果

这一章记得不算好。就林业来说，既然从民国 25 年 (1936) 即有片林千余亩，却看不出新中国成立后发展片林的情况，如何育苗，为何发展，林权归属的变化，都未记。推广后屯农田林网化的经验也记得过简。尤其是对深州蜜桃的记述，虽在“果树栽培”一节中单列了一目，但记述得很不够。当然，深县的果品种类很多，有些品种如苹果、梨，产量也不小，但在深县所有果品中，最有名的是深州蜜桃。按详独略同原则，应大书特书。应追溯这种蜜桃是当地品种还是从外边引进的，并记述其发展历程，甚至要记深县土壤的理化成分，以回答何以别处引入此品种其品质不如深州产的品质好。还要记述栽培管理的特殊要求。希望能再研究，写好这个部分。

七、水利

这一章从第三节“农田灌溉”以后写得还比较好，第二节“排涝工程”则交代不清。这一开头写“清代，曾多次疏浚境内河道”。“多次”一词太模糊了，是何年疏浚哪条河？原来境内有河道，现在无河道，是什么时候河流改道的？新中国成立后形成涝灾的水是从哪里来的？是沥水还是客水？新中国成立初容易形成涝灾的有多大面积，为什么需要修建那么多排涝工程？修建了这些排涝工程之后，能够控制多大面积？这些全无交代。建议在这一节前面把这些写清楚。

八、工业

这一章的记法是目前多数县志所采用的记法，就反映工业的一般情况说是可以的，但也存在两个共性的问题：一是不记管理体制的利弊，二是不记经济效益。新中国成立后，我国的工业企业管理体制，大体是仿照苏联的模式，在新中国成立初期，上面统得多些曾经起了积极的作用。其后，用行政办法管理企业和统得过死，逐步暴露其弊端，其中最重要的是企业自身缺乏活力，积极性受到影响。体制改革的首要目标在于扩大企业自主权，增强企业活力。这是历史的实际，志书记工业而不记过去管理体制的弊端，也就无法记改革，因为没有弊端而实行改革，就成了无的放矢。而过去的弊端和近年的改革都不记，则漏掉了记工业的重要内容。所以应该补充。至于某些改革尚需经过实践检验，可暂不记，但已经看得清楚的应予记述。而经济效益是无论如何都应该记的。目前国有企业经济效益差，是个普遍性问题，亏损企业数量仍然不小。如果志书对这些避而不记，那在客观上岂不是只管办企业，不管盈亏？在志稿虽设了“工业管理”一节，却未记全员劳动生产率，万元固定资产年创产值、利润、销售收入，万元工业总产值实现利润、利税，万元销售收入实现利润、利税，万元销售收入占用流动资金，资金利用率，人均净产值，人均利润、利税等等。这些反映经济效益的内容，即使从工业管理角度说，也未记物质消耗、产品成本、安全生产、定额流动资金周转天数等属于工业企业九大指标的内容。所以，这样记工业，岂不是内容残缺的工业志？望能予以补充。

此外，还有几个具体问题：

①这一章下的无题小序，开头写“深县既无山脉，又无河流，自古以农业为主，工业不发达”。正如前面谈“概述”时说到的，这不是必然关系。工业不发达的原因，不能归于既无山脉，又无河流。无题序的最后一段，写“至1989年，初步形成了门类齐全、结构合理、多种经济形式并存的工业体系”。目前深县的工业是否已经门类齐全、结构合理？是否已形成工业体系？这样写恐怕估价高了。影响工业体系形成的要素有社会制度、自然资源条件、生产力发展水平、历史发展条件、对外贸易等。从后面的“工业门类”节中可以看出，现有企业，一般都是劳动密集型的，几乎没有科技密集型企业，更无高科技企业。依我看，在无题序指出这些倒是十分必要的，切不可估价过高。

②后面的总产值表只统计到乡以上工业，这样就丢掉了一个大头，而且不能反映全县工业总产值的实际。望把乡以下的工业

产值补进去。

九、商业

按一般要求，这一章写得还算可以。如按发展社会主义市场经济的要求，观念显得老一些。同前面谈概述时所谈到的一样，商业章下的无题序只谈了商业发展的一般情况，而没有从发展市场经济的观点去评量利弊得失，也可以说是没有把商业放在经济总体中去把握。商业是使商品从生产到消费的中间环节，对于社会再生产能否顺利进行起着十分重要的作用。所以应该从整个经济发展的角度去衡量商业的发展状况是否适应。现在的稿子主要是以传统的商业观念来写的。据我看，要大改是很困难的。但希望能把无题序改得好些。由于现在的稿子没有提供必要的资料，我很难提出具体的修改意见，只能靠深州志办的同志们深入研究一下商业同整个国民经济发展的关系，市场经济对商业的要求，然后得出必要的结论，并把它写入无题序。现在的无题序中有几处写得不准确，望修改时改过来。一处是第二段中说“进口货物急剧增加，商业逐渐兴盛，市场日益繁荣”。进口货剧增，对民族商业是个打击，不能作为市场繁荣的根据。同一段说“小范的船运和县内汽车、大车运输很便利”，当地人可能看得明白，外地人会产生疑问：境内无河流，为什么会有小范的船运？应写清邻县武强小范的船运。第三段中说“文化大革命”中，自由市场、商品交换又被当成修正主义、资本主义的东西受到批判。这样写不准确。“文化大革命”中并没有一般的批判商品交换。另外，第五节“集市贸易”中写到服装、布匹、蔬菜、牲畜等几个较大专业市场，只是一笔带过。如发展较好，可单列一节“专业市场”，详加记述。

十、物资

这一章有点草率。除机构外，只有一节“物资经营”，共200多字，只记了新中国成立初期和1974年的主要经营项目和几个年份 的购进额、销售额，然后就是一个购销情况统计表，而且只是从1974年到下限的。建议补充资料，重新改写。可按“统配物资经营”“物资调剂交流”“议购议销”“物资储运”“管理机构”分节记述。统计表应增补1974年以前的数字。

十一、粮油管理

这一章的内容大体齐全。但各节内容均按时序排列下来，缺少资料的深加工。望能在修改时加以综合、概括、整理，使其条理化、层次清晰。

十二、邮电

这一章有如下几个问题：

①第一节第一目“驿站、铺递”，虽然引用了明万历四十一年(1613)《重修东岳庙记》碑文，但是只能说明前磨头为古桃城驿，而不能说明明代深州有多少驿站。后面引用的清康熙、雍正、光绪年间的资料，也只是把古代资料摆在这里，而未加作者的任何

话。这样引用资料即使作为资料长篇也是不合格的，因为它没有说明作者核实、考证的结果。特别是明代的资料，只有一个古桃城驿，不加任何解释地放在这里，是说明当时深州境内只有这样一个驿站，还是只知道这样一个驿站？深州境内从何时建驿站？如无资料可证，应加说明。后面稍好些，也缺乏作者对这些资料的态度。

②第二节第一目“邮路”，把邮路的发展倒是说清了，但到底有多少村通邮？一般邮件多少时间可以投到？都没有交代，而这是读者想知道的最重要的内容。

③第二节第二目“邮政业务”，文字记述过简，反映不出新中国成立后业务量的变化。后面虽有统计表，但不能说明变化原因。

④第三节“电信”也有同类问题。以电话为例，农话一个子目，说到1960年生产大队电话装机达80%，是用的百分比；1976年又记有458个大队通话，用的是大队数；人们要想知道1976年大队通话数比1960年是增是减，还要从其他分志中去查大队总数。1980年以后装机锐减，至1985年减为177个大队。其后只说了安装多少自动电话，架设了多少线路，农话单机多少部，却看不出至下限全县有多少村通话。因为几个数字是不可比的。

十三、物价

这一章写出了物价管理的演变，又列表说明了主要农副产品，主要生产生活用品的价格变化，并有农副产品同工业品的交换比价，应该说是写得好的。但所涉及的都是商品价格。漏掉了物价的另一个方面，即工价与收费，工价中包括农事工价和工匠工价。收费的项目就多了，如非商品收费中的电费、水费、房租、运费，事业性收费中的医疗费、文娱收费，服务性收费中的理发、旅馆、照相、沐浴，以及牲畜配种、阉割等等。这些，物价部门可能管得不多，但它既然属于物价的内容，就应该记。起码记出工价和收费的演变。至于管理，则可管多少记多少。

十四、中国共产党

中国地方志指导小组于1990年在郑州召开的方志工作座谈会上，特别强调了加强政治部类的问题，其中又突出地提出了加强“三政”，即政党、政权、政治运动。本志稿对政治运动没有集中记，而政党、政权两章又都停留在五六年前的记法上。所以我对这两章是不太满意的。这里集中谈中国共产党这一章。中国地方志指导小组指出：加强政党这个部分的关键是体现出中国共产党的领导决策作用。本志稿恰恰没有写党委决策。希望能再研究一下，如能增加这一节，则会使这一章的质量有个明显的提高。至于如何写决策，我已经讲过多次了，这里不再重复。

现在已有的七节，我以为也需要对顺序和内容作一些调整。

现在第一节是“组织机构”，我以为这样排不太符合认识顺序。因为按认识顺序，总是先有党员、党组织，才有组织机构。而党的地方组织如何创建，如何发展，是首先需要交代清楚的，在一个地方来说，也是具有划时代意义的大事。本志稿没有单写党的地方组织的创建，而是把这些内容分别写入县委、基层支部和党员中了，这样就使人看不到党组织创建的全貌了。“党员”一节，又把“组织整顿”纳入其中了。建议对这一章的结构作如下调整：

第一节地方党组织的创建与发展。从开始在县内发展党员，建立党支部，到建立县委，以及以后党员和组织的发展顺序写下来，直至下限。写到党员发展时，应记清各个时期发展重点的变化，各个时期党员构成的变化。

第二节组织机构。即现在第一节的内容。

第三节党代表大会。

第四节党员教育。即现在第二节第三目的内容。

第五节整党整风。即现在第二节第二目的内容。

第六节纪律检查。把“工作情况”一目中只记各个时期受理案件数和处理党员数，改为记各个时期纪律检查工作重点，然后再记数字。“文化大革命”后复审工作可单写一段，加以突出。

第七节宣传工作。最好按宣传队伍、宣传形式、宣传内容分层次写。

第八节统一战线。

第九节信访工作。应把信访工作中解决的重要问题记入。

如写党委重要决策，可作为最后一节。决策可以从县委建立后写起，也可从新中国成立后成为执政党写起。如从新中国成立后写起，最好前边再加一节新中国成立前的革命斗争。

十五、政权

这一章从标题到内容，都是只记机构，太单薄了。人民政权同旧政权是两种性质上有本质区别的政权。前者是为人民服务的，是代表广大人民群众的利益对少数反动阶级的反抗实行专政的工具，是带领人民群众发展社会生产力的领导机构；而后者则是代表地主、资产阶级的利益，对人民大众实行统治和镇压的工具。

两者的根本区别主要不在机构上，而在施政方针和政务活动上。不记政务活动则无法记出两者的根本区别。所以建议增加一节“人民政权主要政务活动”。当然，记政务活动是比较困难的，因为它既要避免同党委决策重复，又要避免同各有关专志重复。但是，困难不等于无法记。如果从新中国成立前记起，当时的筹粮筹款，取消国民党的苛捐杂税、实行新税制，组织群众支援前线，兴办解放区和游击区教育等都可记。如果从新中国成立后记起，则可从国民经济计划的制定与实施，对科技、教育事业的宏观规划与领导，对改善生产条件的部署与实施，对改善基础设施的宏观规划与组织实施，对计划生育工作的规划与领导，对改革开放的宏观计划与实施，如何转变职能、加强服务等方面去记。只要认真研究，把握好角度，是可以记得好的。

十六、群众团体

这一章写得比较好。只是记群众团体的代表大会，记法不统一。工、青团体的代表会都是采用文字记述形式，而妇代会则是用表的形式。应该统一起来。

十七、权力机关

这一章内容大体可以。只是记代表大会选举时，选出的县长、副县长以及从七届以后选出的人大常委会主任、副主任都没有记当选人的姓名，唯独每届选出的法院院长和检察长记了姓名，这样就不好平衡了。要记姓名就都记，否则都不记，免得引出异议。

十八、人事劳动

这一章总的说来写得较好，尤其是人事部分写得内容全面、细致。“劳动”一节也不错。只是第四节“工资福利”，由于是干部、职工混记，又是按时序排列的，记得比较粗。例如写新中国成立前，只说“一律实行为维持最低生活需要而制定的供给制”，低到何种程度？都供给什么？没记出来，太原则了。而实行津贴制和工资分制则未记，后来的奖金也记得很原则。离退休人员的工资待遇也未记，只在福利一目中提到了离退休费用社会统筹，如何统筹又未记。望加补充。

十九、军事

这一章内容不够齐全，看来主要是资料不足。例如第一节“军事组织”中的“旧政权驻军和地方武装”只从民国18年(1929)记起，古代的军事机构和军队被砍掉了。有无军事设施也未提到(按说州城是该有军事设施的)。第二节“兵役”，则只从民国27年(1938)记起，过去的募兵制不见了。第三节本来是记兵事的，应该从古代兵事记起，却只记了“抗日战争时期的主要战斗”，此前此后都不见了。这实际上是一篇内容残缺的军事志。

二十、文化艺术

这一章内容不错，尤其是前五节属文学艺术的内容，很丰富，也很有条理。只是有的标题和章节的组合有值得研究的地方。例如章的题目为“文化艺术”。“文化”在这里概念不清。因为编的题目是“文化”，当然是大文化，但还不是广义的文化。广义的文化，是指人类社会历史实践过程中所创造的物质财富和精神财富的总和。这里只是大概念小用，用以覆盖一部分文化现象，本来概念不算清晰。章的题目再标以“文化”，其概念就更不清了。即从狭义来说，“文化”也是指社会的意识形态，概念仍不小。把这个大概念同“艺术”这个小概念(指绘画、戏剧、舞蹈、电影、音乐、曲艺、雕塑、书法等)组合起来，就实在不好解释其内涵了。如改为“文学艺术”会好些，但无法包括图书发行、文物古迹和档案事业。可否将图书、档案合为一章，文物另列一章，或将三者合为一章?

第五节“民间文学”并无文字记述其创作情况，只是歌谣选录。与其标“民间文学”，还不如直标“歌谣”，也免得同上一节的“文艺创作”发生包含关系。这些歌谣选得很好，是值得作为一节的。

二十一、教育

这一章基本上可以，但也有需要修改和补充的地方。具体意见如下：

①在章下无题序中第二行写“清末民初，废除科举制度，拆庙兴学”，不准确。废除科举制度是清光绪三十一年(1905)，而实际在此前几年已开始兴办新式学堂了。如果只说“清末”还可以，加上“民初”，说拆庙办学堂还可以，说废除科举则错了。

②第二节第三目“私塾”中，说“教学内容主要是识字、写字和封建道德教育”也不准确。有的私塾确实只是识字教学，但用以概括所有私塾则不妥。讲解四书五经，学做八股文章，这些不能用封建道德教育一言以蔽之。

③普通教育因按小学、中学分写，均未记教育方针、学制和课程设置，丢掉了这些十分重要的内容。而且由于分写，有些共同性的内容，重复记述(如过多地参加劳动，批师道尊严等)，或此记彼不记(如反修正主义教育路线回潮)。既然已经分写，该记的内容都应分别补充进去。

④在第五节后介绍的三所中学，用了编年记事的写法，省立深县初中和河北深县中学各用了三四千字，实无必要，应简化。

⑤勤工俭学不能只从经济收入着眼记，还有教育学生热爱劳动，增强学生同劳动人民的感情，在实践中学会运用书本知识等等。

二十二、居民生活

这一章记旧社会部分过简，也显得缺乏资料。对旧社会居民生活只叙述了一般状况，而无各阶级、阶层的差别，而且靠概括叙述往往共性大于个性。望能用些典型材料，说明解放前各阶级、阶层衣、食、住、行、用等方面的差别。只有生动地记述旧社会，才能同社会主义社会形成鲜明对比，才能体现出社会主义制度的优越性。

二十三、谚语歇后语

应再筛选一下，删掉那些流行很广而无乡土特点的谚语。

二十四、人物

四十一个传写得相当好，可以说每传都有生动事迹，传主的面也比较宽，有男有女，有老有少，官、民、武、医、艺三教九流，既有革命烈士，又有劣迹昭彰者。这些人物传为这部志增色不少。过去讲，“方志半人物”，写好人物传，志书才有更广大的读者。深州志办的同志在人物传上下了功夫，是值得称赞的。

有以下几点具体意见：

①要统一规格。先写姓名，然后加括号记生卒年，只知卒年不知生年者，生年打问号。再后如是女性，加女字，再后是字、号，籍贯，这以后才写事迹。

②有些传事迹虽好，但文字过长，如夏全亮传，有5500字之多，其中有些生活过程完全可以压缩。这四十一个传，如果在文字上精炼一下，可减1/3或1/4的分量。

③人物编中未列烈士英名录，虽在凡例中有所说明，此事仍需再斟酌。革命烈士英名录单行本几乎各县都有，有这个单行本同入志分量大不相同。能够记入志书，对烈士的家庭来说，是一种荣耀，对今人和后人是个鼓舞和教育。烈士为革命献出了生命，我们何惜一些篇幅?

（1994年10月）

对《高阳县志》稿的评审意见

看过全部志稿，给人印象最深的是地方特点鲜明。最突出的有五点：一是纺织之乡。在发展中虽几经挫折，仍能在激烈的市场竞争中独辟蹊径，找到生机，得以复兴和发展。二是戏曲之乡。历史悠久，剧种繁多，名伶大师，代不乏人。三是华工之乡。布里村留法工艺学校，不仅培养了众多有一技之长的华工，而且造就了一批杰出的革命者。四是民性刚毅。从隋末魏刁儿举事，到震动华北的高蠡暴动，直至解放战争，高阳人民百折不挠，前赴后继，充分反映了高阳人民的劲勇刚毅，富于反抗精神。五是名人辈出。高阳崇文尚武，人杰地灵，古代名将俊儒众多，近现代叱咤风云、卓有贡献者更不乏其人。上述五点，在志稿中均有翔实而生动的记述，构成本志稿的主要特色。此外，资料丰富，文字简约，结构严谨，也可称本志稿之优长。虽有个别卷显得弱些(如政党、教育)，但总体看来，应算得一部基础较好的志稿。

下面按志稿顺序，提出对各卷的具体评审意见。

一、凡例

凡例或称义例、例言，朱士嘉先生说“凡例是对于编修目的、方法和内容结构的纲领说明，对全书有指导意义”。章学诚也说“明足以断凡例”，足见凡例之重要。本篇凡例需说明的事项虽基本齐全，但顺序排列需要调整，文字表述尚需修饰，个别项目应该补充。具体意见如下：

①现在的第三条建议改为第一条。因为这一条是讲指导思想的，属于“义”，“义”重于“例”，体例是受指导思想驾驭的。寿鹏飞说“义之不立，例之何有？所谓皮之不存，毛将焉附”。又说“先言志义，因义而生例”。故应把这一条置于首位，随意插在中间作为第三条，是不适当的。

②现在的第二条是讲体裁和结构的，可分为两条，也可为一条。既然这里没有分述各种体裁的分工，以合为一条为宜。这一条最好紧接指导思想作为第二条，但文字要做些改动。既然是说明体裁的，即应把志书中所用体裁说全。建议把第一句改为“本志述、记、志、传、图、表、录诸体并用，以志为主，图、表随文而出，彩色照片集中于最前面”。下面的“全书设27卷”，建议将“卷”改为“编”。“卷”和“编”本来都是结构中的一种名称，没有一定用哪种名称的规定。但一般用“卷”多同“志”相搭配，如“第五卷农业志”，此即所谓“卷志结构”。志下再分章节。现在卷下为章，显得搭配上有点生僻，不如改为“编章结构”。下面“大事记置前”，应改为“概述、大事记置前”，不可将“述”这种体裁漏掉。在“附录殿后”的后面，应加一句“均不入编章序列”。再下面“各专业分志按门类设卷”，应改为“各分志以类

系事”，“专业志”和“分志”在这里是同义反复，“按门类设卷”不等于“以类系事”，改后才能同后面衔接。最后一句“各卷之首凡需要者，均设无题小序”。应改为“根据需要在编下设无题小序”。“各卷”“均”同“凡需要者”不匹配。“卷下设章、节、目”一句，把“卷”改为“编”，放在“全书设27编”的后面。同是说明结构，放在最后被分割开了。

③现在的第一条是说明断限的。可作为第三条。这一条的第一句“本志为通志，贯串古今，详今略古”，应改为“本志贯通古今，详今略古”。“通志”有两义，一为以一省为记述范围的志书，古多称之为“通志”，如“湖北通志”“畿辅通志”；二为相对于专志而言。但从未有县志称通志者。“贯串”也不等于“贯通”。

④现在的第四、五两条，都是讲文体的，应并为一条，可为第四条。

⑤现在的第六条是讲纪年的，可为第五条。“采用历史纪年”应改为“采用历史习惯纪年”，这样更为准确。最后一句对解放战争时期指称时间的解释可删掉。“解放战争时期”在革命历史分期中也称“第三次国内革命战争时期”，早有权威性解释，不宜另行解释。

⑥纪年之后应加一条讲计量。哪些按《中华人民共和国法定计量单位》换算，哪些使用原计量单位(如土地面积以亩计)，应加以说明。

⑦现在的第九条可改为第七条。最好把“入传”改为“立传”。最后还应该说明，“有重大贡献的人物，一般采用以事系人的方法记述其事迹，贡献突出和知名度很高者，收入人物录”。

⑧现在的第七、八、十条，分别改为第八、九、十条。现在的第七条中间讲到数字用法的部分，应改为“其书写按国家语言

文字工作委员会等七单位联合发出的《关于出版物上数字用法的试行规定》执行”。“个别为有关单位数字”应改为“个别统计部门没有的数字由主管单位提供”。

二、概述

概述是阅读志书的向导和理解志书的钥匙，它的功能在于总括地情，提炼精华，沟通联系，彰明因果，策论方略。所以，概述写得是否成功，对全志的质量有着极大影响。本篇概述高屋建瓴，气势宏大，较好地提炼了志中精华，注意了新旧社会的对比，肯定了已经取得的辉煌成就，指出了前进中存在的问题。文字简洁流畅。但几处对旧社会经济及人民生活状况的叙述，虽角度略有不同，仍未能避免重复。层次的划分也有不尽合理之处。在各大部类之间沟通联系不够。尚需进一步修改。具体修改意见如下：

①调整层次。现在的第一部分在概述政区、建置、自然环境之后，意在概括本县特点。第二部分讲高阳人民的反抗精神和革命斗争传统。第三部分讲新中国成立后在社会主义建设中取得的巨大成就，概括了各项事业的发展变化。第四部分指出前进中存在的问题。建议第一部分到第三自然段为止。这一部分只讲政区、自然环境、建置和区位特点，即通常所说的地理状况。第二部分着重概括本县的五个特点，先写纺织之乡，次写戏曲之乡，三写华工之乡（现在没有这项内容），四写名人辈出，把“崇尚武术”改为“崇文尚武”，并同名人辈出联系起来。五写民性刚毅，从魏刁儿举兵反隋直写到解放战争中的巨大牺牲，即把现在第二部分的内容适当压缩后作为一个特点写进去。这样可使本县特点更加突出，给人一个完整、清晰的认识。第三部分中的第二、三两

目合并，小题可改为“走社会主义道路，全面发展国民经济”，把收入增加和人民生活改善的内容放在目下综合叙述的最后，即分子目之前。这样可以避免同叙述新中国成立前状况时的重复。第四部分为策论。

②补充必要的内容。第一部分基本不动。第二部分在讲纺织之乡的特点时，要同本县土地瘠薄，水旱灾害频繁的自然环境联系起来，即同农业靠不住，另辟生产门路联系起来，并把几次衰落、几次复兴写进去，即把第三部分原稿第三目的内容简化后，增加如何复兴的内容，移入此处，充分表现高阳纺织业之生命力。讲戏曲之乡的特点时，增补一两句戏曲在高阳普及的内容。把华工之乡作为一个特点补充进来，要写出由布里村辐射出去的保定育德中学等留法预备班。写名人辈出要从高阳崇文尚武写起。增补崇文的内容，把崇文尚武和名将俊彦辈出作为因果关系来写。把民性刚毅，富有反抗精神同有光荣革命斗争传统联系起来，作为一个特点写入第二部分。现在的第二部分应该压缩，最后一个自然段即建烈士陵园那一段可删。第三部分的开头，要注意同第二部分衔接，即高阳人民的顽强斗争精神在新中国成立后继续发扬光大，其表现是在党和人民政府领导下，顽强地改造自然，改善生产条件，发展社会主义建设事业。讲到农业时，应有几句简要概括发展中的曲折。讲工业的部分文字可适当压缩。乡镇企业的产值等数字不能只记到1988年，应补充下限年的数字。数字要认真核对，把错了的（如1985年乡镇企业数，分述数与合计数不符，差127个）改过来。讲交通运输的部分应增加邮电、电力的内容，即作为基础设施来写。讲科教文卫的部分，最后一句“1990年，全县有知识分子842名……”，“知识分子”在这里指代不清，教师算不算知识分子？是否专指有技术职称的？要写明确。第四部分在指出前进中的问题的同时，最好能提出解决办法。比较理

想的写法是随文导出策论，如写到农业发展现状的同时，指出农业发展中存在的问题，发展的潜力，解决的办法，工业、商业、文教莫不如此。如果觉得那样改起来改动太大，只好像现在这样，把策论集中于最后。但这个部分最好能找县主要领导深谈，倾听他们对目前存在问题及解决办法的意见，以使策论内容同县领导的发展战略设想一致起来。

三、大事记

大事记的功能在于串联全志大事，即各分志中的大事，均雁行鱼贯，顺序排列于此，以勾勒出本地历史发展之脉络，在一定程度上补救志书偏于横剖，缺乏纵贯之弊端。本篇大事记写得可算比较好的，其特点是记事面较宽，较好地串联了全志大事，主线也比较清晰，大体上勾勒出了历史发展脉络。这是基本的方面。但在突出主线和突出地方特点方面还都有不足之处，选事标准掌握得不严，有些不属大事的也被选入了。具体修改意见如下：

①上限问题。第一个事条起于周贞定王十六年（前453），整个战国时期共两条，第二条记的是周赧王五十年（前265），两条相隔188年，跳跃过大，且第一条与高阳并无直接关系。秦代所记三条，跳跃虽不很大，但其事也并不算大。所以，把上限前推至战国和秦代，并无足够的资料，按现有资料则会显得过于勉强。不如从汉记起，即从有高阳建置开始。方志学家黎锦熙说“大事记乃自然之断限”，即是说大事记的断限，即全志之断限（文物另当别论）。后面各分志的资料均无追溯至秦者，不如从置高阳县记起，更来得自然。

②纺织业是高阳一大特点，其起始时间应记清楚。概述中

说“自元末明初”，纺织印染卷说“始于明末，兴于晚清”，大事记则从清光绪十六年（1891）记起。看起来显得混乱。河北民间纺织大致自元末始。但这里要记的不是一般民间纺织，而是要记高阳纺织业形成特点，即成为周边各县纺织业中心。这一点不仅在概述和专记纺织的部分要记清楚，而且要在大事记中记清楚。从大事记清光绪十六年（1891）一条看，当时县城集日已能销布1200余匹，莘桥集日也能销布近千匹，说明此前纺织业已很发达。望能认真查找资料，在大事记中记纺织业的第一条，应与高阳形成纺织中心的时间基本吻合。

③既然把戏曲之乡和名人辈出作为高阳的地方特点，在大事记中应把盖叫天、韩世昌等的成名时间载入大事记，孙承宗、李鸿藻、佟麟阁等有重大影响的活动也应载入大事记。

④开始试建初级农业生产合作社是农业社会主义改造的重要步骤，它标志着农村生产关系的一个重大转折，应予特别重视。1952年10月的一条“同月，本着‘积极慎重，稳步发展’的方针，开始试建农业生产合作社（即初级社）”记述过简，显得草率。应记清第一个初级社是哪里，如果是同时试建几个社，也应记清是哪几个，各多少户入社。此前应有对互助组发展情况的记载，把从1947年至1952年互助组发展情况记在试建初级社之后是不适当的。1953年3月记了一条“县内首批5个农业生产合作社建立，至是年底，共建农业社130个，社员7318人”，看后使人迷惑，1952年10月已记开始试办初级社，到1953年3月又记“首批5个农业生产合作社”（政治运动部分也记的是1953年3月办5个农业社），那就只能解释为从1952年10月开始试办，至1953年3月办成了5个农业社。但试办竟用了5个月的时间，又似不太可能。究竟是怎么回事，应记清楚，并且要记清入社户数。另，1955年9月的一条记已建农业社682个，而1956年1月的一条

又记在转高级社前县内有初级社168个，到底是多少？请核对。

⑤1981年4月记“全县推行以分田到户为主要形式的农业生产责任制，秋前形成高潮，年底全面实行”。这一条也使人产生疑问：高阳是否在1981年即以分田到户为实行生产责任制的主要形式？据我所知，河北推行农业生产责任制始于1980年，当时是多种形式，如专业承包、联产计划；统一经营，联产到劳；联产到组；定额计酬；小段包工，等等。“双包”到户的至1981年5月只占7.4%。到1981年，以家庭为单位的联产承包责任制(即大包干)才成为主要形式。不知高阳的情况到底如何。如果也是经过了多种形式，最后才以大包干为主要形式，则应把几种主要形式载入大事记，集中记一条，或分成几条记，则要根据实际情况而定。实行生产责任制是农村调整生产关系的重大变革，同农业社会主义改造一样，都具有深远意义。在大事记中如何记载这些重大变革，关系到大事记的主线是否清晰，即能否准确地勾勒出历史发展脉络，不可轻视。

⑥有些事条不必作为大事载入志书大事记。本大事记记事面宽是其优点，但有些不必载入大事记的也被选入了。仅以第55页为例，工商银行成立“信用评估贷款决策委员会”，更换STJ型脱粒机，县长带队到山东学习等均可删掉。望修改时认真检查，把并非大事的删掉，把漏掉的大事补充进来。

四、政区建置、自然环境

只提两点，请修改时斟酌。

①建置沿革的上限应与大事记统一起来。现在的稿子从商写起，实无必要。“有人类繁衍生息”，不属建置沿革。周代的一条

记“周贞定王十六年(前453)，魏、赵、韩三分晋地，县城属赵”，这样记恐不完全准确。晋大夫韩虔、魏斯、赵籍自立诸侯，三分晋地，确是在周贞定王十六年（前453）。但正式有赵国，却应该从周威烈王二十三年(前403)算起，这一年周天子才正式承认韩、魏、赵为诸侯，从此才有了韩、魏、赵三国。所以写周贞定王十六年（前453）“县域属赵”是不对的(大事记也记得不对)。其实，春秋时期高阳是否属晋，三家分晋之后是否属赵，也都值得进一步考证。高阳在春秋时期也可能属燕，战国时期也有可能属中山（在周郝王十九年赵灭中山之前）。所以，秦以前还是删掉为好，即同大事记一样，从西汉记起。

②自然环境部分的自然资源章，不该把土地管理写入土地资源。土地管理记的是工作，既不是自然资源，也不属自然环境，可归入城乡建设。把土地资源和土壤分成两节也不妥。土壤本该单列，如不单列则应作为土地资源的一部分。同土地资源分开，即无法在自然资源章中存身了。生物是作为自然资源章的第四节来记的。虽然题目没有标生物资源(同上述几节的题目不协调)，但它毕竟是自然资源中的一项内容。如果从资源的角度看这一节的内容，则把不少不属资源的内容记入了。如野生动物中的蝇、蚊、臭虫、虱子、跳蚤等等。有两种修改办法，一是去掉不属资源的内容。保持原剖分框架。二是改变原剖分框架，在气候一章之后，分设水文、土壤、野生动植物三章，而把地热、石油单作一章处理。怎样改好，请酌定。

五、人口

这一部分写得较好，历史资料很可贵。但人口素质要素不全，自然素质中缺身体素质，如青少年成长发育，残疾人口状况，居民营养，预期寿命等。社会素质中缺思想道德面貌、革命斗争传统、科学技术水平和劳动技能等。如有条件，可单列人口素质一章，或单列劳动人口一章，记清劳动人口的素质。另有以下具体意见：

①卷下的无题序只写了人口总量的变化，应增补人口素质变化的内容，即不仅讲量，而且讲质。

②第一章的题目“人口发展与分布”，最好将“发展”改为“总量”。历史上人口有“发展”也有锐减。用“总量”则更加确切，这也是人口学上通用的一个词。第一节的题目也应随之改过来。

③人口变动章最好能增补人口流动的内容，即户口不动的人口流动，包括县内城乡之间的流动，乡乡之间的流动，县内外的流动。这项内容很能反映本地政治、经济形势的变化。如灾年和战乱，人口外流。政治稳定、经济繁荣则人口回流，并引来外地人口。改革开放后，农村人口到城镇做工、经商，或到外地做工、经商，或外地人到本县做工、经商，已是普遍现象，不可不记。如无全县的统计资料，用典型材料亦可。

④人口控制章中计划生育工作的具体做法可写得概括些，如“三次突击”以及十分具体的惩罚措施等，都应适当修改，以免被攻击我国人口政策的人所利用。

六、经济

本志稿经济部类共分十卷（编），均按专业剖分，这样就把综合经济内容漏掉了。所谓综合经济内容，是指那些能反映本县经济总貌的内容，包括产业结构，投资结构，积累与消费结构，工农业总产值及其构成，国民生产总值、社会总产值、国民收入及其构成，经济开发，等等。这些内容在各专业志中是无法记述的。采用大编法的，多在经济部类的最前面设经济综述，写入这些宏观内容。采用小编法的，多单列一篇，或标以经济总情，或标以经济总貌，专记这些内容。有的还把生产关系变革、工农业的内部结构、居民生活也记在这里。采用中编法的则困难一些，单列一编，又显得内容过少；不单列编又无处可记。所以，有的也单列一编，除文字叙述外，还附以示意图。当然，漏掉这些内容的也不少。然而，这些内容是不可缺少的。缺了这些内容，翻遍整部志书也难以了解经济总情。建议下决心补充这些内容。有两种办法供选择：一是单列一编；二是在计划管理章中设一节，放在最后。我以为第一种办法好些。无论用哪种办法，都要选择有代表性的年份，记出变化，绝不可只记现状。

七、农业

这一部分是按大农业设置的，结构合理，内容也大体可以。但缺少一些必要的内容，有些章的题目也值得再斟酌。有以下意见：

①第一章的题目为“经济体制”。“体制”一词只能表明组织制度和管理权限的划分，不能表明所有制的变化。而本章所设的三节，都是讲所有制变化的。社会主义公有制的调整和改革，是在不改变所有制的原则下进行的，称体制尚可，但用以概括这一章的全部内容则不行。而且，在“体制”前面再冠以“经济”，就更不适当了。建议改为“生产关系变革”。

②第四章的题目为“农作物业”，这个词很生僻。应改为“种

植业”。为了对应，第六章的题目可改为“养殖业”。或把第四章的题目改为“农作物”(内文就是这样的标题)。为了对应，第五章的题目可改为“林果”，第六章的题目可改为“畜牧水产”。

③第一章第二节下第一目的第二行写贯彻中共中央《关于土地问题的指示》，错了。凡加书名号引用文件名称的必须写准确。这个文件的全称是《中共中央关于清算减租及土地问题的指示》，由于是1946年5月4日通过的，故简称“五四指示”。请务必改过来。

④第二章第三节记农机具，由于是作为生产条件记的，只记了类型和数量，未记农机管理。而农机管理是不该不记的，除了记在这里之外无处可记，所以建议增补这项内容，并把效益记出来。

⑤建议在第四章增加一节“成本和效益”。成本高，效益差，是农业生产中长期存在的问题，实行大包干后曾有所好转，近些年来又在滑坡，以至越来越严重地影响着农民的生产积极性。所以，在志书中记出成本和效益，极有资政价值。由于农业部分没有专设管理章，把经营管理分别记入了第一章第三节的各种组织制度中，成本和效益又不好单列一章，所以最好能在种植业章增加成本和效益的内容。如无全县的统计资料，可用典型调查材料。

八、水利

这一部分写得很好。有一点意见请考虑。随着经济发展，特别是乡镇工业的普遍发展，水利已越来越成为基础设施的一个重要部分。根据高阳过去水灾频繁的实际，水利部分侧重于农业是对的。但工业用水如何解决？应有记述。城镇用水已在城乡建设中写了，生活用水也写了，唯独没有乡镇工业用水，似应补充。

使用水库、灌水站的水如何收费，也应补充。

九、纺织印染

这个部分是从工业中分离出来作升格处理的。这样处理一是位置更加突出，二是可以记述得更充分。为使地方特点更加突出，这样处理的也是有的。但却存在一个不可忽视的缺点，那就是违背了类为一志的原则，打乱了领属关系。这和乡镇企业单列不同，因为乡镇企业不是单一产业，而是各种产业俱全，所以不存在打乱领属关系的问题。有人以范成大所修《吴郡志》为例，说明这样升格是早有先例的，而且《吴郡志》被公认为名志。其实援引此例是不对的。《吴郡志》在五十卷中，“园亭”和“山”各为一卷，而“虎丘”既不归入“园亭”，也不归入“山”，独立作为一卷。但《吴郡志》是平列体，只有卷一个层次，因此不受领属关系限制。本志如果在工业编中单列一章，排在生产门类章之后，也是一种升格。但这种升格符合了类为一志的原则，也未打乱领属关系。可是显然不如现在这样位置突出。如作者认为还是这样处理好，则要在工业部分也把纺织印染包括进去，可简化，但不能没有，以反映工业全貌。现在工业部分第一、三章都包括了纺织印染，第二章记生产门类时却把纺织印染剔除了，似乎高阳的工业门类中没有纺织印染，应补充。现在的纺织印染部分写得很好。提不出意见。

十、工业

这个部分比较一般，缺少了一些重要内容，把电力单独作为工业中的一章也不够合理。具体修改意见如下：

①第一章的题目“经营体制”以改为“所有制”或“所有制结构”为好。

②第二章中应增补纺织印染。可简写，详见纺织印染编。

③第三章“经营管理”中，只写了企业的宏观管理，反映企业效益的内容是随着讲所有制写的。然而，只有国营工业中较好地写了企业效益，私营和个体工业中只记了产值和总收入；集体工业在文字和表格中虽多了一些项目，但按衡量企业效益的指标来说，起码还缺少主要产品质量、能源和原材料消耗、产品销售收入、产品成本、定额流动资金周转率、全员劳动生产率、职工安全这样一些指标。国有工业部分反映企业效益的指标也不全。因此建议在第三章专设一节企业效益，把各种所有制的效益集中在这里写。另，工业布局也应补充进这一章。

④第四章“电力生产与供应”放在工业编，而且在工业中另起炉灶，成为与其他章不相关的一章，很不协调。按自办发电来说，可归入工业。但应同其他工业一样，把相关的内容纳入相关各章，而不能在工业章中闹独立性。如按靠电网供电来说，则不属工业生产，也不应归入工业编。由于这一章的主要内容是写的电网供电，归入工业编是不合理的。建议作为基础设施，排在交通、邮电之后。这一章中没有写用电管理，应予补充。

十一、交通邮电

对这部分的内容提不出什么意见，但对其组合办法有一点建议，请考虑。

这部分本来是交通与邮电两项内容的组合，与其这样组织，不如把电力和城乡建设也都纳入进来，题目可标为“基础设施”。其排列位置可以仍在原位，也可考虑放在经济部类的最前或最后。

十二、商业

这部分内容很好。建议把第一章的题目改为“所有制结构”。第二章第六节的题目标以“工业品”，概念太大了，可改为“日用工业品”。应补充管理机构。

十三、财政税收

这部分财政章还可以，税收章采用了纵分法，共设两节分为解放前后，把税制、税种、税率、稽征、管理合在一起混写，眉目不清，不合志体。而且在第二节“解放后的税收”中，农业税的第四个子目“减免”中竟追溯至元代，把史体以时系事的时间也打乱了，成了史不史，志不志。建议将这一章的题目改为“税务”，下分税制税种税率、稽征管理、税收减免、税务机构四节来写。税制税种要改变现在第17页那样按编年体顺序记载的方法，应有综合。

十四、金融

这部分共分四章，前三章的分法可以。第四章中所列三项内容中有两项内容不合适。“金库”不必单列，没有多少内容可记，在第二章中记一下即可。现金管理未记，也可在第二章中设一节。“债券”应归入财政，正如“债券”节开头叙述中所说的那样，银行只是受财政委托办理债券业务。债券是由财政发行又由财政使用的，因此应归入财政。如写入金融编，则应说明是代理业务，或同管理金库一起，标以“代理业务”，单列一章。“保险”则是“金融”中的一大项，应单列。

十五、经济综合管理

这一部分共七章，第一、二、三、六、七各章虽然记得简单，基本上是可以的。第四章“物价”中只记了作为商品部分的物价，完全未记工价及各种收费。诸如农事工价、工匠工价，非商品收费中的电费、水费、房租、运费，事业性收费中的医疗收费、文娱收费，服务性收费中的理发、洗澡、住店、照相、牲畜配种等等，这些同人民生活极为密切的收费的管理，是物价工作的重要内容，不可不记。第五章“物资管理”是同商业部分的生产资料购销分开，从不同角度记述的。但两个部分均未记物资的议购议销，也未记储运。建议此处撤销“物资管理”章，集中写入商业，补充所缺的内容，即像粮油购销那样处理。

十六、政党

这一部分问题比较多些。下面按所列三章分别谈一下具体修改意见：

(一)第一章“布里村留法工艺学校”，其内容虽同政党有关系，但毕竟不属政党，归入政党部分，归属不当。建议将此章单作为一编处理。这项内容单列一编，不会发生像“纺织印染”单列编那样打乱领属关系的问题。因为它本来即非政党。按其为学校来说，似应归入教育。但这里主要记的不是教学活动，因此同教育部分也不存在领属关系问题。把这项内容单列一编，放在政党编之前，不仅可以解决现在的归属不当的问题，而且可以使之更加突出。现在这一章所设的五节，已基本交待清了布里村留法工艺学校从创办到结束的情况。这里想提出一个问题，即保定育德中学的留法预备班同布里留法工艺学校是什么关系？是否可以算从布里村辐射出去的？如果是，则可超越县界，从辐射的角度写其影响。即对由此扩张出去的留法预备学校的简况加以介绍。从布里留法工艺学校毕业的学生在法国的主要活动，也可简要记述。另外，文中还有两点交代不清的地方，一是文中只记了第一批录取了60余人，以后则记了要求入校的青年日益增多，建了新校舍，招收第二批学生，但未交代第二批录取了多少人，为湖南学生开设专班，也没记学生数，至学校结束时共有多少学生在校学习也应记出来。二是第三节的题目为“毛泽东和蔡和森送湖南学生来校”。由于本章的题目为“布里村留法工艺学校”，这里的“来校”人们自然会理解为来布里村，但实际只到了保定。所以题文不符。这些请注意修改。

（二）第二章“中国共产党高阳地方组织”。这一章需要修改的地方不少，具体意见如下：

①结构需要适当调整。第一节把党组织的建立、组织整顿、组织发展合在一起写，显得不够清晰，内容也不全。第二节把组织机构和部门工作合在一起写，把代表大会也列入组织机构中，把组织、宣传、纪检、统战等都作为部门工作写，很不恰当。第三节写县委重大决策，出现了三十年的断线。第四节记政治运动，

把这些内容放入中共地方组织中也值得再斟酌。可否这样调整：第一节党组织的建立与发展，第二节组织机构，第三节代表大会，第四节整党整风，第五节党员教育，第六节宣传工作，第七节纪律检查，第八节统战工作，第九节县委重大决策纪略。

②党组织建立中，建党前的准备交代得比较清楚，以后的建党则看不很清楚。现在是先写的布里村完小党支部，但没有具体时间，只知道是1929年的次年，不要说月份，连春夏秋冬也没有，也没有党员姓名和人数，此前也未见在当地发展党员的记载。只李子逊、李浩川两个党员是无法建立支部的。如果是高阳县的第一个党支部，不仅要记党员姓名和人数，而且要记清支部书记是谁，有没有委员。党组织的发展是分两处记的，第一节只记到1949年。第二节在组织工作一目中党支部和党员数以及党员构成也只能从表格中去查，文字记述中没有，应把党组织发展集中在这一节。记党的发展要记清不同时期的不同发展重点，发展中的问题，党员构成的变化。可附表，但不能主要靠表，表格是不会讲话的。

③组织机构中应包括县委，县委工作部门，党组和机关党委，区委，基层党委，总支、支部。区委不应作为基层党委来记。区委在五大、六大党章中是作为县与基层中间的一级党委存在的。七大党章中没有区委，此后区委是作为县委派出机构存在的。任何时候都不是基层组织。

④代表大会不宜归入组织机构。从党代表大会是党的最高权力机关角度说，可算是组织制度问题。但这里要记的主要不是党代表大会的建立，而是记代表大会的决议和选举，这就不是组织制度问题了。从其重要性来说，也应该单作一节。县以上的代表大会均称“党代表大会”而不称“党员代表大会”，县级代表大会的全称是“中国共产党 ×× 县第 × 次代表大会”。党的代

表大会按“次”，不按“届”，代表大会选出的委员会才称“届”，如第三次代表大会选出的县委员会，称第三届县委员会。这些，现在的稿子都记错了，务必改过来，否则同党章不符。

⑤整党整风现在在第一节第二目和第二节第二目中都有。应集中起来单独作为一节记。

⑥党员教育是一项重要内容。现在的稿子未单记，应增补。经常教育、办培训班、党员辅导站、坚持三会一课、党校培训，都要记。

⑦宣传工作不能只记宣传内容，可从宣传队伍(如宣传员、报告员、全党做宣传)、宣传形式(如屋顶广播、黑板报、活报剧、戏曲、报纸、广播、电视)、宣传内容三方面写。

⑧纪检、统战均不必再写机构，在组织机构中已记。纪律检查委员会的升格在组织机构中记清即可。

⑨县委重大决策纪略，1946年至1976年间是空白，是很不应该的。应选择那些能反映时代背景的、对全县影响较大的、地方特点鲜明的决策加以补充。如在社会主义改造中如何搞成立初级社的试点，或如何解决在巩固农业社中普遍存在的问题；如何解决人民公社在发展中存在的带普遍性的问题；如何决定改善生产条件，发展农业生产的方针，等等。即从小角度，反映大背景，以小见大。

⑩政治运动辑要最好单列一编，放在议政机构之后。政治运动固然是党领导的，然而，党是领导一切的，单把失误居多的政治运动纳入党的部分，其效果并不积极。所以还是单列为好。这一部分中的土地改革、农业合作化，在农业部分已记，这里可不作为政治运动记入。抗美援朝、镇压反革命、肃反可以补充进去。第五目“‘四清’运动”还是改为“社会主义教育运动”更准确。这一目的记述均用了肯定的表述语言，同中央《关于建国以来党

的若干历史问题的决议》不吻合，应予修改。

⑪第三章“中国国民党高阳地方组织”，从蔡松桥、李德夫、阎镜清等于1912年在异乡加入国民党，到1927年蔡松桥、李德夫、田保民等回本县秘密建立党部连续写下来，是把两个国民党混为一谈了。他们于1912年加入的国民党，并非后来的中国国民党。那个国民党是1912年8月由宋教仁以同盟会为基础，合并统一共和党、民国共进会、共和实进会、国民公党等小党派而成立的，名为国民党。虽尊孙中山为理事长，但常务是由宋教仁主持的。这个党于1913年被袁世凯解散了，寿命只有一年。孙中山于1914年召集部分国民党组成了中华革命党，1919年10月才改组为中国国民党。从国民党被解散到孙中山改组为中国国民党，中间相隔六年多，两者不可混在一起。另，对中国国民党高阳地方组织的活动，基本上未记，只在最后写了一点。如有资料，望加补充。

十七、政务

这部分以“政务”为题，外延太宽了，凡国家管理的行政事务均可称政务。建议改为“政权政协”的组合题。下面仍可分三章。但章的题目也要改。现在都以“机关”或“机构”作题不如直接标为人民代表大会、政府、人民政协。现在第一章是按县议会、各界人民代表会议、县人民代表大会分五节记述的，人民代表大会一节记述顺序也有些倒置。建议人民代表大会章分以下四节来记：第一节从议会到人民代表大会，专记权力机关的演变。第二节代表的产生及构成，记议员、各界人民代表会议的代表、人民代表大会的代表的不同产生办法（包括县人大代表由间接选举到直接选举的演变），及代表的构成。第三节历次会议，包括议会、各界人民代表会议和人大会议，依次记下来。第四节常务委员会，记其机构及工作。

十八、司法

这部分内容可以，总的题目最好标成“公安司法”的组合题。因为公安工作中有些不属司法，如消防。

十九、军事

这部分前三章很好。第四章“兵事”中，共分四节，第一节为“兵事纪略”，第三节为“兵事活动”，为什么要分成两节记兵事活动？使人费解。第三节记的实际上是抗日战争和解放战争的兵事实录，不是十分必要，如果要记，可作为第一节的附件。第一节“兵事纪略”中，从隋末魏刁儿起义，一下跳跃上千年记孙承宗殉难，这同概述和本卷无题序中所说的“军事重地”“天下有变，辄当其冲”“战火频仍”很不相称，应加补充。

二十、民事

这部分的题目标以“民事”，很不明确，使人不知要记什么。可能是因为信访、侨务、外事、宗教、地名等既不好单列一卷，又没有适当地方可放，所以把这些内容同比较相近的民政放在了一起，但却给标题带来了困难。这是采用中编法普遍存在的问题。

可否把这卷的内容调整一下，把宗教归入“民情习俗”(题目简化为“民情”)，地名管理、信访归入民政，题目改为组合题“民政、侨务、外事”？请斟酌。

二十一、教育

这一部分有两个主要问题：一是归属不尽合理，二是记述内容有残缺。下面分别谈具体修改意见：

①“幼儿教育”是学前教育，不宜归入“初等教育”章；“师范教育”“职业教育”不一定就是中等教育，只有标明中等师范教育、中等职业教育，才能算作广义的中等教育。通常所说的中等教育，是指普通教育中的中学教育，专业教育中的“师范教育”和“职业教育”纳入“中等教育”章是不对的；“成人教育”章中第三节又出现了“职业教育”，两章中出现完全雷同的题目，又把同一项内容分作两处记，自乱结构；把“教育行政”归入“经费与设施”章，更是明显地归属不当。由于存在上述问题，教育部分的谋篇布局显得十分混乱。建议对篇目作如下调整：

既然本志采用的是中编法，教育、科技、体育、卫生都不必单列一卷(编)，可把教育、科技合为一卷，把卫生、体育合为一卷，均标组合题。现在的章变成节。合并后教育章可调整为以下九节：第一节旧教育体制(或标以私塾、书院)，第二节学前教育，第三节普通教育(下设小学教育、中学教育两目，也可把小学教育、中学教育分为两节)，第四节专业职业教育(设专业教育、职业教育两目。也可分作两节。现在第三章第三节中的卫生学校应归入专业教育)，第五节成人教育(应把第四章第三节的职业教育归入第四节职业教育中)，第六节教师队伍，第七节教学研究(专写教学研究，勤工俭学纳入经费与设施)，第八节经费与设施，第九节教育行政。

②小学教育和中学教育都只记了学校的发展，中学教育中只写到改四二制为五年一贯制，其余均未涉及学制和课程设置，更没有记教育方针和学生管理。从开始办新式学堂以来，学制经历了多次变化，仅清末即有："壬寅学制""癸卯学制""初等小学堂章程""高等小学堂章程""女子小学堂章程"等等。民国初也改过多次学制。新中国成立后也有五年一贯制，十年一贯制等等。课程设置的变化更为频繁，这些都应有记载。教育方针是体现教育目的的，不同制度，不同时期，有不同的教育方针，而且在执行中出现过严重影响教育质量的问题。把小学教育与中学教育合为普通教育，有利于写教育方针。无论合与分，学生管理的内容都是不应缺少的。既然学制、课程、教育方针、学生管理不单独设节，可补入普通教育中。

二十二、科技

这部分的科学研究、科技普及都写得很好。建议把这两章的排列顺序颠倒一下。本卷缺少了一项重要内容，即科技队伍。有科研机构，有科研活动及成果，有科技普及工作，唯独没有科技队伍，是一大疏漏。望加补充，写清科技人员的来源与发展、结构与分布、技术职称。科技队伍这样的重要内容单靠两个表，而无文字记述是不行的。

二十三、民情风俗

这个部分中人民生活一章写得相当好。历史资料十分可贵，材料具体，有面有点，有平均值有极端值，很能说明问题。其余三章也写得不错，有几点零碎意见：

①风俗中没写商俗和娱乐俗，望能补充。生活习俗中饮食、起居两目，似未能写出当地特有的风俗。如饮食中以何为主食、副食，一般说来并不是俗，如何吃法(做法)才是俗。民居以何为建筑材料有的是俗(如以苇草、茅草、石板盖顶)，有的则不是俗(如土坯、砖木)，房屋的格局才是俗。现在的稿子这两目中属于俗的内容甚少。请加修改。

②禁忌不能一概算恶习陋俗，如正月初一至初五禁做针线活，禁做生面食，是以禁忌为名，为家庭主妇争得一点难得的休息时间，是有积极意义的。时下也不是全无禁忌，如在丧礼中禁开玩笑等。所以禁忌最好单列一节。

③文明新风中包括了传统美德，说明并非都是新风。文明新风选例中的尊师重教，也并非“新风”。建议将此章的题目改为“良风美德”。

④方言章中第三节“谚语歇后语”，不属方言，要么归入文化；要么标成组合题“方言·谚语”。

二十四、人物

这个部分我重点看了人物传，写得很好。尤其是近现代人物写得好，事迹生动、具体、感人，突出了人物个性。古代人物中有的事迹平平(如韩雄岱传)，有的除履历外没有什么事迹(如李殿图传)。或补充，或删掉。李秉云传除与李自成起义军对抗一事而外，别无事迹，要不要立传？请斟酌。另外，志书中为人物立传，从来都不是全传，何必一定要称“传略”？我以为还是改为“人物传”为好。

由于未能同主编交换意见，上面所提修改意见未必合适，仅供修改时参考。

(1995年7月)

对《肃宁县志》稿的评审意见

《肃宁县志》稿从谋篇布局到记述，新意迭出，精彩纷呈。编纂者博采众家之长，又有自己的独到见解，其创新意识随处可见，尤其体现在“编纂说明”所附的“修改篇目”中。这个篇目所反映的已不是编排技巧问题，而是一种新的编纂思路。它是编纂者对客观事物的存在和发展，对各种事物的相互关系，依据一定的哲学思想加以判断之后形成的总体认识，落实在篇目上则形成了志书记述事物的新格局。

一种新格局的出现，总会引来各种议论，招来某些责难也是完全可能的。然而我却为这样的创新拍手叫好。不拘一格总比千志一面好得多。目前的主要倾向不是格局过滥，而是偏于保守，不敢越雷池一步。甚至不明其理，盲目仿效。更何况《肃宁县志》稿在谋篇布局上的创新，不仅没有违背志书以类系事，横分竖写的基本体例，而且，各种内容的安排，都有其理论认识作根据。用两句话概括，这就叫作依志例而不拘泥，求创新而有所本。在本届修志中，这样创新的例子虽不算很多，但也不是绝无仅有。浙江《龙游县志》改章节体为类目体，政治部类略大同，记大事，经济部类注重宏观记述，社会、文化部类的记述要比一般志书丰富。在已出版的志书中可算得别具一格。1993 年初，中国地方志指导小组从全国选出5部县志组织各方面专家参加评议，《龙游县志》就是其中的一部。我曾参加那次评议会，多数专家对《龙游县志》也给予了好评。这里还应该特别提到浙江《东阳市志》，其编纂思路同《肃宁县志》有不少相似之处。这部市志把记述对象归纳为自然、社会和人三大要素，有点类似旧志中的三宝体，同《肃志》在编纂说明中所提“三分法”是同一思路。卷一为政区，卷二为自然环境，卷三为灾异。大体相当于《肃志》的第二卷。卷四为居民，卷五为方言，卷六为民俗，卷七为人物。突出了人在志书中的地位。大体相当于《肃志》的卷三，只是把方言、民俗、人物分别立卷。其后是经济、政治、文化、丛录。在经济、政治的排列顺序上与《肃志》不同，但把土地、水利、邮电、能源、城乡建设这些基础设施列在经济部类前面，其思路同《肃志》是一致的。《东阳市志》别开生面的谋篇布局，在浙江已得到好评。这说明，如何设计篇目才能更好地记述社会主义新时代的内容，志界许多同仁都在探索，力求对当前志书流行体例有所突破，力求在志书的资料编排的科学性和内容记述的著述性上有所突破。至于在探索过程中出现的各种新格局是否成功，有待于实践的检验，过早地下结论是不适当的。从这一点出发，我认为《肃志》的探索应予鼓励，应予重视。

虽然编纂者在“编纂说明”中称本志稿为资料稿，但在我看来，多数编章已基本成熟。加之我看得较粗，许多编章我提不出什么修改意见。下面仅把我看到的认为需要商榷的地方，按志稿顺序提出来，供修改时参考。

一、概述

在“编纂说明”中，对概述在志书中的作用以及撰写本篇概述的设想，都很好。但是，看过本篇概述之后，觉得同原来的设想有较大的距离。策论的内容不少，但并非“夹叙夹议，史论结合”，而是前叙后议，叙议脱节。虽然在后面的议论中“探致穷之源，求治穷之方”颇有见地，但并未始终“围绕一个穷字”做文章，前面的叙述中看不到肃宁如何穷。在叙述旧社会时，确有“由于封建地主阶级残酷的经济剥削和政治压迫，百姓食不果腹，衣不蔽体……灾年，百姓背井离乡、四处逃难”等描写，然而这些都是普遍现象，全国皆同，并不能说明肃宁如何穷。至于对中华人民共和国成立后的叙述，则只见成就，不见问题。这样既造成了新中国成立前后的脱节，又造成了叙述内容与议论内容的脱节，即前面的叙述没有为后面的议论做好铺垫。依我看，主要问题即出在四个部分各拦其界，把本来完整的内容分割开了。第一部分是讲政区、建置和自然环境的，这是地情的基本要素之一，是必须交代清楚的。但由于没有充分考虑这些内容同后面内容的关系，所以即使是作为提要式，也未能抓准要点，以致有些同后面内容关系密切的反而被略去了，有些同后面内容关系不大的却写得较细。第二、三两部分是本篇概述总括地情、提炼精华、沟通联系、彰明因果的主体部分，一是因为这两部分是按时间即新中国成立前后切开的，人为地割断了新中国成立前后的历史联系。二是第二部分内容较杂而又没能抓准重点，以致同第三部分在内容上互不衔接，形成了各立门户，彼此孤立的两项内容。三是第三部分只记新中国成立后各项事业的发展，既看不到新中国成立前的基础状况，也看不到新中国成立后的兴衰起伏。只有写到工业时追溯了历史，写到商业时讲到了60至70年代受到“左”的影响，所以就更加显得不协调。第四部分策论方略的内容写得不错，可惜这些策论不是随文导出，夹叙夹议，而是叙议分离，先叙后议，所以后面的策论即形成了离开叙述的长篇议论，不免显得有些泛泛。

建议对本篇概述作较大的改动。主要解决新中国成立前后脱节和叙议脱节的问题。如果仍分部分写，可否分为以下三个部分：第一部分写政区建置和自然环境；第二部分写各项事业的兴衰起伏；第三部分写人，包括民性民风，人民同阶级压迫和异族侵略的斗争，人民改造自然、发展经济、建设社会主义的斗争。也可以不分部分，只以自然段表现层次，一气呵成，其顺序与分成三部分相同。第一部分在交代政区位置时，应补充交通位置和在大经济区中所处位置。因为这是制约本地经济和其他各项事业发展的重要因素。紧接着写建置情况。不必像现在写的这样细，可采取跳跃式，介绍主要的建置变化。因为建置情况同概述中的其他内容并无直接关系。最后写自然环境，增补同农业关系密切的内容。如土质状况（包括西部和中东部的不同）、水资源状况等，以便为后面写农业做好铺垫。

肃宁是传统农业县，写各项事业的兴衰起伏，理应先写农业。经济总情的内容可放在叙议经济各业之后，以便导出在叙述经济各业时无法导出的宏观经济策论。现在的稿子写农业只从新中国成立后写起，而且只有成就，没有曲折。由于没有新中国成立前的历史情况，无法比较，所以对新中国成立后的成就也就无法充分估量了。建议概括地写出农业的历史状况。这里有一个问题我弄不清：概述中强调了农业是肃宁的“一大优势”“水土得天独厚”“土地肥沃”“春种一粒粟，秋收万颗子”“粮棉高产”。

但从农业章的记载看，虽然仅仅提供了新中国成立后的资料，也可看出粮棉产量并不很高，1949年粮食平均亩产只有43.5公斤，到1988年也不过186.5公斤，不要说同高产地区比，即同全省的平均产量比，也是低的。虽然，自己同自己比，现在同过去比，是进步了很多。但这能称作“高产”和“优势”吗？那么，比全省平均产量低的原因又在哪里呢？这是不是概述应该回答的问题？由于我对肃宁的情况不了解，所以只作为一个问题提出来。我希望概述作者在衡量农业成就时，不仅作本地的纵向比较，更要站得高些，在较广大的范围作横向比较，以便找到肃宁农业的发展潜力。在叙述了农业发展中的兴衰起伏及已经取得的成就之后，指出其发展潜力在哪里，从而导出策论方略的内容。现在的稿子在第四部分所指出的“谷贱伤农”，剪刀差扩大，水源不足，都是实实在在的问题，但共性较大，如能指出个性原因，资政价值会更高。

写完农业写工业。现在的稿子叙述工业的一段，简单追溯了历史上本县工业的基本状况，但未说明工业的结构和布局是否合理，科技含量的状况及经济效益如何。而这些正是策论方略的依据。望能补充这些内容，并随文导出策论。顺便提一下，文中写到“70年代肃宁初步形成以机械修造……为主要目的的工业体系”，“主要目的”用词不当。“工业体系”也显得概念太大了，不如改为“工业结构”。

接下来最好先写商业，再写基础设施建设，因为后者覆盖面更大。写交通运输、邮电、电力，还是作为基础设施建设来写为好，“第三产业”外延太宽，容易造成遗漏感。无论写商业还是写基础设施建设，都不要写到现状为止，应该从是否适应市场经济发展的角度加以分析，并策论方略。财政收入和人民生活水平可以同宏观经济内容一起放在这里写。然后导出分述经济各业时无法导出的策论，即关于经济发展战略的策论，但不宜过长。

写完经济再写教科文卫，并同经济紧密联系起来，说明其相互影响。现在的稿子没有写科技事业，应予补充，同时导出策论。

最后写人。写肃宁的历史是肃宁人民创造的，当代的肃宁人民在中国共产党的领导下，改写着历史，创造了辉煌的业绩。今后肃宁要展翅腾飞，仍然要靠肃宁人民的艰苦奋斗。肃宁虽地处偏僻，但民性淳厚，重文尚武，名流俊彦，代不乏人。肃宁人民勇于斗争，百折不挠，同阶级压迫斗，同异族侵略斗，同天斗同地斗，付出了极大的代价，取得了辉煌的胜利。肃宁要腾飞，任重道远，但有党的领导，有素质在不断提高的人民，就一定会无往而不胜。

这样改是否会好些？请斟酌。

二、大事记

本篇大事记写得较好。大事记作为志书中唯一的一条纵线，我认为有两点应予特别注意：其一是纵贯全志，即把全志中的大事均能顺序排列于此，以在一定程度上补救志书偏于横剖，缺乏纵贯之弊端。其二是突出各个时期主要矛盾的事条，以准确地勾勒出历史发展脉络。这两点本大事记都基本上做到了。我没有把全志记载的大事同大事记所选事条详加对照，因此无法说明是否有所遗漏。但从大事记本身看，选事面较宽，而主线又比较鲜明，抗日战争以后尤其明显。文字简练、准确，也是本大事记一个长处。有以下几个琐碎的问题：

①大事记中有的事条同有关专志的记载不一致。例如1952年10月的一条，记“肃宁县由沧县专区划归定县专区”，而“建置

沿革”中记的是12月才划归定县专区。又如1954年4月18日的一条，记“撤销定县专区，肃宁复归沧县专区管辖”，而“建置沿革”中记的是1954年8月撤销定县专区，肃宁复归沧县专区。又如1958年6月15日的一条，记“天津、沧县两个地区合并为天津地区”，而“建置沿革”中记的是1958年4月28日撤销沧县地区专员公署，肃宁县改属天津地区专员公署。再者，当时简称“地区”也不对，应称“专区”。再如1958年11月20日的一条，记“撤销肃宁县，与河间县合并，属天津市领导”。这里也有两个问题：一是时间同“建置沿革”中记的12月20日不统一；二是没交代撤销天津专区，因此“属天津市领导”显得突兀其来。我只是就有关建置的事条做了一点对照检查，请你们修改时仔细核对，以免造成前后矛盾。

②文字表述不清晰。如1958年10月26日的一条，记“将全县14乡并为6个乡，其组织机构是按‘农林牧副渔’‘工农商学兵’相结合的精神和‘乡、社合一，两套机构一套人马’的原则设置”。这里没有交代清是称乡还是称公社。实际情况是，在建公社的同时，乡的建制已不复存在，公社为政社合一组织。再如1959年11月26日的一条，记“河北省财贸系统社会主义建设先进集体和先进工作者代表会议召开。其中先进集体为肃宁镇中心商店；先进个人，湾里中心商店刘淑琴、肃宁镇锐务所赵保玺”。由于用“其中”代替了“肃宁县出席这次会议的”几个字，造成文义全非。

③记述过简。如1952年最后一条：“是年，试办初级农业生产合作社三个”。试办初级社，是农业社会主义改造的重要一步，应该记得稍详，如：第一个初级社是在哪个村由谁办起的，共有多少户入社。如果是三个社同时办起的，也应该写清是什么村，带头人是谁，各有多少户入社。如果是县里的试点，也应

记清。江泽民同志在建党七十周年的讲话中，把社会主义改造称作是“我国历史上最伟大、最深刻的社会变革”，而开始试办初级社，标志着一个重大转折，应予格外重视。又如1954年4月14日的一条，只记了七个字：“第一次人口普查”。人口普查是全国同一时间统一进行的，只记这样几个字而不记普查结果，即无记载价值了。这里记的第一次人口普查的时间也不对，应是1953年6月30日。再如1978年12月的一条：“进行对‘右派’的改正工作”，也是有头无尾，而且在“右派”两字后面应加“分子”两字。

④不适当的省略。如“双批”“双先会”、上“纲要”之类，颇为不少。这样的习惯省略，应加括号注明全称。

⑤个别事条对浮夸现象未予否定。如1958年3月的一条，记“发动群众大力开展‘除四害’……实现了四无县，河北省委致电祝贺”。这样记等于肯定了浮夸。

⑥领导人视察的记载值得研究。领导人视察入大事记应限到哪一级？哪些记哪些不记？是一个带普遍性，没有解决的问题。我认为，像肃宁这样离大中城市较远的地方，党和国家领导人来县视察，可视为大事，载入大事记。省以下领导人如果是专为解决某个问题而来县视察，并留下了重要意见的可记，重在记事，不是因人而记。一般性视察，可不记。如果省以下领导人到本省范围内一个县一般性视察也要载入大事记，其负面影响，岂不说明这些领导人难得到下面来一趟？本大事记中载入的省卫生厅厅长到垣城南大队视察，省委书记到县中医正骨医院视察，省邮电局长视察邮电工作等，如确有重要意见，应予补充；如只是一般性看看，听听汇报，则可不记。

三、地理

这一编我只是粗翻了一遍，未能细看。一则对政区建置部分因我手下资料太少，无法核对，难辨正误；二则对自然环境中专业性强的部分我不大懂，提不出意见。只是在粗翻中对建置沿革最后的“肃宁县历代隶属一览表”有一点意见需要提一下。这个表从夏代记起，同文字记述的上限不一致。文字记述是从春秋记起的，概述中也是从春秋谈起的，而这里追溯至夏，并写明夏属冀州，商属兖州。据我所知，对夏、商时期的行政区划和隶属关系，至今无人认定。《禹贡》及其“九州”之说，一般认为产生于战国时期。所谓“九州”只是对中原大体方位的划分，并无明确界线。甚至连“九州”的州名也无定论。按现在史家考证的结果，我国秦以前并无州的建制。至西汉才有州之一说，称州部，是监察区，而非行政区划。至东汉才向州、郡、县三级制过渡。所以这个表还是从周记起为好。

四、人口

这一篇写得好。项目较为齐全，同人口学结合较为紧密。提出几点具体意见，供修改时考虑。

①有几节的题目建议修改。第二章“人口变动”，下设两节，第一节的题目是“自然变动”，第二节的题目是“迁移”。两节的题不搭配。按第一节的标法，第二节应标为“机械变动”，按第二节的标法，第一节应标为“出生与死亡”。按现在第二节的内

容应标以“迁移与流动”。不管用哪种标法应使其统一。第三章“人口构成”以下的三节，题目也有同样的问题。第一节既然标以“自然构成”，第二、三两节则应合起来标以“社会构成”。要么就把第一节的题目改为“性别、年龄构成”。

②建议增补几项内容。一是在第二章第二节，增补改革开放以来的流动人口，包括本县人户口不动而到外地打工，做生意的；也包括外地人不带户口到本县打工，做生意的；还包括本县城乡之间的流动。如无全县的资料，也可利用典型调查资料。二是增补“人口素质”一章，包括身体素质(优生优育、居民营养、常见病发病率、残疾人口、预期寿命等)、文化素质(把文化构成的内容移此，并增在校学生构成、毕业率、升学率、科技水平)、道德素质(革命传统、思想道德面貌)。不知掌握资料如何。如实无可靠资料，只好缺此一项。

③人口普查不只要写机构，还应该作为一项重要工作来记述。可在第七章单列一节，记工作过程和普查结果。

五、民情风俗

本编的三章写得都很好。资料翔实，尤其是“居民生活”章下所用的典型材料，很可贵，能较好地说明问题，教化、存史的价值较高。不知能否再补充以下材料：

①在农民生活土改前的部分，除典型户的材料外，如能有一个村的典型调查，说明各个阶层的年收入、年支出、住房、饮食、衣着的不同，以及买房、买地、卖房、卖地、讨饭、逃荒的户数，则能更好地说明问题。

②农民生活土改后的部分，目前只是记了一般情况，而且只

有平均值。如能再补充上极端值，即最富的和在贫困线以下的，则更好。

③风俗章最好能补充娱乐俗（如儿童与成人娱乐项目的继承演变）、商俗（如商幌、市声、交易手势、交易暗语）。

这些都极有存史价值，请根据资料情况酌定。

六、人物

本篇我只看了人物传的部分。这部分共有46个传，多数传写得较好，事迹生动，个性鲜明。近现代部分立传人物面较宽。有以下几点具体意见：

①在46个传中，古代人物占了一半以上，比重大了些。有的古代人物传没有多少事迹，特别是没有具体事迹，显得空泛，如张翼、朱赞、金廷瑛等几个传。人物传贵在事迹，如无具体事迹，不如不要。近现代人物中还可补充一些能工巧匠，有突出贡献的教师、医生等。

②魏忠贤传过长，竟至6500字，应大力压缩。

③古代人物传中有的用语陈旧。有几个传中用了“皇上”一词。“皇上”是君主时代对皇帝的尊称，在现代史志中除引用原话外，不宜使用。还有“爱民如子”“自小聪慧过人”等等，都是旧史志中的虚浮之词，今不宜照搬。

④郭洪海传专记其孝敬父母，这本无不可。但记他在严冬雪天碾米归来，怕已安歇的母亲出来开门经不起风寒，竟在大门外冻了一夜。这就属愚孝了，不宜提倡。

七、政治

在本篇十一章中，多数章写得较好，党群两章弱些。提出以下意见供修改时考虑：

①中国共产党肃宁县地方组织一章篇目设计不够合理。前两节按组织建设和思想建设横剖，而下面的目有的又不属党的组织建设和思想建设，如组织建设节下的第二目“党员代表大会”（应为党代表大会，而不是党员代表大会）。县级党的代表大会是县级党的最高权力机关，从这一点来说，是组织问题。但是，这里要记述的主要不是如何建立党的代表大会，而主要是记述代表大会的选举和决策。决策已不属组织建设了。再如思想建设节下的第二目“社会宣传”。所谓思想建设，是指党自身的思想建设，而社会宣传已远远超出了党的思想建设的范围。其他各目也有交代不清和顺序不当的问题，建议作如下调整：

第一节党组织的建立与发展。在一个地方，党组织的初建标志着一种历史性的转折，是应该浓墨重彩地详加记述的。现在的稿子把党组织的初建分在几处去记，很不突出。所以第一目即应记党组织的初建，把现在分别记在党员队伍、基层组织和县委中属于初建的内容全部移入此处，而且要尽可能记得详细些。如1929年11月刘书春发展的11名党员都是谁；1930年建第一个党支部——南王村党支部时，共有多少党员，支部书记是谁；1937年11月中共肃宁县工委成立时，全县共有多少党支部，多少党员，有几个区委，等等，都要详写。这一目中还要回答为什么1930年就有了党支部，而县工委直至1937年才建立这个问题。第二目记党员的发展。要记出各个时期发展党员重点的不同，以及各个时期党员增减的变化及原因。第三目记党员构成的变化。现在第一节第三目的内容移至此处，补充缺少的内容。

第二节组织机构。这里专记组织机构及其演变，不必追溯筹建过程。下面可分四目：第一目记县委，应包括县委的工作机构。第二目记区委、工委(区级工委)。现在的稿子把区委记入基层组织是不对的。区委在党的六大党章中，是作为县(市)与基层组织之间的一级党的领导机构存在的。在党的七大党章中，县以下已无区一级机构，区委包括有一段改为工委是作为县委的派出机构存在的，从来都不是党的基层组织，所以应单列一目。这一目中应记区委的组成。第三目记基层党委和支部。第四目记党组和机关支部。

第三节代表大会。应该逐次有文字记载，不能只靠一张表。要写出代表数量增减的原因，代表构成的变化，决议的主要内容，选举结果。现在的稿子在三行文字记述和一张表中，把选举书记、副书记、常委，连同选举委员、候补委员一起，纳入代表大会的内容，是不对的。委员、候补委员是由代表大会选举产生的，而常委、书记、副书记是由委员会选举产生的，不可混在一起。

第四节整党整风(或组织整顿)。现在第一节第四目的内容应增补“文化大革命”中的整党建党，尽管那是错误的，但毕竟是党的历史上一次整党，不可不记。

第五节党员教育。现在第二节第一目是教育形式与教育内容混写的，最好分开。教育形式中应增补1949年的普训农村党员，三会一课，党员辅导站。

第六节社会宣传。现在第二节第二目只记了宣传内容。最好按宣传队伍(如宣传员、报告员)、宣传形式(从口头宣传、屋顶广播、黑板报、活报剧到报纸、广播、电视、戏剧、电影)、宣传内容这样三目分开写。

第七节纪律检查。第八节统战工作。这两节均不必记机构，把机构统一记入“组织机构”一节中去。分这样八节记述，可能会清楚一些。

②人民代表大会一章第一节“人民代表产生”中，应补充县人民代表由间接选举到直接选举的转变、代表的构成。第三节“历届人民代表大会”应逐次有文字记述，不能只靠一张表。第四节第二目“主要活动”中应增补议案和建议的处理。

③行政机关章中第一节第三目“日伪政府”应改为附件，不入正文序列。

④第五章把政协归入“统一战线组织”，和工商联并列，值得研究。政协是统一战线机构，但同其他统一战线组织不同。政协是参政议政、民主监督机构，在实行人民代表大会制度的条件尚不成熟时，曾代行全国人民代表大会的职权，而工商联则是工商业者的联合组织，不能同政协等量齐观。况且，属统战性质的团体不只工商联，仅抗日战争时期就有各种联合会，都是抗日民族统一战线组织。所以人民政协还是单列一章为好。工商联可归入群众组织章。

⑤群众组织章的题目还是改为“群众团体”好，“其他组织”一节的题目可改为“其他社团”。工、青、妇组织中，除少年组织从 1938 年建儿童团记起外，其余均从中华人民共和国成立后记起，把以前的群众团体及其发挥的作用全丢掉，甚为不妥，应予补充。农民组织亦应单列一节，从农会记起。

⑥革命、建设纪略一章，从题目看，是记革命和建设两个方面的内容，但新中国成立后的部分，除农业学大寨一节是写的建设内容，改革开放一节有一部分写到建设内容外，主要是记的革命内容。而农业学大寨只能从 1964 年记起，五十年代和六十年代初的农田基本建设，大办农业，兴办工业，发展文教事业等均

被遗漏了，这样就不能全面反映县委、县政府在社会主义建设中的重要决策。望能选择有地方特点的、对改变全县面貌起了重要作用的内容，各列专节，加以充实。

⑦民政章写得较好。只有一点意见，即第一节“机构设置”只是从人民政权记起的，同其他章从旧政权记起不同，不知是何原因。民国时期即有民政机构，民、财、建、教是民国政府的四大部门，估计资料是不致成为问题的。既然第二节“社会救济”中已追记至宋代，如果在“机构设置”节不记旧政权民政机构，也显得很不协调，望加补充。

八、经济

这一编总的看来写得相当好，成为缺憾的是现在的稿子没有宏观经济内容，“修改篇目”中已增加“经济综述”一篇，可以弥补这个缺憾。增补经济综述后，现在的第五章可并入其中。提几点具体意见：

①农业章不能只从新中国成立后记起，应追记旧时代农业状况；文字记述中农业产量是以公斤计的，而产量统计表中是以市斤计的，两者应统一起来，均按凡例规定的公制计。

②工业章第三节“工业管理”，只记了管理机构和管理体制，而未记具体的经营管理内容，看不出企业效益（如实现产值、利税，主要产品质量、能源和原材料消耗、产品销售收入、成本、定额流动资金周转率、全员劳动生产率、职工安全等）。目前工业企业特别是国有企业效益差，是个严重问题。所以企业效益不可不记。农业章专有一节记成本与效益，非常好。工业章也应补充这方面的内容。

③金融章第六节“债券”应归入财政章。因为所记内容，两种公债和国库券，都是由财政部发行的，其收入归国家财政，金融部门只是受财政部委托办理具体业务。入金融是不对的。

④综合经济管理章第一节“计划管理”的最后，记了主要奋斗目标，而且都是绝对数，不合志体。志书只记历史和现状，不记未来。对未来有一点原则的展望是可以的，不宜记具体内容。第三节物价管理中的历史资料十分可贵，但缺少两项内容，一是工农业产品的交换比价(包括农产品同日用工业品和农用工业品的比价)。二是工价收费管理(如工匠工价，房租水电、运费等非商品收费，医疗、学杂、文娱等事业性收费，理发、洗澡、住旅馆、照相等服务性收费)。这些同人民的生产生活关系密切，应该补充。

以上意见因为没有机会同编纂者交换，有的可能提得不对，仅供修改时参考。

(1995 年 7 月)

对《涞源县志》稿的评审意见

通观全志，结构严谨，体例规范，归属得当，文字朴实。多数篇章资料较丰富，内容充实，政治观点把握较准。其中经济部类和军事篇更好些，地方特点比较鲜明。经济综述一章很有特色，较好地反映了全县的经济总貌。作为送审稿，是一部基础较好的志稿。

同总体水平不相适应的是概述、大事记、中共地方组织章和人物传这几部分，问题较多，需作较大改动。尤其是人物传，即使按一般要求衡量，也有很大差距，大部分需要补充资料，重新改写。因此我将着重谈对这几个部分的意见。

一、概述

本篇概述采用的是浓缩体式，而且是简单浓缩，类似提要。在这届修志的最初几年，由于人们对概述的功能尚无深刻认识，这种提要式的概述不少。后来随着志界对概述的功能与写法的探讨日益深入，概述的写法呈现多样化趋势。虽然志界普遍认为概述是志书中最难驾驭的一篇，但已不乏佳作。而简单浓缩的提要式的写法越来越少。其原因就在于这种写法缺点很多。我们试就本篇概述作一简要分析。由于简单浓缩的目的，仅仅在于提要志书的主要内容，所以就不得不面面俱到，平分秋色。其结果是地方特点难于突出。本篇概述共分二十五个自然段，前八个自然段是交代位置、面积、政区、建置和自然环境。九、十两个自然段是讲资源、区位的重要和革命斗争传统。接下来是分别讲农业、林业、畜牧业、工业、乡镇企业、运输、邮电、电力、商业、财政、金融、旅游、教育、卫生、文化、体育，最后一段是总结。除民情习俗之外，志书的内容已大体齐全。但它的致命缺点却是重点不突出，特点不鲜明，志书中真正的精华被拆散了。同时由于致力于提要志书内容，忽略了各事物、事业之间的内在联系，以致形成对各项事业的叙述各拦其界，彼此孤立，陡起陡落，互不相干，名为完整的一篇，实则结构松散，形同拼凑。由于不能沟通联系，必然无法在各大部类之间和各业之间彰明因果，策论方略更无从下手。概述是志书中唯一可以夹叙夹议的体裁，因此也是唯一能够提炼全志精华、策论发展方略的体裁。而只有提炼精华、沟通联系、彰明因果、策论方略，才能更好地总括一地之地情。不发挥概述的这些功能，而仅把概述作为一篇内容提要，实在可惜。

概述是志书的窗口，是阅读志书的向导，理解志书的钥匙，写得是否成功，对志书的质量影响甚大。因此建议对本篇概述作较大改动。我对涞源的情况了解甚少，只能根据志稿提供的情况提出以下修改意见。

我认为，首先要找到一条贯穿全篇的线。按涞源的具体情况来说，最好以自然环境作为这条线，更具体些说是以山为线。涞源是山区，有着明显的优势与劣势。优势是丰富的植物资源、矿产资源和旅游资源，在京原铁路修通之后，交通便利也已构成一种优势。劣势是土地瘠薄，部分地区严重缺水。这些优势和劣势都同山有着直接关系。在旧社会，涞源长期被劣势统治着，对优势或不能认识，或认识了也无力开发。旧官府官员其贪者只知搜刮，不思开发，其廉者无力开发。这就造成了涞源的长期贫穷。而经济的落后，制约了各项事业的发展，这就是旧社会涞源的基本的、具有个性特点的地情。解放以后，特别是中华人民共和国成立以后，在中国共产党和人民政府的领导下，涞源人民逐步认识优势，发挥优势，改造自然，克服劣势，才有了今天蓬勃发展的局面。从中华人民共和国成立到志书下限的四十六年的历史，是不断认识优劣之势，开发优势，克服劣势的历史。这中间有过挫折，走过弯路，但毕竟取得了辉煌的成就，经济发展了，各项事业都在蒸蒸日上。然而，同先进县相比，仍有不小的差距，涞源要腾飞，还要继续发挥自己的优势，克服尚未根本改变的劣势。这些，要靠有着光荣革命斗争传统的涞源人民。

以上就是我对修改这篇概述的基本思路，其核心是：涞源过去穷的根源在山，涞源今后富的希望也在山。只要抓住了这个核心，即抓住了贯穿全篇的一条线，修改起来并不难。

概述的开头，自然应该先交代清本县所处的地理位置和四至八到。现在的第一自然段要素不全，应补充两项内容，一是地理位置，即经纬度，二是交通地理位置，即处于铁路干线和公路干线的什么位置。为了突出本县是山区的特点，在“位于河北省中部偏西”一句之后，可加上“太行山北端”一句。所辖镇、乡、村及人口、面积，可以写入此段，也可以单作一个自然段，但这两段连起来好些。有多少个少数民族、性别比，同后面的内容关系不大，又无特点，可不写。文化程度一般不必在这里交代。接下来写建置沿革，不必写得这样细，跳跃式地交代一下即可，因为它同后面要展开的内容没有多大关系。写自然环境是本篇概述的一个重点，不宜从头到尾客观记述，应略加点评、描绘。例如，开头即可点明涞源是个全山区县，山多地少。中间对山势险峻等亦可有些描绘，如群峰林立，石莽横卧，高山壁立，峡谷幽深之类，以加深人们对山区的印象。在写到土壤时，除土壤类型外，还应对土质有所记述，包括土层薄厚，土壤肥力，水源情况等，也可以有些土石混杂，不利耕种等描述，并且要写清耕地只占总面积的百分之十一多。写河流也要写到其害与利。这些都为写农业、林业做好铺垫。这个部分即使用的文字稍多些，也是值得的。

接下来概括分析涞源的山所带来的优劣之势。资源可作为优势来写。但写资源要着眼于经济开发，如植物资源，主要不在党参、柴胡、玉竹、黄花等，而在于林业，山场面积大，宜林地多，是更主要的优势。还有旅游资源，也是一大优势，不可一句带过，要略加描述，并说明已开发多少处。写劣势除耕地少，土质瘠薄，局部缺水等外，也要把历史上交通闭塞写进去。现在的京原铁路贯通和公路已成网络，作为变劣势为优势来写。然后写旧社会为什么不能克服劣势，开发优势，把旧社会的政治压迫和经济剥削写进去。只有在中国共产党领导下，走社会主义道路，才能逐步认识自己的优势和劣势，开发优势，克服劣势，才使涞源发生了翻天覆地的变化。

写完上面几段，贯穿全篇的一条线已经确立，各业的兴衰起伏同自然环境的联系已经沟通。下面就是具体地写各业基本状况了。

涞源是传统的农业县，理应先写农业。现在的稿子写农业的一段，既没有同自然环境联系起来，又没有写出兴衰起伏。对新中国成立前的农业，不能只用“粮食产量低而不稳，全靠老天施舍”加以概括。要同土地瘠薄，局部缺水等自然条件联系起来。对旧社会农业的落后，要写得具体些。新中国成立后如何进行农田基本建设，如何推广科学种田，也要用些事实加以说明。中间的曲折也要概括地说几句。在写完现状之后，应指出目前的主要问题是什么，发展潜力何在，农业要上新台阶必须解决什么问题，这即是策论方略。下面写各业都应按此思路来写。

写完农业写林业、畜牧业。现在的稿子这两段基本可以。但要增补领导层的认识和发展林、牧业的决策（如把林、牧业作为本县优势开发，确定“以林为主、农牧并举、多种经营、综合发展”的建设山区总方针等）。最后也要提出问题，指出潜力，策论方略。

写工业也要同自然环境联系起来。要说明涞源矿产资源丰富，有着发展采矿工业、冶炼工业、建材工业的良好条件，这是涞源的一大优势。但过去对此缺乏认识，新中国成立后重视改善农业生产条件，发展农业生产是对的，但对发展工业却缺乏应有的认识。五十年代后期曾盲目大办工业，后来不得不纷纷下马。直至六十年代后期，才从发展农业出发，兴办工业，即支农工业。对其他工业仍然重视不足。由于工业的长期滞后，影响了全县经济发展的速度。中共十一届三中全会之后，才逐渐调整认识，自觉地发挥本地优势，工业才有了大的发展。这样写工业，即不再是孤立的了，而是放在了普遍联系之中。写工业同样要指出问题，策论方略。省、地属工业企业情况要同写工业连起来，不要把乡镇企业插在中间。

对乡镇企业也不要平铺直叙，要同整个经济联系起来。例如开头先写八十年代乡镇企业异军突起，成为发展经济的一支重要力量，然后再回顾其始于五十年代。后面要写清其在社会总产值中所占的比重。

旅游作为开发优势的一种举措，写在乡镇企业之后。

接下来还是先写商业为好。写到商业现状不只要写有多少商店、网点和社会商品零售额，而且要说明同当前的经济发展是否相适应，市场发育如何。

交通、邮电、电力可作为基础设施来写，并说明，长期以来由于基础设施落后，制约了经济的发展。新中国成立后加强基础设施建设，目前已大为改观，交通已由过去的闭塞落后变成铁路贯境，公路成网，今后尚需进一步加强建设。

写文教卫生事业要同经济发展状况联系起来，说明其制约关系。

最后写涞源人民具有光荣革命斗争传统，有着辉煌的斗争历史，涞源要腾飞，任重道远，但涞源人民一定会发扬革命斗争传统，创造更加辉煌的未来。

照以上思路改写，基本框架没有太大变动。但全篇的整体性强了，特点鲜明了，有了策论，资政效果加强了。不知是否符合涞源的情况，请斟酌。

一、大事记

本篇大事记有如下一些问题：

①古代部分事条过少，记事面过窄。从有准确时间的第二条算起，至古代最后一条距时两千多年，总共记了 78 条。其中从东汉至隋 5 个朝代共记了 8 条，平均每个朝代不到两条。在古代的 78 条中，除了 3 条铸钱和建学的以外，全部是建置变化、军事活动和自然灾害。大事记虽然同全志一样，要坚持详今略古，但古代部分事条过少，记事面过窄，则会把历史简单化。造成这种古代和现代比例失调的原因，可能是受到资料的限制。这说明在搜集古代资料方面下的功夫还不够。时至今日，在志稿评审后再去重新搜集资料已不可能。如尚有已经掌握的古代资料，就尽

可能补充一下，如已无可用的资料，则只好留下遗憾了。

②主线不够鲜明。这里所说的主线，是指能够反映各个时期主要矛盾和主要活动的事条。大事记是负责勾勒历史发展脉络的，只有主线鲜明，历史发展脉络才能清晰。如果说古代、近代，由于受资料限制，难于做到主线鲜明的话，起码现代部分，特别是中华人民共和国成立之后的部分，主线是必须鲜明的。本篇大事记抗日战争部分记得好，脉络基本清晰，从 1945 年解放到中华人民共和国成立这一段也记得较好。但新中国成立后自觉地突出主线则显得不够。以农业社会主义改造为例，这是涉及改变延续几千年的土地私有制的一场深刻的革命，按江泽民同志的话说，是我国历史上的一次最伟大、最深刻的社会变革。因此在大事记中必须记清其脉络。农业的社会主义改造是从发展互助组开始。本大事记除在 1947 年 4 月记了一条组建战勤结合拨工组以外，对农业互助组的试点和发展全无记载，从大事记中看不到组织农业互助组这段有历史意义的工作。直至 1954 年，才在记全县掀起第一个农业合作化高潮的同时，记了全县有常年互助组 677 个，4713 户，季节性互助组 451 个， 2920 户，但也仅仅是交代一个数字而已。对初级农业生产合作社的记述好一些，但还不够。有关初级社的共有 4 条。1952 年 3 月记了涞源县第一个农牧生产合作社在清风沟村建立，特别写明是全县第一个社，郑重其事，非常必要。不足在于，既然是“第一个”，就应该写清有多少户入社，占全村总户数多少，社长是谁。因为这“第一个”标志着一种历史性转折，应予特别重视。但遗憾的是，这些必不可少的内容被忽略了。1954 年、1955 年两年，分别记了两次合作化高潮，并记了一条农业社实行三包一定。可惜都只是记了结果，而没有记领导活动。除 1954 年 10 月记三级干部扩大会议时记了一句会议布置了巩固和发展互助合作等项工作外，再无领导活动的

记载。甚至连如何贯彻中央关于互助合作的决议和关于农业合作化问题的决议都未提到。对高级农业社，除 1956 年 2 月记了一条高级社的社数、户数外，只在 1957 年 1 月记了一条对农业社进行了一次全面系统的整顿。既无整顿背景，也无整顿内容。所以整个农业社会主义改造的脉络不够清晰，需要加以补充。再以人民公社为例。农村人民公社作为政社合一的组织，存在了二十多年，影响着农村工作的一切方面。这是一段非常重要的历史，在大事记中理应有相应的记述。但本大事记对农村人民公社的记述只有两条，一条是 1958 年 8 月记县委第六次全会通过了办人民公社的规划，决定全县建立 10 个人民公社。只有决定而无结果。另一条是 1962 年 2 月，记了一条把 23 个公社拆为 31 个公社。什么时候从 10 个公社变成了 23 个的？这 31 个公社是否直到最后都未变？都没有交代。人民公社核算单位的调整，劳动管理、分配办法的改变及一系列整顿，都没有记，显得有些草率。这样记怎么能清晰地勾勒出历史发展脉络？请作必要补充。

③有些大事记述潦草。仅以对党代表大会和人民代表大会的记述为例。这两个代表大会，都是全县政治生活中的大事，应该记得规范、完整，而本大事记对这两个会议记得却十分潦草。先说党代表大会，在志书断限之内，共开过八次，大事记却只记了五次，第二次、第三次、第八次都漏记了。第四次代表大会把“次”记成了“届”。第五次只记了开会日期和代表人数，未记决议，第七次更只记了开会日期，同所记的其他三次记法不统一。再说人民代表大会，断限内共开过十届（第六届未开），大事记只记了八届，漏掉了第四届。写法随意性很大。从第二届开始，记大会选举出县长、副县长，并有姓名。至第八届却只记了选举人大常委会主任，无姓名，不再记选举县长、副县长。第九届只记到选举人大常委会，连选举主任也没了。可是第十届不只记出了选

举人大常委会主任，而且记了选举县长，并都有姓名。选举副县长的事却一字未提。记法如此不统一，完全不像是同一部志稿的记述。修改时应有统一要求，并把漏记的补上去。

④选事无统一标准。从志稿中看，大事记的作者还是比较注重选择带有标志性、转折性的事物的，诸如第一个中共支部、第一支人民武装、第一个农林牧生产合作社、第一所初级中学、第一座小水电站……。但由于事前无统一标准，则只能随着资料走，而不能主动去查找应记入的资料，即使志稿中已经提供了资料，也可能漏掉。例如，大事记中记了第一所儒学，也记了第一所初级中学，而对标志着从旧式教育向新式教育转变的、建于清光绪（1904）三十年的第一所新式高等小学堂却未记。又如，中国共产党的第一个支部和第一届县委的建立都记了，而对民国 17 年（1928）中国国民党临时登记处的建立和民国 27 年（1938）中国国民党县党部的建立却未记。对县主要领导人的更迭，记得十分混乱。例如民国 29 年（1940）记李 × 任县委书记、张西林任县长，并未记载前任书记梁 正平何时调离，也未记前任县长是谁。民国 33 年（1944）记宋长兴任县委书记，并未交代李 × 何时调离。民国 34 年（1945）记赵克任县长，刘西曼调离，而此前并未记刘西曼何时任县长。民国 35 年（1946）记王荫田任县长、未记赵克何时离任。据中国共产党涞源地方组织章记载，王荫田从 1947 年 1 月任县委书记，大事记中却记成 1948 年 9 月任县委书记。据政府章记载，冯基平于 1948 年下半年任县长，大事记中却无记载。如此等等，究竟怎样记，完全没有统一标准。这样记很容易引起争议。倘若有人提出质疑：为什么某人任县委书记作为大事，载入大事记，而另一人任县委书记则不入大事记？志书编纂者将无言以对。所以，无论记什么，怎么记，均应有统一标准。对于县主要领导人的更迭，在实行党代表大会和人民代表

大会制度之前，应该记，其后除在特殊情况下由上级任命的之外，不必记。但在记党代会、人代会时必须记清。

⑤有些并非大事也载入了大事记，这样的事并不少。例如1960年11月记的“县委发出《关于大力采用不用石灰制淀粉的通知》”，1986年1月记的“涞源县人民政府成立国库券推销委员会”，1987年2月记的“涞源县人民政府批复银坊乡政府，同意将南道神水库房屋由库外拆迁到库区内”。同年11月记的“县委召开涞源对台工作会议，传达中央关于台胞探亲规定”。这些都属一般性工作，不应算作大事载入大事记。领导同志的检查、视察，哪些记，哪些不记，也很值得研究。本大事记这类事条不少。我认为，涞源毕竟较为偏僻，党和国家领导人能到这里视察，当然要记。党中央机关和国家机关的领导同志，省级领导同志，如果专为调查或解决某个问题而来，也可以记。一般只是来看看，并无一定目的，不必记。

⑥重复记述或记述不清。例如，1949年11月已记过“召开涞源县首届各界人民代表会”，可是1950年4月12—15日又记“召开涞源县首届代行人民代表大会职权的各界人民代表会议”。这就出现了两个首届。所不同的是，1950年4月的一条，特别说明是“代行人民代表大会职权的”。这就完全搞错了。各界人民代表会议是根据“共同纲领”召开的，在实行人民代表大会制度条件尚不成熟时，各界人民代表会议从开始即代行人民代表大会的部分职权，并非到1950年才改为代行人民代表大会职权。而且，1950年4月这一条，还记了一句“通过了首届人民代表大会决议案”，各界人民代表会议怎么会通过了人民代表大会决议案？令人莫名其妙。查人民代表大会章，1950年4月12至15日，召开的是第三届各界人民代表会议的第一次会议，并没有什么决议案。又如1950年底记了一条“全县进行了普选，选出三级人

民代表，建立了三级人民政府”。这一条也令人疑惑不解。1950年有没有这次普选？当时的各界人民代表会议代表，是采取推选和邀请相结合的办法产生的，并非由选民普选产生。这里说的三级人民代表不知是哪三级。县级人民代表大会代表在八十年代之前，都是间接选举产生的，1979年“选举法”颁布之后，县人民代表才改由选民直选，涞源怎么会从1950年就普选三级代表？建立三级人民政府就更不对了。三级人民政府早在中华人民共和国成立之前就有了，为何到1950年才建立？又如，1977年10月3日记了一条“成立中国共产党涞源县委会”。这一条突如其来，此前在1971年2月，已记了在第四次党代表大会上选举产生了县委会，为什么时隔6年又成立县委？而且是孤零零一句成立县委，没有交代是选举还是任命，使人十分费解。再如，1986年4月26日已记了一条“成立涞源县文学艺术界联合会”，同年11月8日在记召开第一次文学艺术工作者表彰会之后，又记“成立了涞源县文学艺术(界)联合会”。使人弄不清到底哪个准确。

以上只是摘出其中几个主要问题，但已可看出本篇大事记要达到合格的程度，还需要花费较大的功夫。望能在修改时先有个明确而具体的统一要求，然后再对全部志稿仔细检查，把漏掉的大事补上去，把不属大事的删下来。使其真正成为能够贯穿全志的一条纵线。

三、中国共产党涞源县地方组织

由于单列了“党务政务纪要”一章，这一章的记述范围缩小了，分量减轻了。但现在所设的五节，仍未能把党的自身建设，党的组织机构和党委主管的几项工作记清楚。首先是结构不够合理，以致读起来，条理也不够清晰。其次已记的内容不够完整，更不充分。再次是有缺项。下面把调整结构和修改内容结合起来提出如下意见：

第一节应设“创建与发展”。现在的第一节题为“组织建设”，概念大，同所记内容不适应。“组织建设”起码应该包括党组织的整顿，还应该包括党的领导班子的建设，后备力量的培养等等，而工作机构的设置，严格说来并不是党组织建设的内容。再者说，在一个县，中国共产党的地方组织的诞生，是具有历史意义的大事，理应大书特书。现在的稿子把涞源地方党组织的创建分到“党员队伍”和“基层党组织”“中共涞源县委的建立”三个目中去写，把完整的地方党组织创建过程写散了。把“创建与发展”单作一节，目的在于突出地方组织的创建过程。按事物发展的顺序，理应作为第一节。这一节的记述顺序应是先记在县境内发展的第一个中共党员，再记建立支部前的发展情况，然后记第一个支部及其后党员和基层组织发展情况，接下来记县委的建立，再记其后党员和党组织的发展。记党员的发展，要记清各个不同时期的不同发展重点，发展中的问题，党员构成的变化，并附表说明。现在“党员队伍”之后所附的表从 1975 年记写，时间太靠后了，应根据资料情况尽量向前追溯。记在境内发展的第一个党员和最初几名党员，一定要具体。现在的稿子记述模糊。例如，驻县城东北骑兵团副官、共产党员朱大广、刘景佑，属于哪个骑兵团，梁正中在哪里教书，他们是怎样认识的，在什么地方发展梁正中入党，贾梦月、贾来印、尚龙宾是哪里人，梁珠是哪里人，为什么发展他们入党，第一个支部是在哪里建立的，共有多少名党员，支部书记是谁。这些问题都得不到回答。可能是掌握资料不足，但应尽可能补充。

第二节单写“组织机构”。可从县委写起，只写组织机构，不写县委的领导活动。要把县委会的发展演变写出来。如开始只有几名委员，后来逐渐扩大，分工日益明确，并曾设过书记处等等，直记到下限。现在记县委的一段，自县委成立后，主要记了领导活动，文不对题。写完县委写县委的工作机构。接下来写区委，把区委写入“基层党组织”是不对的。在党的第五、六次全国代表大会通过的党章中，区委是作为基层组织之上的一级存在的。七大的党章中已没有区委，但许多地方实际存在着区的建置，开始是作为一级，后来成为县委的派出机构。所以不能把区委(包括一度存在的工委)归入基层组织，应单独列一目来记。第三目记基层党委和支部。第四目记党组和机关党组织。

将“整顿教育”作为第三节。整顿和教育本来是两项内容，把两项合在一起也有道理，因为每次整顿都有一个教育重点。既然把教育内容合进去，就不能只记整顿中的教育，经常性的党员教育也要记，否则就漏掉了。经常性党员教育可在整顿教育之后写。如新中国成立初期的普训农村党员，以后的党员辅导站，各种训练班，党校培训，三会一课等。“文化大革命”中那次“整党建党”也要记。既然已记了批陈整风，就应该把随后进行的批林整风也记进去。

第四节记历次“代表大会”。党代表大会按“次”不按“届”，全称是“中国共产党××县第×次代表大会”，简称是“第×次党代表大会”，不能写成“党员代表大会”。这些，志稿中都记错了，要改过来。

第五节记“纪律检查”。不必再记机构设置，因为在记县委工作机构时已经记了。

第六节记“宣传工作”。现在的稿子没有此项内容，属缺项。宣传工作可按宣传队伍(全党做宣传、宣传员、报告员等等)、宣传形式（屋顶广播、黑板报、活报剧、入户广播喇叭、报纸、电视、电影、戏曲等）、宣传内容（各个不同时期的主要宣传内容）来写。

第七节记“统一战线”。也不必再记机构设置。

四、人物传

这部分共有48个传（古近代33个，现代15个传）。按立传人数来说不少。但有如下几个问题：

①在48个传中约有1/3的传基本上无事迹，或仅仅是个简历，或简历加悼词，诸如周观、于谨、张贤、高鉴、高宪、高守约、孙崇学、李英、宋子嗣、吴元增、胡启文、王介石、辛庆元、侯树楷、王平夫、李子平等传就是如此。这样多的传无事迹可记，使整个人物传部分大为减色。方志中的人物传主要靠事迹。志书中的人物传一般说来比之史书还要详些，所谓“国史存大体，方志显隐微”，不只是说志书中立传人物比之国史要多，而且人物事迹应当比国史更详。详在哪里？详在传主的立身行事，实兴何利，实除何弊，何事有益于国计民生（或不利于国计民生）、何事为人民称道或反对，都要有具体事实。不同的传主又有不同的特性，只有深刻了解传主的特性，用足以反映其特性的事例来表现不同人物，才能使人物传栩栩如生。至于传主的经历、身世只作简单交代即可，而且要服从于表现传主的特性。履历表式或追悼词式的写法，作为志书中的人物传是不合格的。

②在传主中有五个客籍的广昌知县，还有一个客籍的广昌营都司，一个客籍教谕。这七个传的事迹都不足以需要社会主义新志书立传褒扬。李玉义唯一的事迹是靖难之役中燕兵攻城

时坠城尽节。刘裔的唯一事迹是捐俸修补县城。李英的唯一事迹是改革丁倒归户，户倒归里制度。宋子嗣的勤于政事是空的，实在的事迹是按北直隶办法纳粮，改变了山西省的纳粮办法，但并未交代山西省的纳粮办法是什么。吴元增的“吏治精详、断狱明敏、特重学校”也是空的，实在事迹是倡修文庙。胡启文的“严惩匪类、境内犯法作乱者绝迹”无具体内容，不知究竟镇压了什么人。至于那个营都司和那个教谕，无一点具体内容。《新编地方志工作暂行规定》第十二条指出“立传人物以原籍(出生地)为主，非本地出生，但长期定居本地并有重要业绩者，也可在本地立传”。根据这个精神，对于为非本籍人在本地做官的旧官吏立传，应持特别慎重的态度。要全面衡量其在本地做官期间，在施政中是否真正做了有益于人民的事。如确有突出业绩，是可以立传的，但必须有具体的事迹。如李英、宋子嗣改革赋税办法，应记清改革前的弊在何处，改革后的利在哪里。靠鉴定式的空话是不行的。“爱民如子”之类的褒扬之词，应慎用。这几个传，可根据上述精神，加以选择。确有突出业绩者，补充资料。无突出业绩者删掉。

③在全部48个传中，古代人物占了22人，比例稍大了些。在这22个古代人物中，只有一个有生年，两个有卒年。可见所掌握的资料很有限。加之古代人物中无具体事迹的居多，不必勉强立传。确实值得立传的，应千方百计地补充资料；事迹平平或确无事迹可补充的，可删掉一些。近现代人物，特别是现代人物，选择立传的面并不很宽，还可尽量再选一些。如能工巧匠，确有贡献的老教师、老医生、社会主义建设中的好带头人等等。排列顺序只按卒年排列即可，不必分古代、近代、现代。现在分的并不完全准确，如魏秀文生于1919年，卒于1942年，无论生年或卒年，都是现代人物，却排在了古近代人物之中。刘奉卒于

1947 年，张彦魁卒于 1945 年，也列入了古近代人物。与其排乱，不如不分时代更好。

④现代人物传中，一般都有事迹，但有的虽有事迹，却不够生动，如能补充一些细节会好些。如杨老万，事迹很好，但细节少。正在为儿子办丧事，有了送情报任务，二话不说，立即进城执行任务。这就是细节，使人读后深受感动。而他如何投送有关黄士岭战役的情报却无细节。所以尽管非常重要，但并不感人。有些人物事迹中还有自相矛盾的现象。如孙佩玉传。先说他“因家贫，上不起私塾”，中间没有任何过渡，紧接着写他“先后在黑山莲池寺洋学、县高小、保定简易师范上学”。在当时，如果家贫到上不起私塾，难道上洋学、高小、简师就供得起？还有，侯树楷，除了 1937 年以前的履历外，连 1937 年以后的下落都不知道，为什么立传？所以能补充细节的最好补一下。像侯树楷传，宁可删掉也不要保留既无事迹又无下落的人物传。

人物传历来为史志所重视。在包括清史稿在内的二十五史中，人物传记大约占 2/ 3 的篇幅。方志中记载人物在汉、晋之后也渐成定例，所以有“方志半人物”之说。史志所以重视人物传记，不是偶然的。这是因为，历史的场面要通过人物的活动来展开，而历史人物的言行又对后世有相当重要的影响。每个时代出现的风云人物，都是历史的产物。风云人物是历史事件的发动者、领导者，透过这些人物在历史舞台上的种种表现，可以生动而具体地了解时代发展的趋势和当时社会各阶级的动向。所以轻视了志书中人物传记的撰写，实际上就是轻视志书通过人物传记所应发挥的资治、教化、存史的作用。本志稿的人物传就其总体来说，差距较大，望能认真改写。

五、对其他部分的意见

（一）凡例

本凡例应说明之项目基本齐全，但合并项太多，条理不够清晰；个别地方表述不够准确；有的项目还需要补充。

凡例虽然文字不多，但它却是对本书的编修目的、方法和内容结构的纲领性说明。对凡例的基本要求是，项目齐全、文字简约、表述准确、条理清晰。第一条先说指导思想是对的。凡例也称义例，“义”就是指导思想，也是编修目的。寿云鹏说“义之不立，例之何有？所谓皮之不存，毛将焉附”。“先言志义，因义而生例”，傅振伦说“修志之道，先严体例，义不先立，例无由起”。这些都说明，例是由指导思想驾驭的，是服从于编修目的的。现在的稿子第一条，既有多余的内容，又缺少一些内容，所谓多余的内容，就是“《涞源县志》是涞源县历史上第一部正式出版的社会主义新志书”，本凡例就是《涞源县志》的凡例，这里不必再重复志名。本届修志乃新中国第一届修志，自然是“历史上第一部正式出版的社会主义新志书”，不必在凡例中加以说明。所谓缺少的内容，就是在讲完以马克思列宁主义、毛泽东思想为指导以后，还应加上“实事求是地记述本县的历史与现状，以达到资政、教化、存史的目的”。第二条最好先写体裁。现在的第三条只写了五种体裁，漏掉了述和传两种，应写全。在说明以志为主之后，还应说明为印刷方便，照片集中于正文之前，其他图表则随文而行。第三条写结构，应该说明首列概述、大事记，中间分地理、人口、经济、政治、军事、文教卫生、民情习俗、人物八编，编下为章、节、目。杂记殿后。断限应从讲结构的一条中析出，作为第四条。文体从讲体裁的一条中析出，作为第五条。把使用简化字写入此条。纪年从讲体裁的一条中析出，作为第六条。“中国纪年法”的提法不明确，可改为历史习惯纪年法。计量从讲体裁的一条中析出，作为第七条。立传作为第八条。资料为第九条。这样改过之后，条理会清晰些。

（二）地理编

这一篇很好。民国后的资料较丰富。第三章“镇、乡、村”的简介，基本要素比较齐全。现仅就发现的几个问题提出来商榷。

①第一章现在的题目为“地理概述”，不甚确切。本篇为地理，这一章称地理概述，容易使人理解为是对全部地理内容的概述。不如改为“政区”或“政区演变”。

②第一章第一节在交代四至八到的距离时，前边应写明县城所处位置，否则同四邻的距离不知从哪里算起。

③建置沿革从春秋记起，同大事记的上限不一致。黎锦熙说：大事记乃自然之断限。即是说，大事记的断限即全志的断限（文物考古另当别论）。此处也从汉记起为好。

④第四章第三节在“气候特征”目下只记了日照，未记辐射。日照不能代替辐射，有时无日照，但辐射仍然存在。而辐射对大气温度有着直接影响，还是增补上这项内容为好。

⑤第五章“环境保护”主要记的是人为污染和人工监测、治理，不宜放入地理编。这可能考虑到把环保与自然环境联系起来，如果是小编法，两章靠在一起是可以的。大编法上面有了“地理”这层统辖，再把环保归入地理，即是归属不当了。

（三）人口编

采用大编法而把人口独立成编，可见编纂者给予了人口以十分突出的位置。由此人们也可以推断，人口这一编的内容会非常充实。但看过这一编之后，只能说比较好，与独立作为一大编的地位相比较，还有不足。说比较好，一是表现在资料宏富上。即以“人口数量”一节来说，能从汉代记起的志书实不多见，而且对每个历史时期人口增减的原因都有所交代，就更属不易。二是记述细致。在人口分布一节，不只记了人口密度，而且特别把城乡分布和地形区分布和民族分布各为一目分别记述，条理清晰，内容充实。在性别构成中，不只记述了每次人口普查时的总人口性别比，而且划分几个年龄组记其性别比，增强了资治效果。三是扩大了人口志的内涵。把婚姻和家庭纳入了人口构成。从社会学的角度看，这本来是应有之义，但往往被一些修志者所忽视。虽然“婚姻家庭构成”一节的内容还不太完整，但已显出其独到之处。说还有不足，一是通常人口志中都有的“人口变动”，这里却没有。人口变动至少应包括两项，即自然变动与机械变动。在人口统计表中只有自然变动，而无机械变动，更无文字记述。如果按较高要求，在人口变动中还应记流动人口，即户口不动的县内城乡流动，县内外流动。这是很能反映政治、经济形势的一项内容。二是人口素质记得不全。由于没有单列人口素质一节，只是在人口构成中记述了人口素质的若干要素，在自然素质中缺少居民营养、疾病患病率（包括残疾人口）、青少年发育。在社会素质中缺少科技水平、思想道德面貌。三是未记人口调查，包括人口普查工作和抽样调查工作。此外，如从较高要求衡量，还应该单设一节劳动人口，包括劳动人口数量与分布，就业状况，文化程度等。行业、职业构成也应纳入此节。以上不足之处，请根据掌握资料的情况能补充的尽量加以补充。

还有几个零星的问题亦请注意修改。

①编的题目为“人口”，第一章的题目仍标为“人口”，编章题目完全重复是应该避免的。可以将第一章的题目改为“人口总量及分布”。

②第二章第三节中记“70年代实行晚婚，规定男满25周岁，女满23周岁方可登记结婚”。此种写法同“婚姻法”相抵触。提倡可以，规定则不宜入志。否则客观上会造成有法不依，地方可以随便改变国家法律的效果。

③第二章第七节标题为“平均期望寿命”，而内容都是记的平均年龄。这是两个不同的概念。平均预期寿命是按死亡人口的平均寿命计算的，而平均年龄则是按在世人口的平均年龄计算的。写期望寿命还应分出性别。

（四）经济编

这一编总的说来写得较好。有如下一些修改意见：

①第一章经济综述很好。有了这一章综述，全县的经济总貌就比较清楚了。按几个五年计划作具体分析，脉络比较清楚。后面所附国民经济概况表弥补了文字记述的不足。但仅从1980年记起，无法同改革开放前形成比较，能再往前记才好，至少从“文化大革命”后期记起才有比较。表的形式也太单一了。用表格记绝对数是必要的，但示意图往往更加直观，而且实际上更准确。

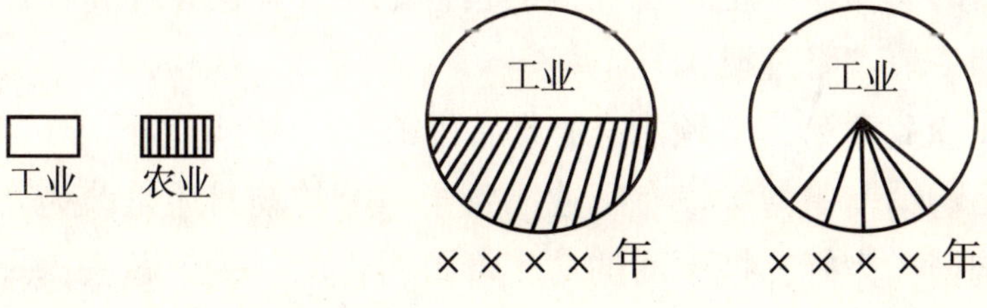

如工农业总产值，可以划成这样：

国民生产总值可以划成这样：

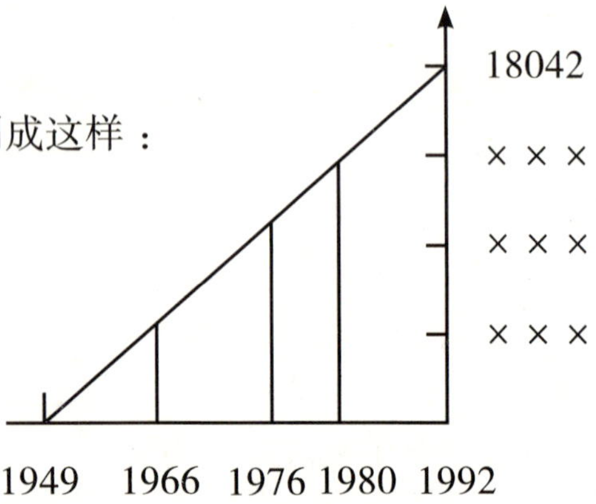

②种植业写得不错，第一节先交代生产条件是很必要的，但应把“生产环境”改为“生产条件”。另建议增加一节“成本与效益”。成本高，效益差，是农业生产中一个十分严重的问题，影响着农民的生产积极性。这个问题志书是不应回避的，记出成本和效益，资治效果是很好的。

③工业中的企业管理内容是随着工业体制写的，因此内容不全，各工业门类的经济效益又是随着对各门类的记述而记述的，所以看不出工业的总体效益，缺少总体经济分析。在章下无题小序之后虽有一个表，但只统计了企业个数、产值和利润，像销售收入的利润率，上缴利税数，资金利用率，定额流动资金周转率，国家投资收回率等等都反映不出来。最好能专设一节企业管理，把经济分析，企业效益都写进去。如考虑改动太大，起码在第一节之前的无题序中把企业效益的指标记全。即使这样，在最后也应增加一节“管理机构”。

④商业章第三节题为“工业品购销”，不确切。下一节的“生活商品购销”中何尝没有工业品？第三节的题目还是改为“生产资料购销”为好。把下面的“生产资料供应”一个题去掉。为了

对应，第四节的题目可改为“生活资料购销”。

⑤第十四章第三节“标准计量管理”，从头至尾只记了计量管理，根本没有标准管理内容，文题不符。而标准管理在日趋激烈的市场竞争中十分重要，不该不记。望能补充标准管理内容。

⑥第十五章“金融”，应改为第十四章，使它同财税连起来，最后再记综合经济管理。第十二章的“赋税”应改为“税务”（“赋税”一词已陈旧）。财政中应增补一节“债券”。

（五）政治编

这编除中国共产党涞源县地方组织一章已在前面提过修改意见之外，还有以下意见：

①政治协商会议一章的位置应移在政府之后。现在的位置是排在群众团体之后、人民代表大会之前，似无道理。群众团体排在人民代表大会之前，是从“党派群团”的角度考虑的，而政协不可同群团相提并论，政协是参政议政机构，按通常排列顺序，应在政府之后。

②第七章题为“党务政务纪要”。这个题含义不准确，党政务是党务与政务之简化，这样简化本身即不科学，党务与政务是无法合起来说的。党务是指管理党的事务，即我们通常所说的“党要管党”的内容。而政务是管理国家事务。两者一合，即不伦不类了。再者，党虽然是领导一切的，但领导中心工作不能称党务。所以建议把这个题目改为“党政主要领导活动”。把党政的领导活动合在一起写可以免除党政领导活动难以分清的麻烦。但下面按工作性质分节分得不清楚。第一节的反帝反封建斗争，尽管覆盖面较大，但把大生产运动纳入其中也过于勉强。第二节进行社会主义改造，一般是指所有制的社会主义改造，这里把镇压反革命、抗美援朝、三反五反、肃反全部纳入其中，无限制地扩大了

社会主义改造的外延，显然是不合适的。所以建议把按工作性质分，改为按时期分，如按抗日战争时期、解放战争时期、社会主义改造时期、全面建设社会主义时期、“文化大革命”时期、改革开放时期等等。其中的农业社会主义改造，应把互助组、初级社、高级社连起来，不要完全按时间排列而插入别的内容。按现在的记法，社会主义建设时期太着重了记政治运动，属生产建设的内容很少。除“大跃进”、农业学大寨两目之外，五十年代的农田水利基本建设等很少涉及，应予补充。

（六）军事编

全编很好。只是在战事章记黄土岭战斗，同最近播出的电视连续剧有些地方事实不一致。此处记 11 月 3 日歼灭日军 600 多人，电视剧中说是 500 多人。此处记日军指挥部在东教场村用望远镜朝八路军阵地瞭望，被一团团长陈正湘发现，于是指挥炮兵，连发数炮，击中阿部规秀。电视剧说阿部规秀被炮击死在一个老乡家的房子里，而且这个老乡一家老小安然无恙。不知是哪个对，请核对。

（七）文教卫生编

①第一章第一节在记到图书馆时，附了图书馆阅览室排列情况一览表，竟占了 5 页之多，实无必要。新华书店基本情况一览表和历年来电影放映一览表，都无必要，在文字记述中选几个主要年份记一下即可。

②教育章第一节是记“机构设置”的，这里的机构应是指教育行政机构，而在这一节的第一句就记“自明洪武十六年 (1383) 始设县学”。县学并非教育行政机构，不宜记入此处。第二节题为“普通教育”，但其下第一目即为“县学、书院、私塾”，第

二目为“幼儿教育”。普通教育特指小学教育和中学教育，县学、书院、私塾、幼儿教育都不能算普通教育，应各自单列一节。在小学教育一目中，记“光绪二十七年 (1901) 八月，清政府颁兴学诏书，明令‘废除科举，兴建学堂”。这样记不对。清廷下废科举诏是光绪三十一年 (1905)。由于未单列学制和课程设置节，而是分别记入小学、中学之中，结果，课程设置被漏掉了，学制的记载小学只有一处，中学记得较全。望能补充。特别是小学学制，多次变化，不可不记。小学和中学后面都附有学校概况一览表，仅小学就有 37 张八开表，无此必要，全部可删。

(八) 民情习俗编

①第一章“人民生活”可改为“居民生活”。“人民”一词有特定含义，称“居民”则无可挑剔。这一章的第一节记农民生活，旧社会部分记得抽象，无具体材料。如此记法，换换地名，放在别的县也可适用。后面所附 1921 年的农户经济状况登记表，很宝贵。但表不会讲话，如有文字记述，再加上附表说明，就具体多了。旧社会职工生活也应补充具体材料。

②建议把第三章第四节的“禁忌陋习应答”拆开，因为这些内容不属一类性质，合并起来不妥。拆开后，应答可放在前边。

(九) 人物编

除人物传外，还有以下意见：

①第一章人物录还是把革命烈士与地师级以上领导干部、高级知识分子、模范人物分开为好。烈士改为“革命烈士英名录”，其余的列表。进士、举人表可入教育章。职官表附在最后。

②同为革命烈士，不必再分“军政负责干部”和“一般干部、战士”。记载时都加上牺牲时所任职务即可。

③录、表不必重复，革命烈士英名录中已记的不宜在表中重记。地师级以上领导干部表应只记在世人物。

④高级知识分子不能只记本籍人物。客籍在本县工作的，应记入科技章的技术职称中。

以上意见未必适合涞源的具体情况，仅供修改时参考。

（1995 年 8 月）

对《芦台农场志》稿的评审意见

现在见到的虽然只是篇目和部分志稿，但从中已可看出，这是一部写得相当好的稿子。

这里特别指出三点：其一，是特点鲜明。志书的特点主要有三个，即地方特点、行业特点和时代特点。就区域志(如县、市、省志)来说，首要的是地方特点。因为区域志所应设的门类大同小异，除个别项目需从篇目设计上显示其地方特点(如《萧山县志》设围垦、《黄骅县志》设盐业)而外，主要是从内容记述上显示其地方特点，各行各业均以地方特点为基础，突出其行业特点和时代特点。农场志虽带有综合性，但不属区域志。因此，对农场志来说，首要的是农场这个行业的特点，所有内容均必须以行业特点为基础，显示其地方特点和时代特点。也就是说，国有农场这个行业特点，规定着和影响着志书的全部内容。本志的编纂者正是较好地理解和把握了这种个性，所以才能从篇目设计到内容记述努力全方位地突出国有农场这个行业特点。首先，在分篇的设计上即有独到之处。一般用大编法设计区域志，都设有地理、经济、政治、军事、文化、社会、人物七编，而本志共设六编，比一般区域志少设了军事、社会两编，而增加了管理一编。如此设编，正是农场的特点所决定的。本场境域过去只是宁河县的一部分，过去本无独立的军事建制；由于人口来自四面八方，并无独具特色的方言、民俗和宗教活动，不单设军事、社会两篇是理所当然的。而农场作为一个大型联合企业，其管理内容不仅十分丰富，而且具有特殊的重要地位，单列一编，不仅十分重要，而且成为农场志区别于一般区域志的一个显著标志。其次，在内容的排列上，把有关大农业的内容，安排在经济部类的宏观内容之后，其他内容之前，并分别设种植业、农业机械、林业、水利、养殖业五章，尽可能横向铺陈，扩大其容量，这也是突出农场这个行业特点的典型做法。它体现出，农业是农场志的主要内容，农场尽管有工、建、交、商、服等各业的综合经营，但农业经济是农场发展经济的基础。再次，在记述上，除了农业的有关部分记述特别细致、充分以外，已见到的经济篇的其他内容及管理篇的内容，农场的特点也都十分鲜明。特别是党的部分不写决策，而在管理篇中单设场务会一节，并记重要决策，更是别开生面地体现出农场志与一般区域志的区别。有鲜明的农场这个行业特点作基础，地方特点和时代特点才有所着落。我对芦台农场的情况不了解，但从手下这部分志稿中可以看出，芦台农场的地理位置处在京、津、唐经济区的腹地；地势低洼易涝；土壤黏重；是在日本侵略者经营的、遭到严重破坏的“高丽圈”的基础上建设起来的；国有农垦联合企业又跨有两个乡；本场为外向型企业，对外交往较为频繁；本场的小站稻、芦白猪、中国黑白花奶牛芦台类群、“羚羊”牌五节柜等名优产品已享誉国内外，等等。这些地方特点在志稿中得到了较好地反映。至于时代特点，由于本志上限断自1949年，不可能形成新旧社会的强烈对比。重点应是反映中华人民共和国成立以来，各个不同阶段的党的路线、方针、政策的变化及其给农场带来的建设与发展的指导思想的变化。可惜因志稿不全，对此无法做出整体的评价。但从手下的部分志稿来看，种植业中经营体制的变化；养殖业中的兴衰起伏；机械化水平的不断提高；种植业、养殖业中科技含量的增长；多种教育特别是成人教育的发展；卫生事业的进步，等等，时代特点还是比较明显的。特别是管理编，基本上能够反映农场从初期的主要凭经验管理的传统管理，到有明确的职责分工，有明确的工作标准，能有效地利用人力、物力、财力的科学管理的转变，并且正朝着注重经营战略和决策的现代管理前进。比较而言，这一篇时代气息更为浓重。特点鲜明，是修志者共同追求而又不易达到的目标，本志稿在突出特点上已经取得的成绩，是这部志稿能够站得住的根本。

其二，是资料丰富。虽然本志断限内的时间只有四十多年，搜集资料比较的容易一些，但农场的许多职能部门是在五十年代至六十年代初逐步建立健全起来的，因此建场初期的资料搜集起来也会有相当的困难。能够掌握如此齐备而翔实的资料，一方面说明农场档案工作做得好，另一方面也说明修志人员在搜集资料上下了大功夫。已经见到的部分志稿，每个章节都可称充实，找不到因缺乏资料而以空话敷衍的痕迹。这是本志稿之所以成功的一个重要方面。

其三，是文字准确。这表现在三个方面：一是政治观点表述正确，凡涉及政治观点的地方，都言之有据。二是详略得当，种植业章中对于耕作制度、农技农艺的记述；养殖业中对于黑白花奶牛芦台类群的记述；财务管理中对若干管理规章制度的记述，看似过细，作为农场志来说，恰恰是当详的部分。三是文字流畅，行文规范。作为评审稿，在文字上很少有可挑剔的地方，这是难能可贵的。

仅从以上这三点看，已见到的这部分志稿，应该称之为成功之作。为了使这部志稿经过修改在整体质量上再提高一步，下面把我认为需要商榷或需要修改的地方提出来供参考。

一、概述

概述是阅读和理解志书的向导，是志书的一个窗口，写得是否成功，对全志的质量影响极大。我认为，衡量一篇概述写得是否成功，主要看它是否充分发挥了概述的五种功能。这五种功能是：总括地情，提炼精华，沟通联系，彰明因果，策论方略。本篇概述采用的基本上是浓缩体，但并不是各篇平分秋色的简单浓缩，而是以主要篇幅写了农场经济的兴衰起伏，其中重点写了农业以及与之相关的水利、农机和牧业，这就在概述中突出了农垦联合企业的特点，也才真正像一篇场志的概述。在叙述了经济之后，又以十分概括的文字，叙述了科教文卫事业的发展变化，最后写到农场人。这就轻重有别地总括了场情。在叙述经济及各项事业的曲折发展当中，基本上提炼了农场之精华，并点明了企业兴衰起伏的因果。各段落之间的衔接，不是陡起陡落，而是尽可能以过渡性语言说明其相互联系。结尾部分，指出了前进当中的问题和困难。由此看来，上述五种功能在本篇概述中都有所发挥，因此它不失为一篇较好的概述。也就是说，这篇概述只作简单的修改就可以用，但不够理想。其主要的不足是从叙述农业开始写散了，特别是写到工业发展时，同前边没有内在的衔接，形成了另起炉灶。要改变这种状况，需要有一条线把全篇贯穿起来。这条线应该是什么？我以为应该是受党的路线、方针、政策制约的办场的指导思想。写农场经济发展曲折历程那一大段，本来应该成为写办场指导思想的十分精彩的一段，但可惜虽然思路对，却没有写透，也没有写全。所谓没有写透，是指有些关键地方欲说又止。例如第三页最末三行，“但由于受‘左’的思想影响，1962 年至 1973 年，经济在低水平线起伏……”，“左”的思想影响的表现是什么？怎样造成了十一年时间在低水平线起伏？再有第四页倒数第六行，“前车之覆，以为后车之鉴。1985 年至 1991 年，是芦台农场建场以来经济发展速度最快，经济效益最 好的时期”，到底怎样借鉴以前的经验教训？指导思想有何变化？采取了什么措施使经济得到快速发展？这些正是需要写指导思想的地方，被抽象的语言代替了。所谓没有写全，最明显的是对 1985 年以后的叙述。从志稿中看，1985 年可能是芦台农场具有转折意义的一年，这种转折的特点是党的路线、方针、政策所造成的宽松的大环境在芦台农场得到了深刻的认识，因而把握住发展的机遇，转变了办场的指导思想，逐步深化改革，引导开放，因而才有了经济的迅速发展和效益的迅速提高。其中最引人注目的是大办工业。这里正是应该大书而特书的，绝不可一掠而过。第十一页中间讲场领导的认识和决策的那些内容，应该移入此处，不宜断开分作两处写。没有写全的地方也许还有建场初期和七十年代。情况是否这样：建场初期，由于上面统得过死，场级领导只是按上面要求来管理，而且是传统管理，基本上没有本身的经营战略和决策。六十年代后，场的规模扩大，机构和规章制度逐步健全，场领导班子已有较明确的办场指导思想。但由于受当时体制的局限，场级决策权仍然有限，一切纳入计划，加之当时“左”的思想影响较深，在经营上无非是从种植业的单一经营转变为农牧结合，有一点工业，也基本上是为农业服务的小型工业。党的十一届三中全会以后，改革开放的大环境逐步形成，场内经营有所改观，但并没有敏锐地抓住机遇，顺应改革大潮，还有些放不开手，特别是工业滞后，影响到整个农场经济的迅速发展。至 1985 年以后，才有适合本场实际的经营战略和决策，才迎头赶了上来。这仅仅是我根据已见到的部分志稿揣测出来的，未必符合芦台的实际。目的在于共同研究一个思路。把这一部分写充分。我以为，要发挥概述的五种功能，关键在于把指导思想写好，因为从总括场情来说，这是最基本的场情，要提炼精华，这是最主要的精华，写好指导思想，才能沟通各业的联系，也才能从根本上彰明因果，策论方略也才有所依据。至于下面分述各业，则可同上述指导思想相呼应，具体写其发展历程，涉及指导思想的地方可简略。

写到农业，是否把现在的顺序调整一下，先写土壤改良，再写水利建设，再写机械化程度的不断提高，最后写体制的变革及农业成果。这样是否更顺一些。

最后写前进中的问题和困难，不应只是提出问题而不指出出路，比如水源不足，这是制约农业发展以至整个农场经济发展的严重问题，我想场领导一定会研究补救措施，或在经营上有所改变的措施。如果仅仅把问题摆出来，即会产生一种消极的效果。人口问题也应有相应的措施。除已提出的三个问题之外，是否还有其他问题值得提出？据我看，目前农场的工业虽然一派兴旺景象，但现有工业多属劳动密集型，在今后市场竞争中是否会受到威胁，值得考虑。如何发展科技密集型工业，似也应列入课题。究竟提什么，最好请场领导研究一下，同农场的发展战略一致起来。但不论提出什么问题，都应指出出路，这才是策论方略。

结尾部分写“八五”规划，不宜写得十分具体，可以虚一些。志书只记过去，未来规划写得太实，既不合志法，也容易造成被动。

二、大事记

大事记是志书中唯一的一条纵线，它负责串联全志大事，勾勒历史发展脉络。各编章中的大事均在此顺序排列，以成脉络。衡量一篇大事记写得是否成功，除了看其断限、选事、观点、文字和古今比重而外，主要是看其与各篇章中所载大事能否对应。由于本志上限断自1949年，古今比重已无从谈起，只能看其远近比重。与各篇章的对应，因我手下仅有部分志稿，无法全面对照检查。但仅从选事、观点、文字和远近比重来看，这篇大事记写的是好的。选事中特别注意了带有标志性和转折性的事条，诸如第一任场长、第一位医生、第一个工厂、第一所职工子弟小学、第一次场务会议……。全部事条，基本上都合乎场内大事。记事的观点准确，既介入了作者的判断和态度，又不露作者出面评论的痕迹。文字简洁，交代得也清楚。党的十一届三中全会以后的事条，占了全部事条的35%以上，远近比例比较合理。

有几个具体问题提出来商量。

①本志凡例第四条中说“上限为1949年5月，对有些需要溯源的事物，则上溯到事物的发端”。就芦台农场的具体情况来说，上限这样定是对的。但溯源不能自大事记开始，大事记是全志大事的总汇，它不宜负担溯源的任务。方志学家黎锦熙先生说“大事记乃自然之断限”。在方志界这已成为不成文的却是大家共同遵行的原则。就是说，大事记的断限必须同全志的断限相一致。本大事记上限起自1936年，也就是从大事记开始即已违例，即与凡例发生了抵触。但是现在所记从1936年至1947年的十三个事条，又是值得一记的。怎样解决呢？有两种办法供选择：一

是将 1936—1947 年的事条附于大事记的最后，江苏《如东县志》即把断限之外的大事记附于大事记后面。二是在有关章节采取反顾的办法记述，即像现在地理篇第二节建置沿革那样。大事记中则去掉越限的事条。

②需要补充一些事条。例如，芦台农场何时由农业部改属农垦部，没有这一条，1954 年还是农业部授意如何如何，到 1956 年突然由农垦部任命场长，使人不好理解。再如 1985 年实行经济责任制，是改革的重要举措，不可不记。其他需要补充的内容望能认真同各编章对照，以免漏记大事、要事。

③对几次党代表大会的记法，多数记错了。一是把“次”记成“届”，党代表大会称“次”，不称“届”，代表大会选出的委员会才称“届”，如第三次党代表大会选出的中共河北省芦台农场委员会，称第三届委员会。二是把“代表大会”记成“党员代表大会”。县级以上均称“党代表大会”，基层才有“党员代表大会”。三是把党委常务委员和书记记成了由代表大会直接选举产生的，这不对。常务委员和书记是在委员会上选举产生的。请务必改过来，否则将形成硬伤。

④凡以事系人的地方，一要慎重，二要记清。所谓慎重即是要有个标准，例如出席劳模会（或先进生产者、先进工作者会）的人员到哪一级的才记，一般县志都是出席省以上劳模会的才记姓名。再如陪同领导人或外宾来场视察或参观的，记到哪一层，一般都掌握在司局以上，一般工作人员陪同，只记由某部门派员陪同即可。又如记本场开会某人讲话，是否只记到场一级。所谓记清，就是把记到姓名的人的身份记清。如第二十页最后一条记孙志起被评为全国先进生产者，对农场不熟悉的人就弄不清孙志起是工人还是技术人员。类似这样只写一个姓名的地方不少，应修改补充。

⑤凡记到解放军部队的时候，只能记代号，不能记某军某师某团，也不能记具体的驻地。1967 年 7 月记到“北京军区炮兵派干部、战士来场‘支左’，或改为代号，或称“某部”，驻地删掉。另，篇目中政治编第六章“人民武装”下的第四节，列有“部队代号及地点、人数和装备”，除代号外，其余均不能记。

三、地理编

这一编的第二章“自然环境”记得很好，应记的项目齐全，资料详备，记述规范，文字表达确切。如能在自然灾害节记到雹灾时记出走向，则更好。

第一、三两章中有些问题需要商量。

先说第一章。这一章写的实际上是位置、境域、隶属、建制和总场、分场、乡村概况。由于套用了一般区域志的篇目名称，给记述造成了一定困难。以致在“建置沿革”中也记了境域变迁，主要内容是记了隶属关系的变化。而在行政区划中主要记的是建制的演变。“建置”一词来自旧志，其原义是设立或创立，用于方志，则指行政设置及其变迁，如本境内何时设置某县(州、府、省)，何时省入某县或撤销某县，以及其隶属关系的变化。具体到农场志，不是不能用这个篇目名称，但由于农场的性质是企业，用“建置”总是不大方便，不如改用“建制”。“建制”是组织编制的意思，可能更切合农场志。这样改变之后，隶属关系如不便同建制写在一起，可单设一节来记述。具体修改意见如下：

章的题目改为“境域”。第一节“位置面积”。把位置和面积分作两段写，第一段专写位置，现在第一段即很好，只是应把最后写到面积的两行移下段。交通情况要写，但不是现在第二自然段的写法。因为这种写法同节的标题位置是不吻合的，要从位置的角度写，即交通位置，把这一段的第一句和最后一句删掉，合入前段。第二段写面积。先写下限年的面积，即现在第一自然段的后两行，然后追溯面积的变化，即境域的变化。从“高丽圈”写起，分主要时段记清境域的变化。第二节“建制变迁”，记从“高丽圈区农场”到“国有芦台农场”，到芦台“五七”干校，再改回“芦台农场”的演变。下属单位从“工作站”到“分场”“大队”，二十个村为“公社”，再改乡等等。第三节“隶属关系”。第四节“总场、分场、乡村”。如果能在“建制变迁”节中写清隶属关系，也可不要“隶属关系”一节，共设三节。在记总场、分场和乡村时，除现有内容外，最好增补教育、卫生、文化设施等内容。

再说第三章。这一章记人口。在地理编记人口是可以的，这属于人文地理的内容。但在地理编记人口有它的局限性，即只能记人口状况，而不能记人口工作。本章所设的四节，前两节是可以的，后两节一是记计划生育工作，一是记人口普查工作，超出了地理编应记的内容范围。近些年不少省、市、县志把人口单列一编(篇)，说明修志者对人口素质、数量同经济及多项事业的关系认识越来越深刻。但采用大编法的则不便于把人口单列一编，一般都放入社会篇。本志用的是大编法，又未设社会编，所以才把计划生育、人口普查和人口的其他内容一起，写入了地理编。既然这样做不合适，可否把人口部分拆开，除在地理编记人口状况的有关内容外，把计划生育和人口普查析出，放入管理篇？我以为这样可能更好些。

此外，还有些具体问题，提出来商量。

①第一节第二目标题为“人口变化”。在人口章中用“人口变化”作题，含义不明确，它可指数量变化，也可以指素质变化。

这一节记的是数量，不如直接标“人口数量”或“人口总量”。

②按人口志的要求，缺了三项内容：一是人口素质，包括自然素质和社会素质。自然素质中包括青少年生长发育、居民营养、残疾人状况、预期寿命等。社会素质中包括文化素质（在构成中已记，但缺科技水平和劳动技能）、道德素质（思想道德面貌）。二是人口变动，包括自然变动（出生、死亡）、机械变动（迁入、迁出）和流动人口。三是婚姻家庭。包括初婚年龄、结婚率、再婚率、离婚率、已婚和未婚人口状况、丧偶人口状况，家庭规模、家庭类型（单身型、核心型、扩大型、其他型），家庭功能。不知掌握资料情况如何；我想，起码人口变动的资料会有的，残疾人的资料可能也有。凡能补充的，应予补充。

③在第二节“人口构成”中，写到性别比，均以男性为100，不合常例。在人口工作中，计算性别比均以女性为100，这是国际通用的，望能改过来，以求规范。

④在记到计划生育时有三点需要注意：一是结婚年龄，不要同“婚姻法”抵触。如第十六页写“本场规定：男25岁，女23岁为结婚年龄，否则一般不予登记结婚”。这个“规定”是不符合“婚姻法”的。可改为“本场倡导男25岁，女23岁结婚”。二是在记到做绝育手术或结扎、人流手术时，一般不要系人。如第十七页写到9个人姓名，虽然他们在计划生育工作中起了好作用，但本人未必同意把名字写入志书。三是记到计划生育的惩罚措施时，不宜记得很具体，以免被人所利用。

四、经济编

这一编共十四章，我手下只有种植业、林业、水利、养殖业、外经外贸五章。这五章都写得很好，提不出什么修改意见。只希望在修改时对数字再认真加以核对。我核对了几个数字，发现有错误。如种植业章第 2 页，写到 1956 年粮食总产、平均亩产和产值分别比建场初期 3 年平均增长了 2.8 倍、1.4 倍和 2.5 倍。我计算了一下，不是“增长了”这些倍，而是相当于这些倍。同页下面写到 1980 年全场粮食总产比建场初期增长 11.7 倍，平均亩产、种植业产值增长 10.5 倍，也都是相当于那些倍。再有第 37 页写到 1973 年大豆亩产比 1969 年提高了 14.9 倍。计算是对的，但这样比不合适。1973 年是有统计资料以来至下限的 23 年中产量最高的一年，而 1969 年是这 23 年产量最低的一年。用最高与最低对比来说明成绩，在客观上有溢美之嫌。只说明 1973 年产量最高即可。要比也只能与前四年的平均数来比。

五、管理编

从篇目上看这一编共七章，我手下有五章，缺例会和劳动管理两章。已见到的五章写的是好的。属于企业管理的虽然只列了财务、计划、产品三项内容，但这是一种粗分法，其中包含内容十分丰富，如财务管理中包括了审计和物价，产品管理中包括了销售。这样安排比之剖分过细的做法整体性更强些。如果再把质量管理也包括在产品管理中是否更好些？这几章的记述也都比较具体。整个管理编构成了本志的一个特色，看后也使我从中学到不少企业管理的知识。

有三个问题提出来商量。

①属于企业管理内容的前三章，对管理制度、管理方法写得很具体，其演变过程记述得很清楚，但管理效果没有具体反映。

有些效果可能在经济编的第一章中写到了(我手下没有综合经济章的志稿，无法对照)，但类似经济活动分析这种内容，在“综合经济”中恐怕不便记述，在本编第一章中只记述了分析方法和分析指标，而无效果。在“财务管理”章中，只有“审计监督”一节，记了效果，并附了表。其余应反映效果的地方基本上都没有反映出来。最好在修改时适当加以补充。

②第一章第八节记“物价业务”，记得过简了。能否把几个主要年份的主要生产资料和生活资料的价格列一个表？这是很有存史价值的。还应该有主要工农业产品的交换比价，如大米同化肥的比价等等。在物价调整中不知是否有对收费的调整，如有，也应记入。

③第六章专记了“驻场单位”。在县(市)志中,单列“驻县(市)单位”一章的，一般都是记那些隶属关系不属本县(市)，同本县(市)也没有工作关系的单位，即仅仅是驻在本县(市)境内。而本章所记的八节，都是虽然不属本场直辖，而工作对象是本场，即在本场进行其业务活动的单位。有些系统的业务本来就是以条条管理为主的，如金融系统，不只县一级，即使省一级也是设分行。不知这些驻场单位的人事、党务等同农场有无关系，农场对其业务有无影响力。如果也同各县一样，是否可在经济编设立金融章，或在管理篇分设金融管理、工商行政管理、税务管理几章。至于邮电，最好能放入经济编，可合入交通运输，称“交通邮电”章。因为不了解具体情况，这个意见很不成熟。

六、文化编

从篇目上看，这一编共四章，我手下只有教育和医疗卫生两章。这两章的写法与一般县志大致相同，只是“成人教育”节中“扫盲”和“岗位培训”比一般县志显得突出，显示了农场原来文化基础薄弱的特点。对这两章提不出什么修改意见。只有两点小建议，一是教育章在普通教育节中应把课程设置写进去；在教师队伍节中，应适当补充教学研究的内容。二是医疗卫生章的第五节“卫生经费”最好改为第七节，而把“爱国卫生”和“妇幼保健”改为第五、第六节，以使医疗卫生活动不致被隔断。

最后对篇目中的“附录”提两点建议：

①“习俗”似可不要。农场内除两乡外，人员来自四面八方，原来的习俗各不相同，在建场四十多年的时间内，不可能形成独具特色的新习俗。如只记两乡的习俗，则有两个问题需要考虑，一是这两乡有无特殊习俗？如无特殊习俗，为什么单记习俗而不记方言？二是如以两乡为主，除了习俗以外，需要记的内容就多了，因为两乡历史久远，无论政治、经济、文化都有追溯历史的内容可记，单记习俗，其他内容如何处理？断限又如何处理？所以我以为此项内容还是去掉为好。

②“优良风尚”如内容很多，可在文化篇设章记述。如无很多内容，可否在政治编中党的部分随着记宣传教育中的“五讲四美三热爱”和社会主义精神文明建设，把主要内容记进去。

总之，已见到的志稿使人看到了一部佳志的雏形，望能再精心修改，锦上添花。并望早日看到其余的志稿。

(1995 年 1 月)

今年年初，我已经看了差不多一半的志稿，这次又看了全部志稿。早已看过的部分，经过修改，已是锦上添花；后打印的几个部分，基础也相当好。所以我认为，尽管有些部分还需要做些修改，但就其总体来说已是一部基本成熟的志稿。在旧志中没有先例，新志又无可参考的情况下，作为送审稿能够达到现在的水平，实在难能可贵！有鉴于此，建议这次评稿会，在大家把意见讲完之后，从头到尾逐编过一遍，凡需要修改的地方，把如何修改大体定下来，争取在这次评稿会后一改定稿。

下面谈谈对几个部分的修改意见。

一、概述

修改后的概述比起前一稿来好多了。前一稿的主要问题是散，发展脉络不够清晰。因此我曾建议以企业经营指导思想为线，把全篇贯穿起来，并在叙述发展时，在讲足成就的同时指出存在的问题，随文导出策论。现在这一稿，在交代了基本情况之后，以企业经营指导思想为线，用六个自然段叙述了发展历程，粗线的脉络基本上勾勒出来了。最后的策论不只提出了问题，而且指出了解决的途径。这些都是明显的进步。但是，从第8页开始，在分别叙述土壤、水利、农机、种子、畜牧、工业、经贸、科技、教育、卫生、文化等项时，仍然显得散。而且，在分别叙述中只讲成就，看不到问题和潜力。加之策论内容集中在最后，就造成了成就与问题脱节，叙述与策论脱节。出现这种情况除了完全按策论式写确实不好驾驭以外，是否还遇到了其他困难，有些不得已的因素在内？如果是这样，在现有基础上只做些小的改动，也并非不行，只是不够理想，同全志的总体水平不太协调。如果要下决心按策论式写，建议按三大块布局。第一块写境域位置、面积、四至八到、辖区、人口、隶属沿革、自然条件，即交代基本情况。现在的稿子需要补充两项内容：一是添上境域所处的经纬度，即数理地理位置。二是要交代自然条件，如地势、土质、水源等。王震等领导同志临场指导，可不写入概述；接待外国参观访问也可不写入概述。因为这些内容并不属于基本情况，也无特殊意义。第二块是概述的主体，即以企业经营指导思想贯穿起来，叙述企业经济发展的兴衰起伏的部分。这一块可以分两种写法，一种是按产业分述，如种植业、养殖业、工业、商业、基础设施等。这样写的好处是企业的兴衰起伏可以一笔写下来，看得比较清楚，策论部分也比较好写。缺点是写到兴衰起伏原因时，各业有共同处，容易重复，宏观策论不好写。另一种是按时段写，即如现在的稿子这样，按年代写，或按五年计划写。这样写的好处是时代特点比较鲜明，宏观策论比较好写。缺点是每个时段都要写到各业，角度不好错开。鉴于现在的稿子已按年代叙述，不妨仍用此法，只是要把后面分述各业的内容都融入年代中去。着重写经济，科技同生产联系紧密，可在各时段中联系生产去写，教育、卫生、文化在各时段中可以先不写，在写完经济之后，同经济发展的综合成果联系起来，简要地写在第二块的最后。改良土壤、兴修水利、发展农机、繁育良种、合理施肥等，均随种植业去写，不如独立成段。哪个年代做的，写入哪个年代。最后综合起来写总的经济成果。策论随文导出，每个年代都夹叙夹议，既写足成就，又写出曲折，指明问题和发展潜力。在各年代分述中无法导出的宏观策论，可写在综合经济之后。第三块写农场人。着重突出以下各点：农场人来自24个省、市、自治区，团结友爱、亲密无间，共同为农场的振兴而奋斗；农场人不怕困难，顽强拼搏，百折不挠，甘于奉献；农场人胸怀广阔，乐于助人；农场人奋发图强，勇于进取。四十多年来，农场人已经创造了辉煌的历史，也必将创造更加辉煌的未来。

以上修改意见，总的思路已同唐山市志办领导同志在电话上交换过，想法比较一致。中间一块具体如何处理，没有细研究，还可进一步讨论。

二、地理编

这一编经修改，前两章写得较好，尤其是第二章，记述规范，内容充实。第三章归入地理编还是不妥(具体意见后面谈)，内容也不全。对这一编有以下修改意见：

1. 第一章的题目标以“境域”，局限性比较大，难以涵盖本章的全部内容。在县志中一般标以“政区”，覆盖面大。仿此标法，本章题目可否改为“场区”？请酌定。本章第二节的题目也是“境域”，不仅同现在章的题目重复，即使章的题目改了，此题也不算很明确，建议改为“境域变迁”。第三节是记隶属关系和建制的，但中间写入了一些不属于隶属关系和建制的内容，如冀东区党委派人到“高丽圈”作抗日工作，被日军杀害；十五地委派人建立抗日同盟组织；佐天同日方谈判；朝鲜自卫军经大连回国；境内20村实行清算、土改等。这些内容不宜写入此处，应删掉。另外，第6页记“1956年本场改属中央农垦部领导”，记法不对。在1954年9月《中华人民共和国宪法》颁布之前，国家最高政权机关是中央人民政府，农垦部是中央人民政府下政务院的一个部，此时称中央农垦部是可以的。在《宪法》颁布后，以国务院为国家最高政权机关，此后再用中央农垦部就错了，应改为农垦部。

2. 第二章第二节题目为“气候、物候”，而节下所设的五个目，却没有物候显示。文内的三个物候表，只标了“物候”两字，没有单独作为一目，也没有序号。建议在目录中把“物候”作为第六目，并在文内把物候作一目处理。这一章的第七节“环境保护”，不宜归入本章，本章的题目是“自然环境”而不是“人工环境”，而“环境保护”中虽然写到了对自然环境的污染，但人工监测、人工治理均不属自然现象，不仅不宜归入“自然环境”

章，也不宜归入地理编。建议将此项内容移入第十三章的“场区建设”中。

3. 第三章“人口”不宜入“地理”编。这并不是说地理编中不能有人口的内容，恰恰相反，由于地理志中包括了人地关系，本届修志早期出版的志书,多有在地理部分记入户数与人口数的。但后来人口内容越来越多引起修志者的重视，把人口的数量与质量视为影响经济及各项事业发展的关键因素，因而人口部分的内容越来越丰富，不仅把计划生育记入了人口部分(过去有的记入卫生，有的记入社会)，而且增加了人口素质的内容，并把人口调查也纳入其中。扩展内容的结果，地理篇即无法容纳了，因为它超越了地理的范围。如本章的第三节“人口控制”，其中包括计划生育和优生优育的宣传教育、奖惩制度、节育绝育等等，连同第四节的“人口普查”，都不再属于地理的内容了。于是有的把人口纳入社会编，有的单独立编。本志虽用了大编法，但根据农场的特点，未立社会编。因此建议将人口从地理编析出单列一编，排在地理编之后。单列编后节和目相应升级为章和节。有以下修改意见：

①现在第一节的题目为“人口状况”，“状况”二字包容太宽，可以包括现在第一、二、三节的全部内容。建议改章后将题目改为“人口总量及分布”。

②第二节“人口构成”中的第一目“性别构成”，写到性别比时，应以女性为100。性别构成表是对的，文字记述中是以男性为100的，不合于通行的性别比的写法，应改过来。

③第三节第三目“晚婚晚育”中，记晚婚年龄为男25岁，女23岁。虽然把“本场规定”改成了向广大青年提出倡议，但由于有“否则，一般不予登记结婚”一句，仍存在同“婚姻法”抵触的问题。此句可改为“本场提倡男25岁，女23岁为晚婚开

始年龄”。

4. 第三节第四目“节育绝育”中，记 10 名男性党员率先做结扎手术，还是以不写姓名为好。后面记的 1975 年做结扎、放环、人流手术的绝对数可以不要，只记节育率即可。

5. 人口素质记得不全。人口素质是人口部分的主要内容，它关系到农场经济及其他各项事业的发展速度，应予特别重视。现在的稿子只在人口构成中记了文化程度，而且未能同年龄组挂钩，又未单列“劳动人口”，使人看不清劳动人口的素质究竟如何。建议把“文化构成”从“人口构成”中析出，单列“人口素质”一章，可分作两节记述，第一节为“自然素质”，包括居民营养、疾病患病率（或单记残疾人口）、预期寿命。第二节“社会素质”，包括文化程度（学龄儿童入学率、毕业率、升学率、成人入学率、结业率）、劳动技能、思想道德面貌等。如资料不足，可用典型材料。

6. 建议增补一章“人口变动”。现在的稿子只在第三节的最后附了一个“1980—1991 年全场人口变动状况表”，而且表中只记了出生、死亡和自然增长，要素不全。单列章后可分三节记述，第一节为“自然变动”，记出生、死亡，不能只从 1980 年记起，起码应该从 1953 年第一次人口普查时记起。第二节为“机械变动”，记迁入、迁出（包括划入、划出）。第三节为“流动人口”，记场内流动和户口不动到场外打工、做生意的人口，或场外到本场打工、做生意的人口。

7. 增补一节“婚姻家庭”。除在此处记述，无处可记。

8. 第四节“人口普查”，不能只记普查结果，还应该记普查工作，如组织专门班子，普查的要求与方法，宣传动员，普查资料的处理等。除了普查之外，如果有抽样调查，也应该记，并把题目改为“人口调查”（包括普查和抽样调查）。

这样修改后，作为独立成篇的人口编，才是合格的。

三、经济编

这一编的十三章中，年初我看过五章，这次又看了其余八章，并粗略翻阅了已看过的几章，总的印象是写得相当好，提不出比较重要的修改意见，有些零碎问题提出来仅供修改时斟酌。

1. 上次我提过的第二章中一些数字方面的问题，这一稿仍未完全改过来。例如这一章第 2 页倒数第 7 行，记“1980 年全场粮食总产达到 36968.3 吨，比建场初期增长 11.7 倍”，计算不对。只能说“是建场初期的 11.7 倍”，而不是增长了 11.7 倍。接下来写“平均亩产 286.2 公斤。种植业产值 627.7 万元，增长 10.5 倍”。这里有两个问题，一是把平均亩产和产值连着写，然后写增长数，容易被理解为各增长那么多，而实际上增长倍数只是就产值说的。所以应该在平均亩产后面也加上增长数，以免引起歧义。二是增长倍数也是相当倍数。本志稿中涉及数字的编章很多，我没有一一核对，上次提出的问题，只是抽查中的例子。望在最后一道修改时，千万仔细核对，避免出现数字方面的硬伤。

2. 综合经济一章很好，有了这一章，农场的经济总貌就清楚了。经济规模、经济效益两节应立的项目基本上齐全，记述比较细致，具有浓重的企业志的特点。有以下几点具体意见：

①注意避免重复。本志稿在建场、隶属关系变化，经济体制变化等方面多有重复，应从错开角度、详略有别等方面着手处理。例如本章第一节是讲经济制度演变的，开头即不必再写“由华北人民政府农业部津沽地区农垦管理局投资兴建的第一批国营农垦企业”，直接说何时开始确立以全民所有制为基础的国有农场管理体制即可。渤海区农垦管理局张子敏召集宁河县县长、二区区长、农场场长举行联席会议，也在几处都写到了。如果此处详写，

行政区划部分则可略写。交叉是无法避免的，但应使其详略有别，或角度不同，尽可能做到语不重出。

②本章第二节题为“乡村经济体制的变革与调整”。建议改名为“乡村生产关系变革”。因为土地改革、农业合作化都是所有制的变革，“体制”一词只能反映管理权，而无法包容所有权，标“农村生产关系变革”，既能包容所有制的变革，也能包容管理权限的调整。这一节的第一目“土地改革”应先写土改前的土地所有情况，然后再写清算和土改，即把这一节的最后一段放在前面。这一段及附表中还有个问题弄不清：文中写道“占人口总数 78% 的贫雇农没有土地”。附表中贫农和雇农占有土地为零。既然都不占有土地，贫农和雇农是怎样划分的？因为 20 村是后划给农场的，土改时的情况可能不十分清楚，但看后毕竟给人留下个疑问。

③第四节“经济规模”中的“社会总产值”“国民经济生产总值”“国民收入”几个目下，都有一段对本目概念的解释性文字，应删掉。一则不合于志体，二则懂经济的人都知道其含义，不必解释。第三目的“国民经济生产总值”，一般都称“国民生产总值”，这是引入的西方经济学的一个概念，它可以用收入法计算，也可以用支出法计算，也叫“最终产品法”。收入法也叫“成品法”。本目既然按收入法计算，前边即不应解释为“在一年内所生产和提供最终使用的产品和劳务价值”，而应该解释为“在一年内生产的全部最终产品和服务价值的总和”。两者的区别即在于：支出法是按社会最终使用的产品来计算的；收入法是按生产产品和提供服务过程中所发生的要素报酬（即现在括号内说明的要素）来计算的。所以，不解释更清楚，一旦解释的不完全准确，反而出问题。

④第六节的题目为“人民生活”，建议改为“居民生活”，

因为“人民”一词已有特定含义，而本节中包括了解放前的农民生活。既然写到解放前，即应写到各阶级、阶层。用“居民”这个概念则无可挑剔。现在的稿子写解放前农民生活的一段，虽有张广庄的典型，但只写到贫雇农，而且只写到扛活和乞讨的户数，不够具体。应写到各阶级、阶层的生活状况，最好有收入、支出的具体材料，起码应有衣着、饮食、住房等各阶级的对比，这样才能写出解放前后的鲜明对照，显示出社会主义制度的优越性。写到现在的生活状况，不能只记一般状况（即平均值），还应该有超出一般水平的富裕户和穷困户所占比重（即极端值）。

⑤建议第十章的“交通通讯”和第七章的“电力”后移，排在场区建设之前，即把属于基础设施的几个部分连在一起。虽然不标基础设施，但毕竟这几部分属于基础设施的内容，连起来更好些。

⑥第八章“工业”中的第二节，记到国有工业时，第6页倒数第6行写“1960年通过‘调整、巩固、充实、提高’八字方针……”，时间可能有误。第一个八字方针是1960年9月30日中央批转1961年国民经济计划报告时提出的，1961年1月14日中共八届九中全会才正式批准。各地贯彻这个方针，一般是1961年开始。这里记1960年贯彻这一方针，可能是记错了。另外，这一章第三节“工厂”中，“重点企业介绍”竟介绍了37个工厂，占工厂总数的一半还多，其中国有企业共35家，介绍了29家，占了83%，显得“重点企业”太多了。这部分共用了40页，15000字，分量太大了。建议再选择一下，删掉一些。

⑦农场志中单列一章“乡镇企业”，足见场领导与修志者对乡镇企业的重视，也反映了芦台农场包括20个村这一特点。这一章的前两节写得很好，特别是第二节，记了五个方面的发展条件，很有特色。第三节记“管理体制”显得单薄些。乡镇企业中

第一产业、第二产业、第三产业俱全，在有关各章中已分别记述。所以还要单列乡镇企业一章，目的在于记出其他章无法记的独具特色的内容。发展条件固然也是其他章中不好记述的内容，但更重要的是经营机制和效益。在“管理体制”一节中记到了一些经营机制，但不全，最好单列一节。乡镇企业的经营机制，其核心是灵活。一是灵活的发展机制，它完全按市场需求来配置资源和组织生产经营活动，产品结构按市场需求及时调整，组织结构适应其产品结构，效益好则发展壮大，效益差则关停并转，顺应市场竞争中的优胜劣汰，所以具有活力。二是灵活的分配机制，没有固定工资制的包袱，没有“铁饭碗”和“大锅饭”，分配完全由经济效益决定。三是灵活的营销机制，它的运转顺序不是产、供、销，而是销、供、产，原材料和产品随行就市，较好地遵循了价值规律。四是灵活的用人机制，根据需要用工，好的重用，不好的可随时辞退，没有行政编制，更没有“铁交椅”。五是灵活的调控机制，产权关系明晰，责、权、利明确，主要靠自我调控。现在国有企业的改革，核心是向市场机制转变，增强企业内部活力。而乡镇企业本来就在市场上，它的机制更接近于市场机制。所以写好乡镇企业的经营机制，资政价值较高。这五个方面不一定都写，写什么，根据实际情况来定。再说效益。“综合经济”章中单有一节效益，但那里的重点是国有部分，而且只讲经济效益。这里经济效益也要写，不会重复，还要写社会效益。如解决了农村剩余劳动力的出路，开辟了农村致富门路，增加了农业的投入，也增加了文化事业的投入，有利于发展小城镇建设，改变着农民的传统观念，有利于缩小城乡差别和工农差别等等。增加上这些内容，这一章就将成为精彩的一章。

四、管理编

这一编中除第一、五两章外，年初我都看过，并认为写得细致、具体、有特色。这次又看了一、五两章，“劳动管理”章写得很好。第一章作为“管理机构”(原来的篇目中是例会)，也写得不错，但其中记述了管委会、职代会和场务会的历次会议，题目叫“管理机构”似不甚贴切，不如改为“管理机构及例会”或“管理机构及历次会议”。另外，看了这一章还总觉得对经营决策记得不够充分。虽然这一章已记到一些(如家属工转工问题)，其他章也记到一些，但都不够，一是没有从决策角度写，二是记得不全，三是不集中。县志可在记中国共产党的部分专记党委重要决策。农场作为一个企业，记党委决策不妥，可否在管理编中单设一章“经营决策”？即把事关全场大局的决策集中记在这里。依我看，可写的内容是不少的，诸如：1952年总结教训，实施“以农为主，农牧并举”的方针；1970年恢复20个村的集体所有制；七十年代提出“以粮为纲，农、林、牧、副、渔全面发展”的方针；本着“三就地”原则办工业；八十年代在农村推行家庭联产承包责任制；解决家属转工问题；办家庭农场，家庭奶牛场；利用区位优势大办工业；提出“强化企业管理，注重产品质量，实施名优战略，全方位开拓市场”；提出“大高新快外”方针和“一年上路二年进城，三年出国”，参与大流通的发展方略；拨乱反正，落实政策，强化场部服务职能，实行目标责任制，等等。每一决策都需写清决策背景(即当时面临的问题)，决策过程(怎样研究的)，实施结果。我以为增此一章费力并不很大。从决策角度写，也可尽量避免重复。有了这一章，却会给全志增色不少。

五、政治编

这一编大体可以，其中干部、信访两章写得较好。有以下几个问题：

1. 第一章的结构需作适当调整，有些地方记得不够准确。具体意见如下：

①第一节“组织机构”和第三节“组织建设”难得分清，而且第一节题为“组织机构”，内容却主要写了组织发展、演变，对组织机构本身反而记得不够具体（如总场党委由多少人组成，委员会如何分工，分场党委总支由多少人组成，怎样分工，下面设不设工作机构，总场党委下的工作机构从何时建立，如何分工等等）。建议第一节设“组织发展”，即现在第三节的内容。所以不叫“组织建设”，是因为这个概念比较大，起码应包括组织整顿、后备干部培育、领导班子建设等。把“组织发展”写在前面，才好写机构。第二节专写组织机构。从总场党委写起，对建党委前的支部和总支，采取反顾的办法交代清楚。写党委要写清由多少人组成，怎样分工，下面设什么工作机构。然后写分场党委（总支），也要写清上面的内容。接下来写基层支部，最后写党组。

②第四节的“思想建设”和第五节的“作风建设”也难得分清，特别是“作风建设”一节，其中不少内容属于思想建设，不如合起来，以写思想建设为主，把第五节中有些内容补充进去。题目仍可叫“思想建设”或叫“党员教育”。第六节的“党内生活制度”可不单列，在“思想建设”中写进“三会一课”即可。合并后可作为第三节。

③纪律检查应列一节。尽管农场建立纪检委较晚，但从设总支时即有监察委员，纪检工作不可不记。此节可作为第四节。“统一战线工作”作为第五节，“代表大会”作为最后一节。

④“代表大会”一节在记到选举时记得不准确。如第二次党代会是这样记的“同时选举产生了党的委员会，由17名委员组成，其中常委7名”。这样记则把常委也记成了代表大会选举产生的。而实际上常委、书记、副书记都是委员会的第一次全会上选举产生的。第四次党代会的记述更直接地把常委、书记都记成了由代表大会选举产生的。原文是“大会选举党委委员13名，常委7名，曾镜冰任书记，李风鸣、赵志恒任副书记”。这就违背了党的组织原则。后面几次党代会对选举的记述也都有毛病，请务必改过来。

2、第四章的题目在公安和司法之间要加圆点，变为组合题。第一节第三目中两名工人到外国使馆要求政治避难的例子应删掉。

3、第六章“信访”中最后附的两个案例，第2个案例应删掉，因为那是发生在1992年的事，已经越限。为一个案例突破下限不值得。

4、第八章“重大政治运动纪略”中第九节“落实政策”应删掉。党的十一届三中全会后中央已宣布今后不再搞政治运动。因此落实政策不宜再作为“重大政治运动纪略”中的一节。可写入经营决策当中。

凡没提到的各章，都是提不出什么修改意见的，已提的修改意见仅供参考。

(1995年10月)

对《涉县志》稿的评审意见

作为评审稿，这是一部基础相当好的志稿，按大部类来说，地理、经济、军事、文化、民情、人物各部分已接近成熟，不需做太大的改动即可定稿。概述则有再斟酌的必要。大事记尚需完善。政治部类相对较弱，党政部分写法值得商榷。本志稿有三个优长特别突出：一是资料丰富，特别是抗日战争时期及以后，各种资料凿凿有据，无虚词敷衍。诸如抗战八年全县各种损失的具体数字；1943 年各村人口性别比的统计；土改前 134 个村各阶级占有土地状况的调查；若干附件等等，资料十分珍贵，有较高的资政、教化和存史价值。二是对特点、重点浓墨重彩，记述细致。如对缺水状况的记述，有概括，有典型，淋漓尽致，深刻感人。再如对土地改革、农业社会主义改造的记述，环环紧扣，眉目清晰。三是每卷之首均有无题小序，多数无题序写得较好，概括了兴衰起伏，彰明了前因后果，交代了历史渊源，突出了本地特点，肯定了成绩，指出了不足。此外，结构严谨、体例完备、归属得当、政治观点把握较准等，也构成了本志稿的优长。现按志稿顺序，把我看稿中发现的问题及修改意见提出来供修改时参考。

一、凡例

基本可以。有几点具体意见：

①第三条讲体裁，说采用七种体裁，其中把“图”和“照片”作为两种，却漏掉了“述”这种体裁。建议去掉“照片”一种（包括在“图”内），前边加上“述”。本条的后半部分是讲文体的。体裁与文体合为一条是可以的，但后半部分文字应修改。“概述略加评点，其余除引用古籍文字外，均为记述文体”。这句话的毛病出在中间加上“除引用古籍文字”几个字，“古籍文字”中有的有评点，有的是记叙文体，与上下文均不矛盾，“除……外”就成为毫无意义的了。建议将这一句改为“概述、无题序略加评点，其余均为记叙文体，寓观点于记叙之中，不作评论。除引用古籍外，一律用现代语体文”。

②第四条，讲大事记的作用为“贯古通今，择要辑存”，不够确切。贯古通今属断限，在第 2 条已说明，这里不必重复。“择要辑存”重点是“辑存”。“择要”当然是从全志中择要，其实不择也已辑存。接下来讲各专志“门类横排，本末纵述”，也不够全面。建议改为“大事记择大事、要事而记，勾勒历史发展脉络。各专志横排纵述，分类记事”。

③第五条开头讲“1912 年前用干支纪年”。后面行文并未用干支纪年，也不应该用干支纪年。所谓干支纪年，是以天干、地支循环搭配的纪年法，至今夏历仍用，如今年为丙子年。志书不采用此种纪年法。在使用公元纪年以前，均用历史习惯纪年法，如唐开元 XX 年，明嘉靖 XX 年，清乾隆 XX 年，民国 XX 年等等，本志稿也是这样用的。但凡例中却说用干支纪年，造成了前后矛

盾，自违其例。请改为“中华人民共和国成立前，用历史习俗纪年，括注公元纪年。中华人民共和国成立后，用公元纪年”。这一条最后讲到历史分期，既不合于通用历史分期又有交叉，讲到解放前、后和新中国成立前、后，文字不够利落，望加修改。

④第八条，“本志数字”应改为“本志数字用法”。

二、概述

概述是志书中唯一可以夹叙夹议的体裁。它列于全志之首，是志书的一个窗口，是阅读志书的向导，理解志书的钥匙。因此，概述写得是否成功，对志书质量关系极大。本篇概述力图用简短的文字，总括县情，突出特点，提炼精华，并就几个主要方面点出问题，策论方略。这些想法都是很好的，可惜未能完全如愿。涉县县情中最突出的特点是什么？是山。境内千米以上的山峰就有 350 座，千米以下的山峰不计其数。这个特点由自然形成，却规定和影响着涉县的一切方面，包括政治、军事、经济、文化和风土人情，无一不受其制约。涉县所以成为兵家必争之地，是因为地处冀晋豫之交，山险地僻，进可攻，退可守。涉县所以成为抗日根据地，同样根源于此。涉县所以长期经济落后，人民贫困，是由于石多土少，土地瘠薄，又严重缺水，其根源仍然是山。涉县文化教育事业所以长期落后，以致有些村连找个能写契约的人都困难，是受到山区落后经济的制约，反过来又影响到经济的发展，形成恶性循环，其根源还是山。涉县民风淳朴敦厚，不能不说也与山区环境的影响有关。因此，山，应该是贯穿概述全篇的一条线。看来，概述的作者对这一点是清楚的。概述的开头，即交代涉县“属太行山腹地，全境峰峦叠峙，万峰翠绿”。第三自然段又写明涉县“自古扼通秦晋、达燕赵要道，山险地僻，能攻易守”。在讲到农业状况时，也特别指出农业产量低而不稳的原因，在于境内“八山半水分半田，深山缺水，十年九旱”。然而，从全篇写作的脉络来看，作者对于以山作为一条线贯穿全部内容，又不是完全明确的。本篇概述对全境峰峦叠蜡描述并不充分，而且断断续续，中间插入了历史悠久；文物胜迹众多；民风；杰出人物等等，都未能同山紧密联系起来。在叙述经济状况时，先讲工业，也没能从山所提供的资源说起。讲城乡建设、流通领域、教育、科技、文化、卫生、体育时，也没有同山发生关系。概述的结尾，更未说到山。因此造成全篇没有一条明确的串联线，陡起陡落，形不成有机整体，结构松散。这是本篇概述不理想的一个主要问题。其次，正因为全篇未能用一条线串联起来，所以各大部类之间的关系，以及经济各部门之间的关系未能沟通，以致在各部分之间彰明因果也就无从谈起。再次，对经济状况的概括过简，而且叙述顺序不当;对教科文卫等事业更是一带而过,笼统、抽象，使人不得要领。

建议对概述做较大修改。要进一步明确把山作为贯穿全篇的一条线。具体修改意见如下：

第一自然段交代县境方位、面积、人口，何时置县，点出地处太行山腹地，接壤省、县，交通位置。

第二段集中写峰峦叠嶂，山险地僻。要写得稍详，可有一些描述。因为这是全篇展开的基础，要为后面做好铺垫。

接下来写本县历来为兵家必争之地，直至建立抗日根据地。所以要先写此项内容，一是涉县作为抗日根据地知名度很高，理应在概述中占有靠前的位置。二是后面不好插入。写根据地重点写其在中国革命史上的重要地位及对本地的影响，曾在境内战斗和生活过的领导人，不必在概述中逐一罗列，点出几位即可，其他领导人可概括叙述。

写完根据地写本县经济状况。虽然目前在全县工农业总产值中工业产值占的比重大，但农业长期是本县主业，因此应先从农业说起。叙述农业要把本县石多土薄深山缺水状况适当多说几句。然后说到旧社会历代统治者中其贪者只知搜刮，不思改善生产条件；其廉者也无力对生产条件做较大改善。所以农业生产长期落后，以致“糠菜半年粮”为世代相传。解放后，中国共产党和人民政府致力于改善生产条件。特别是依靠集体力量兴修水利，修滩造田卓有成效。改革农村经济体制之后，农业更有长足发展。同时随文导出目前存在的问题和发展潜力，策论方略。

讲完农业再讲工业。讲工业要从本县资源丰富，为发展工业提供了有利条件，是本县一大优势说起。过去对这一优势认识不足，从指导思想上对发展工业没能予以足够重视，1958 年一哄而起，并未真正发挥本县优势。工业的长期滞后，影响了全县经济的发展。直至党的十一届三中全会以后，发展经济的指导思想才逐渐明确，工业才有了蓬勃发展。同时也要指出存在的问题和发展潜力，策论方略。

商业、基础设施等也要从山区特点出发简述一段。

讲经济的最后再综合起来写一段。从头至尾不要离开“山”这条线。过去穷，穷的根源在山，今后要富起来，富的希望也在山。涉县的山，带来明显的劣势，也带来令人羡慕的优势。旧社会，涉县被劣势统治着，新中国成立后，逐步认识优劣之势，克服劣势，发挥优势，取得明显进步。可把一些综合数字写在这里，如社会总产值、国民生产总值、工农业总产值、国民收入、生活水平等等。从宏观角度看，目前本县在发展经济中存在的问题和发展潜力，可写在这里。

教科文卫体要从同经济的相互影响、相互制约的角度简述一下，并加策论。

各项事业都说完了，最后说到涉县人。从人民群众是创造历史的主人这一基本观点出发，写山区的艰苦、偏僻铸造了涉县人诚恳、淳朴、吃苦耐劳、勇于斗争、百折不挠、甘于奉献的山里人精神。可根据实际情况，分几个层次写，既可系事，也可系人。但如说到杰出人物，绝不可只说古代人物，必须说到近现代人物。光荣的革命斗争传统等，都可写在这里。历史上的成就是涉县人创造的，历史上的贡献是涉县人的骄傲。涉县要腾飞，还要靠涉县人。有着光荣革命斗争传统的涉县人一定能创造出更加辉煌的未来。

我对涉县了解太少，提不出很具体的修改意见，仅仅是设想了一个写作路子。我以为按这个路子修改，会比现在好得多。

三、大事记

本篇大事记大体上勾勒了涉县的历史发展脉络，注意了转折性事物的记载，现代部分选事面较宽，基础是可以的。但需要改动的地方不少。下面把我发现的问题不分巨细一一提出如下：

①上限问题。大事记的断限，即为全志之断限(文物除外)。本大事记上限断自周景王贵二十五年(前520)，至汉高祖刘邦元年(前206)置涉县，中间隔了314年，共有五个事条，其中春秋时期只有一条，战国时期的四条，都是攻伐。有无必要把上限断得那么远？断自置涉县之时(汉高祖刘邦元年)如何？请酌定。

②记事不完整。大事记记事，不记则已，记必有头有尾，交代清楚，不可中断。如记临水县治迁移，南北朝时期最后一条记“建德六年(577)临水县治移故涉城”(“建德”前应加“北周”，

南北朝时期最乱，不能只记年号），隋开皇七年(587)又记临水县治迁至境内西戌。而隋开皇十年（590）又迁回故址临水却未记，紧接着记了“十年复置涉县”。由于没有记完整，岂不成了复置涉县后临水县仍在涉县境内？后面类似这样有头无尾或有尾无头的现象也有一些，如团代会，记了第二次而未记第一次，第一届人代会记了第一次会议和第三次会议，而未记第二次，望修改时仔细检查。

③与专志记载不一致。民国27年(1938)2月9日的一条，记建立八路军地方工作团，后面加了个括号，注明“即县委”三字。地方工作团在县委成立前可能做些县委应做的工作，但不能说“即县委”，这样说是不符合党章的，本志中国共产党部分也没有这样记。接着有一条记“2月，涉县工委（县委前身）在刘家庄成立”。中国共产党部分记的是3月，不知哪个对。还有，1949年11月有一条记涉县各界代表大会开幕，大事记记的是11月26日，“代表大会”章中记的是11月15日。这届代表大会的第二次会议召开时间，大事记记的是1950年2月4日，“代表大会”章中记的是2月3日。不知哪个对，请核对。

④重复记载。1951年8月的一条，记第一届各界人民代表大会（应是各界人民代表会议），已明确记载“大会选举产生了各界人民代表大会常务委员会”，1952年3月，又记了一条“县各界人民代表大会常务委员会成立”。

⑤重大事件记载过简。生产资料所有制的社会主义改造被江泽民同志称为我国历史上最伟大、最深刻的社会变革。而本大事记对初级农业生产合作社只记了第一个，再无下文，直至完成高级合作化，从大事记中找不出全县有多少初级社。而对手工业和私营工商业的社会主义改造，只在1956年6月记了一条“基本完成”。

⑥未把握好记述重点。记历届人代会，均只记了选举结果。未能把重点放在决议上。而决议更能体现人代会是最高权力机关。

⑦记述不规范。对历次党代会的记载，均把选举委员和选举常委、书记连起来写，好像常委、书记都是代表大会选举的。实则常委、书记是在委员会上产生的。应一律改过来。有的还把“次”写成了“届”(如1961年的第三次党代会)。党代会按次，不按届，委员会才按届，不能搞错。

⑧有些事可一笔记完。如反右派，1957年9月和11月就分别记了两条，而且没有记定了多少右派分子。1979年又记了一条为右派分子落实政策。像这样的事，可将开始、结果、平反情况一笔记完。

⑨有些事不宜写在一条。如1979年2月4日的一条，前边记县召开三级干部会，贯彻中央十一届三中全会精神，全党工作重点转到社会主义现代化建设上，中间连个句号都没有，紧接着记“开始为地主、富农摘帽”，好像为地、富摘帽是党的十一届三中全会上可与把全党工作重点转移到社会主义现代化建设上来相并列的一项重要决策。应把为地、富摘帽另写一条，最好记上摘帽人数。

⑩有些事条文字不通顺，有语病，如“运动扩大化”“大会做出1950年农业生产计划(草案)的报告”“区委以下设立95个乡”……，望认真推敲、修改。

由于本志稿基础较好，本无很多意见要提，再加上看得粗，有些应该修改的地方可能未被发现，所以对各专志不再分卷逐一点评，只按大部类提些修改意见。

四、地理(包括人口)

地理及人口都写得很好，只提几个零碎问题：

①建置卷中第二章“建置沿革”的上限应与大事记一致。如大事记上限改从西汉初开始,建置沿革中西汉前的部分则应删掉。现稿西汉以前只有几行字，如保留则有两个问题，一是开头所记“新石器时代，境内已有人类聚居”，这既不属建置，更无隶属关系，不宜在此处记载。二是接下来记“夏、商、西周，属冀州域”，无根据。西汉之前，我国无州的建制。西汉始有州，是监察区，至东汉州才实为一级。所谓夏、商、周属冀州，是按《禹贡》的九州说推演的。《禹贡》一般认为是战国时期的作品，所说的九州，是对我国全域的大体划分，并无明确界线，也不是行政区划。所以说西周以前属冀州是无根据的。建议从西汉写起。

②建置卷第四章介绍乡镇简况，如能增补各乡镇下限年的人均收入，会更好些。

③人口卷第一章所附“历代村庄、人口表”，称“历代”不妥。“历代”包括所有各代，而这个表仅从北魏至民国，可改为“北魏至民国几个年份人口表”，“村庄”一项只有清嘉庆二年（1797）一个数，可去掉。

④人口卷第五章“家庭”中的第二节，题为“构成”，不明确，按内容，讲的是家庭类型和规模，不如改为“类型及规模”。按要求，讲家庭类型应分为核心型、单身型、扩大型和其他型，如无具体统计数字，按现在的写法也可以。本章第一节是讲婚姻的，按要求应有初婚年龄、结婚率、离婚率、婚姻状况(包括未婚人口状况，有配偶人口状况，丧偶人口状况，离婚人口状况，

再婚人口状况)。这些对深山区更为重要，如有资料，应予补充。实在无资料只好作罢。

五、经济

这个部类分量最大，总的看来写的是好的。特别是讲生产关系变革的部分，写得相当好。提出如下问题：

①应补充宏观经济内容。所谓宏观经济内容，包括国民生产总值，工农业总产值，社会总产值，国民收入，经济结构(产业结构、投资结构、积累与消费结构)等等。这些内容在经济部类农业、工业等各卷中均无法记入。然而，这些都是反映全县经济总貌的，缺了这些内容，即使翻遍全志也无法求出这许多综合数字。所以这些内容必须补充。补充的办法有两个：一是单设一卷，题目可标为“经济总情(貌)”，分项写出上述各项的历年变化。如单独设卷，还可考虑把生产关系变革(包括农业、手工业、私营工商业的社会主义改造)、社会商品零售总额、居民生活移入此卷。二是把综合经济状况写入计划管理章。究竟用哪种办法请酌定。

②农业第二章题为“农业体制”，不确切。这一章无论在“农业”卷还是归入“经济总貌”卷，题目都应该改。因为“体制”一词只能说明组织制度和管理权限，而不能说明所有制，土地改革是消灭封建土地所有制的一场深刻革命，用“体制”一词是无法涵盖的。建议改为“生产关系变革”。这一章下还有几个具体问题：1. 有几处文字不准确，如把贯彻“五四指示”精神简化为贯彻“五四”精神；把解散食堂说成“下放食堂”等等，望注意修改。2. 记到开展“三查”运动，应写明是根据上级指示，不要

使人误解为是地方决定。“三查”的时间在《中国土地法大纲》颁布之后，一般是1947年冬开始的，现稿虽未写明时间，但按行文顺序是在1947年2月以后，8月以前。恐怕是弄错了。3.陶鲁笳那篇《从更乐“左”倾盲动错误中应汲取哪些教训》的文章，全文24000字，要不要附这样一篇长文？我以为不附为好。请酌定。4.整个农业部分只记了产出，未记投入，看不出成本和效益，应予补充。如无全县的综合情况，用典型材料也可。

③工业卷写得基本可以。有几点意见：1.第一章“工业体制”的题目应该改一下，理由前边已说过。建议改为“所有制构成”。2.第17页中间有1979年贯彻“有水快流”精神的提法。我记得“有水快流”是胡耀邦同志1986年左右视察河北时提出来的，不知1979年涉县有无此种提法，请核对。3.第六章最后所附“工业名优产品介绍”，建议入正文，可单列一章，题目可标为“重点厂矿及名优产品”，把重点厂矿也在这里介绍一下。4.这一卷从第二章到第六章都是分别讲的各工业门类，全卷没有写企业管理，这是一重大缺漏，望能加以补充。最好能有企业经济分析，使人能看出企业的经济效益。

④商业卷写得较好。有两点意见：一是第一章的题目建议改为“商业结构”，理由同上。二是建议把第四章的集市贸易移入第一章“商业结构”中。如有专业市场也应在第一章单列一节记述。

⑤财政税务卷基本可以。有三点意见：一是卷下无题序第一段，讲“历代政府……不管年景丰欠，疫情灾患，苛征钱粮，期额不缓”。“这样提太绝对化了”。历代“包括所有各代，本不宜一概而论。即使在旧社会，统治阶级为缓和阶级矛盾，维护自己的统治，有时也免征、减征、缓征钱粮，并不全是“期额不缓”。建议修改的分寸适当些。税务章第一节第一段说税收集中上缴国

库，“以供非生产者费用”也不全面，应删掉最后八个字。二是税务章第一节第二段说“唐代改力役为庸，统称租、庸、调”，这是对的。紧接着说“所征物品分秋、夏两次上缴”，则不准确。并非整个唐代都是分夏、秋两季征收，唐德宗之后才实行两税法。建议将这句话改为“唐德宗后，新征物品分夏、秋两季征收，称‘两税法’”。接下来说“万历时将赋役合并，折征丁银和地银，称‘一条鞭法’”，时间不对，“万历”应改为“嘉靖”，中间还隔了“隆庆”。这段最后讲完清乾隆二十三年（1758）的改动之后，可加上“光绪年间又陆续开征附税”。三是第三章第三节中应增补税收减免的内容。

⑥金融卷尚可。只是第三章第四节的“债券、国库券”同“财政”章中第五节重复。一个办法是“金融”中删掉此项内容；另一个办法是留在“金融”中，单列一章，题目可标为“代理业务”，并把代管金库也补充在这一章中。“财政”中则删掉“公债国库券”一节。请酌定。

⑦综合经济管理卷分七章，其中第七章“经济协作与投资项目”是从本县实际出发而设置的，是多数县志中所没有的。这一章设得好，记述虽然简单，但时代特点鲜明。其余各章多数也是写得好的。提两点意见：一是“物价管理”章中虽设了若干年份的农副产品价格表和常用工业品价格表，但由于两个表的年份并不完全对应，加之表格不会说话，还是看不清工农业产品的交换比价，最好能单设一节交换比价，以看出剪刀差的变化情况。在物价调整和监督中，主要讲了商品物价，对工价和收费的管理涉及甚少，而工价和收费又往往是群众十分关心的，如农事工价、工匠工价，非商品收费（如电费、水费、房租、运费）、事业性收费（如医疗费、文娱费）、服务性收费（如理发、洗澡、住宿、照相、牲畜配种），也应写出历史演变及管理特征。二是第六章

只记了计量管理，而未记标准化管理。随着市场竞争的日益激烈，特别是同国际标准接轨，标准化管理越来越重要，不可不记。

六、政治

比较起来，这个部类弱一些，党政部分最为明显，其中值得商榷的问题不少。“劳动人事”“民政”写得较好，提不出什么意见。现就其他几卷提出如下问题：

①革命根据地卷记述充分，资料十分可贵。但分量大了些，不少地方同相关各卷重复，应适当压缩。凡重复的地方，应以相关专志为主，本卷简略概括，一般不要采取互见的办法，尽可能在提炼上下功夫。第三章第三节“政治纪念活动”中开头即记的是民国 30 年（1941）举行的一二九师全军运动大会。运动会不属“政治纪念活动”，更不是“重大政治活动”。为刘伯承师长祝寿也很难说是政治活动。放在“重大政治活动”章下似有不妥。如保留，建议将第三章拆为两章，一章题为“重要会议与决策”，收入现在第一、二节的内容。另一章题为“运动会及纪念活动”，收入现在第三节的内容。删掉此项内容亦可。本卷涉及众多党政军领导人和重大历史事件，分寸把握是否适当，最好请知情的有关领导同志审查把关。

②把“公安司法”和“民政”两卷放在“军事”卷之后，按大部类来说就被军事隔断了。当然，有把军事归入政治部类的，也不是不行，但属于政权工作的还是放在一起才顺。建议将“公安司法”“民政”两卷移在“军事”卷之前。

③把“中国共产党”作为一章，排在小编法的第二层次，我以为是位置低了。固然，按以类系事的修志原则，把政党作为一

类，原也无可挑剔。然而，一部志书是一个整体，既然从大农业中可以剖分为农业、林业、饲养业而各为一卷，为什么中国共产党就只能归入政党类而成为一章？单以政治部类来说，劳动人事、民政为卷，而领导一切的中国共产党却是卷下的一章，也存在一个摆不平的问题。所以我主张把“中国共产党”作为一卷，即排在第一个层次。这样排带来的问题是中国国民党如何处理。插入别卷是不可能的，只能单设一卷。题目可标为“中国国民党及所属社团”，把三青团也写在这里，如有旧商会等社团也可列入此卷。现在的“社会团体”卷，题目可改为“群众团体”。“中国国民党及所属社团”一卷的位置应该移在群众团体之后。

④现在的“中国共产党”部分分剖不够合理。第一节为“组织建设”。组织建设是党的三大建设之一，既然第一节设“组织建设”，那么与之相对应，下面就该有思想、作风建设，可是下面恰恰没有这项内容。既然题为“组织建设”，起码还要有党组织的整顿。如果把组织建设写全了，连干部工作也可包括进去，这部分就会膨胀起来。再说第二节题为“党的领导”，这是一个很难界定其内涵的题目。而且，本来单设了一卷“党政要事”，这两者是很难分得清的。第三节称“部门工作”也不合适，无论干部工作、宣传工作、农村工作，还是纪检、统战，虽由党的一个工作部门分管，但就这些工作来说，都是全党的工作，而不能简单称之为部门工作。所以，建议重新作如下剖分：一是地方党组织的创建与发展，现在的稿子对地方党组织的创建过程记得相当清楚。记发展着重在记党的队伍的发展，要记出各个不同时期发展党员的重点，党员构成的变化，直至下限。二是组织机构。先写县委，要写出县委机构的变化（从无常委会到有常委会，设、撤书记处，年龄、文化构成等）。接着记县委的工作部门（只记机构，不记工作，连办公室、老干部局、党史办等都要记）。再

往下记区委。把区委记入“基层党组织”是不对的。党的第七次代表大会以前，区委是作为县委以下的一级存在的。“七大”党章已无区委。保留区委（工委）的地方，是作为县委的派出机构存在的。即任何时候都不是基层组织。所以要单写。区委以后再写基层党组织。三是整党整风。记历次党组织的整顿。四是党员教育。包括集中训练，党员辅导站，平时教育，三会一课等等。五是历次代表大会（要把选举程序写清）。六是宣传工作。按宣传队伍（包括宣传员、报告员）、宣传形式、宣传内容三个层次写。七是纪律检查。八是统一战线。这样分剖，把现在的四项分成了八项，增加了“整党整风”和“党员教育”两节，减掉了“党的领导”一节（干部工作可并入人事）。那么，如何反映地方党组织特别是县委的核心领导作用呢？有两种办法：一种办法是单设一项“重要决策”。不是像现在“党的领导”一节这样，按时间顺序写各个时期的主要工作过程。这样写的缺点是不易写全，漏项则会引来挑剔；读来比较沉闷，不易引人入胜；由于各项主要工作都是中央或上级党委统一部署的，同周围各县大同小异，地方特点不鲜明，不易看出本县党组织的领导作用。从决策角度写，可选择那些能够反映时代背景的、在本县影响较大的、地方特点鲜明的典型事例来写，就像《武安县志》那样，以小见大。这样写选择余地大，没有漏项之虞，生动好读，特别是能较好地体现本县党组织的核心领导作用。如果设“重要决策”，政府部分则应设“政务”，现在的“党政要事”则应去掉。另一种办法是党的部分不设“重要决策”，政府部分也不设“政务”，而是像现在这样设一卷“党政要事”。可以分时期写，但每个时期也要有选择地写几项主要工作。为了避免同相关专志重复，可以概括地写，尽力突出地方特点。究竟用哪种办法，请酌定。如设“党政要事”应排在“群众团体”之前。

⑤政权卷把政协也包括在内不妥。政协是统战性质的参政议政机构，即政治协商，民主监督。尽管政协曾一度代行人民代表大会的职权，但它本身的性质不是政权。在县志中政协独立成卷又显得单薄。本志既然用中编法，可以同政权组合成卷，但题目要标组合题，即“政权、政协”。这一卷还有几个具体问题：1. 在实行人民代表大会制度之前，涉县先是有“各界代表大会”，1951 年 8 月以后才有各界人民代表会议，不知为什么。各界人民代表会议是按“共同纲领”执行的，一般都从 1949 年开始，不知为什么涉县分为两段。按照“共同纲领”，称各界人民代表会议，而不称各界人民代表大会，不知涉县为什么称各界人民代表大会。如果是记错了，千万改过来。2. 第一章的题目标为“代表大会”，前面应加“人民”二字，作为章的题目，不可这样简化。本章第七节“人事任免、调查视察”，只是记了人大常委会的职能，未记实行结果，应补充。3. 第二章第一节“县署”，在内文中“县署”二字有时作为机构，有时作为办公地，眉目不清，请写明确。

⑥社会团体卷。建议将题目改为“群众团体”，第一章第三节“妇女组织”中所附“朱坚烈士身世介绍”应删掉，可在“人物”卷中立传。碑文则可不要。

⑦在政治部类中未记外事、侨务、旅游、档案，属缺项。这几项工作除档案可在“文化”卷设一章外，其余各项只能在政治部类。不知涉县有无侨务工作，外事、旅游情况如何，如果基本上没有什么内容，可不单独列项，如内容较多，则可归入政府部分，作为一节。

⑧公安司法卷基本可以。卷下无题序开头写“明代，司法机构有察院、按察司、典史等；清代，废按、察二院”。不知是根据什么资料这样写的。我手下工具书甚少，但据我所知，明、清

两代县一级只有巡检负责地方治安等事，并无察院、按察司。建议各章只记人民政权的公安司法，而不把旧社会的公安司法同人民政权的公安司法连起来写。两个不同政权下的公安机关的专政对象根本不同，机构、工作范围也不同，除少数工作项目类似外，多数无法连着写(如扫黄)。而且，对旧公安司法又掌握资料不多，只在最后附上机构即可。

七、军事

这一卷写得很好，资料丰富，记述有深度。建议去掉“涉县天门会活动实事”“一二九师征战纪实、响堂铺设伏”两个附件，正文中已有简略记述，不必再详。民兵章中80年代后的民兵和基干民兵的绝对数可删掉。另，第4页第2行记“同治五年(1866)捻军窜扰豫直两省”，显然是引用了旧资料，“窜扰”词照抄过来不妥，应改为“活动于”。

八、文化

这个部类各卷写得都比较好，只提几个具体问题：

①教育卷第二章第二节“小学堂校”中开头说“清光绪二十八年(1902)，废科举，兴学堂，倡新学”，不准确。光绪皇帝下废科举诏是在光绪三十一年(1905)，这里提前了三年。但兴学堂，倡新学确实是在废科举之前已开始。为了准确起见，这句可改为“光绪二十八年(1902)兴学堂、倡新学，随后又废除科举”。本章第三节中两处提到教育方针，第9页说“民国30年(1941)，

漳北办事处(即太行第五专署)提出‘学校教育要走上正规化’的教育方针”。第12页说“1953年，据中共《整顿、巩固、重点发展、提高质量、稳定前进》之教育方针”，但这都不是教育方针。所谓教育方针，是指教育的目的和对教育的基本要求。如1957年毛主席提出的“我们的教育方针，应该使受教育者在德育、智育、体育几方面都得到发展，成为有社会主义觉悟的有文化的劳动者”，1958年国务院提出的“教育必须为无产阶级政治服务，必须同劳动生产相结合”，还有清末提出的“忠君、尊孔、尚公、尚武”这才是教育方针。第9页和第12页所提的只是办学要求。

②科技卷最好能补充科技体制改革的内容。

③文化卷第一章“文化团体”中第三节为“电影”，第五节为“戏剧”，题目均未从团体的角度去标，同章的题目无法对应。应改为“电影放映单位”“戏剧演出团体”。

九、民情

两卷内容都写得很好，建议把“民俗风情”卷的题目简化为“民情”，比之民俗风情涵盖面更宽，否则无论是“民俗”还是“风情”，都不足以涵盖“生活”和“宗教”。第一章“生活”中写到旧社会务农人员生活，就概括叙述来讲，已经较为具体，如能补充一些典型材料，如地主一年的收支情况，贫雇农一年的收支情况，则会更好。写好旧社会的生活才能同新社会形成鲜明对比，显示社会主义制度的优越性。在“习俗”章中，如能补充商俗和娱乐俗，就更全面了。

十、人物

这一卷所立36个传，古今比例合适，事迹较生动。只提两点：一是人物传不必按古代、近代分为两章，甚至可以不分章，只标明“人物传”和“烈士英名录”即可。现在分在“近代人物”章中的大部分属现代人物。二是戚学标传中不必再全录《回头想》中有关涉县的内容，摘其要者简述几句即可。

另，建议删掉“志余”中的“重要领导视察”。一则有些重要视察（如周总理视察）在大事记和有关章节已记，二则省级领导到涉县检查工作属正常工作范围，不必特别记载。

由于时间紧，看得粗，提出的意见仅供修改时参考。本志稿基础好，需要较大改动的地方不多。经过评审后再加工，一定会成为一部优秀志书。

（1996年5月）

对《唐山市志》稿的评审意见

在讲对志稿的评审意见之前，先谈一点题外话。我想说的是市志难评，其所以难评，首先是由市志难修带来的。比起省志和县志来，市志的编修没有多少旧志可资借鉴。这并不是说旧志当中没有城市志。从我国古代即有了城市志，当时称之为都邑志。我所能够查到的，汉代有《长安图》《西京黄图》，宋代有《长安志》《建康志》《临安之志》，元代有《金陵新志》，清代有《日下旧闻考》，近代有《天津志略》《首都志》(指现南京)《胶澳志》(指现青岛)《上海市自治志》《武当要览》《昆明市志》《新南京志》《南京小志》《北京市志稿》等等。不仅数量很少，而且都是只记城区，大体都是城廓、坊市、官署、宫观、寺庙、学校、邮驿、关隘、园亭、古迹之类，与现在的市志不可同日而语，更没有市管县之一说，借鉴价值不大。正因为旧志中城市志极少，旧时代关于修志的论述中除论及各类志书共性的课题之外，专论府、州、县志的都有，惟独没有见过专论城市志的。所以市志的编修所能参考的旧志理论也有限。再加上城市功能的多样性和复杂性，市志的编修难度是比较大的。市志编修中的难度，同样是市志稿评议中的难度。我所说的市志难评，关键还不在这里，而在于目前对实行市管县体制的市志如何记属县没有比较一致的认识。就主要观点来说可以概括为三种：第一种认为，市管县的市志要像省志一样记县，否则就不能表现一个完整的区域，更不能反映市管县的体制变化。第二种认为，市志主要应该记城市，对属县除在政区、建置中加以记载之外，可另设一项“各县概况”，如全面延伸到县，则会影响城市特点的鲜明。第三种认为，实行市管县体制，是行政管理体制的重大改革，其目的在于更好地发挥城市中心作用，不记到县，无法体现这种作用。但市与省、县不同，除了属县之外，还有城市这个经济实体和社会实体，因此记城市与记属县不能平分秋色，而应当详市略县，对属县的记述着眼于宏观内容。这三种观点各有其道理，又都各持己见。为了深入探讨市志如何记述属县的问题，省志办曾于 1989 年在唐山市专门举办了有关省内各省辖市市志办主任参加的研讨会。会上虽然较详细地分析了各种记法的优缺点，并产生了一个纪要，但对市志如何记属县仍未取得完全一致。从目前已出版和即将出版的《那郭市志》《秦皇岛市志》和《唐山市志》这三部省辖市的市志来看，对属县的记法恰好是三种不同类型。《秦皇岛市志》基本上是按第一种观点处理的，在“凡例”中即已明确以三区四县为记述范围。虽然在某些方面对三个市区有所侧重，但总体上是把三区四县作为一个完整区域记述的。《唐山市志》则大体上是按第三种观点处理的。在“凡例”中也明确“以现行行政区域为空间记述范围”，但接着规定“详市略县，对属县记述内容，立足于宏观反映全市整体面貌，视事业主体所在而定”。《邯郸市志》在“凡例”中没有提记述范围。从内容看，虽然记到了邯郸、武安两个属县，但分量很小，有不少竟完全未涉及属县，看来类似于第二种观点，但却没有单设属县概况。既然没有统一要求，大家都在探索之中，不但为市志的编修带来了困难，也为对市志的评议带来了困难。如果说修志者只能按自己的观点去修，那么评志者也只能按自己的观点去评。我尊重第一、二种观点，赞同第三种观点。这是事前需要申明的。

下面归入正题。

对《唐山市志》稿，我只是粗阅了一遍。因为部头太大，如全部细看，时间不够。我看得比较细的有概述、大事记、人口、唐山大地震、综合经济、工业、农业、重大政治活动、中共唐山地方组织、文化艺术、新闻、家庭、人民生活、人物传，还有每个专志前的概述。其余部分只是浏览了一遍。看后，我认为这是一部编写得相当好的志稿。作为评审稿，其中不少部分已基本成熟，稍加完善即可定稿。

评价一部志稿的优劣，一般都从观点是否正确、体例是否规范、资料是否翔实、文字是否流畅这四个方面加以衡量。纵观唐山这部志稿，除个别部分资料不够丰富、文字略显粗糙外，就其整体来看，上述四个方面都是合乎要求的。真正做到这四个方面全部合乎要求固然不易，即使做到了也仅仅是合格，而不足以说明可以成为佳志。因为这四个方面无法说明对志书的更高要求，诸如：地方特色是否鲜明？整体性如何？是否记出能够说明事物本质的深层次内容？就市志来说，还有是否体现了城市功能，对属县的记述是否得当等等。根据这些高标准要求，我想谈谈这部志稿给我留下印象较深的四点。

一、追本溯源。本届修志不是承接旧志下限的续修，而是创编贯通古今的社会主义新志，所以，大部分志书在“凡例”的“断限”一条中都写明“追溯发端”。然而就我看到的志书和志稿来说，真正做到“追溯发端”的却是极少。唐山这部志稿不仅做到了“追溯发端”，而且从宏观到微观，追本溯源，交待清了各项事业的来龙去脉，兴衰起伏。以经济部类为例，“综合经济”一篇就是从宏观上追本溯源的，这一篇从新石器时代已有农耕记起，叙述了商周时期手工业和铸造业的兴起。至战国时期当地已成为燕国的富庶地区。秦汉时期驰道贯通，农桑、渔牧兴旺，盐铁生产已具规模。隋唐以后，人口大量增加，经济迅速发展。辽代大规模移民于唐山周围，奖励农桑，开放南北贸易，当地经济日益繁荣。元朝建都燕京，唐山一带遂成经济腹地，兴修水利，开辟水运，加大农业投资，发展盐铁生产。但由于民族歧视和阶级压迫日重，加之后期战事频仍，严重影响了经济发展。明初再次大量移民于此地，并采取免税三年政策，促进了农桑业发展，盐业、采矿业、冶炼业、陶瓷业、造纸业都有长足进步。清初，王公大臣“跑马占圈”，摧残了农业经济。中期清王朝为缓和民族矛盾，奖励垦荒，兴修水利，开发矿业，大兴工商，经济得到复兴，出现了一批经济繁荣的城镇。清末，阶级剥削与政治压迫日甚，加之帝国主义侵略，经济遭到破坏。以上是我从志稿“综合经济”中叙述古代经济那部分摘出来的一些内容，虽然挂一漏万，但从中仍可看出本志稿是怎样追溯发端，记述经济发展脉络及其兴衰起伏的。“综合经济”中对近代经济状况的叙述，则从煤炭资源的开发说起，着重说明煤炭工业的发展如何带动了铁路建设，带动了其它工业，带动了商业、金融业、服务行业等等，以致由此发展为多功能的经济中心。同时叙述了作为经济中心的辐射力与凝聚力。对新中国成立后经济状况的叙述则更加具体，是按国民经济恢复时期和几个五年计划分阶段叙述的。这样就把整个现在唐山市境域从古到今的经济发展脉络从宏观上叙述清了。这才是真正的追本溯源。“综合经济”全篇不算表格共32000多字，其中古代部分只有3000多字。但我们可以想象，这是以大量资料作为依据，经过精心提炼、概括才写得出来的。让我们再看看微观上的追本溯源，即对每个行业、每项产业、每项事业的追本溯源。以开滦煤矿为例，在“开滦煤矿”专志下的“概述”中，从唐代以后至清代晚期的手镐刨煤、辘轳提升、人背运输记起，叙述了清光绪四年创办官督商办的开平矿务局，采取西方凿井技术和采煤工艺，开创中国机械采煤之先河，到帝国主义以欺诈手段强占开平煤矿，从中攫取巨额利润，再从滦州官矿的建立，开平、滦州两公司的拼死竞争，到“以开吞滦，开、滦合并，生产大增，独占向日本出口权，垄断国内大部市场，再从日本侵略军占领开滦，掠夺煤炭，到日降后国民党政府接收开滦，生产滑坡，直至唐山解放后开滦面貌的日新月异。中间记述了多次驰名中外的开滦煤矿工人大罢工。俨然是一部简略的开滦煤矿发展史，其它如冶金工业、电力工业、陶瓷工业、建材工业、机械工业及盐业等等，莫不从其发端记起，叙述了兴衰起伏的全过程。再以文化部类的“文化艺术”专志为例。在记到“表演艺术”时，先从宏观上追溯发端。从唐山地处汉民族与满、蒙少数民族接壤之区，又有沿海通商，所以南北文化不断交流、融合说起，然后叙述到宋、元时期已建有曲巷、戏楼，再说当地民间各种曲种、剧种的产生、演变和发展以及外地艺术形式的传入。使人们可以从中看到当地各种表演艺术的源头。然后对每一表演艺术种类再追本溯源。如评剧，记述了从清末民初流行于当地民间的“蹦蹦戏”“平腔梆子”“莲花落”，怎样逐步演变为“评剧”。其中对著名戏班、著名演员、剧目以及曲调、音乐的演奏都有记载，对评剧创始人成兆才更是浓墨重彩加以记述。

以上仅仅是举了几个例子。唐山这部志稿的各个部类各个专志，都较好地追溯发端，成为本志稿的一个特色。

“追溯发端”，属于断限，即断自何时起，限至何时止。不少修志者重视下限而忽视上限。在大事记、建置沿革中，上限尽可能向前追溯，以显示本地之古老。而记述产业、事业，又往往将上限随意后移，乃至从新中国成立前后记起。作为贯通古今的社会主义新方志，“追溯发端”绝不只是个时间概念，它对志书质量有着重要意义。首先，只有追溯发端，才能正确地反映事物发展过程的兴衰起伏。不少志书在记述到新中国成立前各项产业、事业时，往往以“落后”一言以蔽之。如记工业，多是用“解放前工业基础十分薄弱”一语带过。记农业，则是“解放前由于封建土地制度的束缚，反动阶级的政治压迫和经济剥削，农业生产十分落后，产量低而不稳”，记文化，则是“解放前由于经济落后，文化事业很不发达”……如此等等。这样的记述，不仅历史被简单化了，本地的特点也没有了。旧社会同新社会比，各方面都落后，这似乎并不错。但是，各种事物在其发展过程中都有兴有衰，有起有伏，在不同地区又有不同表现，以“落后”一言以蔽之，严格说来，违背了历史的真实。只有追溯发端，记清其历史的兴衰起伏，才能完整地、真实地反映历史。其次，只有完整地记述事物的发展过程，才能有比较，有比较才能有鉴别，从比较和鉴别中，人们才能通过活生生的事实认识为什么“没有共产党就没有新中国”，为什么“只有社会主义才能救中国、发展中国”。对旧中国用“落后”一语带过，记到新中国时尽管用了许多“迅速发展”“突飞猛进”等褒奖语言，也会显得苍白无力。再次，志书作为信息载体，是以资料取胜的。只有追溯了发端，记清了兴衰起伏，才能提供完整的信息，才能为各学科专家的研究工作提供系统的资料，志书才具有较高的学术价值。唐山市志稿在追本溯源方面做得应该算是出色的，出版之后一定能成为一部学术价值较高的志书。

二、突出重点。一部志书门目众多，记述上不可能平分秋色。突出重点，既是分清主次的需要，也是体现地方特色的重要手段。所谓地方特色，即特殊性，大则是唯我独有的事物，中则是明显优于或劣于其他地方的事物，小则是同其他地方的差异。在一些县、区，地方特色表现为单一的。例如灵寿、涞源、涉县等县，其基本特色就是全山区。在这些县，过去穷，穷的根源在山，今后要富，富的希望也在山。山是规定着和影响着这些县一切方面的特色。因此这些县只要紧紧抓住山所带来的优势和劣势，围绕着开发山的优势，克服山的劣势去写，就是抓住了最本质的特征，地方特色就会十分鲜明。再如北戴河区，休疗养和旅游是其基本特色。没有休疗养和旅游，也就没有现在的北戴河区。休疗养和旅游制约着这个区的一切方面，也是这个区一切工作的中心。这个区的志书只要全方位地体现这个中心，地方特色就十分鲜明。而省和大中城市由于其综合性强，地方特色一般是表现为多方面的。因此，省志和大中城市的市志体现地方特色的基本办法是突出重点。唐山这部志稿就是这么做的。而且做得很得体。他们采取了三种办法来突出重点。一是适当升格。如唐山大地震，这是震惊世界的一场大灾难，自然成为唐山的一大特色。本志稿把记述这次大地震从“地理”专志的“自然灾害”中分离出来，在“总类”中单设了一个专志加以记述。按志书体例的要求，这样做有点打乱了隶属关系。因为在“地理”专志中专有一项“自然灾害”，地震属地质灾害，本应归入“自然灾害”项下。如果按常规处理，一则，这场震惊世界的大地震即被安排在“地理”专志的第三个层次中了，连志书目录中都无法显示，这显然与这次大地震的影响极不相称。再则，“唐山大地震”专志，从“前兆、震征”记起，中间有“地震参数、震害”“抗震救灾”“地震地质及地震历史”、直至“测报、预防”和附件，共用了15000多字，在“地理”志的一个目中怎能容纳得下这么多内容？所以，做升格处理是适当的，必要的。由于本志稿设了“总类”这个大部类，把“唐山大地震”归入“总类”，并不存在归属不当的问题，反而使“唐山大地震”这一重点显得更加突出了。二是排位优先。采用升格的办法突出重点，毕竟是个别的，而在排列位置上把重点项目在不打乱时序和制约关系的前提下往前排列，则是大量的。例如城市建设在县志中称为“城乡建设”，一般被视为经济部类的组成部分。在县志中其序列位置多排在农业、工业、商业及交通邮电之后。作为市志，由于城市建设的重要性，一般都排在经济部类的最前面。《秦皇岛市志》即排在“经济总情志”之后，其他志之前。《邯郸市志》排在了工业志之后。唐山这部志稿却把“城市建设”排在了经济部类之前的“总类”中，位置之显赫可与“唐山大地震”相提并论。这是因为，唐山的城建不仅具有一般城市的那种重要性，而且由于唐山大地震使百年城市毁于瞬间，新的唐山市是在一片废墟上重新建设的。这种特殊性决定了在志书的序列位置上应该给予特殊处理。再如“开滦煤矿”，也是一种特殊处理。开滦煤矿对唐山具有特殊意义。唐山就是由于有了开滦的煤炭生产才逐步发展为市的，没有开滦，就没有唐山市。开滦煤矿是我国开发最早的煤炭企业，开了我国机械采煤的先河。直至目前，仍然是我国最大的炼焦煤生产基地，在我国煤炭生产史上具有特殊地位。正因为如此，“开滦煤矿”被排在了工业门类的第一位。工业门类共有十四个专志，其中十二个专志都是按工业行业分设的，如“冶金工业”“电力工业”“陶瓷工业”等等，为了突出开滦，惟独没有设煤炭工业，而是把煤炭工业分成两个专志，一为“开漆煤矿”，二为“地方煤矿”。顺便说一下，以矿名命题，容易造成记述的是企业而非煤炭生产的误解，建议把这两个专志的题目分别改为“开滦煤炭工业”和“地方煤炭工业”，这样就同工业门类的其他专志一致起来了。又如皮影、乐亭大鼓、评剧、唐剧。这些都是唐山土生土长的艺术表演形式。除唐剧诞生较晚，流传面不广外，其余三种表演形式早已流传于京、津以及东北三省等广大地区。这是唐山的又一特色。为了突出这一重点，本志稿在“文化艺术”专志中，特设了“表演艺术”一项，而且作为“文化艺术”志的第一项，分别记述了皮影、乐亭大鼓、评剧、唐剧的产生、演奏、表演团体、人材培养等等。三是记述从详。以排列位置优先来突出重点是有局限性的，一个部类，一个专志之下只有一个第一位，不可能所有重点都排在第一位。例如这部志稿中的工业门类，“开滦煤矿”被排在了最前面，但在唐山市的工业中具有明显特色的不只是开滦煤矿。其他如冶金工业、电力工业、陶瓷工业、建材工业、机械工业、纺织工业，在我国工业发展史上都占有重要地位。然而，这些工业不可能再靠排位的办法加以突出。这部志稿采用的办法就是记述从详。记述从详是比较而言的。志书中的每个专志都必须记述完备。但在各专志之间绝非不明主次，不分轻重。“详独略同”，是编史修志的一般原则。本志稿对具有特殊意义或具有独特之处的产业、事业，记述都较为详细，其中又特别注意详记其独特之处。例如冶金工业，按其规模和生产能力，比不上全国许多地方，但其历史悠久，早在2000多年前的汉代，今唐山境域已有炼铁业，明初遵化铁厂村一带已有官办铁厂。至弘治年间已有炼铁炉25座，铸造炉50座，年产铁、钢104吨。至民国10年已有电力炼钢炉，民国10年炼出了华北第一炉钢。至目前，钢铁生产能力虽不及一些更大的钢铁企业，但地方铁矿之多、原矿处理能力之强，却居于全国首位。详细记出这些独特的内容，地方特色就跃然纸上了。再如陶瓷工业，着重详记如何从明初烧制陶器开始，发展到目前陶瓷种类齐全，规模和产量居全国第三位的“北方瓷都”。建材工业中详记如何创立我国最早的机械水泥生产企业，唐山洋灰公司如何生产出我国第一桶水泥，如何占领全国水泥市场的92%以上，如何开创我国水泥出口的先例；详记了胥各庄铁路修车厂如何于清光绪十年制造出我国第一台机车——“龙号机车”……等等。

这样记，位置虽不显著，但重点也突出出来了。

由于采取了适当升格、排位优先、记述从详三种办法，使得唐山这部志稿可以称之为重点突出，地方特色鲜明的志稿。

三、宏观综述。志书体例的一个基本特征，是横分门类，纵述史实。其长处是扩大了资料容量，条理比较清晰。其致命弱点是相互割裂，缺少内在联系。补救的办法，第一是从普遍联系中把握所记述的每一事物，记出其与相关事物的相互联系、相互制约的关系。第二就是从宏观角度加强综合记述。黄炎培先生修《川沙县志》，创造了“概述”这种体裁，就是为了加强宏观综述，以补救志书“偏于横剖，缺乏纵贯”之弊端的。但黄先生的“概述”只设在各卷之前。这届修志在全志之前设“概述”，是个创新。唐山市志稿除全志之首设概述外，在经济部类还有三层概述，一是在经济部类之首设了“综合经济”一个专志，实际上是经济部类的概述。二是在工业、农业、商业三个门类之前设了“综述”。三是在经济部类 41 个专志中有 37 个专志设了小“概述”。文化部类 6 个专志中，有 5 个设了小“概述”。政治部类中也有 7 个专志设了小“概述”。这些“概述”(综述)多数是写得好的，总括了本产业、事业发生发展的基本状况，彰明了兴衰起伏的因果，沟通了与相关事物的联系，对加强志书的整体性起了很好的作用。这里应该特别提到的是“综合经济”这个专志，不仅从宏观上勾勒出了本地经济的历史发展脉络，勾画出了本地经济的总体面貌，沟通了经济部类同其他部类(包括地理、政治、军事、文化)的内在联系，也提炼了本地经济中的精华，彰明了兴衰起伏的因果，而且记述了在各个经济专志中无法记述的宏观经济内容，诸如产业结构、投资结构、积累与消费结构、物质生产部门净产值、社会总产值、国民收入、国民生产总值等等。这些都是反映经济总体面貌不可缺少的内容。然而，据我所看到的志书和志稿，多数都缺少了这些极其重要的内容，以致使读者无法从志书中看到宏观经济状况。《秦皇岛市志》专设了“经济总情志”，与唐山市这部志稿的写法不同，但内容充实，宏观经济项目齐全，可算是“春兰秋菊，各擅其长”。

四、详市略县。前面我说过，我是赞同详市略县的。但这不是一个简单的详略问题。所谓“略县”，是对属县着眼于全市这个整体去从宏观方面记述，并且要视事业的主体所在而有所变通。唐山这部志稿，大部分是按这个原则记述属县的。但是，全志贯彻这一原则并不彻底，其中以政治部类最为明显。例如，在“重大政治活动”专志中，“抗美援朝”部分的最后，使用了包括属县的数字，而前面的活动却没有一句提到属县。形成写市区活动，用全市数字的不合理现象。而“‘三反’、‘五反’运动”“‘整风’、‘反右派’”两个部分所记的活动和数字都是市区的，对属县只提了一句。“‘四清’运动”则是记的全市，与前两部分的记法不一致。在“中共唐山地方组织”专志中，“组织沿革”“党校”两部分记了市区和属县，“宣传”“统战”“纪检”三部分却只记了市区而未记属县。“中国国民党唐山地方组织”专志中则未提属县。在“公安司法”门类中，“审判”专志在“沿革”和“审判程序”中均未提到属县，而后面几个统计表的数字却包括属县，最后还有地区中级法院院长任期表。在“政务管理”门类的“信访”部分，前边未提到属县，后面记到“信访制度”时记到了属县，中间的信访统计表中的数字不知是市区的还是全市的。如此等等。在经济部类和文化部类中也有类似情况。说明在如何记述属县方面尚需进一步研究，以求得全志的统一。

上面是我看稿后留下深刻印象的四点，都是从宏观角度提的。下面按志稿顺序对概述、大事记和部分专志提些微观方面的意见。

一、概述

这里只评全志之首的概述。近几年我评过的概述不少，都是按照概述的五种功能加以衡量的。这五种功能是 :1. 总括地情 ;2. 提炼精华 ; 3. 沟通联系 ; 4. 彰明因果 ; 5. 策论方略。去年我 曾看过唐山市志稿中的这篇概述，由于我概括的概述这五种功能得到唐山市志办同志们的赞同，我即按这五点加以衡量。当时认为，这篇概述是写得相当好的，略嫌不足的是策论未能在叙述中随文导出，最后指出的前进中的不足也显得原则一些。由于唐山市志办的同志们觉得随文导出有困难，我便认为大致可以定稿了。这次看了全部志稿之后，觉得概述还有一点不足，那就是作为辖县市的市志概述，没有写出城市的辐射力与凝聚力，也就是说，在体现城市功能上有些欠缺。要弥补这个欠缺，不是在某个部分增加些内容就可以解决的。城市不仅是工业生产基地，而且是贸易中心、金融中心、交通枢纽、信息中心，有的还是科技、教育中心。所以要从多方面去弥补。如唐山所属各县的县办和乡镇办的企业中，钢铁企业和陶瓷企业占有相当大的数量，这无疑是市区辐射力的表现。再如工农贸结合，技工贸结合，教学、科研、生产、经营结合的联合体，以及以产品为龙头的跨城乡、跨行业的联合体的出现，既表现了城市的辐射力，也表现了城市的凝聚力。其他如贸易、金融、交通等方面，也都有的可记。只要在叙述到各业时略加补充即可。

二、大事记

大事记是志书中唯一的一条纵线，是串连全志大事，勾勒历史发展脉络的。按这个要求衡量本篇大事记工业发展、城市演变的脉络是清晰的。选事面较宽而又不淹没主线。编年体与纪事本末体的结合运用较好。文字简炼。不足之处主要表现在以下两方面：

(一)漏记了一些大事。全志中所有大事，都应在大事记中雁行鱼贯，顺序排列，这样才能形成贯通全志的一条纵线。大事记与各专志脱节，是最应忌讳的。但是，把大事记与各专志相互对照检查，做到大事、要事不漏，不仅是一项十分细致的工作，而且大事、要事的标准也不易掌握。这是修志过程中必须下的笨功夫。我没有来得及全面对照检查，只就想到的政治方面的大事核对了一下，即发现有明显的漏记。例如，党代表大会(会议)、人民代表大会，是无可争议的政治生活中的大事。本大事记对人代会逐届都记了，对党代会的记载却残缺不全。在1956年召开第一次党代表大会之前，于1951年的2月和12月，开过两次党代表会议，这两次党代表会议大事记中都没有记。从1956年至志书下限，共开过四次党代表大会，大事记只记了第一次和第三次，第二次和第四次被漏掉了。而第三次党代表大会又把“次”记成了“届”。再如1959年的反右倾运动，大事记中漏掉了。这次运动在唐山的影响是很大的，大事记中不应该不记。这只是几个漏记的例子，其他大事、要事在大事记中漏记的肯定还有，望能在修改中仔细核对。

(二)记载不准确。举例如下：

①民国2年(1913年)最后一条，在记遵化直隶州改为遵化县，

“知州”改为“县知事”之后，加了一个括号，注明 1926 年改称“县长”了。时间不对。正确的时间是民国 17 年 (1928 年)，县署改称县政府，县知事改称县长。后面民国 18 年 (1929 年) 最后专记了一条“国民政府通令，县知事改称县长”，也应记为民国 17 年 (1928 年)。

② 1950 年 3 月 7 日的一条，记“马力任唐山专员公署专员，同年 7 月 4 日任中共唐山地委第一书记”。有误。在 1952 年 8 月以前，地委书记是贺秉章，马力至 1952 年初调省前是副书记、专员。当时地委没有书记处，因而也没有“第一书记”这个职务。

③ 1952 年 8 月 29 日的一条，记“华北局批准张文浩任唐山地委第一书记”。也不对。张文浩 1952 年 8 月任地委副书记、专员，从未担任过唐山地委第一书记，而且 1952 年也没有第一书记这个职务。

④ 1961 年 3 月 28 日的一条，记唐山地委贯彻“六十条”，“并在丰南县小集公社进行试点工作”。当时丰南县已并入丰润县，至同年 6 月才又分设丰润、丰南两个县。应把“丰南县”改为“丰润县”。

⑤ 1966 年 6 月 2 日记“《唐山劳动日报》全文转载聂元梓等 7 人的《第一张大字报》和《人民日报》社论《横扫一切牛鬼蛇神》后，……学生成立‘红卫兵’，贴大字报，上街游行”。这样就把全国性行为转换成了地方行为。应改为“1966 年 6 月 2 日，新华社向全国播发了聂元梓等 7 人的《第一张大字报》……

除了上述两方面的不足之外，还有一个上限问题提出来和唐山的同志们商量。大事记的断限至关重要。方志学家黎锦熙说：“大事记乃自然之断限”，即是说，大事记的断限，就是全志的断限。本大事记从 4 万年前的旧石器时代记起，至秦以前，共 5 条。一条是出土文物证明，约 4 万年前当地已有古人类活动。

“概述”“建置沿革”“综合经济”等多处提及此事。作为记述中的追溯，是可以的，如作为大事记的上限，则会带来几万年的断线。“横不缺项，纵不断线”，是修志的一个原则。记述古代，纵向隔数年、数十年都是允许的，上万年的断线则是不允许出现的。本大事的第一条和第二条，就出现了三万几千年的断线，跳跃太大了。依我看，旧石器时代当地已有古人类活动一事，只可在必须涉及到的专志中追溯一下，不宜作为大事记的上限。第二条记尧分天下为十二州和禹分天下为九州时，今境属于何州，我看没任何实际意义。我国在西汉之前根本就没有州的建制。自西汉始，才有州，但也只是监察区，并非行政建制。到东汉才有州这一级政区实体。所谓十二州、九州之说，是后人附会出来的，并非尧、禹时的实际存在。据学者考证，九州之说出自战国时期，但也只是对当时全国境域的约略划分，没有明确界线。而且九州之名至今也无定论。所以这一条也不宜作为大事记的上限。第三条记伯夷、叔齐不食周粟死于首阳山。首阳山在哪里尚且难定，即使定在唐山境域，也会造成疑问，首先是武王伐纣怎会经过唐山一带？其次是此事究竟是史实还是传说？传说是不能入大事记的。所以，这一条也站不住。第四条记齐桓公救燕灭令支。第五条记乐毅伐齐前后曾用兵辽东，置五郡。这两条是有史实根据的。但为了这样两条，把大事记上限推前至春秋时期，形成春秋一条，战国一条，似不值得。所以建议将大事记上限断自秦代起。秦代虽只两条，头一条讲秦在燕地设渔阳、右北平、辽西三郡，全境属右北平郡和辽西郡。这是讲建置，秦代才正式实行郡县制，所以这一条比燕昭王置郡更重要。第二条讲秦修筑长城。唐山境域有 220 多公里长城，值得一记。究竟上限断自何时为好，请酌定。

三、地理

这个部分专业性强，我是外行。我已同中科院地理所研究员李宝田同志说好，这部分请他看，我就不看了。只提一个具体意见，即“地理位置”中先讲了包括属县的面积，后讲了市区的四邻，在讲到至天津、北京和省会石家庄的距离时，最好写清从那里算起，因为这里的主语已不明确了。

四、人口

人口专志从社会部类中析出，放在“总类”中作为“地理”之后的第二个专志，表明了编纂者对人口问题的重视。婚姻家庭从人口专志中析出归入社会部类，人口管理归入公安志都是可以的。这个专志写的比较简略。现有的几个部分基本上可以。但按高标准要求尚有不足。有四点意见：

①在“人口素质”部分中，记身体素质应补充残疾人状况。

②“人口变动”部分除“自然变动”和“机械变动”外，最好增补一项“流动人口”，即户口不动的人口流动，包括到城镇经商、打工和流向外地等等。这项内容对市志有特殊重要的意义。随着改革开放，这种流动人口大量增加，对搞活经济起了重要作用(当然也有副作用)。如有资料，对历史上因灾荒、战乱或某处经济繁荣引起的人口流动，也应记载。

③“人口结构”部分中“劳动人口”一项只记了劳动年龄人口的数量，而未记劳动人口的在业状况，职业和行业构成和文化程度。劳动人口在人口中处于特别重要的地位，经济的发展和各

项事业的进步，主要靠劳动人口，记述应详细些。

④“人口控制”部分“奖惩制度”一项，惩罚措施不必逐项记具体内容,可写得原则些,以免为攻击我国人口政策的人所利用。

五、唐山大地震

这个专志写得非常好，从地震前兆，到地震参数、震灾、抗震救灾、地震地质，直到地震的测报和预防，是地震资料总汇，有很高的学术价值和实用价值。邢台地震我们没有积累下必要的资料，是个巨大损失。唐山地震中各级都注意了收集、积累资料，经过筛选、提炼，在唐山市志中形成了一个专志，无论对资治、教化和存史，都有十分重要的意义。只提一点修改补充的意见，即建议在“抗震救灾”项下单列一小项“宣传动员”。震后，群众思想比较混乱，稳定群众情绪，教育群众树立战胜震灾的信心，动员群众克服困难积极投入抗震救灾，是当时一项十分急迫的任务，在震后第二天即组织起宣传组，出动宣传车，宣传毛主席、党中央对地震灾区人民的关怀；全国对地震灾区的大力支援；群众起来自救互救的好人好事，鼓舞群众斗志。把震后第四天恢复电台广播，第六天《唐山劳动日报》复刊(当时被称为“奇迹”)，从现在的第八小项中析出，写入“宣传动员”之中，并补充加速出版《抗震救灾英雄谱》，每天编印若干篇《抗震救灾好人好事》，春节前展开强大宣传攻势，开展送温暖活动，组织慰问演出，稳定群众情绪，防止因逢节思亲而出现意外等内容。

六、工业

工业门类共十四个专志，写得都是比较好的，其中“开滦煤矿”“冶金工业”“陶瓷工业”“建材工业”“机械工业”“盐业”写得更好些。不仅细致地记述了这些工业的发展历史，而且记述了生产条件和生产能力以及产品质量。但工业门类的这些专志在记述企业管理上，也有一些带共性的不足。一是虽然多数专志记述了管理体制的改革，但未能记出改革前管理体制中的弊端。除“机械工业”专志概括了改革前管理体制的四项弊端外，其余13个专志有的只是原则提到改革前存在弊端，有的在记改革效果时提到改革前的某些不合理，有的则完全没有涉及管理体制。二是记述管理时对企业效益未予足够重视。多数专志只记了产值。而如果离开产值的利润率，单记产值是不能反映效益的。有的记到了利润、利税，但未记其增长率。至于销售收入利润率、定额流动资金周转率等等，多数都未涉及。就是说，记管理而未对企业进行经济分析，这成了工业门类记述中的重要缺憾。尤其在国有大中型企业效益不景气，中央一再强调提高企业经济效益的今天，有关企业效益的内容是必须加以补充的。

此外，顺便提一下数字使用问题。国家语委等七单位共同制定的《关于出版物上数字用法的试行规定》中，已明确规定4位和4位以上的数字废止使用千分点，而采取空半个阿拉伯数字的三位分节法。本志稿有的地方仍使用了千分点，有的地方未用千分点也未空半个数字。用阿拉伯数字记公元年分，不可省略。如“工业情况统计表”中有“以上70年不变价”和“以上80年不变价”，均应写全。民国年号应一律用阿拉伯数字，有的地方(如“陶瓷工业”的“概述”)用了汉字，也要改过来。

七、农业

农业的主体在十个属县，本志稿采取了类似区域志的纪法，是对的。农业门类其七个专志，写得都比较好。有以下几点具体意见：

①在种植业中粮食产量已经比较高，至下限年的1986年，平均亩产已达到410多公斤。但产量只能反映生产效益，而不能反映投资效益。本志稿的种植业部分只记了产出，而没有记投入。看不出种植业的成本和投资效益。种植业的成本高，经济效益差，是个长期存在的问题，以致成为进一步发展种植业的一个严重威胁。所以，记好种植业的成本和效益，有重要的资治价值。如果没有全市的统计资料，利用典型材料也可以。顺便提一下，过去计算种植业成本，农民投工、施粗肥、公共积累都不计入成本。这种计算方法在市场经济条件下是不合理的。不知有无新的计算方法。如有，最好能用新的计算方法。

②从实行粮食统购统销以来，唐山市历来是交粮大户，在全省占的比重较大。这一方面说明唐山一带农业发达，不愧为“冀东粮仓”，另一方面也说明了唐山市的农民对国家做出了重大贡献。这些也是唐山的一个特点。因此，建议在“种植业”专志中增加一项“主要农产品商品率”。

③“唐山果园”在“林业”专志中作为一小项单记一下是可以的。现在把这一小项归入了“植树造林”中似不恰当。既然是“果园”，尽管有防护林带，仍是以果树为主，归入“果树、桑蚕”更合适些。

④专门谈谈“乡镇企业”这个专志。目前在志书中对乡镇企

业的记述，基本上是三种办法，一是按乡镇企业中的不同产业分别记入有关的专志当中，不另设乡镇企业专志，即分散记述法。在乡镇企业发展很慢，在农村经济中所占比重较小的地方，这种办法是可行的。二是把乡镇企业从有关专志中剔除，全部记入“乡镇企业”专志中，即集中记述法。这种办法的缺点是造成有关专志的残缺。例如，工业是乡镇企业的主体，在工业专志中剔除了乡镇工业，工业专志就将是不完整的、不能反映工业全貌的专志。因此，这种办法是不可取的。三是在相关专志记述乡镇企业的同时，再单设一个“乡镇企业”专志。即分散与集中相结合的记述法。在乡镇企业发展较快的地方，我是赞成这后一种办法的。唐山市志稿就是按这种办法处理的。为什么相关专志已经记述了乡镇企业，还要单设一个“乡镇企业”专志呢？我认为有三条理由：其一，不单设专志记述无法反映乡镇企业发展中的曲折起伏。乡镇企业是在农村工副业基础上发展起来的，中间几经提倡，几经限制。即使在提倡时，着眼点也仅仅在于支农养农，而不是以振兴农村经济为出发点。限制时也往往以同农业争资金、争劳力为由，甚至被视为邪门歪道、搞资本主义。直至党的十一届三中以后，才端正了指导思想，乡镇企业才得以迅猛发展。记述好这些曲折起伏，会加强志书的时代特色。但这些内容用分散记述法是无法充分反映的。其二，不单设专志记述无法详记乡镇企业的经营机制。乡镇企业的经营机制之所以应予特别重视，是因为它基本上适应了社会主义市场经济体制的要求。例如：1. 乡镇企业是按照市场需求来配置资源和组织生产经营活动的，其产品结构按市场需求及时调整。经济效益好，就发展壮大，反之则关停并转，顺应了市场经济竞争中优胜劣汰的规律。发展机制的灵活，使乡镇企业充满活力。2. 乡镇企业的运转顺序不是产、供、销，而是销、供、产，原材料和产品价格随行就市。这种灵活的营销机制，较好地遵循了市场经济中价值规律的要求。3. 乡镇企业没有固定工资制的包袱，没有“铁饭碗”可捧，也没有“大锅饭”可吃。企业中每个人的报酬都同经济效益挂钩。这种灵活的分配机制，使每个人都关心企业的经济效益。4. 乡镇企业根据需要用工，优秀者可随时重用，表现不好的可随时辞退，优者上，劣者下。这种灵活的用人机制，使每个人都处在竞争的环境中。5. 乡镇企业的产权比较明晰，所有者和经营者的责、权、利比较明确。有利于自我调整。因此它的调控机制也是灵活的，较少受到行政干预。这些都为我国建立和完善社会主义市场经济体制提供了有益的经验。这些内容也是分散记述法所无法反映的。其三，不单设专志记述无法反映乡镇企业的经济效益和社会效益。乡镇企业的发展，开拓了农村致富门路，取得了巨大的经济效益，改善了农村的产业结构，确实成了振兴农村经济的突破口。其社会效益也是十分显著的，有些是事前未曾预想得到的。如：乡镇企业的发展，为农村的剩余劳动力找到了出路；促进了农村文化事业的发展；加快了小城镇建设；开拓了农民的视野；加强了农民掌握市场信息、投入市场竞争的意识……等等。从长远来说，发展乡镇企业是逐步消灭城乡差别和工农差别的必由之路。这些，也只有把乡镇企业单设一志才能得到充分反映。唐山市志稿基本上是按这三条理由来记述乡镇企业的，是我见过的志书、志稿中记得最好的。但也有不足。在小“概述”中虽然叙述了乡镇企业在发展过程中的曲折起伏，但对指导思想上的原因未能说透，尚需略加补充。在“经营管理”中较好地记述了乡镇企业的经营机制，但没有明确记述企业的优胜劣汰和用工制度，也需作适当补充。对乡镇企业的效益，在小“概述”中只记产值、纯利和税金，其他如改变农村产业结构和多项社会效益，却没有一处记载。建议单列一项“效益”，把“概述”中的附表移入这里，并把1986年一年的表，改成几个年份的，以提供比较资料。除表外要有文字记述。至于社会效益，能记多少记多少。顺便说一下，小“概述”中叙述乡镇企业总产值之后，紧接着写了占全市工农业总产值的比重。我以为不如改为占全市社会总产值的比重。因为乡镇企业的产值中有些是不计入工农业总产值的。

八、商业

这个门类我没细看，但从粗阅中觉得有三个问题需要提出来研究。一是“粮油经营”专志中的“征购”部分，前边记1955年市委、市人委召开区、乡干部会议，部署征购工作，落实“三定”指标，在同一段的后面记到粮食总产量1956年比1955年的增长数和1957年比1956年的增长数，却用的是包括属县的全市数字，再后面的粮油征购数也都是全市的。这样就形成了前边是未辖县时市委、市人委对区、乡的部署，后面是包括10个县的执行结果。粮食征购的主体在县，如记领导部署，则应该地委、专署和市委、市人委并提，并以地委、专署为主，征购数字中应说明其中市郊区多少。二是整个“商业”门类没有记市场，是个缺漏。市场的繁荣与萧条，市场的发育如何，不仅关系到商业的兴衰，也关系到对整个经济发展的刺激与拉动作用大小，是商业中不应漏掉的内容。县镇市场和农村集市，可从宏观角度记，专业市场则应记得比较具体。据说玉田县鸦鸿桥有个可与白沟媲美的大市场，果真如此的话，写一专记都是值得的。三是“对外贸易”专志的第四项为“经济技术合作”，包括“援外与外援”，“技术引进”和“利用外资”三个小项。其中除“引进外资”中的外商投资同商业有点关系外，其余都是技术合作活动，归入“对外贸易”似有不妥。按“以类系事”原则，归入“外事”可能更好些。

九、重大政治活动

这个专志共记九项政治活动，详略粗细基本适当，分寸掌握也大体可以。称“政治活动”而不称“政治运动”虽然涵义不够十分明确，但可把“拨乱反正”收进去，也有其有利方面。有以下几点意见：

①详市略县的处理上不够统一。“五四”运动一项自然主要记市区，但属县中哪些县城有活动也应提到一下，完全不提会被误解为各县均无所反映。“抗美援朝”一项前面未提到属县，后面记参军人数却用了“全市”的数字。“整风”“反右倾”和“三反”“五反”都主要记了市区，对属县也各原则地提了一句，未记具体内容，这样也是一种处理办法。但“大跃进”一项中，前边记“大跃进”运动的兴起，只记了市区，后边记“大跃进”高潮却记了全市。“文革”一项中先记未改变体制前的市委发出文件，强调深挖“阶级敌人”，紧接着却记制造了柏各庄农场和迁安县“新国民党”冤案。“四清运动”一项从头至尾记全市。在详略处理上如此不同，使人看不出遵循什么原则。所以，如前面已提到的，究竟如何详市略县，还要再深入研究一下。

②“文化大革命”一项中，开头部分和“大事记”一样，也是记的《唐山劳动日报》转载了什么文章，把全国行为转换成了地方行为。应同“大事记”中那章一样改写。

③“拨乱反正”一项中记了1981年“批判河北省委前主要负责人推行‘左’倾路线的错误”。这是一个很敏感的问题。据

说前两三年中央组织部还发了一个涉及此事的文件。这种事在市志中以不记为好。“冀东党”冤案在唐山市影响很大，为这一冤案平反记得具体些是应该的。但现在这样记是否太细了些，请再斟酌。

十、中共唐山地方组织

把“中共唐山地方组织”单设一个专志记述，而不设“党派”或“党派群团”这样的门类，少了一层统辖，既突出了中共唐山地方组织在志书中的序列位置，又不打乱隶属关系，很好。这个专志中对地方党组织的创建与发展，记述细致，脉络清晰，资料翔实，许多历史资料十分珍贵。其余各项的记述也都大体可以。有几个问题提出来研究。

①剖分与标题的调整。这个专志之下共分三项，即“组织沿革”“党务活动”“历次代表大会”。这样剖分，除组织沿革和代表大会外，党的工作统统归入了“党务活动”一项，位置似乎低了些。而且把党员教育归入“宣传”，排在第四个层次，并与“党校”分设，“党校”在第三个层次，排列上轻重主次分得不够清楚。以“党校”这个机构名称作题，同其他各项也不协调。可否考虑去掉“党务活动”一层，下面各小项均在第二层次。把“党员教育”从“宣传”中析出，与“党校”合并。这样剖分后，标题也相应有所改变。第一项的题目可否标为“创建与发展”，第二项“组织机构”，第三项“党员队伍”，第四项“宣传工作”，第五项“党员教育”，第六项“统战工作”，第七项“纪律检查”，第八项“历次党代表大会”。

②内容的调整。在分剖立项调整之后，内容需相应调整。第

一项记创建与发展，现在组织沿革的内容就很好，但同创建与发展没有直接联系的活动应适当压缩。第二项记组织机构，是新增的内容，这一项不可不记。既要记各级党委，又要记其工作机构。记述顺序可按市委、地委两个系统分记。先记市委、市委工作机构，党组，再记区委及工作机构，再记基层组织，包括乡（公社）党委及工作机构，企业党委，总支，支部，机关党委，总支，支部。后记地委及工作机构。再后记属县。县以下的党组织可只记到共分几层，各有多少。第三项“党员队伍”，即现在“组织”项下的内容，可把不是记党员队伍的内容删掉，但要补充各个时期发展党员的重点对象，各个时期党员的性别、年龄、文化等构成。第四项即现在“宣传”项下的内容，把党员教育的内容删掉。第五项记“党员教育”，可分党校教育（包括训练班）和日常教育（包括党员辅导站、三会一课）两个层次记。第六项以后内容不变。

十一、政府

这个专志写得基本可以。只是“唐山地区行政公署沿革及机构设置”不宜作为附件排在“主要政务”之后，应入正文，排在“机构设置”之后。顺便说一下，在“税务”专志中，“唐山地区税务”记得简些是可以的，但不宜作附件处理，应入正文。

十二、中国国民党唐山地方组织

这个专志内容比较充实，其组织沿革和主要活动记述比较清楚。但“组织沿革”的第一段有些记述不够确切。如开头第一句，写“1912年8月，同盟会改称为国民党前……”。把国民党说成由同盟会改称的，不确切。国民党是由同盟会合并了统一共和党、国民共进会、共和实进会、国民公党等党派而成的。此句可改成“1912年8月，以同盟会为基础组成国民党……”。同一段在记到北洋政府取缔国民党，唐山的国民党组织亦被解散之后，紧接着记“1924年1月，中国国民党第一次全国党员代表大会……”。这样记一是突如其来，二是容易被理解为与前面说的国民党是同一个党。国民党同中国国民党虽有渊源，但不是同一个党。前一个国民党，是1912年成立的，虽推举孙中山为理事长，但党务是由宋教仁主持的。后一个中国国民党是1919年由孙中山组织起来的。所以记到这两个党时，应交待清楚。在讲到中国国民党第一次代表大会之前，应加一句“1919年孙中山组建了中国国民党”。“组织沿革”下的第一个小题“国民党唐山市执行委员会”，前面也应加“中国”二字。在后面的行文中，简称“国民党”则不会产生歧义。此外，属县的中国国民党组织也应提到一下。

十三、群众团体

这个门类共记了十一个团体。有如下意见：

①严格说来，工、青、妇是传统的三大群众团体，其余的一般称社会团体，简称社团。社会团体概念更宽些。为了严密起见，把题目改为“社会团体”如何？不改也说得过去。

②在工、青、妇三大群众团体中，工、妇的题目都标为“工人组织”和“妇女组织”，唯独青年部分的题目是“中国共产主义青年团唐山市委员会”，是以机构名称为题的，而且青年联合

会和学生联合会，均另行记述。少年组织却处于“附”的地位。可否考虑把第二部分的题目改为“青少年组织”，把青年联合会和学生联合会也都收进去，并把少年组织的内容纳入正文？

十四、家庭

这个专志的题目以改为“家庭与婚姻”为好。家庭和婚姻有密切关系，但毕竟是两个概念，在题目上显示出来更严密些。家庭结构在社会学中一般称家庭类型，分四种类型，即：核心类型、单身类型、扩大类型、其他类型。本志稿称“家庭结构”，也分了四种类型，其中的组合家庭、缺损家庭，都是其他类型中的两种（其他类型中包括的还要多），却缺少了单身类型。为了规范起见，这部分的题目还是改为“家庭类型”为好，下面的分类最好也按通用的分类法改过来。“婚姻”中缺项不少。如结婚率，有配偶人口、丧偶人口等，起码应把婚龄人口的结婚率补上。

十五、人民生活

建议把题目改为“居民生活”。因为记旧社会的生活要记到各阶级、阶层，而“人民”一词已有特定内涵，称“居民”则可覆盖新旧社会。记解放前城市居民生活只记到了普通工人和市民，而没有记资本家、厂矿主的生活状况。记解放前农民生活也只记到贫苦农民，而未记地主、富农的生活状况，无法形成对比。最好用典型材料加以补充。记城乡居民生活现状，不能只有平均值，还应有极端值，即富裕层与贫困层，这样才能反映全面情况。

十六、民情习俗

这个专志写得可以。有两点意见：

①望能补充商俗，包括商幌、市声、交易暗语、手势等等。

②“忌讳”原则上不宜入“迷信、陋习”项下，因为禁忌中有的具有积极意义，尽管这里选择的多带迷信色彩，有的仍不属迷信和陋习。如“正月初一到初五，忌妇女做针线活”，其表现形式是迷信，实际同春节前蒸出大批年饽饽一样，是为劳动妇女争得一年中难得的休息。再如，除夕包饺子不能剩馅等等，也不能算作迷信。最好把禁忌单列一项。

十七、人物

这个部类共分三个部分，即“人物传”“烈士英名录”和“人物表”。“人物传”是其核心部分，共立435个传。用了15万多字，分量不算小。在历代旧志中，人物的比重都比较大，所谓“方志半人物”。但其中节妇、烈女占去了相当大的篇幅。新志中一个带共性的问题是对人物重视不够，搜集人物资料下的功夫也比较小。像唐山市志这样立435个传，算是分量较大的了。古今比例也比较合理，古代39传，近代175传，现代231传，体现了详今略古、以现代为主的原则。多数传事迹充实、生动，其中李善继、李显庭、郑辉、王翠兰、张春友、李大妈、杨国华、吴翠英等传，抓住了传主的个性特征，写得很感人。但同全志的其他部分比较起来，人物传部分显得弱些。其主要表现是无事迹或无具体事迹者所占比重不小。如古代的李元章、郑恂、李国梁传等，近代的才山、石光、孙耀东、江震寰、牟伦扬、李华添、张平洋、张志超、孟峒、孟鹤龄、施从云、胡重鲁、曾辉传。现代的马力、马仲华、牛勇、石堂、张长吉、孙绳玉、李金才、李春光、李悦农、何景芳、胡锡奎、贺天、姚德成、傅景瑞、裴仰山、谭钧、冀行、冀华等。上面所提到的这些，基本上只有履历，而无具体事迹，有的则连简历也不够。出现上述情况，涉及到两个问题：一是立传标准问题。究竟什么人应该立传？一种是以职务为标准，凡在旧时代作过什么官以上的一律立传，凡在新民主义革命以来担任过什么领导职务的可以立传。除此而外才选择虽无显赫职务，贡献却很突出的人物立传。有的还特别规定了各个不同时期的立传职务标准。有的虽无成文标准，但总以为担任过重要职务的应该立传。这是不符合史志立传原则的。另一种则是以业绩为标准，凡对历史发展起过推进或延缓作用的人物立传，就是说，或有过突出贡献，或劣迹昭彰的人物才能立传(以有突出贡献者为主)。本志稿的人物传所以会出现那么多无具体事迹的人物传，一个重要原因恐怕就是过多考虑了职务。二是如何写史志人物传的问题。史志人物传的最大特点就是必须有生动具体的事迹，而且要根据传主的不同，抓住细节，写出鲜明的个性。没有具体事迹则不成传。那些追悼词式、鉴定式、履历表式的传是应该尽量避免的。所谓尽量避免，就是对个别的贡献很大、知名度很高，但具体事迹已无可靠资料的，可以写得原则些。但这种传绝不宜多。本有突出事迹而修志者掌握资料不足的，应尽一切努力去搜集补充资料。否则，只能忍痛舍弃。希望唐山市志办的同志们再下一点功夫。

此外，还有几个具体问题：

①分期和排列问题。本人物传采用不分类而分期的办法是对

的。分类往往不准确，反而难查，如旧志中分名宦、乡贤、政绩、流寓、文苑、儒林、忠义、孝友等等，有的一人可分在多类，查起来很不方便，分期法虽粗一些，却不易搞错。但在同一历史时期内必须按卒年排列。本人物传的排列顺序究竟按什么标准，看不清楚。如公孙瓒传，虽不知具体的生年，但已知其卒年为公元199年（即汉献帝建安四年），被排在古代人物的第七位，而排在第一位的马永是明代人，第二位的王寂是金代人，第三位的王栩是明代人……，总之排在公孙瓒以前的都是金代以后的人，其排列顺序也都是随意的。近、现代人物也如此。建议按时序调整过来。

②客籍人立传问题。志书立传的原则之一是以本籍人物为主，客籍人物在本地有重大贡献或有重要影响的，也可以立传。由于多数城市形成较晚，又更具开放性，所以市志中为客籍人物立传较多，是很自然的。本志稿人物传中有67个传的传主是客籍。就比重来说，属正常范围。在客籍人物中有些确实业绩突出、影响重大。如周文彬，虽是朝鲜人，入中国国籍，又非本地人，但从1936年担任唐山工委书记，在领导开深五矿大罢工及以后的冀东抗日斗争中，都起了重要作用。在唐山市志中立传是理所当然的。再如周学熙，虽非本籍人，但却是唐山现代工业发展初期的重要人物，应该在唐山市志人物传中占有一席之地。值得研究的是三部分人：一是在唐山从事革命工作的客籍人，事迹平平，要不要为之立传？二是参加长城抗战的客籍军官（如赵登禹、施从云、胡重鲁），要不要在唐山立传？三是如孙殿英、殷汝耕这样劣迹昭彰的人物，在唐山立传是否无法记其全部劣迹？对这个问题我考虑不成熟，特提出来研究。

③文字表述问题。比较起来人物传部分文字较粗。一是文体不够一致，古代人物用文言较多，与近现代人物的现代语体文不协调，二是有些地方文字不够通顺。望评稿后仔细修改。

凡没有提到的部分，多是粗阅中没有发现什么问题，有的则是认为很好，提不出意见。已经提出的意见，有的可能要求过高，修改有困难，肯定也会有不正确的意见。仅供修改时参考。

很高兴看了这样一部质量高的志稿。希望唐山市志办的同志们百尺竿头，更进一步，按高标准修改这部志稿。我相信，有了这样好的基础，再经过进一步加工，把《唐山市志》修成一部上乘之作，应该是可以预期的。

（1996 年 7 月）

对《滦县综合年鉴》稿的评审意见

我对“年鉴”没有研究，只能如同评审志稿一样去品评，很难发现独具年鉴特色的、较深层次的优长与弊端。

从修志角度去看，这部年鉴稿给了我不少启发。这部稿子的剖分立项、记述方法都足以开阔人们的思路。我以为，很值得现在仍在编修县志的同志们借鉴。试举几例：目前已出版的县志，记中国共产党的组织工作，一般只记党员发展，党组织的整顿，领导班子建设，干部的考核任免，后备干部的培养等几项，而没有像这部稿子这样去记农村党支部的等级管理，后进村的整顿转化，农村干部的激励约束机制，企业干部队伍建设等等。县志记党的宣传工作，一般只记社会宣传，把干部理论教育归入党校，而不是像这部稿子那样，把干部理论教育、理论研究、党员教育、阵地建设、农村思想政治工作以及宣传队伍的自身建设，都记入党的宣传工作之中。特别是目前已出版的县志，除了记农业生产的部分之外，一般都没有专记农村工作的篇章，诸如乡村合作经济组织的建设、减轻农民负担、农村社会化服务体系的建设以及小康乡、小康村建设、专业村建设等，大都无处可记。而滦县年鉴稿却把这些内容一一列项记述，而且记得有声有色。类似的例子各部类都有，举不胜举。上面说到的这些内容，多数是时代特点十分鲜明的。所以，目前出版的志书也好，年鉴也好，能否记出这些内容，对其质量影响甚大。从这些方面看，我认为滦县年鉴送审稿，是一部剖分得当，立项齐全，内容充实，记述得体，有鲜明时代特点和地方特点的稿子。我粗阅一遍，只能提一点零碎意见。

一、大事记

①关于会议的记法。本篇大事记共记了 362 个事条，其中记各种会议的有 81 条，占总条数的 22.4%。比重如此之大，其记述方法即应很好研究。我认为，记代表会(如党代会、人代会、工代会、青代会、妇代会等)，应着重记其决议。至于选举结果，本篇大事记全未记，这样处理也可以，因为在专章中对其领导人更迭都有记载，不过我倾向于记。因为换届选举是各届(次)代表大会的主要内容，即使同各专章略有重复，也是值得的。记工作会议或专业会议，则应记其主要内容，并特别着重记会议解决了什么问题。根据上述认识，我认为本篇大事记对会议的记述太注重了哪位领导人出席会议和哪位领导人讲话。例如：1989 年 12 月记党的第六次代表大会，除记了代表人数外，只记了“县委书记李永丰向大会做报告。副书记高树栋致开幕词”。其他如这次代表大会的决议是什么，是否进行了换届选举，都只字未提。紧接着下面的一条，记了六届一次全会的选举。代表大会不记选举县委员会，县委全会却记选举县委书记、副书记、常委，岂不是本末倒置？1994 年 9 月 20 日的一条，记全县计划生育工作大会，不记这次大会要解决什么问题，却只记了“县五套班子部分领导同志参加了会议，县委副书记阚友合作了讲话”。类似的例

子很多。这并不是说县主要领导人出席会议不需要记。有些会议县主要领导出席并讲话说明领导的重视，是可以记的。但这不是记会议的重点，更不能舍弃会议内容而专记某某领导人出席会议或讲话。再就是有的记会议的事条，不必要地去记开会地点。如“县五套班子领导在招待所四楼会议室听取关于乡镇企业的汇报”“县五套班子成员及部分县直机关领导在县委二楼会议室……”等等，这样的详细会址，写入年鉴无任何意义。

②关于领导同志检查、视察的记述。我认为，就一个县来说，如果是党和国家领导人到本县检查工作或视察，是应该载入年鉴大事记的。因为全国有两千几百个县，党和国家的领导人很少，如能到一个县视察实属不易，即使是一般性视察，也应作为大事载入年鉴。至于中央和国家机关各部门的领导人到县检查工作，则应根据不同情况区别对待。如果是专为解决某个问题而来，即使是领导机关的一般工作人员来，也应予记载。领导同志在视察中讲了重要意见的，也应予记载。如果仅仅是一般性的参观，即使是部长来也可不记，因为这并非大事。至于省级领导人到县检查、视察，应属正常工作现象。除非专为解决某个问题而来或留有重要意见，一般可不载入大事记。试想，省级领导人到本省一个县去调查、视察如果也作为大事而载入年鉴，其负面作用岂不是说明省级领导难得到本省一个县走走看看，偶一为之，即被当作“大事”，甚至要载入年鉴，可见省级领导官僚主义之严重。本大事记对领导人员到县检查、视察的记述不知有无标准。据我看，如 1989 年 7 月 30 日，记全国妇联一位农工处处长和河北省妇联一位副主任到滦县检查指导工作这一条，就可不记。全国妇联一位处长和省妇联一位副主任到县作一般性检查指导，怎么能算大事？如果是为解决某个问题而来，则又当别论。又如 1990 年 12 月 18 日的一条，记市委一位书记到滦县，检查市委对外开

放工作会议的落实情况，也可不记。市委书记到本市一个县检查工作也被当成大事，将遗人笑柄。同样，1992 年 6 月 23 日的一条，记一位副省长到滦县指导工作，如无重要内容，也可不记。

③另有两点：一是 1991 年 2 月 1 日的一条，记中国地方志指导小组办公室一位曹同志参加评稿会，把曹写成“中国地方志指导组成员”，搞错了，这位同志并不是中国地方志指导小组的成员，而是指导小组办公室的工作人员。应经核对后改过来。二是不可随意用简称。如 1993 年 11 月 8 日的一条，把计划生育工作简称为“计生工作”。这样的简称在年鉴中是不宜出现的。有些已经约定俗成的简称(如县委、县政府、人大、政协)是可用的。

二、滦县概况

前面我说过，我对年鉴没有研究，因而对这一部分究竟应该怎样写，我是有疑问的。不知在年鉴工作会议上对这一部分怎么写有无统一要求。我所看到的几本年鉴，也大体上都是这样处理的。但我有两个问题想不清楚：一是这部分共设了六项。其中除行政区划、人口民族、发展简况是变动性较大的内容，需要每年的年鉴加以记载外，其余如地理位置、地貌、自然资源，都是变动性极小、需要以万年计而显现其变化的内容，为什么在县志出版不久要把这些内容载入年鉴？今后每年一本年鉴，是否每年都重复记载这些内容？二是这部分所设六项除了“发展简况”以外，其余内容同县志中大编体的地理篇内容大体一样，但在自然环境部分缺少了地质、水文、自然灾害。不知为什么要缺这几项。特别是自然灾害，包括气象灾害、生物灾害和地质灾害，前两项灾害几乎是每年都有的，为什么不记？这些疑问只能姑且存在着。

在基本保持原状的基础上提以下几点意见：

①现在第一项的题目为“地理”，题目太大了，与只记位置和区划的内容很不相称。建议改为“政区”。其下的第一题“地理位置”，可改为“位置面积”，并补充交通地理位置的内容。京沈铁路、大秦铁路和国道干线公路横贯滦县，是滦县一大优势，不可不记。

②人口、民族一项，内容太单薄了。一是人口分布有无变化，看不出来，因为没记人口分布。二是在人口构成中，只记了民族构成和文化程度构成，连性别构成都只记了性别比，职业构成也未记，只在讲人口数量时，讲到了农业人口和非农业人口。三是未记人口变动。因此建议：一是增补人口分布，把城乡分布及乡乡之间的变化记出来。二是把人口构成记全。三是增补人口变动，包括自然变动(出生、死亡)和机械变动(迁入、迁出)，如能记出流动人口(即户口不动的人口流动)则更好。

③建议把“地形地貌”的题目简化为“地貌”。因为“地貌”可以概括“地形”，两个词并列作题，会造成同义反复。

④气候一项内应增补日照、辐射的记载，这对是否适宜农作物生长十分重要。

⑤“自然资源”项下“水资源”题下的第一小自然段文字应删掉。因为任何地方的水资源都由大气降水、地表水和地下水组成，保留这段话无任何意义。

⑤建议增补“自然灾害”一项。即使只从为下届修志保存资料考虑，把这十年的自然灾害记载下来，也是十分必要的。

⑦“发展简况”这个题目内涵模糊，让人不知其具体内容是什么。建议改为“国民经济与社会发展”。其下的内容很好。在记述“七五”和“八五”期间经济状况时，已记了国民生产总值和工农业总产值的增长数，如果再能补充社会总产值、国民收入

的增长数和经济结构的变化，则会更好。“九五”的规划最好写得原则些，规划中的各种事业发展的绝对数尽量少用。按我理解，年鉴是记载已经发生的事情的书，不宜具体地去写尚未发生的事情，展望性地记一记规划是可以的，不应把规划的主要内容全部载入。

三、政治

总的说来，这个部分的分剖立项比较合理，内容比较充实。但是，有个问题需要提出来研究：这个部分包括了中共县委、人大、政府、政协、武装部、群众团体，是整部年鉴中分量最大的部分。我看过的几本年鉴，大体上也是设了“政治”一类，只不过有的把军事另列出去。我不理解为什么要这样设置。按大编法修县志，在概述、大事记之后，分地理、经济、政治、军事、文化、社会、人物几个部分，即所谓七大块，这个分法虽然不大科学，但已为志界所认同。年鉴中设“政治”，是仿照县志的大编法设置的，但其下的经济却是按财税、金融、农业、工业、商业等分设的。教科文卫体也是分设的，并没有像“政治”那样，归入“经济”“文化”这样的大类。而“社会生活”部分，又同县志中的“社会”部类相似。不知这样设置的道理是什么。但十分明显的是，“政治”这个部分包括的内容之多，同其他部分相比，很不协调。因此建议把“政治”这一部分拆开，分解为“中共滦县地方组织”“人民代表大会”“人民政府”“政治协商会议”“人民群众团体”“军事”六部分。其所以要把“中国共产党滦县委员会”改为“中共滦县地方组织”，是因为这是记载全县党的活动的部分，而不是专记县委的部分。基层组织建设及乡镇党委的工作方面的内容也应适当补充。在人大和政府项下，乡镇人代会和基层政权建设方面的内容也应适当补充。另外，还有几点意见：一是现在的稿子记第五、六次的党代表大会，记到大会主要议程时，都有“选举产生了中共滦县纪律检查委员会委员、常委、书记、副书记”的记载。这样记，就把纪检委第一次全会选举产生的常委、书记、副书记写成是党代表大会选举的了。应该改过来。“县政府重要会议”部分，从第十届政府起，不再举行县长办公会，而改为常务会议，应有说明。其后的“县政府领导机构”，实际上记的是领导人，而非机构，可将题目改为“县政府领导人员”。人大、政协部分也有同样问题，应一起改过来。“滦县人民武装部”是以机构作题的，还是改为“军事”为好。其中“民兵”部分，记组织调整，基干民兵、专业技术分队的绝对数可能不宜记人，在一段时间内应予保密。此事可征求保密委员会意见。

从第三本起，我看得很粗，而且认为写得很好，提不出什么意见。随手翻阅中，看到一些需要完善的地方，顺便提一下：

①在“政务管理”中，把物价(包括收费)管理归入了“工商行政管理”，似不妥。建议把“物价管理”单列一项。物价部分如能增补几个年份的交换比价，则会更好。

②“工业”部分记述太简了。如“新产品开发”一项，只记了“累计开发新产品29项”，而未记究竟是什么新产品。说“优化了产业结构和产品结构”，由于未记具体内容，看来显得空洞。望能予以充实。

工业部分特别写了一项“存在问题”，这是其他部分所没有的。我认为在“年鉴”中这样写很好。在写足成就的同时，也记载存在的问题，既有资治价值，又有存史价值。不一定每个部分都写“存在问题”，有的可从“发展潜力”角度写。

③“交通”中的“铁路运输”一项，只记了铁路，而未记运

输，文题不符，应补充运输方面的内容。公路运输也未记运量，只记了运输管理。

④“邮政”部分只记了网点、邮路和业务量，而未记投递设备、投递时间，应予补充。

⑤“电力”部分专有两项记“改善职工工作生活条件”和“第三产业的发展壮大”，内容较新颖，但使人有“小而全”的感觉，同以类系事的要求不太吻合，同其他部分比，也显得不够协调。可否删掉？请酌定。

(1997 年 9 月)

对《顺平县志》稿的评审意见(节选)

先谈谈对这部志稿的总的看法。看过志稿给我留下印象最深的有两点，一是资料丰富，诸如水利章下曲逆河的治理，从清康熙七年(1668)至新中国成立前的八次治理，不仅有具体时间，而且多数有具体的治理情况。又如邮电章中对本县古代驿站、递铺的设置及其演变，从秦汉记起，基本上勾勒出了本县邮电事业的历史发展脉络。再如公、检、法、司各章，对各项司法活动，有具体材料加以说明，内容充实、丰满。这说明县志办的同志们在搜集和筛选资料上是下了大功夫的。资料性是志书的根本属性，有了翔实的资料，即使其他方面差一些，也是容易修改的。二是质量不均衡。有的章写得相当好(如水利)，而有的章则还未成形(如抗日战争编中的几章)。凡写得不成功的部分，一个共性的问题是没有把握住志体。

下面分别谈谈我重点看过的几个部分的具体意见：

一、篇目

这部志稿的篇目有些与众不同的地方。最为明显的有这样几点：①把科学技术归入了“经济发展基础建设”。②把“抗日战争”作为独立的一编，而且排列在“军事”编之前。③把“人物”排列在“军事”编之后，“文化教育”编之前。除此之外，在“凡例”第四条中说“本志书采用中编组合体”。既然是中编，必然有组合，但这里是大组合，仍然保留了大编中严格说来不甚确切的两个题目—地理、社会。所以全志除去志首的概述、大事记和志尾将会加上去的“编纂始末”或“编后记”之外，总共只有十四编。分编这样少的中编也是很少见的。一般说来，创新是应该鼓励的。本届修志以来，创新不是太多，而是太少。我在1993年初中国地方志指导小组组织的评五部县志的会上曾说过，中国地方史志协会制定的几个基本篇目，曾经起到了很好的作用，使许多虽然参加了修志工作却又完全不懂方志的同志从中领悟了志书的基本框架，以致少走许多弯路。但同时它也有副作用，那即是束缚了不少修志者的思想，后来出版的绝大部分志书，同那几个基本篇目太相似了。“千志一面”绝非好事，所以应当提倡创新。但是，在我看来，本志稿的篇目几个与众不同之处，都有再斟酌的必要。

首先说把科学技术归入“经济发展基础建设”。这里所谓“基础建设”，实际就是指的“基础设施”。交通、邮电、电力、城乡建设，都属基础设施。至于水利，有些县志把它同农业排在一起，这是从“以农为本”和“水利是农业的命脉”这个角度安排的。就目前多数县的情况来说，这样安排有它的合理性，因为水利事业服务的主要对象是农业。但是，从发展的眼光看，随着经济的高速发展和人民生活水平的迅速提高，工业和其他事业用水和人民生活用水迅速增加，水利设施已越来越成为制约一地经济发展和人民生活水平提高的重要因素。从这个角度看，把水利归入基础设施，是一种有远见的做法。但科学技术无论从哪个角度看，都不好算作基础设施。科学技术并非“设施”，这是无可置疑的。

科学技术也无法作为经济发展的基础。即使从“科学技术是第一生产力”这个角度看，也不能把它作为经济发展的基础。更何况科学技术要作为现实的生产力，还有一个转化过程。如果把科学技术算作经济发展的基础，那么教育又应该算什么？岂不成了基础的基础？所以，我以为还是把科学技术归入文化部类为好。

其次说把“抗日战争”独立成编是否合理。全志共十四编，“抗日战争”是其中的一编。这是一种“升格”处理，而且这种升格十分突出，不仅从“军事”中分离出来显得突出，如果再同“中国共产党顺平地方组织”比，就更显得突出。作为全县领导核心的党组织，仅仅是一章，而抗日战争却高出一格，作为一编。有没有什么特殊理由能够说明非这样处理不可呢？我认为是没有的。顺平县在抗日战争期间斗争残酷，但也并不是特别突出。既然如此，单列一编记述，作升格处理，既无充分根据，又带来一些弊病。其一是打乱了隶属关系，放在了不应有的突出地位。其二是造成了不必要的交叉重复。第一章的“抗日战争时期大事记”本应摘其要者入志首大事记，这里单有一个时期的大事记令人费解。第二章的“斗争烽火”本应入军事编中的“战事”章，由于集中写入了这一编，使“军事”编的“战事”章抗战时期成为空缺。第三章的抗战中的完县儿女，应入“人物”编，这里设此一章，同“人物”编形成人为的交叉。第四章的“日军暴行”应与“军事”编中的“兵祸匪患”并列。第五章的“大汉奸傅振邦罪行录”更不宜单列。傅振邦虽然罪大恶极，毕竟是个微不足道的小人物，够不上“大汉奸”，单为他在县志中列一章，太抬高他了。而且，在“人物”编中已作为反面人物为他写了一个传，这里就更无再单写他的罪行的必要了。所以建议删掉“抗日战争”这一编，其内容分别纳入相关的编章中去。

再次说“人物”编的排列位置。前面说到的两项，我虽然不同意现在的篇目那样处理，但我能理解篇目设计者的意图。唯独对篇目中“人物”编为什么这样排列，我却百思不得其解。如果是把“人物”排在“文化教育”编之后，社会编之前，那可以理解为是按下列顺序考虑的，即：先记人们生存和劳动的环境，即人们活动的舞台；再记活动于这个舞台上的人们的状况；然后记这些人在这个舞台上的活动——改造自然也改造自身，以及由此带来的各项事业的兴衰起伏；最后记活动于这个舞台上有影响的人(演员)及本地的民情。现在的篇目这样排列，恰恰把各项事业的兴衰起伏给隔断了。也许篇目设计者把“文化教育”编作为人的自我完善，而排在了“人物”编之后。但似乎也不对。因为“人物”编中所记的只是古今有影响的人物，是县内人群中的代表，而不是人群本身。所以，这种排列很值得再加斟酌。如无足以说服人的理由还是作为最后一编为好。

最后再来研究一下中编组合体的问题。现在的十四编中，大农业为一编，大商业为一编，财税金融为一编，综合经济管理为一编，军事为一编，人物为一编，这六编都无可挑剔。把科学技术从“经济发展基础建设”中析出，归入现在的“文化教育”编，题目改为“教科文卫体”，把“经济发展基础建设”一编的题目改为“基础设施”这两编应该是也无可挑剔的。剩下来需要再斟酌的是第一编的“地理人口”，第四编的“工业与乡镇企业”，第八编的“政党群团”，第九编的“政府政权”，第十编的“抗日战争”，第十四编的“社会”。让我们逐一分析一下。先从第一编说起。这一编的题目是“地理人口”，“地理”，是大编常用的题目，这届修志以来，已有不少地理专家对此题提出异议。因为方志中地理部分所记的内容，既不是广义的地理，又不是地理中的任何一个分支，而只是自然地理与历史地理中的若干要素。所以，用地理作题不很确切。但是，采用大编法，即分成地理、经济、政治、军事、文化、社会、人物七大块，地理这个题目不好用更确切的别的什么题目代替它，于是也就被容忍了，默认了。凡用中编法的，一般都避免了再用“地理”作题，而是把地理部分的内容分作两编，即“政区建置”为一编，“自然环境”为一编。也有的再加一编“城镇乡村”。“人口”，是广义的地理中的一项内容。但是，它不包括“人口控制”，即计划生育的内容，加上了计划生育、优生优育，即不能作为地理的内容了。设计篇目的同志是考虑到了这一点的，所以把地理同人口并列起来，作为组合题。我以为，为了更确切起见，何不把它们分成“政区建置”“自然环境”“人口”三编呢？现在的人口部分缺项不少，还应该充实(具体意见后面再讲)。经过充实后，也将是分量不小的一编。既然是中编多几编又何妨？再说第四编和第八编，第四编把工业与乡镇企业组织为一编，本无不可。但它毕竟不同于大农业、大商业以及财税金融那样和谐。分别作两编处理会更好些。第八编把政党和群团组合为一编，按分类说也是可以的。为了突出中共地方组织也可以考虑分开，即中国共产党顺平地方组织单为一编，人民群众团体为一编，中国国民党及其社团为一编。第九编是非改不可的。这一编的题目是“政府政权”。题目本身就有毛病，是子概念同母概念的组合。“政权”中是可以包容政府的，这两个概念是不能并列的。问题还不仅是题目，单就题目说，去掉了“政府”，只保留“政权”即无可挑剔了。除题目外，问题还有两个：其一，把公检法司和民政、劳动人事、扶贫七章纳入了“政权”。这几章的性质是不同的。检察和审判，是国家机器的组成部分，归入“政权”是没有问题的，而公安、司法行政、民政、劳动人事、扶贫，则是执行机关的业务。如果把这些内容都随“政府”归入“政权”编，按相近的原则虽然可以解释得通，那么教育、卫生、文化等也是执行机关的业务，是否也该归入“政权”编？所以，把民政、劳动人事等纳入“政权”编，是人为地扩大了“政权”的外延，把一部分执行机关的业务纳入“政权”编，把另一部分执行机关的业务纳入“文教”编，造成了剖分标准的不一致。其二，这一编把政协也纳入其中了，而政协并非政权机构，政协是参政议政的统战机构，把政协排列在“政权”中，在政治上是不准确的。所以建议把这一编拆开，把人大、政府作为一编，如果考虑到政协独立成编过于单薄，也可组合进去，题目标为并列式的组合题，即“政权、政协”。把公检法司，组合为一编，题目标为“司法、公安”。其所以要单指出“公安”，而不以“司法”作题，是因为公安部分有的内容不属司法，如消防。“民政”和“劳动人事”各为一编。“扶贫”可独立成编，也可纳入“民政”。如独立成编，则应同“民政”连在一起。另外，还有几项内容篇目中没有列入，即来信来访、侨务、旅游。而这几项内容都不多，信访是不可不记的，如无法独立成编，可纳入“政府”章。侨务、旅游如无内容，则可不记。第十编的“抗日战争”，前面已经说到，这里不再重复。最后说第十四编。这一编的题目为“社会”。这是一个无法界定其内涵的题目。全部志书内容即是自然与社会两大项。大编法有些内容不好归类，所以用了“社会”这个涵盖面极大的题目。对此题也早有异议。胡乔木同志在全国地方志第一次工作会议的讲话中即提出了这个问题，他问“社会”中都应该包括什么内容？包括不包括社会弊端？也是由于找不出更好的题目，所以有些大编法的志书，还是沿用这个题目。而采用中小编法的志书，一般都避免了使用“社会”作题。本志篇目中“社会”这一编共分五章，依我看，其中有三章均可析出。第一章的“人民生活”，把题目改为“居民生活”后，可纳入“经济综述”(应增补此编，后面具体谈)。第二章“婚姻家庭”

可纳入“人口”编，第五章“谣谚”可纳“教科文卫体”编。剩下来的“习俗”“方言”，再加上“宗教信仰”，组合为一编，题目可标为“民情”。

对篇目中的其他问题，我将随着对各编章的评议再谈具体意见。

二、概述

这是一篇难得见到的策论体的概论。全篇共分四个部分，前三部分以史为线索，按古代、近现代、当代切为三块，最后一部分写今后发展的基础和潜力。第一、二两部分从宏观角度点评历史，高屋建瓴，纵横捭阖，很有气势。这是一种值得提倡的写法。因为修志者最大的优势，就在于手中握有历史跨度极大，涉及面极广的资料，在修志过程中，经过筛选、熟悉、消化，对本地各项事业的兴衰起伏、利弊得失，必然形成一定的认识。这些认识，有的已渗透于各专志之中，有的则无法在专志中表述。“概述”这种志书中唯一可以夹叙夹议的体裁，正好为志书主编提供了表述这些认识的园地。一篇好的“概述”，就是志书主编对本地历史与现状的审视的结果。所谓审视，立脚点要高，是鸟瞰，是俯视。视野要宽广，不仅做纵向的比较，而且要在较大范围做横向比较。这样才能得出正确的结论。这就是我们所说的策论体“概述”。是“概述”的各种体式中最难驾驭的一种。本志稿的“概述”采用了这种体式，而且前两部分写得很好。可惜的是，从第三部分以后，确切地说，是从第二部分的后半部分开始，写得有些空泛了。第二部分从写教育救国的代表人物刘仙洲开始，即显得浮光掠影，而未接触问题的实质。刘仙洲固然是教育界的杰出人物，他不仅在教育上有突出贡献，而且在旧民主主义革命中也是有作为的人物。但这里写刘仙洲是作为教育救国的代表人物写的，除了简略介绍了刘仙洲的事迹以外，对于教育救国的道路为什么走不通，却未置一词。这段文字已离开了主题思想。接下来写辛亥革命后本县农业、工业、商业的发展，以致使人产生“完全是一幅农村城市的感觉”，究竟要说明什么？文中未作回答。所以下一个自然段所说的“资产阶级旧民主主义革命，并没有解决中国的根本问题”，就显得空洞了。再下面的抗日战争，写得有声有色，但同主题有些游离。前面既然已经提出“中国共产党领导的新民主主义革命，才是劳动人民翻身解放的必由之路”这样的结论，后面除写了抗日战争外，并未涉及新民主主义革命的其他内容。即使写抗日战争，也未同“劳动人民翻身解放”联系起来。这部分的最后一个自然段，也有些“走题”了。

第三部分是全篇的重点。因为这一部分是写从中华人民共和国成立到下限。这一部分要写出发展、曲折、失误与新时期改革开放所带来的巨大成就,同时也指出前进道路上仍然存在的问题。这是发挥“概述”的总括地情、提炼精华、沟通联系、彰明因果、策论方略五种功能的最重要的部分。然而,这个部分却没有写好。一是太空了，如新中国成立后在改变生产条件方面取得的成就，应该用一些比较概括的基本事实加以说明，仅用“大规模水利建设、农田基本建设和其他农业生产条件的改变”这样的原则话，使人看不出达到了何种程度。二是面窄了。以经济为主线是对的，但是，只说到经济，对文教等完全不予涉及是不应该的。三是对于哪些是成就，哪些是曲折与失误，写得不明确。特别是讲 70 年代那一段，讲粮食产量比 1949 年翻了一番，而人均日工分值只有 0.29 元，却没有说明为什么。这里略去了“文化大革命”，只提到“一再批判‘利润挂帅’”，也是不应该的。写党的十一届三中全会以后的一段，未写路线、方针、政策的变化，只写了工农业发展数字，即只写了现象，而未触到本质。第四部分像是要写发展活力，但实际上只写了几项今后发展的有利条件，而未提到目前还有什么不足和应解决而未解决的问题。不足之处和应解决的问题，往往正是今后发展的潜力所在。所以这一部分也不够成功。

建议对本篇“概述”作较大改动，真正改成一篇策论体式的高水平的“概述”。

现在的第一部分可以基本不动，在第一自然段，要把本县的地理位置写清楚(包括交通位置)。把不准确的词句删掉，如“也是全国中部地区”。说到清代康、雍、乾时期顺平经济达到封建时代最盛时期，不知还能否更具体些，哪怕是形象的比喻也好。

第二部分的后半部，要回答实业救国、教育救国的路为什么走不通的问题。辛亥革命后，前面说到“本县的农业和工业、商业有所发展”。然而后面只讲了工业、手工业。最好补充一下农业、商业的基本状况，以及与此相适应的文化教育的基本状况。写抗日战争的一段可稍加压缩，把减租减息，土地改革等新民主主义革命的内容补充进去，并由此写贫苦农民在政治上的解放和经济上的翻身。

第三部分是修改的重点。还是以经济为主线。最好不要按50年代、60年代、70年代这样分了。因为这样划分阶段说不清 楚。如要划分阶段写，还是按党中央《关于建国以来党的若干历史问题的决议》来划，即：基本完成社会主义改造的七年，开始全面建设社会主义的十年，“文化大革命”的十年，党的十一届三中全会以后四段。这四段，《决议》中都有明确结论。“文化大革命”一段，由于各地的情况不同，遭受损失的程度也不同，要据实说明。也可以不分成几段，而是以农业和工业的发展为主线，串联其他。顺平是传统的农业县，自然要先说农业。新中国成立以后在改变生产条件上的主要措施和主要成绩应该有概括的叙述，并且要说明未能充分发挥效益的原因。写清几次大的挫折以及不讲农业效益所造成的后果。写到党的十一届三中全会以后实行联产承包责任制所带来的增产效果时，不要离开过去改善生产条件的成果。要深入分析一下本县农业增产而全县经济不能迅速改变落后面貌的原因。除农业效益低以外，产业结构的不合理，特别是工业的滞后，恐怕是重要原因。这样很自然地转到写工业发展状况。其中要特别强调一下乡镇工业的发展对全县经济发展所起到的重要作用。同时也要指出地方工业，特别是乡镇工业发展中存在的问题。对于商业，也要从是否适应经济发展的需要这个角度提到一下。与经济发展相适应的文教事业的发展状况也应简要加以概括。

第四部分应与县委、县政府的经济发展战略构想相一致。指出今后发展要解决的主要问题和途径，要讲有利条件，也要讲不利条件，讲如何扬长避短，发挥优势。在写到各种条件时，不要忘记写人。顺平的腾飞，归根到底要靠顺平人。可以说到顺平人光荣的革命斗争传统，发扬光荣传统，会创造出更加辉煌的未来。

三、中国共产党顺平地方组织

这一章头尾都写得很好，头地方党组织的创建及新中国成立前的发展。尾新时期县委的决策。中间部分有的横剖不够，有的缺项，有的应该调整，标题也需要重新考虑。

第一节的“组织发展”，是把初创、活动、发展、组织机构合在一起，以时系事，纵分横写的。不仅于志体不合，眉目也不够清晰。每段都有发展状况，组织机构，领导人更迭和主要活动，有点叠床架屋。建议分成两节。即地方党组织的创建与发展为一节，组织机构另为一节。在第一节除必须联系到的活动外，尽可能不过多写活动，而重在写创建。党组织发展、组织状况可简略写。党员发展要写出各个不同时期的不同发展重点，不同时期党员构成的变化包括出身成分、性别、文化程度、职业等，直记到下限。现在的稿子“和平建设时期”党员发展情况未记。

第二节记组织机构，可先写县委(包括设常委、设书记处、领导人更迭)，然后写县委的工作机构(党校工作不宜记那么多)，再写区委(区委不属基层组织)，再写基层组织，还要记到党组、机关支部，说明党组织是个网络。

党代会的题目可改为“历次党代表大会”。文内标题有毛病，党代表大会不称“届”。

五里岗暴动应析出，有两个办法，一是附入党的“主要领导活动和决策”一节，二是附入军事编。

现在的第五节，篇目上的题为“党务活动”，文中是“党务活动和重大决策”，叫“党务活动”，同内容不太吻合，不如改为“主要领导活动和决策”。这节为避免重复而完全不提“五里岗暴动”是不对的。这一节如基本不动，也要补充“五里岗暴动”。再一个办法是改变目前的写法，即选择主要领导活动，标上小题目，用记事本末体写。

现在的第四节记统一战线，而纪律检查单列一章，整党整风，党员教育，宣传工作都未记，属于缺项。建议篇目做如下调整：

第一节创建与发展，第二节组织机构，第三节历次党代表大会，第四节整党整风，第五节党员教育，第六节纪律检查，第七节统一战线，第八节社会宣传，第九节主要领导活动及决策。(以下略)

(1997 年 12 月)

对《阜平县志》稿的评审意见

我是怀着对革命老区的崇敬心情来看这部志稿的。在看稿过程中我最注意的也是这部志稿是否鲜明地体现出了革命老区的特点。保定市志办分给我的任务是重点看概述和政治，而这两块恰恰是体现革命老区特点最集中的部分。捧读过后，十分高兴。革命老区的特点渗透于本部志稿的方方面面，不是集中在一点，而是全方位的。反映革命老区特点的资料不仅数量大，而且涉及面宽，材料生动感人，加之表述文字流畅，具有较强的可读性。全部志稿的质量也比较均衡。总之，这是一部特点鲜明的，基础较好的志稿。这次评稿会后再加修改，成为一部佳志应该是没有问题的。

下面我想重点提出三个问题，同阜平县志办的同志和与会各位同志一起研究。其一是有关中共中央在阜平和晋察冀边区领导机关在阜平的资料，是集中以专篇形式记述好，还是分散立目，星罗棋布好。其二是篇目究竟是采用平列式的小编结构好，还是采用相对集中的中编结构好。其三是排列顺序问题。研究完这三个问题，我再谈对概述及政治、军事各章的评价及修改意见。最后简要谈谈我翻阅其他各章发现的一些零星问题。

首先研究第一个问题，即中共中央和边区领导机关在阜平的有关资料如何处理的问题。现在的稿子是把中共中央在阜平的记述采用特记的办法，以“毛泽东在阜平”为题，排列在大事记之后，各专章之前，即大体仿照年鉴的体例处理的。而对晋察冀边区领导机关在阜平的记述，采用了“增记”的形式，以“阜平县革命斗争辑要”为题，排列在军事章之后，有点类似于军事部分的附记。与此有联系的内容之一，即“第一部《毛选》诞生记”，则归入文化部类，以“增记”的形式排在了文化章之后。另一项与此有联系的内容——“晋察冀文化名人在阜平”，则同阜平的文化人一起，以“阜平文化人”为题，单列了一章，排在民间文化章之后。我们姑且把这种处理办法称之为“大分散，小集中”。据我想，阜平县志办的同志们所以这样处理，其依据是修志中的“以类系事”原则。如果都能按类横剖，当然也不失为一种规范的处理办法。但是难就难在上面的内容并不是都那么容易分类。第一部《毛选》的诞生和晋察冀文化名人，自然可归入文化类，而“阜平县革命斗争辑要”中，却有相当多的内容并不属于军事，只是因为冠以“革命斗争”的题目，才勉强同军事连在一起。如果把边区三大机关(边区政府、晋察冀分局和晋察冀区党委)从中析出，那么这部分内容又不好同地方党政内容去穿插，则无法归类，在修志中称之为“归无类”的内容。至于中共中央在阜平，更加不好归入任何一类之中，再加上其特殊的重要性，于是排在了志首的大事记之后。从以上分析可以看出，按“以类系事”原则分散于有关各类，是牵强的，也就是说，这样分散归类并不成功。那么，假如类属不存在问题，究竟是分散好呢，还是集中好呢？我以为还是集中比较好一些，所谓“集中突出”，集中起来可以记述得更系统，也更显得突出，于是阜平这个晋察冀革命根据地的中心地位也就更加鲜明。

那么怎样集中呢？我提出一个设置一大篇下分三章的设想

供参考。篇的题目可标为“晋察冀边区首府纪事”。下面的三章是：第一章为“中共中央在阜平”。现在的稿子只有“毛泽东在阜平”，中共中央的一些活动，都以毛泽东的活动为线索连在一起了。如果还有中央其他领导人活动或集体活动的资料，则分别列题记述。如无其他资料，本篇的题目仍可为“毛泽东在阜平”。

第二章为“晋察冀边区领导机关在阜平”。以下分为：①“晋察冀根据地的创建”(从建立中华苏维埃阜平县政府开始记起，再到后援会，动委会，抗日义勇军)，也可考虑这节改为“华北第一个县级人民政权的诞生”。②“晋察冀军区在阜平的活动”。③边区“三大机关”。④党政军民鱼水情。把阜平人民大支前等也纳入其中。清风店战役，民兵巧布地雷阵等可归入军事章。

第三章为“晋察冀边区首府的文化活动”。包括《晋察冀日报》的创办；第一部《毛泽东选集》的编辑与出版；文化名人在阜平。第六十章中第二、三节分别归入文化篇(加文学创作部分)和人物篇。

这一大篇的排列位置在后面研究。

其次来研究小编或中编结构问题。这部志稿采用的是小编结构，除卷首、卷尾外，中间共分六十三章。小编的长处在于立项比较自由，不受隶属关系的限制，也避免了组合和标题方面的不恰当。它的短处是无所统摄，结构松散，整体性较差，层次不够清晰。中编的长处是既避免了大编的分量畸轻畸重和标题的困难，又避免了小编的支离破碎。它的短处是不得不把性质相近的事物加以组合，难免不带人为捏合的不和谐痕迹。即是说，两种结构各有所长，也各有所短(此外还有大编结构，因我们不准备改为大编，这里不作具体分析)。那么，阜平县志是保留现在的小编结构好呢，还是改为中编结构？从突出老革命根据地的特点来说，我以为改为中编结构为好。前边讲的设一大篇“晋察冀边区首府纪事”，就是从中编结构考虑的。如果改为中编结构：一篇为“政区建置”，下分四章：第一章为“位置面积”，第二章为“建置沿革”，第三章为“行政区划”，第四章为“乡镇村概况”。另一篇为“自然环境”，下分“地质”“地貌”“气候”“水文”“土壤”“自然资源”“自然灾害”。第十、十一两章合为一篇，题为“人口”，并可把第十三章中的“婚姻”“家庭”移入“人口”篇。第十二章“居民生活”，可纳入新增的“经济综述”篇。第十三、十四、十五章合为一篇，题为“民情”。第十六章的“台胞”可入新增的“政务管理”篇，内容可包括信访、外事、侨务、旅游、台胞。第十七章“人物”自成一篇。第十八章“中国共产党地方组织”自成一篇。第十九章“县委重大活动”改为“党政重大活动”，自成一篇。第二十章“中国国民党地方组织”分量虽小，不宜向别的内容组合，也自成一篇，如有旧社团（如旧商会、三青团等）可纳入此篇，题目上加“及其社团”。第二十一章题目改为“人民群众团体”，为一篇。第二十二、二十四、二十五章为一篇，题目为“政权、政协”，第二十三章“旧政权机构”，因只记机构，各地相同，可附于“人民政府”之后。第二十六、二十七、二十八、二十九四章组合为一篇，题为“公安、司法”。第三十、三十一章合为一篇，题为“人事、劳动”。第三十二、三十三合为一篇，题为“民政、扶贫”。第三十四章“军事”自为一篇。第三十五、三十六、三十七、三十八、三十九、四十章为一篇，题为“基础设施”，第四十章内的“土地管理”可析出，入“经济综合管理”篇。“可持续发展”这个题最好改为“环境保护”。第十一章“工矿企业”改为“工业”，自成一篇。第四十二章“乡镇企业”自成一篇。第四十三、四十四、四十五、四十六、四十七、四十八章合为一篇，题目为“农业”。第四十九、五十、五十一章合为一篇，题目为“商业”。第五十二、

五十三、五十四章合为一篇，题目为“财税金融”。第五十五章“经济综合管理”，把土地管理和审计管理吸收进来，自成一篇。第五十六、五十七章合为一篇，题目为“教育、科技”。第五十八、五十九、六十一章合为一篇，题目为“文化”。第六十章的内容分别入“晋察冀边区首府的文化活动”和“文化”“人物”各篇中，第六十二、六十三章合为一篇，题目为“卫生、体育”。这样全志共二十七篇。是否这样组合，还可再加斟酌。这就是我所设想的中编结构的方案，主要目的是能够使记述晋察冀根据地的内容更加集中和系统。另一个方案则是仍保留现在的小编结构。那么，记述晋察冀根据地的那一篇，则可去掉篇的题目，保留下面的三章。虽无篇的统辖，这三篇仍要连在一起，以求收到集中之效，究竟采用哪个方案，请大家共同研究。

再次来研究排列位置。这个问题是从突出有关边区根据地这个特点提起，但又不仅仅为了这一点，我认为现在的第十至第十七章的排列位置也是值得研究的。

我们先来研究有关根据地记述的排列位置。这个部分中，政治、军事、文化几个方面的内容都有，按其主要内容说，靠近政治部类更合适些。从突出地方特点考虑，排在前面比插在中间更好些。因此，我认为无论采用小编结构还是中编结构，都是排在自然环境之后，其他内容之前，比较合适。接下来就是以“中国共产党地方组织”为首的政治部类的内容。至于政治与经济何者在前，这届修志以来虽有争议，但是中国地方志指导小组组织有关专家讨论，认为两者均可，不必拘泥。阜平在政治方面的特点突出，先政治，后经济，更无可挑剔。

现在再来研究第十章至第十七章的排列。第十章“人口”，排在“自然环境”之后，已成为目前的一种趋势。但考虑到阜平的具体情况，如果是排“人口”，再排边区首府纪事，由于“人口”部分现状内容较多，总有一种会冲淡边区首府纪事的感觉。所以我以为还是把“人口”部分后移为好。至于“居民生活”“习俗”“方言”“宗教”等内容，按大编结构，属于“社会”这个部类，“人物”则自成一编。这两部分按习惯一般是排在最后的。现在的排法是把这些内容同“人口”连在一起。篇目设计者的意图可能是想把有关人的状况集中在一起。这样考虑不无道理。但是，由于“人口”排的靠前，把与之相关的内容也都排在前边，就不太合适了。旧志有过“三宝”体，即天、地、人，也有天、地、事、人，人物也还是都在后面。因为前面记的是人生存与活动的空间，也就像是人们活动的舞台，中间是人的各种活动，就像是在舞台上的各种表演，最后是演员中的杰出人物。这是符合人的认识规律的。所以，我以为还是把这些内容移在教科文卫体之后好些。这样调整之后，其大体顺序是：先政区建置、自然环境，然后是边区首府纪事，再往后是政治、军事、经济、人口、民情、人物。

上面所谈，都是从如何更好地体现地方特点出发，来研究篇目设计的问题，是从宏观角度来谈的。至于篇目中一些微观方面的问题没有涉及。政治部类的篇目，我在下面也还要谈到。

下面我再来谈对概述及政治部类各章的意见。

一、概述

这是一篇写得比较好的概述。好就好在作者对县情吃得比较透，叙和议都比较贴切。全篇以本地自然环境特点为一条线，串联了各项内容，比较自然地沟通了各大部类之间的联系，提炼了本地的精华，从宏观角度彰明了因果，并且指出了不足，因而较好地总括了县情。文字也朴实、简练。但也有不足，我认为主要问题有两个：一是立脚点不够高，不是鸟瞰，俯视本县，基本上是平视，是基于本县来审视本县的历史与现状，因而只有纵向的比较，即本县的过去与本县的现在比较，而缺少在更大范围内作横向比较。二是策论不够。第二部分叙述经济状况时，有些点评，但不够，有些前进中该解决的问题未能随文导出，而是集中于第四部分。而第四部分指出的五个问题，有的只提出了问题，而无解决途径，还算不得策论方略。下面谈谈具体的修改意见：

第一部分可以大体不动。第一自然段要把山高路险和四至八到写出来，以便使人能更好地理解为什么晋察冀根据地以此地为中心。在记述本县在抗日战争和解决战争中的贡献，即“政治上的辉煌”时，在能作横向比较的地方尽可能补充一些横向比较的内容，如阜平在抗日战争和解放战争中，参军人数是否比周围县多？日本侵略军对阜平的“扫荡”比周围县是多还是少？等等。

第二部分是修改的重点。这个部分的第一自然段在叙述从抗战到解放后，直至“文化大革命”一直在解决“吃饭”问题，过于简略了，应把农田基本建设的主要成就概括地点一点，并且要指出长期不能解决粮食自给问题的主要原因。由于“种植业”章没有提供解放后历年农业产量的材料(这是必须补充的)，所以看不出“文化大革命”期间阜平农业生产的状况。在分析农业发展缓慢的原因时，应注意到“文化大革命”时期的农业状况。这段的分析，最好能有横向比较。这部分的第二自然段写道：“80年代初，家庭联产承包制的实行，调动了农民的生产积极性，加之良种、化肥、农药的使用……”太简单了。在分析实行家庭联产承包责任制后农业生产发展迅速的原因时，不能抛开此前在农田基本建设上取得的成就，只是因为过去分配上的“大锅饭”，劳动管理上的“大呼隆”(大拨轰)，致使农田基本建设的成就不能充分发挥效益。此外，这一自然段在讲了“从计划经济向市场经济迈进”之后，应指出目前在思想观念上和增产措施上还应该解决什么问题，即随文导出策论方略的内容。第三自然段在分析工业滞后的原因时，应该同农业联系起来，不要形成各立门户。首先要肯定，解放以后集中主要精力抓农业是对的，开始发展工业时，从支农工业抓起也是对的。因为当时需要解决的主要问题是“吃饭”问题。问题在于从指导思想上不应该长时期单一抓农业。由于思想上放不开，工业抓晚了，反过来又影响到农业及整个国民经济的发展速度。第四自然段在叙述为转变观念外出考察时，不要特别点出“温州、广州、深圳、海南、新加坡、俄罗斯，以至欧美等地”，以免带来副作用。在叙述完工业、乡镇企业的发展及成就之后，也应指出目前存在的问题，应该如何解决，进一步发展的潜力何在。最好能有横向比较。叙述商业的一段，讲到现状话虽不多，但说得比较满。还是应该注意分寸，指出不足。在叙述完商业之后，建议把第四部分叙述基础设施那一段移过来，也要指出基础设施方面需要进一步解决的问题。这一部分的最后，要用下限年的综合经济指标说明经济发展的现状，包括国民生产总值、社会总产值、国民收入、工农业总产值等，第四部分开头一段的居民生活水平也移到这里。然后把单叙述某业不能随文导出的策论内容写于此处，如全县经济腾飞的突破口等。

第三部分应补充教育发展的现状，尤其要补充科技事业的状况以及还需要解决什么问题。阜平的经济腾飞归根结底是要靠教育、科技，应从这个角度审视本县教育、科技的现状，并策论方略。

第四部分在大部分内容移出后，建议删掉其余内容。如领导人调动频繁，不是本县能解决的问题。党风问题并非本县特点的问题，也很难在志书中提出什么有效的解决途径。不如干脆删掉。

第五部分还可补充一些今后发展的有利条件，然后改为第四部分。

二、中国共产党地方组织

这一部分写的基本可以，该记的内容大体上都有了。只是篇目还需要作一些调整。现在的第一节“党组织的早期革命活动”和第二节“县委会的创建与发展”，不是横剖，而是从时间上的纵断。第一节记至1934年，第二节从1937年起，记至下限年。两节在时间上是延续的，而且都是以时系事，并不是以类系事，不符合志体。这样划分两节，必然形成地方党组织的创建，早期革命活动，党员的发展，党的组织机构的演变混在一起写，以致眉目不清。第一节的题目是“党组织的早期革命活动”，而这一章的题目是“中国共产党地方组织”(地方前应加“阜平”二字)，既然是记地方组织，未记地方党组织的建立哪里来的党组织早期活动？这一节实际上记的是地方党组织的创建过程。第二节的题目“县委会的创建与发展”也不确切。县委会的创建可以讲得通，发展就不好理解了。发展的是组织机构，而不是县委会。建议把第一节的题目改为“地方党组织的创建与发展”。从王家宾发展党员，在县城建立第一个党小组，建立阜平特支，建立马驹石区委，直至中共阜平县委成立，连续记下来，作为创建的全过程。以后记发展，党组织的发展只按不同时期点出数字即可，着重记党员的发展。要记出各个不同时期不同的发展重点，还要记出不同时期党员构成的变化，直记到下限年。第二节的题目改为“组织机构”，从县委记起，记县委机构的演变，如开始只有书记和委员以后有常委会，还曾建立过书记处，等等。接下来记县委的工作机构，对各工作机构，只记其职能，不记工作情况。记完县委记区委(包括工委)及其工作机构。然后记基层党组织(乡、村、公社、大队、机关、学校、企事业单位)。也还可以考虑把上述内容横剖为三节，第一节只记地方党组织的创建；第二节题为“党员”，记党员的发展和党员的教育，即把现在的第四节合并进来；第三节记组织机构。

现在的第八节题为“其他部门工作”，实际上只记了三项内容，即宣传工作，精神文明建设，群众来信来访。如果把群众来信来访放入“政务管理”中，剩下的两项各为一节比两节合为“其它部门工作”更好些。一则所谓其他部门工作，只此两项，其他如老干部工作，党史工作等均未涉及。二则宣传工作历来是党的工作的一个重要内容，以单列为好。精神文明建设单列也可体现时代精神。

除了篇目调整之外，内容方面还有三个问题：第一是党代表大会的记述有毛病。在记述每次党代表大会的末尾，都记这次代表大会选举产生了第 × 届委员会，委员 xx 名，候补委员 xx 名，这是对的。但接下来记常务委员 xx 名，书记是 xx 。这就不对了。这样记，人们只能理解为常委和书记都是党代表大会选举产生的。应记清常委和书记是在这届委员会的第一次全会上产生的。记监察委员会和纪律检查委员会也有同样的问题。应该一起改过来。第二个是对宣传工作的记述，未记宣传队伍。我们党历来重视宣传工作，在掌握政权以前，主要靠宣传使人民群众了解和接受我党的主张，当时无论军队官兵或地方干部，几乎每人都是宣传员，每到一处都要做宣传。党执政后，在 50 年代曾组织宣传员网，有宣传员、报告员，及时向群众作形势和政策宣传。直到广播、电视、电影普及之后，宣传员网才逐渐消失。因此建议这部分按宣传队伍、宣传形式、宣传内容三个层次写。第三个是既然专有一部分记组织机构，写到党的各项工作时，即不必再重复机构设置情况了。

三、县委重大活动

前边已经说到，在调整篇目时这一章的题目改为“党政重大活动”后自成一篇。所以要这样改，一则这部分下设的十一节，多数不是从决策角度记的，如果是写的决策，当然是以县委决策为题才更贴切，并且应该归入“中国共产党阜平地方组织”篇。既然主要不是写的决策，就不一定非以“县委”活动的名义记述不可。二则在长时期内，党政活动难得分清，党政不分成为普遍现象。就现在记述的十一节的内容来说，基本上也是党政共同的活动。三则现在的“人民政府”部分除了机构设置而外，只记了施政方式，显得空一些。把这一篇改为“党政重大活动”，对政府部分的空洞也是一种弥补。

这个部分所记的十一项活动，尽管绝大多数都是按中央统一部署执行的，但都写出了本县的特点，写出了个性，这是很不容易的。在记述中，较好地贯彻了实事求是的原则，有成绩记成绩，有缺点记缺点，即使是成绩很大的活动，也不掩盖其中曾经出现过的问题(如土地改革、互助合作等)。但在文字表述上，也有不规范、不准确、不慎重的地方，下面不分巨细，一一提出：

①纪年和计量单位的写法不规范。按国家语委等七单位关于在出版物上数字用法的规定，民国纪年用阿拉伯数字，这部志稿上都用的是汉字。文中多处记载粮食数量用的是斗、石，而未换算成公斤。各地的斗、石分量是不同的，甚至在一个县内的不同集镇，斗、石的分量也是不同的。所以，用斗、石表述粮食数量，

使人不知究竟是多少。

②在记述土地改革的第三节，记了一段毛主席1948年就新区土改问题给邓小平的电报，并记了毛主席亲自起草有关新区土改文件的事。这些与阜平的土改无关，不该记在这里，应删掉。这一节的附件之二，即邓颖超同志的讲话，其中第六个问题："划分阶级问题"，同土地法大纲不完全一致。如对富农，只提到请长工、放账、出租土地等，而未讲剥削量。讲到划分阶级的方法时，也只讲了五个比，没有量的标准。建议略去这第六个问题。在记述发展商品经济的第十节，记到有人对阜平人均收入增万元有不同看法，后面并未正面回答这个问题，反而形成节外生枝，不如删掉。第十一节记到县委、县政府历届领导不惜重金付出学费，带人到省外和国外考察参观。我以为不必这样强调"不惜重金"，也不必一一写出到何处考察参观。只简单记到多次组织考察参观即可，以免带来副作用。

③以事系人要特别慎重。志书不同于报纸、刊物，志书是传世之作。写到人，特别在有贬义的地方写到人，要慎之又慎。试举几例：记反右派斗争，有这样的记述"开始，xxx、xxx、xxx等人用大会、小会、谈话形式动员教师们大鸣大放，写大字报，给领导提意见，一再鼓励大字报写得越多越好，提意见越尖锐越好……随后打成右派"。这样记等于在志书上给这几个人曝光。我认为应该删掉人名，甚至连整风反右领导小组由何人组成都不必指名道姓。再如这一节的后面连续举了几个人的例子，说明"反右派斗争"的错误，同中央《关于建国以来党的若干历史问题的决议》精神不符。反右派斗争确实严重扩大化了，像上面提到的志稿中所举的几个例子，是真实的，几乎各地都有类似的情况。但是即使是在搞错的人中，也确有思想观点上有错误的人。他们绝不是敌人，但有错误，是批评教育的对象。志稿中所

举几例则是完全搞错的，也有些偏颇。建议本着宜粗不宜细的原则，简化这一节的记述。又如第七节记“反右倾”斗争，把内定为“右倾机会主义分子”，后来因政策放宽没有定下来的几个人也指名道姓记入志书，完全没有必要。第九节记“文化大革命”中涉及点名的不少，都应再仔细斟酌。县志办拿不准的应请示县委和县政府。如记斗批改中派性作怪，是否要记得那样细？记平反冤假错案中把部分群众打成“四人帮”“帮四人”，要不要记得那样具体？特别是应不应该点一位县委领导人的名？更应慎重，该请示的要请示。

最后还有这一篇的排列位置问题，既然题目改为“党政重大活动”，当然应该放在“政权、政协”篇的后面。但在“政权、政协”之前，还涉及“中国国民党地方组织”“人民群众团体”排在何处。可否这样考虑其排列顺序“中国共产党阜平地方组织”“政权、政协”“党政重大活动”“人民群众团体”“中国国民党阜平地方组织”，后面再接“公安、司法”。

四、中国国民党阜平地方组织

这一篇基本可以。只是最后记到邓子仁被指控为“国特”那段可以删掉。群众不了解其真实面貌，实际是个误会。记述于志中没有意义。

五、人民群众团体

这一篇写得也可以。建议把现在的第二节题目改为“青少年组织”，把少年组织的内容补充进去，从战争年代的儿童团记起。老区的儿童团是一支相当活跃的力量，起了很大作用，不可不记。后来的少年先锋队也应该记。

六、政权、政协

改为中编结构后，人民代表大会成为“政权、政协”篇中的一章。题目应改为“人民代表大会”。现在这一章未记代表的产生，代表的构成，人大常委会的工作也记得过简。建议按以下四节调整篇目，补充资料：第一节“从议会到人民代表大会”，记权力机关的演变过程。第二节“议员、代表的产生及构成”，分别记议会议员的产生办法，各界人民代表会议代表的产生办法，人民代表大会代表的产生办法（包括县人民代表从间接选举到直接选举），以及议员和代表的构成。第三节“历届会议”，分别记议会、各界人民代表会议和人民代表大会的历届会议。第四节“人大常委会”，记人大常委会的组成，工作机构及工作情况。调查和视察应写得更充实些，可选择重要的调查报告简要记出其内容及政府的实施结果。

人民政府章下第八、九两节应互换排列位置。现在的第九节，题目改为“施政方式”作为第八节，记县政府的施政方式。记完县一级再记区政权和基层政权，作为第九节。旧政权机构附于“人民政府”章之后。

人民政协一章，不应只记历届委员会。可按政协委员会的构成及机构、历届委员会会议、主要活动设三节。应补充委员会构成及专题调查、开展咨询活动、撰写文史资料等活动内容。

七、公安、司法

这几章大体可以。有三点具体意见：

①“公安”一章记“1989 年春末夏初北京发生反革命暴乱期间……”。现在中央的提法已不再用“反革命暴乱”一词，江泽民总书记在党的十四大的报告中，称之为“政治风波”。所以，1992 年十四大以后出版的志书，凡涉及 1989 年春夏之交的政治风波时，都应该同江泽民同志的提法一致。

②“公安”一章没有记户籍管理和消防，应该补充。

③“法院”一章的题目应改为“审判”，不应以单位名称作题，应按其业务性质标题。

八、人事、劳动

劳动章基本可以。人事章主要问题有三个：

一是章下无题序主要写了 1989 年以后的“大膨胀”，即超编过多，而且封“官”过多。写无题序指出存在的问题是可以的，但主要应该概括这项工作的基本情况和作用，并通过议论写出正文记述不容易说明的问题。像这样不概括全面情况，只指出问题的无题序，起不到序的作用，建议删掉。

二是对干部状况的记述，只记了 1949 年干部队伍的出身、成分和文化程度，此后再未涉及干部队伍的构成。这一节后所附的一个干部基本情况表，也只是 1985 年一年的，看不出干部队伍构成的变化。这方面的资料应该是不会成为问题的，望能认真加以补充。

三是第八节“干部退职和离退休”中第二目，小题为“干部离退休”，而下文只记了退休条件，对离休一字未记。更未涉及离退休干部的政治、经济待遇，显得很草率。

九、民政、扶贫

这两章写得好，地方特点鲜明，内容充实，可以基本不动，只在文字上再加润色即可定稿。民政章附件 3，即“告边区人民书”，只记了个题目，内文从略。既无正文，何必还作为附件载入？不如连题目也删掉。

十、军事

这部分资料丰富，地方特点鲜明，剖分合理，记述规范，写得很好。只是第三节记“兵役制度”，只记了人民军队的兵役制度，应补充古代及近现代兵役制度的演变。尽管都是共性内容，也还是应该记，记得简略些即可。

除此之外，对大事记、人口、居民生活等几部分，提出以下意见：

(一) 大事记

我认为大事记写得并不理想 (虽然有关晋察冀边区的大事记写得不错)，主要问题是对选事标准、记述要求等没有统一要求，总纂时又没有同各专志统一核对，因而随意性较大。仅以党代表大会和人民代表大会为例。这无疑是大事，但是，在大事记中究竟怎么记，没有统一要求。在断限之内，县党的代表大会共开过八次，大事记只记了六次，第四次和第八次未记。已记的六次，每次记的都有毛病。记第一、二次党代表大会，都记成了“党员代表大会”。按党章规定，县以上各级代表大会，称“中国共产党××县第×次代表大会”，简称“中共××县第×次代表大会”或“××县第×次党代表大会”，而不称“党员代表大会”。第一次代表大会记了选举县委员会和监察委员会。第二次未记选举。第三次、第六次、第七次，把“次”记成了“届”。党代表大会不按“届”算，按“次”算。代表大会选出的委员会才按“届”算，如第一次党代表大会选出的委员会，为第一届委员会。对党代表大会的选举也都记得不对。如1960年第三次党代表大会，大事记中原文是这样的：“3月17日至19日，中共阜平县第三届党代会召开。选举产生了县委常务委员会，吴合法任书记，同时产生监察委员会，蔡锦华兼任书记”。除“届”应改“次”外，把县委常务委员会、县委书记以及纪委书记都记成党代表大会选举产生的，这显然是错误的。党代表大会只选举委员会，常委、书记，都是在委员会的全会上产生的。有的记选举，有的不记选举，也表现了随意性。

再如对人民代表大会的记载。断限之内共开了三届，但只记了第二届。各界人民代表会议，共开四届，第一届未记，每届都记成了大会。人代会共开了十二届（实际上是十一届，第七届未开，但算一届），大事记只记了十届，第十届和第十二届未记。第一、二、五届只记了县人民代表大会在县城召开。未记选举。其余记了选举的，有的只记××任县长，未记选举法院院长，有的该记选举检察长的也未记。似乎记与不记，记什么不记什么均可。

大事记的功能在于串联全志大事，勾勒历史发展脉络，以补救志书偏于横剖，缺乏纵贯的弊端。如果像党代会、人代会这样政治生活中的大事都记得如此草率，如何能称之为好的大事记？所以，这次评稿会之后，应把大事记同各专志对照，凡丢漏的大事都要补充进来，不可使大事记同各专志形成两张皮。另外，修改志稿必须有统一要求，应拟定出若干条来规范，大家一体遵行。

大事记中还有几个具体问题：

①上限问题。方志学家黎锦熙说“大事记乃自然之断限”。意思是大事记的断限，即全志的断限。本篇大事记从商代记起，商代一条，战国一条，秦一条，汉两条，至唐代，最多者三条。而且，据我看，宋以前的 14 条，都不算十分重要。与其勉强向前追溯，以致造成几百年的纵向断线，不如把上限后移。上限究竟断自何年，大家可以研究。依我看，从宋咸平三年 (1000)，在行唐县的西北境设置北寨记起比较好些。因为所谓北寨，即今之县城，这实为金代设置阜平县的前奏。当否请酌定。

②不必把民国时期划为民国前期、中期，抗日战争时期和解放战争时期三段，仍作为一段为好。

③民国时期纪年从抗日战争，改为公元纪年似无根据。还是按传统习惯纪年好。中华人民共和国成立后，政务院明确宣布使用公元纪年。此后再改公元纪年才符合规范。

④民国 23 年 (1934) 后空了两年半，不可能无大事可记，望加补充。

⑤记粮食数量及用斗、石的地方，都应换算成公斤。

⑥ 1951 年 2 月，记了一条“中共阜平县第二次党代会在县城召开”，不知从何说起。另外，中共……党代会的写法也不妥。

⑦记人口普查，应有结果，否则即无意义，因为是全国统一行动。

⑧ 1961 年 1 月记县委、县政府部署整风整社，应记清是根

据上级指示。

⑨县委代理书记的一篇文章在《人民日报》发表，并非大事，不宜载入志书大事记。紧接记县交通科改成交通局，也不必记。如这种事都记，恐怕漏掉的就多了。

(二)人口

这一部分一般来说写得比较好，其中“人口变动”一节中的流动人口是许多志书容易漏掉的内容，本志稿都写得很好，资料很可贵。提以下几点修改意见。

①第一节的标题为“人口发展”，不如改为“人口总量”更为确切。第三节第二目的题目既然标为“自然变动”，第二目的题目就应该与其相对应，建议把“迁移与流动”改为“机械变动”。

②由于没有单列“人口素质”，有关人口素质的内容只在“人口结构”中涉及一些。如资料现成，最好单列“人口素质”，把“残疾人”移入“自然素质”中。

③计划生育不必与人口分列，建议合并进人口篇。这一章要补充优生优育内容。我国基本国策不只是控制人口数量，而且要提高人口质量。只记计划生育而不记优生优育，是不对的。

(三)居民生活

这一章记述过简，特别是对解放前农村居民生活的记述，过于原则，应有分阶层的记述，即每个阶层的衣、食、住、行、用、医的不同。最好有不同阶层的典型户的收支状况记载。记到现代时，不应只记平均生活水平，还应该记两极的生活水平。

(四)人物

人物传部分共33个传，35位传主。绝大多数传事迹生动感人。提以下几点意见：

①罗仰镶传中有一处记“经皇上恩准豁免”。这可能是把旧志中的语言照搬过来了。社会主义新志书，除引文外，对皇帝应

直记为“皇帝”，而不应称为“皇上”。“恩准”一词也不宜在新志中使用。同一传中还有“上奏”高宗纯皇帝，“高宗”是弘历(即乾隆皇帝)的庙号，“纯”是其谥号。在新志中不应用这些恭维的词来记皇帝。明以后每个皇帝不再改元，因此按年号称即可，如乾隆皇帝、咸丰皇帝。

②邹尚易传中除了也有“高宗纯皇帝西巡”的词句，应予改过以外，还有一个疑问。本传没有传主的生卒年。第一段末尾记邹尚易“于同治十三年组织人编纂了《阜平县志》”，紧接着下一段的开头写“高宗纯皇帝西巡路过阜平很欣赏邹尚易的政绩”，后面又写“乾隆三十四年，邹尚易被提升为广西省永安州知州”。肯定是纪年搞错了，否则怎么可能在乾隆皇帝死后80年还能欣赏同治十三年编纂县志的一个县令的政绩？或者，早在乾隆三十四年已被提升为知州的人，怎么可能直到同治十三年还能活着当县令？请核对。

③李殿阁传中记他1925年由王家宾介绍入党，紧接着记他1924年介绍邓子忍入党。他本人1925年才入党，怎么可能于1924年介绍别人入党？肯定是错了，请核对。

④人物传的规格要规范，如赵云霄等六位女传主，只有张树凤一人在生卒年之后加了一个“女”字。按照规范，女性传主，应一律在生卒年后加“女”字。另，赵云霄传在姓名之后记其原名也不对。记原名应在生卒年之后。如是女性，应在性别之后。

⑤记事要记清。如赵云霄传记赵云霄与其爱人“到山海关与地下党组织取得联系。在法租界云南中路……”按文意，好像还是在山海关，其实后一句已经说的是上海。这些地方是必须写清的。还有赫光传，前边没有记他何时加入中国共产党，后面却说他如何与共产党员联系。应补记其入党时间。

⑥谷雄一为安国人，在阜平时间不长，只是牺牲在阜平，不

应由阜平立传。安国县志中已为此人立了传。

⑦王青山父子传，前面均无生年，后面又没交代何时故去，如其中有在世人物，则违背了“生不立传”原则。

以上意见仅供参考。

(1998年1月)

对《魏县志》稿的评审意见

除了少数篇章之外，其余都粗阅了一遍，每个部类都重点看了一些篇章。总的印象是：从观点、体例、资料、文字几个方面看，已具备了较好的修改基础。留下印象较深的有两点：其一是资料丰富。无论记述历史或记述现状，均以资料说话，凿凿有据，不以空话套话敷衍塞责。由于有丰富的资料作后盾，多数篇章的记述能够追本溯源，对其发展演变的记述，也较为细致、具体。资料性是志书的第一属性，有丰富的资料可供选用，才能写出丰满、充实的志书。魏县志办的同志们在资料工作上下了大功夫，在志稿中已明显表现出来。如“鸭梨”篇、“水利”篇记述之充分，就是其例证。其二是把“鸭梨”从“林业”中析出独立成篇。这种“升格”处理法，从篇目上即把“鸭梨”突出出来了。一般说来，志书是不宜随意“升格”的，一则“升格”往往容易打乱归属，有悖于“类为一志”的原则；二则靠“升格”来突出地方特点并不是最好的办法，不“升格”也并非不能突出地方特点。但是，我们也不应该绝对地反对“升格”，恰到好处的“升格”毕竟可以使某种特色更加鲜明。本志稿把“鸭梨”作“升格”处理，有利无害。一是从分类归属上可以解释得通。如同林业属于大农业中的一项一样，果业则是大林业中的一项。林业可以设入大农业篇中，也可以独立成篇。同样，果业也可以从林业中分离出来独立成篇。只不过这里未按“果业”设篇，而是以果业中的“鸭梨”设篇，在“鸭梨”篇带进了其他果品，就是说，“鸭梨”同“果业”差了一个辈分。但并未打乱归属关系。正因为差了一个辈分，所以才叫“升格”，否则就不存在“升格”的问题了。二是鸭梨包容在“林业”篇中，很难记述得像现在这样充分，即是说，从充分记述的实际需要出发，也只能把“鸭梨”从“林业”中析出而独立成篇。目前“鸭梨”篇比“林业”篇的字数多了近一倍，即充分说明了单设“鸭梨”篇的必要性。否则，如果只在“林业”篇中设“鸭梨”一章，如何能够包容得下？除了以上两点，还有一点也给人留下深刻印象，但那不是优长，而是缺陷，这一点就是总纂的功夫下得不够，重复较多，记述方法也不一致。所以这部志稿的修改任务还不小。下面按志稿顺序，把我看稿中发现的一些问题及修改建议提出如下：

一、概述

本篇概述除开头部分交代本县自然状况、建置沿革和写地灵人杰之外，下面分了四个部分，其中第一、二、四部分，在叙述旧中国的落后、新中国的成就、变化和今后发展的条件时，均采取了概括若干条的办法。这种写法的长处是比较简洁、明快、条理性较强。缺点是不易表述得很准确，尤其是不易说清各条之间的内在联系。本篇概述就同时存在这样的长处和缺点。具体分析如下：第一部分，对旧中国描述的四句话本身即不准确。先说“经济萧条”，这里所说的“旧中国”是相对于“新中国”而言的，在新中国即中华人民共和国成立之前，都可称“旧中国”，这是一个漫长的历史时期，即从本志大事记的上限西汉高帝元年算，已是两千多年。这两千多年中，魏县的经济总会有几段兴旺发达时期，不可用“经济萧条”一言以蔽之。“文化落后”一句，也比较抽象，“落后”是同“先进”相对而言的，“落后”一词在这里反映不出本县的文化状况。用“民不聊生”一句描述两千多年来本县人民生活，分寸也不恰当。至于“天灾兵祸”，不是果，而是因，同其他三句是不宜并列搭配的。总之，用这样四句话来描述两千多年来魏县的经济、文化、人民生活状况，是把复杂的历史简单化了，而且给读者留下一种作者对历史的描述不够认真负责的印象。建议这里宁可多花费些文字，写得准确些。应该说明魏县自然环境比较优越，具有发展农业的优势，然而在旧中国，魏县经济虽有兴有衰，有起有伏，但总的是发展缓慢。这里可用一些直至中华人民共和国成立前的数字，如粮食的亩产量，果品产量等加以说明。也要说明新中国成立前本县的工业状况、商业状况。然后再说到文化，也要具体些，如学校数等。在说到居民生活时，由于各阶级、阶层的生活水平有差别，可着重描述劳动人民的生活状况。

下面再来分析一下对旧中国落后所概括的三条原因。用生产关系落后，水旱成灾，兵燹频仍这三条来说明旧中国经济发展缓慢、人民生活贫困，当然是不错的，问题在于这样概括让人只看到共性，而看不到个性了。这样三条原因，如果换一换地名和数字，用在许多县都是合适的。这里需要下功夫的是找出具有魏县特点的个性原因。如无明显的、可以单独概括成一两条的特殊原因，则要在已概括的三条中下功夫写出个性。例如魏县靠近卫漳河，为何长期得不到治理，致使“三年两溢”？再如魏县为何“十年九旱”？要做些具体分析。

第二部分讲到中华人民共和国成立后，在中国共产党和人民政府领导下取得的巨大成就。这里概括了六条。一般说来，从这六个方面写成就是可以的。问题在于一、二、五、六这四条都只写了下限年的现状，看不出原来的基础，因而也就无法衡量其发展的快慢。三、四两条写了原来的基础，却也是跳跃式的记述，即从原基础跳到现状，而无中间的起伏。如果在这里不好写起伏的话，起码要把没有写到原来基础的各条加以补充。

第四部分讲今后发展的有利条件，共概括了九条，现在这九条是可以的，但不可不提改革开放的路线和政策，以单写一条为好。后面策论所概括的四条很好，望能征求县委、县政府主要领导同志的意见，使这几条同他们的经济发展战略构想一致起来。

二、自然环境

对本篇有如下意见：

①自然环境的要素问题。本届修志以来，对这个问题的认识颇不一致。最初出的志书，多按大编法把自然环境各要素连同行政区划、建置沿革等一起，统归入“地理”。后来有些地理方面的学者提出异议，认为以“地理”作题不确切，因为按其所记内容，只是地理中的有选择的部分内容。后来除仍用大编法的标不出更确切的题目，仍沿用“地理”作题外，采用中小编法的一般都把其内容分解为“政区建置”“自然环境”“城镇乡村”三篇。但“自然环境”一篇中记述的内容是什么，又很不统一。又经过罗来兴、李宝田等多位地理专家探索，逐渐趋于一致，即自然环境篇记地质、地貌、气候、水文、土壤、自然资源、自然灾害，即所谓七大要素。在以后的修志实践中，人们感到“自然资源”一块记述起来有两个问题不好处理，一个是既然记资源，当然应

该把土地资源、水资源、林业资源同矿产资源一起记入其中。但这样记了，农业篇中如再记土地则同自然环境篇重复，如不记又缺了一项主要内容。同样，水利篇、林业篇也有这个问题。二是记到动物、植物时，因为要从“资源”角度记，有些动植物不属资源，无法记入，如动物中的蚊子、苍蝇，植物中的漠黎、狗尾草等。于是，在一些没矿产资源的县，即把“自然资源”改成了“野生动植物”，即专记野生的动物和植物，把土地、水、林等资源分别记入各专篇。这样的自然环境七大要素逐步为地理界和方志界所认同。本志稿自然环境篇分了九章，其中把“地质”和“地貌”合为一章。把“水文”改成了“陆地水”。把“物候”从“气候”中分离出来自成一章。“植被”单列了一章，把“动植物”从“自然资源”中分离出来自成一章。我以为这样剖分不甚科学。魏县是平原，“地貌”没有多少内容可写，并入地质，合为一章，我认为是可以的。把“水文”改为“陆地水”，从所记述的内容来说，似乎都是记地表水和地下水，但“水文”所要求的不只记静态水，而且要记水的运动。而“陆地水”似乎只是区别于海洋水，同“水文”的内涵并不相同。所以建议仍改为“水文”。“物候”是“气候”在生物上的表现，应属于气候，不宜同“气候”并列而自成一章，可变为“气候”中的一节。“植被”可不单列，尤其是魏县这样的平原县，没有多少内容可记，在记植物时就记到了。“自然资源”中土地资源、水资源、林业资源，同农业、水利、林业各篇互相重复，而石油资源目前还没有什么可写。再者既然已设“自然资源”章，即不宜把动植物排除在“资源”之外。所以，建议删掉“自然资源”一章，把“动植物”一章的题目改为“野生动植物”，删除已记入本章的人工栽培植物（把“畜牧水产”篇的“野生动物”也删掉）。

②自然环境篇下各章的排列顺序问题。自然环境的七大要素

不是随便先记什么都行，它们的排列是按相互制约的关系安排其顺序的，如地质决定地貌，地质、地貌影响气候，气候影响水文，气候、水文影响土壤等等，虽然是相互作用，但其制约程度不同。经过在这届修志中探索，后来为多数地理学者和方志学者认同的顺序是：地质、地貌、气候、水文、土壤、野生动植物、自然灾害。希望本篇按这个顺序加以调整。

③“气候”章下只设有“气候特征”“气温”“风情”三节，要素不全。还应该增补光照、辐射和降水，这是绝对不可少的内容，不记这些内容，即看不出魏县是否适宜人们生存，是否适宜农作物生长。除了记风以外，还要记气压，即地表单位面积所承受的空气柱的重量。

④“自然灾害”一章，只记了各种灾害发生的时间、次数，实则是一篇灾害实录。这样记显得很不够。水、旱灾害是主要灾害，如能写出概率最好。有些灾害，如雹灾、风灾，还应写出成因和走向，这样才更有资政价值。

三、人口

这一篇把“人口与经济”“人口与耕地”各列一章，很好。提出如下具体修改意见：

①本篇的题目为“人口与政策”，建议简化为“人口”，这样简化，含量更大，加上“政策”，反而增加了记述的侧重点。

②第一章的题目“人口状况”，外延过宽，这样的题目可以包容本篇的几乎全部内容。建议将此题改为“人口总量”，这是一个人口学上通用的词，在于说明记述总量变化。这一章下分成了两节，第一节题为“历代人口”，“历代”包括了过去的各个

年代，新中国成立后相对于现在来说，也是过去，很难说“历代”单指中华人民共和国成立前。第二节题为“建国后人口”，一则同第一节的题目不对应，二则严格说来“建国”二字并不明确。建议将这两节的题目改为“中华人民共和国成立前人口”“中华人民共和国成立后人口”或“旧时代人口”“新中国成立后人口”。另外，第一节记明的移民，“编户至36里，后增至50里”。据我所知，明朝在许多地方把原有居民编为里，移民编为屯。不知魏县有无此种区别。

③在人口总量之后，应该记人口密度与分布。本篇未记人口分布，应补充。人口密度也无文字记述，只有一个1991年的人口密度统计表，附在了“人口与耕地”章之后，建议增补文字记述，说明历年人口密度的变化。统计表也不应该只是一年的，应该选几个有代表性的年份，制成一个表，以便使读者能直观地从表格里看到人口密度的变化。此表应附在人口分布与密度之后。

④民族构成表最后一栏为“其他民族”，统计中只有1人。既然只有1人，何不直接写出其民族?

⑤人口素质记述不全。人口素质中包括自然素质(如身高、体重、健康状况等)和社会素质(如文化程度、劳动技能、道德品质等)。现在的稿子只在“人口构成”章记了文化程度，其他涉及人口素质的内容都未记。如因资料缺乏，起码在人口自然素质方面可以把残疾人状况记一下。各级都有残联，这方面的资料是现成的。

⑥没有记人口变动，这是不可不记的内容。所谓人口变动，包括自然变动(出生与死亡)与机械变动(迁入与迁出)。这项内容无论如何应该补充。如资料允许，还应记流动人口，即户口不动的人口流动。如本县人不迁户口到外地去经商、打工，或外地人不迁户口到本县经商、打工等。

⑦“婚姻”一节记述内容不全。既然记婚姻状况，就应该有初婚年龄的变化，结婚率、离婚率、再婚率的变化等等，望适当补充。

⑧“家庭”一节记述过简。应按家庭规模、家庭类型、家庭功能分别记述。现在是各有一些，都不充分。这一节开头说：“据记载，明正统七年，魏县户均5人。”但在本篇第一章第一节所记的明代两个户数与人口数，户均人口都在7口以上。明代户均人口多，是个普遍现象。这里所说的“户均5人”，资料是否可靠？

⑨第五章的题为“人口与政策”，而内容主要是记了70年代以后的计划生育，并未着重记历史上人口政策的演变。所以，不如把题目改为“人口控制”，或直标“计划生育”。

⑩我国目前的人口政策，一方面是控制人口数量，另一方面是提高人口质量。本篇只记了控制人口数量一个方面，应在第三节“晚婚晚育”之后，增补一节“优生优育”。

⑪“奖惩制度”一节不必记得像现在这样细，尤其是惩罚规定，不必细记。

⑫前边说到了把“人口与经济”单设一章，很好。这说明志书编纂者对党的人口政策的理解是深刻的。但是，这一章写得不是很充分，仅仅以人均工农业产值来算账显得不够。而且，既然算人均数，应按全县国民收入计算人均数，而不宜用工农业总产值。除了计算人均收入以外，还可以计算粮食人均占有量，社会公益事业投资等等。总之，希望把这个部分写得更加充实些，使之成为本志中独具特色的一章。

四、宏观经济

志稿中并没有这样的篇章。正因为没有，我才作为一条意见专门讲一下。

本志稿采用的是小编法，经济部类分别设了十九篇。尽管记述经济内容的有十九篇之多，却找不到反映宏观经济状况的内容，或者说找不到综合性的、不属于某一专业的经济内容。例如：对中华人民共和国成立后本县经济发展情况的综合分析；全县的经济结构；一些综合性的经济指标——国民生产总值，社会总产值，国民收入，工农业总产值。而这些内容恰恰是反映全县经济总貌的，是志书中绝对不可缺少的内容。

本届修志以来，许多修志者的经济观念比较陈旧。从设计篇目开始，对经济部类虽已普遍引起重视，但观念更新不够，往往只注意单项的经济事业的发展状况，如农业、工业、商业等等，而忽略从宏观角度去观察和记述经济内容。于是上面提到的那些内容便被许多志书漏掉了。经济观念陈旧的另一方面的表现，就是对改革开放以来的许多新事物视而不见，竟想不到应该记入志书。例如记改革，往往只记到农业实行联产承包责任制，其他的许多改革内容被排斥在志书以外。当然，志书要记载的一般是已经凝固了的事物，起码应该是比较稳定了的事物。尚在流动的事物，一般是不记入志书的。记改革也是一样，我们并不提倡志书去记那些出台不久，还没有经过实践检验其是否正确的改革措施。但对已经看准了的改革措施及成果，是应该记入志书的。举例来说，农村工作以小康建设总揽全局；农村经济合作组织建设、社会化服务体系建设；减轻农民负担的若干措施……这些应该是已经看准了的，但本志稿中却没有这些内容。现在已出版的新志书，多数也没有这些内容。还有其他一些改革，诸如工业方面的利改税、减税让利、厂长负责制、承包。财政方面的从每年定收定支改为五年一定、财政包干，再改为分灶吃饭。税务方面的分税制。金融方面的专业银行商业化。物价方面的提高农产品价格，降低农业生产资料价格，农产品价格双轨制，如此等等。我并不是说这些都要记入志书，但修志者对其中该记的内容不应该视而不见。有些内容可记入有关专业志，不属某一专业的同样是无处可记。所以建议增设一篇，题目可叫“经济总情”或“经济综述”。在宏观经济内容单设一篇之后，可把生产关系变革、居民生活两项内容移入本篇。这样，这一篇的大体内容是：生产关系变革（包括农业、手工业、资本主义工商业的社会主义改造）、经济发展（可按国民经济恢复时期、社会主义改造时期、全面社会主义建设时期……分析，也可按几个五年计划分析）、经济结构（包括产业结构、投资结构、积累与消费结构等）、经济指标（要写国民生产总值、社会总产值、国民收入、工农业总产值等的有代表性年份的变化）、小康建设（包括建设小康村、小康乡的各项主要措施）、居民生活（要写出旧中国各阶级、阶层居民的不同生活状况和新中国各阶层人民的生活状况）。

这一篇要排列在“农业”篇之前，即作为经济部类的首篇。

五、农业

这一篇写得比较好，特别是第六章“农业管理”中，注意了记述劳动管理、财务管理和收益分配，不仅使这一篇内容更充实，而且为后来的改革做了铺垫。

有如下修改意见：

①在“经济总情”单设一篇后，本篇的第一章“生产关系变革”即可移入“经济总情”。在无题小序下所附农业总产值表，即可去掉“工农业总产值”“工业总产值”两项。目前的“生产关系变革”一章有以下问题：一是对土地改革记述过简。土地改革是消灭封建土地制度的一场深刻的革命，是改变农村几千年土地所有制状况的大变革，应该详记。前边要记出土改前的土地占有情况以及地主的剥削手段。土地改革的几个主要步骤都应该写出来，并要写清土改后的土地占有情况。“群众运动”篇记土地改革的内容应移过来。二是第二节中参加初级社、高级社的户数和人口，要写清占总户数和总人数的比例。三是第三节中的第二目“公社初期的几个大办”，第四目“暂时困难与经济恢复”，第五目“学大寨”，均不属“生产关系变革”，不宜写入本章。即使这一章移入“经济总情”篇，也不宜在本章写这些内容，可考虑将这些内容写入“经济总情”篇中的“经济发展”章。四是第四节的题目为“农村经济体制”，内涵不清，建议改为“经济体制改革”。这一节下的第二目“产业结构调整”也不属生产关系变革，可同第三节中那几目同样处理。

②第四章的“土壤”同“自然环境”中的“土壤”重复，建议充实自然环境中的“土壤”一章，在“农业”篇中去掉“土壤”这一章，把其中的“土壤改良”，写入“农技农艺”。现在的“农技农艺”只作为“农作物生产”的一节，太委屈了。建议把第二章改为“农作物”，去掉现在的第一节“耕地”，再把“农技农艺”析出独立成章，把现在第四节也归入“农技农艺”，并增一节“品种改良”。“农作物”一章中只记作物品种及产量。产量表要有历年的，而不能只是1986年一年的。

③本篇虽然单设了一章“农业管理”，但却没能记出农业的

成本和效益，望能单作一节补上此项内容。如无全县的资料，运用典型调查资料亦可。

④应增补一章“农业区划”。

六、工业

这是修改任务较大的一篇。现在全篇共分了三章，一为“工业发展概况”，这是一个无法界定其内涵的题目，可以把工业篇要记的内容全部写入这个题下，也可以只用很少文字说明发展中的几个大阶段。二为“工业管理机构”，这个题很明确，只记管理机构，不记管理内容。但除此之外，再无记管理内容的地方了。三为“工业企业简介”，这是记述的主体部分，工业的所有制、固定资产、产值、利税等等一律按企业各记各的。这样，企业的管理、企业的效益，以及对企业的经济分析，全都没有了。尤其令人不解的是，作为县志中的“工业”篇，只记了县属国有企业和集体企业，把工业中的一大块——乡镇工业剔除在外了，也就是说，县志中的“工业”篇，并不反映本县的工业全貌，却只反映部分工业状况，而且丢掉的是本县工业中的一个大头。大概是编纂者认为，既然单设了“乡镇企业”篇，而乡镇企业中比重最大的又是工业，如果“工业”篇中再记乡镇工业，就会同乡镇“企业”篇发生重复。其实这是一种误解。第一，既然是“工业”篇，就应该记全县的工业，不管是县办的、部门办的、乡镇办的、个人办的、或联合办的，也不管是国有的、集体的、个体的、联营的，总之都是魏县的工业，都应该纳入本县志的“工业”篇。这是个原则。其他如是否会同某篇发生重复等等，则是技术处理问题。绝不能使原则问题服从于技术处理问题。第二，所以要单设

“乡镇企业”篇，是因为如不单独设篇，乡镇企业的有些重要内容便无处可记，而这些内容又是最能体现时代特点的(在评“乡镇企业”篇时再详说)。所以，“乡镇企业”篇内侧重记那些在别的篇中不好记、记不到的内容，同“工业”篇完全可以错开角度，不致发生重复。所以，本志稿中的“工业”篇要大改。首先要把全县的工业都写进来，其次要写好管理内容。建议将本篇的篇目作如下调整：保留篇下的无题序，去掉现在的第一章，其中有些内容，可在无题序中加以概括。然后下面分四章，第一章为“工业所有制”，这里只记各种所有制有多少企业及其演变，不介绍企业状况。第二章为“工业门类”，这里也不介绍各企业的状况，只记各门类有何企业，以及门类由少到多的变化(如由支农工业、强调“三就地”向多门类发展)。第三章为“工业管理”，记管理体制、质量管理、劳动管理、生产管理、成本核算、管理机构等，这里要有一张表，反映企业数、固定资产、劳动生产率、产值、利税等等。第四章为“重点企业简介”，这里不是介绍所有企业，而是有选择地介绍重点企业，记其建厂及其发展演变过程。但是，属于乡镇工业的，留给“乡镇企业”篇去介绍。

七、乡镇企业

应该说这一篇比“工业”篇好得多，既写了行业，也写了管理。如再能作一些补充，则会更好。为了说明需要补充的内容，这里再接着前边的话题，研究一下为什么要把“乡镇企业”单设一篇的问题。乡镇企业并非单一产业，其中第一产业、第二产业、第三产业都有，而且各有关专篇都要记到乡镇企业(如工业篇中要记乡镇工业、交通篇中要记乡镇企业中的运输业，商业篇中要记乡镇企业中的商业、饮食服务业。这里顺便说一下，“商业”篇应增补乡镇企业中商业的内容），那么为什么还要单设一篇“乡镇企业”呢？我以为至少有以下几条理由：其一，乡镇企业的崛起，极大地改变了农村的经济面貌，在许多地方，乡镇企业已经成为重要的经济支柱，占全县社会总产值的极大比重。不单设篇，分散到各篇去记，无法显示乡镇企业对改变农村经济面貌的重大作用。其二，乡镇企业的发展，经历了许多曲折，一时提倡，一时限制，直至党的十一届三中全会之后才迅猛发展。不单独设篇，这样的内容无处可记。其三，乡镇企业的发展，不只创造了巨大的物质财富，而且在其自身发展中，还逐步形成了一套基本适应市场经济体制要求的经营机制，例如：灵活的发展机制，按市场需求来配置资源和组织生产经营活动，其产品结构按市场需求及时调整，经济效益好，就发展壮大，反之则关停并转，适应了市场经济竞争中的优胜劣汰规律。再如，灵活的营销机制，它的运转顺序不是产、供、销，而是销、供、产，价格随行就市，遵循了价值规律的要求。又如，灵活的分配机制，既没有“铁饭碗”，也没有“大锅饭”，每个人的报酬都同企业经济效益挂钩。还有，灵活的用人机制，根据需要用人，优者上，劣者下，没有“铁交椅”，每个人都处在竞争环境中。这些经营机制，如不单独设篇，也是无法记述的。其四，乡镇企业的发展，不仅产生了巨大经济效益，而且带来巨大的社会效益，诸如，为农村剩余劳动力找到了出路，改变了农村产业结构，为发展农业积累了资金，促进了农村文化事业的发展，加速了农村小城镇建设，改变着农民的传统观念，等等，这些也只能在独立设篇的情况下才能充分记述。以上四条，是单设“乡镇企业”篇的理由，同时也是“乡镇企业”篇记述的重点。按这个要求来衡量，本篇内容还不够充实，重点还不够突出。提出以下修改意见：①建议简化现在的篇下无题序。无题序着重写乡镇企业的崛起所带来的农村经济面貌的巨大变化。②在“行业”章之前增加一章“曲折发展”（或简化为“曲折”），记述乡镇企业发展中的坎坷起伏。如最初的手工业和农村副业，1958年的盲目大办工业而后纷纷下马，公社时期的“三就地”的工副业，直至党的十一届三中全会后的异军突起。③在“管理”章中，根据本县实际，尽可能写出其灵活的经营机制，能写多少是多少，不可勉强。④最后增一章“效益”，既记经济效益，又记社会效益。

八、中国共产党

这一篇是志书中的一个重点。按高标准要求，本篇写得不算理想。有如下修改意见：

①第二章题为“党的组织机构”，可简化为“组织机构”。“党的代表大会”不宜记入此章。虽然县党代表大会是全县党的最高权力机关，但志书所要记述的是历次代表大会所形成的决议，即对全县重大问题的决策，而不是记的权力机关本身。所以党代表大会应从“组织机构”中析出，单列一章，并充实记述内容。题目可标为“历次党代表大会”。“组织机构”一章可分三节。第一节记“县委会”，首先记县委本身的组成变化，如最初只有书记、委员，后来有书记、副书记、委员，再后有书记、副书记、常委、委员，再后有第一书记、书记处、常委、委员，再后有第一书记、书记、副书记、常委、委员等等。记完县委记县委工作机构，如办公室、组织部、宣传部……，即把现在第三章记的部门移过来，并且要记全，但这里只记机构及其职能，不记其工作。同时要记党组。第二节记“区委会”。把区委归入基层党委会是

不对的。党的“七大”以前的党章，区委是作为一级存在的，即它是县委与基层党委中间的一级组织。那以后的党章中即无区委，但在实际上区委仍然存在，有一段时间改称工委。它是作为县委的派出机构存在的。也就是说，区委在任何时候都不是基层组织，所以要单列一节记述。第三节记“基层组织”乡、公社党委、村支部、总支、机关党委、支部，都是基层组织。县委书记、副书记的名表，可放在县委会之后。

②现在的第四章“党的建设”，下分“组织建设”“思想建设”“作风建设”三节，从章到节，这样剖分似乎无可挑剔。但是，实践证明，这样从组织、思想、作风三个方面写党的建设，很难写，而且其内容分不清楚，如思想建设中也有作风建设，写作风建设又很难离开思想建设和组织建设。志稿中这几节写得都不充实，看起来很勉强。建议撤掉此章，另设两章，一章为“整党整风”，记历次整党整风及其内容。另一章为“党员教育”，记教育形式，如三会一课，党员上站学习，党校培训等，记各个不同时期的不同教育内容。

③现在第三章题为“党的部门工作”，实际是连部门带工作一起记，下面的节又是以机构作题目，这样不好。组织、宣传、统战、纪检等工作称部门工作也不确切，这些都是全党的工作，那些部门只是分管。所以建议把这一章也拆开，分列“宣传工作”，(从宣传队伍、宣传形式、宣传内容三方面记)，“纪律检查”“统一战线”“来信来访”四章。

④现在的第五章“党的工作”，分了六个时期，作为六节记述，其中中华人民共和国成立后分了三个时期，“文化大革命”前分得太粗了，而且在第四节除了镇反、肃反以外，只记了互助合作和人民公社。这样记，记多了同“生产关系变革”部分重复，记少了又太空。建议从决策生产建设中重大事项的角度记。第六

节改革开放中党的领导决策作用写得不够，望加补充。

九、群众运动

以“群众运动”作题，内容不好把握，因为称为群众运动的事太多了，包括积肥、植树都搞群众运动。在这样的题目之下，记哪些，不记哪些，很难选择。而且，减租减息、土地改革、农业合作化、公社化等等，都与前面的记述重复。建议将这一篇的题目改为“新中国成立后的政治运动”，“政治运动”虽然也不是一个很明确的概念，但毕竟比“群众运动”面窄得多。这样就可以把互助合作、人民公社、“大跃进”、学习毛主席著作等等从这一篇删掉。另外，“落实政策”不宜归入“文化大革命”，那是宣布“文化大革命”结束以后的事。而且，从中共十一届三中全会以后，党中央即宣布今后不再搞政治运动，因此落实政策不宜算作运动，可记入“党的工作”章。

（1998 年 5 月）

《衡水市志》稿述评（节录）

《衡水市志》稿，是一部基础较好的志稿，再经加工修改，完全可能成为地辖市的市志中的一部佳作。

肯定这部志稿“基础较好”的依据，在于以下四个方面：

一、观点正确。这不仅表现在对历史兴衰起伏的原因的分析上，更表现于对成功或失误的具体决策的表述上。这里仅举两例：其一，是对1958年“大跃进”的记述。在概述中叙述到“大跃进”运动时，首先肯定了“主观愿望是好的，广大干部和群众，干劲冲天，昼夜鏖战，为之付出了艰辛的劳动”。同时指出，“但它脱离实际，‘一平二调’的共产风、高指标、瞎指挥，严重地破坏了生产力。1958年秋天大量庄稼烂在地里，农业丰产不丰收；大炼钢铁的产品质量低，造成了巨大的浪费……”。在工业篇中，记述到“大跃进”时写道：“1958年，大办工业，本县工业得到较快发展，开始具有了生产定型车床和铁制农具的能力。”这样的表述，虽然仍有需进一步完善之处，但对“大跃进”中，群众的愿望，群众的干劲，取得的成就，没有一笔抹杀，而是采取了具体问题具体分析的办法，肯定了该肯定的东西，否定了该否定的东西，同党中央《关于建国以来党的若干历史问题的决议》的基本精神是一致的。其二，是对“文化大革命”期间，工农业战线取得的成绩的记述。概述中写道：“1970年10月……新县委成立后，在‘抓革命，促生产’的旗帜下，顶住‘四人帮’反革命集团的干扰破坏，在农业战线上，进行了大规模的农田水利基本建设，每年投入数千民工根治海河，先后修复加固了滏阳河和29公里的滏东排河，完成了173公里的16条排沥灌溉骨干渠道……1969年至1979年间，共扩机井6172眼，其中深水井3084眼……在工业战线上，大力兴办以支援农业为中心的‘五小工业’，先后建起了化肥厂、磷肥厂、农药厂、水泥厂、小拖拉机厂、电机厂、橡胶厂等一批骨干企业。”在有关的分志中，也是这样记载的。这样记述，在志办编纂者中必须解决如下的认识问题：“文化大革命”作为一场给党、国家和各族人民带来严重灾难的运动，必须彻底否定；“文化大革命”期间，广大干部和群众抵制林彪、江青反革命集团的干扰破坏，所取得的成绩，必须充分肯定，既不能因为否定“文化大革命”而把在此期间内干部、群众对于社会主义所取得的成绩一起否掉；也不能把这些成绩记在“文化大革命”的账上。可以肯定地说，如果没有两个反革命集团的干扰破坏，我们一定会取得更大的成绩。这个认识问题，从这届修志开始，就困扰着不少修志工作者，有的因为认识问题没有解决好，在志稿中曾出现过记“文化大革命”期间的成绩顾虑重重的问题，甚至出现过记述上自相矛盾的现象。衡水市志办的同志对这个问题的认识是清楚的，并且在一些重要政治观点的表述上较好地把握了分寸。从全部志稿中，未发现明显的政治观点方面的问题，这说明衡水市的同志们在把守政治关上是严格的。

二、体例完备。志书的体例由体裁、结构和门类三个要素构成。本志稿述、记、志、传、图、表、录7种体裁具备，除个别排列顺序还有待商榷之外，总的是运用得法的。其结构为中编法的纲目体，基本是篇、章、节、目四个层次，有的至节纵写，有的至目纵写，形成梯形结构，横剖有度，纵述适宜，从属关系的处理基本得当，门类齐全，分类基本合理。

三、资料宏富。资料性是志书的基本属性。这一点修志者无人不知。然而，资料短缺，以议代记的现象至今屡见不鲜。其中最常见的是清代中期以前和民国前期的资料严重不足。而本志稿却无此弊端。诸如，记人口总量，具体户数和人口数从明弘治十四年（1501）记起；记商业从民国18年（1929）记起；记交通从明成化十八年（1482年）记起；记水利中的古河道变迁，从周定王五年（前602）记起；记金融从清末记起；记赋税额从清乾隆三十二年（1767）记起；记军事机构从清乾隆年间记起；记教育中的县学，从元大德十一年（1307）记起……，中间又都有资料述其沿革，除少数篇章（如农业、林业）的资料不尽如人意之外，总体讲，资料确实是宏富的。这说明衡水市志办的同志在资料搜集上是下了苦功夫的。

四、文字简洁。除大事记和人物的古代部分仍残留一些文言痕迹之外，全部文字比较干净利落，文字风格也较一致。这说明不仅分编者注意了文字的锤炼，总纂者也认真地进行了再加工。作为地区行署驻地的地辖市的市志，全志总字数仅有100万字略多一点，应该算作较为精炼的志稿。在目前志书字数呈膨胀趋势的情况下，更显得难能可贵。

以上四点，是以说明本志稿“基础较好”。其他一些具体的长处，将随着对各篇章的述评一并谈到。

“基础较好”不仅是对这部志稿的基本肯定，同时也在于说明志稿还有不尽人意之处。从目前修志水平的高标准来衡量，这部志稿应修改之处还是不少的。下面按顺序谈谈具体意见。

篇目，像衡水市这样的地辖市，市志篇目如何设计，的确有一定难度。它不同于辖县的中等城市，又不同于县，因其地区行署所在地，和河北境内的其他县级市也不完全相同。难就难在如何设计出自己的特点。衡水市志办的同志在这方面做了一些探索，如在建置区划、自然环境和居民之后，设了一篇城建环保，而不是把城建环保列入经济部类的工业篇之后。又如在经济部类首设工业篇。再如把蔬菜单列一章，排在商业之后。这些都是有别于县志，又有别于中等城市的市志的。从突出特点出发来安排篇的顺序，这个思路是对的。但这里有两个问题需要研究：一是如何把突出特点的思路贯彻到底，二是从突出特点考虑有些行业排在什么位置更合适。先就第一个问题说，突出地辖市的特点，应该贯彻于全志，凡能表现这个特点的，不只在排列位置考虑上应该如何使之突出，在记述上也应服从于突出特点这个大前提。再说第二个问题。为了突出地辖市的特点，把城建环保列在经济部类之前是可以的。但排列于乡镇村庄之前则不妥。“城建环保”是作为一项事业写的，插在这里就不适当了。现在的居民篇也不同于有些地理志中单记人口的部分，也不宜将乡镇村庄改为一章，并入第一篇作为第四章，把篇的题目改为“政区建置”，这个问题就解决了。

本篇目把大事记排列在人物之后，附录之前，这也是需要商榷的一个问题。大事记排列在什么位置，是由其在志书中的地位与作用决定的，绝不是随便排在哪里都行的。“纪”之一体，源于史书。向来史志中“纪”是作为统领全书之纲纪的。唐代刘知几在《史通·本纪第四》中说，“盖纪者，纲纪庶品，网罗万物。考虑篇之大者，莫过于此乎？”方志中引入“纪”，实际上是为志书树起了一条纵线，即以“纪”为经，“志、传”为纬，以经织纬，形成网络，在一定程度上克服了方志有纬无经，有目无纲，诸事难以连贯，事理不能相通的弊端。既然大事记是全志之纲，起着统领全志，勾勒一地历史发展脉络的作用，那么，它理应排列在各分志的前面。已故中国地方志协会副会长董一博同志，是主张大事记应放在前面的。董老在山东滕县谈地方志工作时说：“大事记放在志书的前面比较好，因为它是志书的编年纪事之经，先有了经，然后才能编纬。”

这是不是说，大事记只能在各分志之前，而不能后移呢？也不是，像有的同志所主张的那样，在前面写一“历史述要”，或按史纲体撰写概述，那么前面再加大事记就没有必要。大事记可改为大事年表，放在后面。如像本志稿这样，仍按大事记的原意来写而又放在后面我以为是不合适的。

概述。本篇概述按其写法似应算作史纲体。全篇文字比较流畅，叙述历史兴衰起伏及其原因，观点正确，分寸适当。基本上总括了地情，提炼了志中精华，在主要方面彰明了因果。按衡水市的具体情况，用史纲体能写到这种程度，说明作者是下了功夫的。用史纲体写概述的难处，在于能不能抓住本地历史发展的主线。衡水市志的概述显然缺乏一条主线。全篇分为5个时段，从夏商周到抗日战争爆发为第一段；从1934年当地有了中国共产党的活动到新中国成立为第二段；从1949年10月1日到粉碎江青反革命集团为第三段；从1982年建市到下限为第四段；第五部分是写今后的发展，展望未来。由于缺少一条能反映本地特点的主线，虽然历史发展脉络已大体勾勒出来，政治、军事、经济方面的主要活动也都叙述到了，但作为衡水市一个重要特点的教育、科技、卫生事业的表达，却只在第四部分的最后几笔带过。但主要的问题还不在这里，而在于个性不鲜明。我以为这是本篇概述的主要不足。

还应该提到的一点不足是，从第3部分的最后开始，只正面记述了已经取得的成绩，而未记发展中的曲折，更未记失误与不足。突出成绩是对的，但不记曲折、失误与不足，无法总结必要的经验教训，其资政价值也就降低了。另外，全篇末尾较具体地记了十年发展规划中的各项指标。这不符合方志的惯例。志书只记过去、不记未来。把未来发展的具体指标记上去也容易造成被动。志书对未来的展望即使写几笔，也只能虚写，而不宜实写。

宏观经济。看过全部经济部类的志稿，均未找到宏观经济内容。所谓宏观经济内容，主要是指社会总产值，农业总产值，国民生产总值，国民收入等等。涉及这些内容的，只有概述的最后一段，而那是写未来，不是写过去和现在，而且这一段是不宜保留的。记经济而不记这些宏观内容，无法使人看出全市的经济总貌。由于我国统计制度的不够健全，在80年代之前，县级的统计数字中除工农业总产值外，其他几项可能都没有。但80年代已陆续增加了这些统计项目。所以还是有资料可写的，无论如何也应该把这些内容补充进去。在中编法的志书当中，有的单独设一篇“经济总情”（或经济总貌）记述这些内容。有的还把生产关系的变革、社会商品零售总额、居民生活也列入此篇。不仅记下限年的数字，而且记其发展变化。衡水市志如何补充这些内容，有两种办法可供选择：一是单设篇。二是把这些内容写入计划管理。第一种办法记得清楚，也显得突出，但变动较大。第二种办法，只能简述。究竟取何种办法，请衡水市的同志斟酌。

共产党篇。这一篇是全志中的一个重点，也是一个难点。从志稿看，衡水市志办的同志在这一篇是费的功夫不小。特别列了“主要活动”一章，用7000多字记述了地方党组织创建以来的主要领导活动。组织状况和组织、宣传、统战、纪检等工作，也记得比较详细。但是，按高标准要求，还应进一步加工修改。

先谈谈对篇目调整的意见。现在分3章，分类过粗。建议分以下8章：篇的题目改为“中国共产党”。第一章“地方党组织的创建与发展”。第二章“组织结构”。第三章“代表大会”。代表大会所以要单列，因为这是党的最高权力机关，不仅要依次记载大会通过的重要决议、选举结果，还应该记代表名额，代表多少党员，代表的构成。第四章“县委主要活动”，还是加上“县委”2字才更确切，因为这里主要写的是县委的领导活动。以下组织工作、宣传工作、统战工作、纪律检查为第五、六、七、八章。不要一般地按时间顺序写下来，可横分几部分设节。如组织工作，可分是教育、组织整顿、领导班子建设等。再谈谈对“县委主要活动”写法的意见。本志稿是采取了按时序正面记述县委主要活动过程的写法。用7000多字，正面记述县委52年来的主要活动，其难度是可想而知的。这种写法的好处是，可以勾勒出县委在52年中活动的主要脉络。但是，在我看来，这种写法虽然费力，从体现地方志组织的核心领导作用来说，难以达到理想的效果。其一，正面记述几十年的主要活动，容易引来漏掉某项主要活动的指责。其二，这样正面记述活动过程，很难充分体现地方党组织的核心领导作用。其三，如把政治运动一项不漏地记下来，那么从1957年以后，就会造成失误过多的印象，与这一章主要在于体现党的领导作用的原意大相径庭。所以，建议改变一下写法，即要取跳跃式的、选择有本地特点的领导活动，从小角度以纪事本末体记述，即像文学作品反映历史一样，只取其中有典型意义的若干点，构成完整的有头有尾的记述点并使若干这种记述点形成历史发展链条中的一个个环子。这就是“以小见大”。这样不必顾虑漏掉了某项具体活动，也可避开连续失误的消极效果，能更好地体现当地党组织的领导作用。

此外，这一章中还有些地方时间概念表述不清的地方，修改时应予注意。最后，希望修改时能把握重点，集中力量把能体现衡水特点的部分修改好。我相信，经过修改，《衡水市志》一定能够成为一部佳志。

（《河北地方志》1994 年第 5 期）

回忆录

往事漫笔

（关于从事方志工作部分）

致力方志

地方志工作是我比较喜欢的工作，也是我几十年工作的最后一站。然而，在我到地方志办公室工作的初期，其困难之大是出乎意料的。

困难之一是人员太少。当时地方志办公室编制只有7人，我到任后刚好是7人。这7人中，有做行政工作的1人为安杏荣（女，正在病休），会计1人为张小红（女），打字员1人为陈燕萍（女），做地方志业务的除我以外还有3个人，他们是：王景玉、马光、刘红（女）。我到任前，由王景玉牵头。地方志办公室的任务是：一、组织编写四、五千万字的新河北省志；二、培训全省地方志骨干，督促各地、市、县成立地方志机构，启动修志工作；三、指导全省县以上各级修志，并负责县志稿的终审；四、编写全省综合年鉴和其他综合性材料。以省志办这几个人根本无法承担如此繁重的任务。据了解，全国各省、市、自治区的志办少则四五十人，多则七八十人。河北省志办的人员还不如人家一个处室的人多。

困难之二是级格过低。省志办为处级，同省直各厅、局及各地、市、县联系工作很难引起重视。由于省志办级格低，以致各地、市、县的志办多数级格也很低。地区和省辖市的志办，除秦皇岛、唐山、石家庄三个市和保定地区是处级以外，其他地、市都是科级。各县志办绝大多数是股级。工作起来十分不便。据了解，全国各省、市、自治区除两三个由省社会科学院承担修志任务的办事机构为处级以外，凡独立工作的志办都是厅、局级。唯独河北是个特殊的例外。

困难之三是经费太少。除人头费外，每年的业务经费只有一万元。致使无法正常开展工作。1984年中国地方志指导小组在西安召开各省、市、自治区志办主任会议时，发了一张表，调查各地机构编制及经费情况，经费一栏我没有填。指导小组办公室的刘永平问我为什么不填经费数。我据实告诉他，每年经费只有一万元，填上太给河北丢人了。他说：你开什么玩笑！我说这是真的。他表示十分惊愕。

困难之四是省委、省政府没有就地方志工作开过一次会、发过一个文件。虽然有了地方志办公室，对地方志工作却没有任何部署。所以除了秦皇岛市和井陉、三河、丰南等少数几个市、县在省里没有部署的情况下已启动了修志工作以外，其他地方都没有动。比起多数省已经晚了两三年。

困难之五是只有办事机构而无领导机构。省地方志办公室的全称是：河北省地方志编纂委员会办公室。而当时只有办公室而无编纂委员会。地方志办公室虽由省民政厅代管，却是只管人事和党务，对地方志业务工作是从不过问的。在无领导机构的情况下，工作无法展开。

面对如此的困难，当务之急是抓紧促成省地方志编纂委员会的成立。同时做好启动修志后的准备工作，拟订新河北省志的篇目。1984年4月，河北省地方志编纂委员会终于成立了。主任是王东宁。他是在担任副省长时省委决定他分管地方志工作的。因为当时这项工作尚未部署，他也未曾过问。现在他已是省顾问委员会副主任。由于他也分管地名工作，而地名工作已有一个地名委员会，于是他提议把地名委员会扩充一下，同时作为地名委员会和地方志编纂委员会，即一个机构两块牌子。随即以省政府办公厅的名义下发了省地方志编纂委员会名单。

既然有了领导机构，于是便以编纂委员会的名义向全省县以上单位及省直单位发文，部署了修志工作。由于省地方志编纂委员会没有什么权威，多数地、市、县对修志部署未予理睬。已经动起来的地方，有鉴于省里地方志和地名是一套机构，便把地方志工作交给了地名办公室，为后来开展地方志工作带来诸多不便。直到1985年4月才召开了第一次全省地方志工作会议。会议有各地、市主管地方志工作的副秘书长、地方志办公室主任（除秦皇岛、唐山两市外，都是地名办公室主任）参加。省地方志编纂委员会主任王东宁在会上讲话，部署了全省地方志工作规划。会后，大约有2/3的地、市、县开始部署地方志工作。

在全省修志工作未展开之前，我为了取得经验，便先到已经开始修志的县去抓点。因为井陉县离石家庄市最近，所以我选定井陉县为试点。我同这个县的县志主编梁建楼仔细推敲了县志的篇目，作了必要的调整。翻阅了已经写出来的志稿，就一些内容的改动交换了意见。抓试点的过程，对试点单位固然有些帮助，对我自己也是一次很好的学习机会。新编《井陉县志》于1985年正式出版。这是新中国成立以来河北省的第一部新编县志，为全省编纂新县志提供了样板。

在井陉县志稿大体定型之后，我又带人和派人到已动手修志的三河、霸县、大城、丰南、遵化几个县进行了调查，确定以三河、丰南为省志办抓的点。考虑到这两个县都离石家庄较远，想就近再确定一个点。因为石家庄地区的赵县曾经是州的所在地，境内有安济桥、柏林寺等著名古迹，又是雪花梨的产地，我便去找了该县主管文教工作的县委副书记，说明省志办想在这里搞修志的点，如果县里同意，便赶快配备人员，成立机构，启动修志。这位副书记当即表示同意。随后即调配了人员，成立了县志办公室。我也曾同石家庄地区行署原专员冀剑波一起，去过赵县多次，但因县志办内部矛盾不易解决，后来我就不大去了。

比较起来，我抓三河县这个点花的力量更多些。三河县志办是县的局级单位，人手比较齐全，有五六个人均能撰稿。主任金城原为县人大常委会办公室主任，责任心强，有威信，能团结县志办一班人形成合力，对修志有自己的见解。他们已经写出的初稿，大部分我都看过，并同他们交换了修改意见。在修改志稿的同时，多次调整篇目，最后定下来的篇目已是第七稿。

为了培训全省修志人员学习制订篇目、搜集资料，省志办于1986年4月，在三河县召开了全省150多人参加的研讨会。由三河县志办介绍了制订篇目、搜集资料方面的做法。经过讨论，我在大会上解答了大家提出的问题。这次研讨会，省编纂委员会副主任葛启、睢俊歧出席并讲了话。这是全省第一次方志工作的大型会议，效果不错。对全省修志工作起到了较好的作用。

1986年9月，省政府常务会议决定，省地方志办公室挂靠在省政府办公厅。这对争取省政府的领导，推动全省地方志工作比以前有利多了。

正当全省地方志工作刚刚起步的时候，1987年2月，《人民日报》发表了该报评论员文章，题目是“编史修志不要刮风”，文章指责一些地方借编史修志请人吃吃喝喝。这篇文章为艰难开展的地方志工作泼了一盆冷水。河北的地方志工作刚刚起步，又出现了挫折。有的地方正准备启动修志，又停了下来。保定地区连编纂委员会也被撤销了。在此紧急关头，省地方志办公室抓紧向王东宁汇报，请求召开紧急会议，重新部署地方志工作。

经过王东宁联系，于1987年3月7日，召开了有各地、市、县主要负责人参加的电话会议。会上省委副书记李文珊、常务副省长叶连松、省编委主任王东宁先后讲话，要求各级党委、政府把地方志工作列入议事日程，当作精神文明建设的重要工作来抓，并再次提出了工作进度的要求。这次会议是全省地方志工作的一个重要转折。此后，撤销了机构的重新建立起来，除石家庄市和个别县外，都已开始了修志工作。

由于多数地、市、县都是由原地名办公室承接了地方志工作，即一套机构两个牌子，所以，一般都增加了人员，实行了内部分工。直至1988年后，地方志与地名机构才逐渐分开。地名工作由民政部门管理，地方志工作是局级单位的由政府直接管理，不够局级单位的，一般均挂靠在政府办公室。省地方志办公室的人员编制也有了变化，1984年11月，由原来的编制7人增加到15人，1988年3月再增加到30人。

评定职称

1987年11月，评定专业技术职称工作开始，按中国地方志指导小组办公室的通知，地方志系统纳入出版系列，即评定编审、副编审、编辑、助理编辑。但是，评职称的一个重要条件是专业工龄必须在5年以上。而各级地方志办公室多属新建机构，专业工龄都很短，不符合评职称的要求。

为此，省志办拟定了一个实施细则，把文秘、报刊、教育、档案、地名等8个与地方志相近的工作都作为地方志专业工龄。这个细则需要经过省出版系统职改办同意才能报省职改办。当省志办副主任白冬景带着这个细则到出版系统职改办请求批准时，很快被顶了回来。如果这个细则不被通过，全省地方志系统将没有几个人能评上职称。

没办法，我只好亲自出面去找出版系统职改办。好在那里的人都是省出版局的，我在宣传部工作时都认识。经我说明情况，他们同意了。省职改办也通过了，并批转了下去。这才使全省地方志系统的职称评定工作得以顺利进行。

评定职称的工作先从省一级开始。省志办当时只有15人，省职改办分配给了一个正高级职称、一个副高级职称、两个中级职称的指标(初级职称不限指标)。按人数比例来说给的不算少。但按省志办的实际情况又明显不够。方延青早在八十年代初已在黑龙江省评了副高级职称，这次理应评正高级职称。如果我要参评，也应该评正高级职称。这就差了一个正高级职称的指标。根据摸底，该评中级职称的有4人，却只有两个指标，还差两个。当时我想我不参评了，因为正高级职称的指标是控制得很严的。有些同志劝我还是应该参评，有了职称对今后的工作有利。于是我同意了参评。

我知道去要指标是件很困难的事，我只好亲自出面。我找到了省职改办负责人，他说他认识我。我说那就好办了，你再给我一个正高级指标，两个中级指标。他左挡右挡，说指标已分配完了。为了使我相信，他打电话找来一位处长，问她还有没有指标。这位处长因为不了解他的意图，笑而不答。于是我说，你不必难为她了。你也很忙，我不多耽误你了，就照我说的你给了指标我就不再来找你了。说完我起身就走了。事后他果真又给了一个正高级指标、两个中级指标。

省志办的评定职称工作进展很快。我和方延青被出版系统高级职称评委会评为编审，一位副主任报了研究系列，被社会科学系统高级职称评委会评为副研究员，另有4人被评为编辑，其余业务人员被评为助理编辑。

为了完成全省地方志系统的评定职称工作，经过批准，成立了地方志系统中级职称评委会。由省地方志编纂委员会副主任睢俊歧任主任，我和河北大学原中文系主任、教授钱君晔为副主任，还聘请了外单位几位有高级职称的人员。全省各地、市、县地方志人员评定职称，凡地、市没有出版系列评委会的均报省地方志系统中级职称评委会审批。属高级职称的，由地方志系统中级职称评委会审查同意后报出版系列高级职称评委会审批。由于有了实施细则，地方志系统评定职称的工作进展顺利，各级地方志机构中的业务骨干被评上了相应的职称。经过大半年的时间，全省地方志系统的评定职称工作基本结束。

在干中学

新中国第一轮修志是在没有理论准备的情况下开始的。旧的方志理论已远远不能适应社会主义时期修志的需要，而新的方志理论尚未创建出来。在这种情况下，只能是边干边学，在干中学。

就河北的情况来说，全省修志人员绝大多数没有接触过方志，培训修志人员便成了当时的重要课题。1985年省志办在保定举办了第一期培训班，有50多人参加，由河北大学历史系副教授吕志毅主讲，培训了近一个月。随后，河北师范大学又举办了一期培训班，有近百人参加，请方志学家傅振伦、来新夏等讲了课。

后来发现，对于尚未接触修志实践的人员来说，这样的培训效果不是很理想，主要是联系实际太少。于是，省志办决定以评稿代培训。1987年9月，省志办在北戴河举行《三河县志》稿和《抚宁县志》稿的评稿会，每个地、市都选几个县志办的人员参加，共160多人。中国地方志指导小组副组长梁寒冰、副秘书长兼办公室主任孔令士应邀参加。省编委主任王东宁、副主任葛启出席会议。会前已将志稿发至各地、市，请各地、市确定发言人，经过充分准备之后，由各地、市组织试讲，讲得不好的要重新准备后再讲，否则不准到大会发言。

由于准备充分，评稿会上的发言质量都比较高，既肯定了优点，又指出了存在的问题，并提出了修改建议。评稿会共进行了5天，效果非常之好。事实证明，评稿会联系实际紧密，会上的发言针对性强，使初学修志的人容易理解。因此，省志办决定，今后每部志稿脱手后，都必须召开评稿会，根据评议意见修改后才能出版。县志评稿会由有关地、市主持，邀请哪些专家、学者及修志人员，由地、市同评稿县商量确定。本地、市所属各县均应派人参加。既着眼于帮助被评单位修改好志稿，更要着眼于培训修志人员。参评人员谁主要评哪个部分，应有明确分工。评稿发言必须既肯定成绩，又指出问题，并提出修改意见。在修志人员逐渐熟悉业务之后，评稿会的规模可适当缩小，由培训修志人员为主，转变为帮助被评单位修改好志稿为主。由于要求明确，评稿会已形成制度，并一直坚持下来。评稿会的质量都比较好。

吸取县志评稿的经验，省志各分志在初稿写出后，也都举行了评稿会，同样收到了较好的效果。在坚持评稿会制度的同时，为解决修志中的难点问题，省志办还召开了多次专题研讨会，发动大家共同攻关，也起到了很好的作用。随着修志工作的普遍展开和深入发展，我所关注的重点也在不断变化。从开始时关注指导思想、篇目设置、资料搜集，逐步改变为关注概述的功能及写法、大事记在志书中的地位及存在问题、如何加强政治部类的记述、政治运动怎样记、中共篇如何写好党委重大决策、经济部类中如何加强宏观内容的记述、如何记好经济效益、乡镇企业如何记、如何加强志书的整体性以及如何使志书有鲜明的地方特色等等问题，并对这些问题进行了深入研究。研究的结果，有的写成了文章发表出来，多数的来不及写出文章，便在一些评稿会的讲话或评议发言中加以阐述。这些文章、讲话、发言大都得到了省内各级修志人员的认可，并取得了他们在业务上对我的信任。

在全国方志工作会议上我有几次发言，也得到了中国地方志指导小组的肯定，并登在《中国地方志》刊物上。1999年初，我接受省方志办王广才副主任及一些志界朋友的建议，并经过他们帮助收集了部分讲话和发言的记录稿，从中筛选出一些共33万字，汇集成册，由方志出版社正式出版。书名叫作《卢振川方志文集》。这本书共印了3000册，除我留下少量备用外，都分别赠送给了河北各级修志机构和省外的一些朋友。

我在省方志办工作了7年，是在重重困难的条件下开拓前进的。由于省委、省政府逐步加强了领导，在省志办及省内各级志办同志们的支持下，辛勤地播种和耕耘，到我离休时，终于迎来了收获季节。到1990年末，已有井陉、抚宁、丰南、遵化、武安、宽城等县志及秦皇岛市海港区、保定市南市区等县、区志出版。已经开过评稿会正在修改的还有几十部。省志的分志也在陆续出版。

退而无休

我离休后，虽然卸掉了省编纂委员会副主任和省方志办主任的担子，却没有离开方志方面的学术活动。在省方志办工作了7年，我在方志界交了不少朋友。其中，有中国地方志指导小组办公室的，有中国科学院地理所的，有一些省、市、自治区的，当然，更多的是河北省内各地、市、县的。在我离休之后，同这许多朋友仍然保持着联系，每年都要应邀参加几次评稿会。也有约我去方志培训班讲课的，多数我都推辞了。实在推辞不掉的，只好去讲了。

如北京市志办举办的培训班，参加培训的有三分之一是有高级职称的，还有不少是市直的局级干部。北京市志办的负责人赵庚奇是我的老朋友，他打电话对我说：他只能请一些在方志界有威望的人去讲课才能压得住台，要我务必去讲一课。我只好去了。再有，人民大学举办的方志培训班是得到中国地方志指导小组支持的，从全国招生的培训班，指导小组办公室主任诸葛计打电话请我去讲课，我没有答应。指导小组副秘书长孔令士又给我打电话，请我务必要去讲课。我推辞不过，只好去讲了一课。

还有，国家铁道部举办方志培训班，也要我去讲课。我同铁道部本无关系，但同北京铁路局却打过不少交道。我在担任河北省地方志办公室主任时，因为要修省志中的铁道志，涉及到北京、沈阳两个铁路局和北京、天津、河北、辽宁、山西、内蒙境内的几个分局，必须求助于北京路局进行协调，并请北京路局和石家庄分局承担河北省志中铁道志的编写任务。为此，我曾多次拜访北京路局，并参加过北京路局出面召开的协调会。得到了北京路局的大力支持和帮助。铁道部举办的方志培训班，由北京路局出面请我去讲课，我无法推辞，也只好去讲了。那以后，经北京市志办赵庚奇介绍，又到北京市的崇文区和宣武区各讲过一次课。此后我决心再不出去讲课了。北京大学一位教授几次电话邀我去北京大学讲课，我都婉辞了。

外出讲课并没有占用我太多时间和精力，耗费我时间和精力最多的是评审志稿。我离休后正值河北省各县县志编纂进入脱稿高峰。按照省志办的要求，县志送审稿出来后，必须经过有关专家学者和有经验的方志工作者的评审，再经修改后才能送省志办验收。而且要求县志稿的评审会必须由其上级地、市志办负责人主持。由于各地、市志办的负责人都是我的老朋友，他们都恳切地邀请我去参加县志稿的评审会。深深的友情，加之我对方志编纂仍有浓厚兴趣，所以多数邀请，我都欣然应邀了。有的我本不想应邀，但经不起登门恳请，还是答应了。

在我离休后的三、五年内，参加评稿会较多，一年有五、六次，多的时候有七、八次。评审志稿是相当费时费力的事，一部县志一般都有一百几十万字，阅读一遍需要半个多月时间，重点部分还要再仔细推敲，审完一部县志稿总要二十多天。还要写出评审意见，一般要一万多字。总共要用去差不多一个月的时间。这期间，还应邀为一些志书写过序言和书评。这样，就使得我没有多少闲暇时间了。虽然感到有些紧张，由于兴趣所致却也乐此不疲。收集到我那本书中的文章和评稿意见，大部分是我离休之后的。

直到2003年参加完丰南县续志的评稿会，我才下决心退出志坛，不再参加评稿会，也不再参加方志方面的活动。我之所以坚辞，一是因为离休时间已久，对全国修志方面的信息了解甚少，对党和国家的方针、政策也了解不多；二是随着年龄的增长，身体状况已大不如前，眼睛的白内障也越来越严重，看小字已感到吃力。我的这种情况得到了省志办几位主任的理解，王广才副主任就替我推辞了一些邀请。有些是推辞不掉的，如滦县的续志于2005年写出初稿后，非让我看不可。因为我从农村进城即进入滦县，并在那里工作了一年多。我只好看了部分初稿，并于7月初参加了评稿会。我在会上宣布，此后不再参加评稿会。

我对地方志的一些理论观点，得到志界不少朋友的赞同。收入我那本《方志文集》中的文章所阐述的一些理论观点，被收入中国地方志指导小组办公室所编的《新方志理论著述提要》之中。2006年，第二轮《河北省志》启动，原省人大常委会副主任、第二轮省志总纂龚焕文同志推荐我担任第二轮省志编纂的总顾问，并由常务副省长郭庚茂发了聘书。此后，中国地方志指导小组从全国选拔人才成立地方志学术委员会，又确定我为委员。2010年，在我八十周岁的时候，又一次被中国地方志指导小组表彰为全国方志系统先进工作者。事业上的成功，足可聊以自慰。

（2008 年）

跋

河北省方志办自1983年建立以来，已度过了32个春秋。期间，有卢振川、许明辉、王史源和我四位在省方志办主任位置上履职。在省委、省政府和省政府办公厅的领导下，以及各界人士和各级修志人员的支持下，省方志办走过了艰难创业、曲折前进、巩固提高、再创辉煌的发展历程。几位前任尤其是卢振川主任，倡导并践行理论联系实际的优良学风，培育良好的学术氛围，围绕实践搞研究，利用研究促质量，诞生了一批研究成果，造就了一批研究人才。我接力这11年，更是不敢懈怠，团结聚力，气氛上营造，措施上支持，活动上推动，使研究人员形成梯次，研究内容向纵深发展，呈现出独具河北特色的方志理论研究格局。

全省广大修志人员，在搞好以志鉴为重点的地情书籍编纂的同时，积极投身于方志理论研究，撰写了大批理论文章，形成范围广泛、内涵丰富的成果群，其中有部分方志专家，独自研究成果也足可结集成书。这些文章，为指导全省各级方志机构编修出高质量的志鉴等地情书籍，起到了无可替代的作用。为保存这些优秀理论文章，使他们发挥更大的作用，与省内外志界交流提高，《河北省志方志志》存录，为今后修志保留镜鉴，省方志办决定结集出版《河北省地方志理论研究系列丛书》（以下简称《系列丛书》）。经充实、完善、再刊的《卢振川方志文集》，便是其中之一。

卢振川是河北省新方志事业的开创者和奠基人，是河北志界的杰出代表。将其《文集》列为开篇之作，可以说是历史的必然，是众望之所归。先贤精于修志问道，晚生以启未来可期。

创新无穷期，改革正当时。卢老论志，多有创新。出版逝者卢老《文集》，活着的人们抚卷沉思，自然会想到：有利于修志事业的创造愿望必将得到尊重，创造活动必将得到支持，创造成果必将得到肯定；必使志界的创造活力进一步激发，创造才能进一步施展，修志成果进一步丰富，志人地位进一步提高，修志事业进一步发展。

《系列丛书》既为系列，则决非权宜之计，它是伴随方志实践、推动方志繁荣，而进行方志理论研究和建设的一项具有稳定性、持续性的系统工程。因此，活动不设身份和时间限制，不论新老也不论地位，只要研究成果在数、质量上达标，可随时申报随时受理。恳望有志于此者，以先贤卢老为榜样，与时俱进，因创融合，精心钻研，勤奋励笔，多出成果，出好成果，成为新方志工作的好智囊、先行者，为方志理论建设、学科建设做出应有的贡献。

编纂出版《系列丛书》，是河北志界的一件大事新事，其涉及组织协调、出版把关和作者配合等事宜。此事已得到省地方志编纂委员会领导的鼓励，得到中指组办公室和方志出版社领导的支持，得到方志界新老成员的相助，以及部分去世者亲属的积极配合，在此一并表示感谢。

杨洪进

2015年7月6日